民国时期审判机关研究丛书

# 民国时期
# 江西县司法处研究

谢志民 著

商务印书馆
The Commercial Press

2018年·北京

# 专 家 委 员 会

侯欣一

谢志民　高　尚

# 总　序

对于中国而言，审判机构是一个舶来品。传统中国，司法行政合一，并无专司诉讼的审判机构，国人对此习以为常。

明清之际，西人东来，平静的中国不再平静。已完成了工业革命和经过了近代人文主义熏陶的西方人对于中国传统的纠纷诉讼处理方式极不适应，中国司法制度成了远道而来的西方人诟病最多的问题之一。鸦片战争后，西方列强借助坚船利炮、通过不平等的条约在中国获得了治外法权，陆续在各自的租界内设立了一些领事法院、会审公廨等审判机构。这些审判机构在帮助列强实现其经济目的的同时，亦向国人展示了专业和文明的一面。20世纪初，危机四伏的清廷被迫开启自救之路，对国家权力体系进行重构，专司诉讼的审判机构由此正式出现。民国以降，尽管审判机构的发展几经波折，以至于南京国民政府的司法院院长居正（1876—1951）说，在中国设立新式法院是最为困难的事情。但与清末民初许多转瞬即逝的组织不同，新式审判机构毕竟顽强地生存了下来，并被国人所接受，在保护公民权益、维护社会秩序方面发挥着越来越大的作用，仅此一点，足以说明审判机构之重要。

但令人遗憾的是，在相当长的时间内有关新式审判机构的研究却未能引起学术界的重视。到目前为止，坊间以近现代中国审判组织为对象的研究作品尚不多见。其结果，不要说是普通读者，即便是学术界对审判组织在中国的产生、发展及演变过程，特别是其内部结构和运行状况亦所知甚少。晚近以来，伴随着中国法学的发展和学者学术旨趣的转变，法史学界逐渐将研究的领域从立法转向于司法,审判机构也开始进入一些学者关注的视野。为此,有必要编辑出版中国近现代审判机构研究书系。考虑到近现代中国审判机构的构成较为复杂,因而无论是针对新式法院,还是处于新旧过渡之中的司法处,乃至作为治外法权产物的领事法院、会审公廨等审判组织的研究成果均在编辑荟萃之列。希望通过对中国近现代审判机构的系统研究和深度描绘,以此拓展既有学术研究的范围和领域,并以审判机关为平台,将立法、司法以及法律与社会的研究有机结合,真实地观察法律的实施过程,丰富人们对中国近代法制史和社会史的认知。当然,编辑这样一套书系,也是为了适应当下中国法治建设的需要。回眸审判机构在中国存在的世纪历程,其中既有成功的经验,也有沉痛的教训。

党的十八大以来,中国的司法体制改革正在有序地展开,亦希望通过学术界联合,就此专题进行深入研究,努力为法治中国的建设提供一些本土资源。

侯欣一

2017 年 3 月 23 日

# 序

谢志民君的博士论文修改出版，请我作序，作为他的导师，在分享其收获喜悦的同时，我想在此声明，书中存在不足的地方，我也负有同样的责任。

志民供职的江西赣南师范大学，是国内研究苏区革命根据地的重镇。他读博的第一个学期，是抱定要做苏区法制史研究的，对他来说确有得天独厚的地域条件。我既不反对，也不鼓励，只是内心存有疑惑，没有新的史料发现，何必再去重复前人旧说。后来他退却了，要改变选题，我还真有些幸灾乐祸的窃喜。他让我指定一个论文题目，我便答以县司法处研究。当时我给他讲了三点选题想法：一是县司法处是最基层的司法机构，覆盖面最广，也最能体现司法制度演进的真实状态；二是县司法处的案卷材料最丰富，也最能反映地方社会和民间百姓的生活内容；三是前人研究少，档案材料多，若能总汇一省所属各县司法处的样本素材并稍作评析，也是一件功德无量的大好事。另外最重要的是，做这样贴近生活实践的法律史研究不枯燥，而且很有生活情趣。现在，他的博士论文呈献给学术界，鉴于法理研判着墨较少，有些地方理论分析浅尝辄止，可能存在许多不足，但将江西一省各县司法处功能运作的基本史料收集如此全面细致，无疑是一个特别艰辛的资料积累和学术铺垫。而且就其本人来说，这篇博士论文的出版，不仅是一个学习阶段的总结，更是一个新的探索阶段的开始。

现在，志民和我一样，查阅民国司法档案有些上瘾了。我们曾驱车在赣南18县市查档，白天像蝗虫一样狂拍案卷，晚上喝酒后我倒床便睡，他还能坚持将当天拍摄的材料全部整理出来。可见他酒力胜我，勤奋刻苦也超我。

他在江西省档案馆查阅档案文献一年多，把单位和家里的事情全然抛到脑后，好在单位领导特别开明仁慈，夫人孩子也非常理解支持。当然，我也给他提供过一套比较舒适的校园住房，他说要给我们一些房租水电费，我说不用，留着以后外出查档时当酒资。后来到赣南查档，在没有同学朋友接待时，志民请我喝酒，我也就怡然受之，边喝边聊。每到一个档案馆，查档就像挖金矿，总是时间不够用，总是担心漏掉了好东西，下班时也总是被人客客气气赶出来。志民问我这是不是上瘾了，我说上瘾还在后头呢！有些材料没有弄到手，心里老惦记，惦记得食不甘味、咬牙切齿。

我们也常会聊到有关县司法处的种种阅档奇闻，许多问题只有看多了案卷后才能汇通融解，不是想当然地认为是制度安排，有些甚至与制度安排恰恰相反。如有的司法处保留下来的判决书很少，案件多以点名册或堂谕的方式来结案，遇有当事人不服而上诉时再补写判决书。这在制度规则上是不允许的，但在县司法处的司法实践中却是常态。有的县司法处与乡公所结成司法联动机制，乡公所被赋予裁判权，也受理大量轻微刑事案件和一般民事案件，所有裁判案卷分别保存在司法处档案中，这是我们无法从当时的司法制度中获得解释的，而司法实践过程留下的案卷就是这样。还有赣州三南地区（定南、全南、龙南）公安局处理结案的民刑案件远远超过司法处裁判的案件数量，这些案件多以调息约、甘结、悔过书等方式结案，分割了大量本当进入司法处裁判的案件。为什么基层社会和民间百姓会更加青睐乡公所和公安局，将他们的纠纷争议转交给司法处以外的机构去裁判，又如何来解释司法处这种放权卸责的现状及其背后成因呢？显然，这些都是与当时司法制度完全不同的实践事例，如果不是阅读档案资料所见，我们可能做出完全相反的判断。志民在本书中所用的每条史料，都是他自己阅档所得，丝毫不假于他人。我常和他交流自己的一个基本观点，我们可能因为学养、水平和能力所限，写不出特别出彩的好文章，但一定不能写自己目及之外的文字，一分材料说一分话，别人可以说我水平不咋地，但不能说我学品有问题,这是为人为学的基本底线。从这个角度来看,志民在本书中所体现出来的人品和学品是过硬的。

最后,在衷心祝贺本书出版的同时,希望志民以此为新的起点,广搜厚积,挖深参透,写出更多精彩有趣的作品。是为序。

龚汝富
2017年2月20日于华东政法大学

# 目　录

导论 …………………………………………………………………… 1
 一、选题的缘起 …………………………………………………… 1
 二、研究概况 ……………………………………………………… 3
 （一）民国时期的研究 …………………………………………… 3
 （二）1949 年以后大陆方面的研究 …………………………… 5
 （三）中国台湾方面的研究 ……………………………………… 7
 三、研究方法与文献资料 ………………………………………… 8
 （一）研究方法 …………………………………………………… 8
 （二）文献资料 …………………………………………………… 8

第一章　江西各县司法处的设置与变迁 ………………………… 12
 第一节　民国时期县级司法体制的变迁 ……………………… 16
  一、审检所 ……………………………………………………… 16
  二、司法公署 …………………………………………………… 19
  三、县知事（县长）兼理司法 …………………………………… 21
 第二节　江西各县司法处的设立与流变 ……………………… 23
  一、县司法处的设立 …………………………………………… 26
  （一）司法经费 …………………………………………………… 26
  （二）设置进程 …………………………………………………… 30
  （三）人员培训 …………………………………………………… 34

二、县司法处之流变 …………………………………………… 44
　　　（一）战区各县司法处的停办与战后的恢复 ……………… 44
　　　（二）部分县司法处改设法院 ………………………………… 47

第二章　县司法处的编制、待遇与考绩 …………………………… 53
　第一节　编制与职责 …………………………………………… 53
　　一、编制 …………………………………………………………… 53
　　二、职责 …………………………………………………………… 56
　第二节　待遇 …………………………………………………… 61
　　一、县司法处职员薪酬 ………………………………………… 61
　　　（一）俸薪 …………………………………………………… 61
　　　（二）司法人员补助俸 ……………………………………… 64
　　　（三）战时生活补助费 ……………………………………… 68
　　　（四）其他补助与救济 ……………………………………… 73
　　二、薪酬与物价之比对 ………………………………………… 76
　第三节　监督与考绩 …………………………………………… 86
　　一、监督 …………………………………………………………… 86
　　　（一）对县长、审判官的监督 ……………………………… 86
　　　（二）视察 …………………………………………………… 93
　　二、考绩 …………………………………………………………… 98

第三章　江西各县司法处审判官群体 …………………………… 112
　第一节　学历与资历：审判官遴选的专业化与精英化 ……… 113
　　一、学历 ………………………………………………………… 116
　　二、资历 ………………………………………………………… 134
　　　（一）考试 …………………………………………………… 134

（二）承审员转任 ………………………………………… 138
　　（三）书记官等转任 ……………………………………… 139
　　（四）军法人员转任 ……………………………………… 139
　第二节　任期与程期：审判官任期较短与程期之拖沓 ……… 141
　　一、任期 …………………………………………………… 141
　　（一）工作能力 …………………………………………… 152
　　（二）人际背景 …………………………………………… 154
　　（三）个人选择 …………………………………………… 155
　　二、程期 …………………………………………………… 156
　第三节　籍贯与党籍：审判官来源圈子化与司法党化 ……… 160
　　一、籍贯 …………………………………………………… 160
　　二、党籍 …………………………………………………… 164
　第四节　审判官被控案 ………………………………………… 166
　　一、违法犯罪 ……………………………………………… 167
　　二、结果不清 ……………………………………………… 172
　　三、诬告 …………………………………………………… 173

第四章　县司法处的民刑审判 …………………………………… 178
　第一节　县司法处管辖事件与适用法律 …………………… 178
　　一、管辖事件与适用法律 ………………………………… 178
　　二、民刑诉讼程序概述 …………………………………… 183
　　（一）民事诉讼程序 ……………………………………… 183
　　（二）刑事诉讼程序 ……………………………………… 189
　第二节　江西各县司法处诉讼案件的量化分析 …………… 191
　　一、讼案规模与民刑构成 ………………………………… 191
　　二、结案率与上诉率 ……………………………………… 211

## 第五章　县司法处评析 …… 220
### 第一节　创制 …… 220
一、司法机关独立的环节 …… 220
二、司法人才成长的摇篮 …… 223
三、民刑初审的重要机关 …… 228
### 第二节　变异 …… 229
一、县长兼理检察之积弊 …… 229
（一）妨碍司法独立 …… 229
（二）兼职繁多，调动频仍 …… 231
（三）兼理欠缺法律知识 …… 233
（四）人事安排，独断专行 …… 234
二、司法职员的任人唯亲 …… 236
三、制度理想与实践失范 …… 241
（一）普设地方法院，终成镜花水月 …… 241
（二）内部矛盾重重，影响行政效率 …… 243
（三）违法乱纪人员，再三重新起用 …… 246

## 结　语 …… 248

## 附　录 …… 253
一、江西各县司法处审判官任期一览表（71县） …… 254
二、江西各县司法处审判官名录（271人） …… 308
三、江西各县司法处暂行处务规程 …… 335

## 参考文献 …… 338
## 后记 …… 355

# 图 表 目 录

表 1.1　1942 年江西省行政区一览表 …………………………… 12
图 1.1　江西省行政区划图 ………………………………………… 14
表 1.2　各省审检所情形一览表 …………………………………… 17
表 1.3　各类司法机构及数目比较表 ……………………………… 23
表 1.4　有关县司法处法规一览表 ………………………………… 25
表 1.5　民国二十二年（1933 年）度至二十九年（1940 年）度江西省司法费占普通岁出比例一览表 ……………………… 26
表 1.6　民国二十五年（1936 年）度江西省县司法处经费岁出概算书（最繁县及繁县）………………………………………… 27
表 1.7　江西各县司法处设置一览表 ……………………………… 30
表 1.8　江西高等法院遴保第一期 25 县司法处审判官名册 …………………………………………………………………… 31
表 1.9　江西省第一期 25 县司法处主任书记官、书记官姓名清册 …………………………………………………………… 32
表 1.10　审判官、书记官、管狱员补习班修习科目 ……………… 35
表 1.11　江西高等法院附设审判官、书记官第二期补习班教员一览表 …………………………………………………… 35
表 1.12　江西高等法院附设审判官、书记官、管狱员补习班第一期学员名单 ……………………………………………… 38
表 1.13　江西高等法院第一期审判官补习班毕业人员分发一览表

6　图表目录

| | | |
|---|---|---|
| | ························································· | 39 |
| 表 1.14 | 江西省第二期成立 24 县司法处主任书记官、书记官姓名清册 ································································· | 40 |
| 表 1.15 | 江西高等法院附设审判官、书记官、管狱员补习班第二期学员名单 ··································································· | 42 |
| 表 1.16 | 江西高等法院第二期审判官补习班毕业人员分发一览表 ················································································· | 42 |
| 表 1.17 | 江西省第三期成立 22 县司法处主任书记官、书记官姓名清册 ································································· | 43 |
| 表 1.18 | 江西北部各县城镇沦陷日期 ·································· | 45 |
| 表 1.19 | 江西省第二审巡回审判管辖区域表 ····················· | 46 |
| 表 1.20 | 抗战胜利后江西省恢复办公之县司法处一览表 ······· | 47 |
| 表 1.21 | 县司法处改设地方法院一览表 ································ | 48 |
| 表 1.22 | 江西高等法院分期筹设地方法院计划 ···················· | 48 |
| 表 1.23 | 各省第一期改设县司法处一览表 ··························· | 50 |
| 表 1.24 | 民国二十七年(1938 年)至三十六年(1947 年)增设县司法处、地方法院统计表 ········································ | 51 |
| 表 2.1 | 县司法处编制表 ······················································ | 53 |
| 表 2.2 | 江西省光泽县司法处疏散人员表 ··························· | 55 |
| 表 2.3 | 江西各县司法处增设主任审判官一览表 ··············· | 55 |
| 图 2.1 | 县司法处司法行政系统 ·········································· | 59 |
| 表 2.4 | 县司法处职员俸薪表 ·············································· | 62 |
| 表 2.5 | 县司法处审判官俸给表 ·········································· | 64 |
| 表 2.6 | 雇员薪给表 ······························································ | 64 |
| 表 2.7 | 补助俸分类计算表 ·················································· | 65 |

| 表 2.8 | 各省司法人员补助俸分类计算表 | 66 |
| --- | --- | --- |
| 表 2.9 | 各种粮食对米之折合率,稻谷及各种粮食每市斗重量表 | 69 |
| 表 2.10 | 审判官张文源三十三年(1944年)度一至十二月份战时生活补助费报核清册 | 70 |
| 表 2.11 | 中央文职公教人员生活补助费支给标准表(自1946年3月份起施行) | 71 |
| 表 2.12 | 中央文职公教人员生活补助费支给标准表(自1946年6月份之后的调整) | 71 |
| 表 2.13 | 江西上高县司法处征收缮状费提奖收支清册 | 74 |
| 表 2.14 | 1939年至1947年审判官月收入表 | 76 |
| 图 2.2 | 1937年至1942年吉安零售物价指数 | 77 |
| 表 2.15 | 1937年至1947年历年吉安、南昌蒦售国货价格年终指数及上涨百分率 | 78 |
| 表 2.16 | 1937—1947年间江西省米价变动表 | 79 |
| 表 2.17 | 审判官收入与米折算表 | 80 |
| 表 2.18 | 江西省九江零售物价表(1937年上半年与1947年12月比对) | 80 |
| 表 2.19 | 江西各县县长兼理司法处检察职务奖惩标准 | 87 |
| 表 2.20 | 视察经过机关路线及派定陪送人员一览表 | 95 |
| 表 2.21 | 南京国民政府时期颁布的考绩法规一览表 | 98 |
| 表 2.22 | 公务员考绩标准、等次与奖惩 | 99 |
| 表 2.23 | 公务员考绩表 | 100 |
| 表 2.24 | 公务员考绩初步评定分数表 | 101 |
| 表 2.25 | 甲种司法官考绩表应行改订工作考核项目 | 104 |
| 表 2.26 | 乙种司法官考绩表应行改订工作考核项目 | 104 |

| 表 2.27 | 江西玉山县司法处雇员三十六年度下半年考成清册 | 105 |
|---|---|---|
| 表 2.28 | 江西高等法院所属公务员三十三年(1944年)度考绩结果清册 | 107 |
| 表 2.29 | 江西各县司法审判官二十七、二十八年(1938年、1939年)度考绩成绩一览表 | 108 |
| 表 3.1 | 江西各县审判官毕业学校一览表之一 外省学校 | 116 |
| 表 3.2 | 清末民国江西法政学校设置情况一览表 | 119 |
| 表 3.3 | 江西各县审判官毕业学校一览表之二 江西省立法政专门学校 | 120 |
| 表 3.4 | 江西各县审判官毕业学校一览表之三 私立江西法政专门学校 | 121 |
| 表 3.5 | 江西各县审判官毕业学校一览表之四 私立章江(豫章)法政专门学校 | 123 |
| 表 3.6 | 江西省人口受教育程度(截止1946年12月) | 130 |
| 表 3.7 | 1912年至1947年各年专科以上学校毕业生人数一览表 | 131 |
| 表 3.8 | 1928年至1947年各年度专科以上学校法科毕业生一览表 | 131 |
| 表 3.9 | 1998—2007年全国普通本、专科学校法学毕业生人数一览表 | 133 |
| 表 3.10 | 特种考试县司法处审判官考试及格人数统计表 | 134 |
| 表 3.11 | 江西各县审判官各类考试及格一览表(47人) | 135 |
| 表 3.12 | 1936—1949年江西各县审判官任期情况表 | 141 |
| 表 3.13 | 审判官任职时间表(单个任期) | 145 |
| 表 3.14 | 审判官调任县份一览表 | 146 |
| 表 3.15 | 审判官任职时间表(合并任期) | 147 |

| | | |
|---|---|---|
| 表 3.16 | 审判官任内病故者(13 位) | 151 |
| 表 3.17 | 本省境内司法官赴任程限表 | 156 |
| 表 3.18 | 审判官赴任程期 50 天以上一览表(49 任) | 157 |
| 表 3.19 | 江西各县审判官外省籍人数一览表 | 160 |
| 表 3.20 | 江西各县审判官本省籍人数一览表 | 161 |
| 表 4.1 | 各级法院审限与管辖事件 | 179 |
| 表 4.2 | 江西高等法院及其分院管辖区域表 | 180 |
| 表 4.3 | 江西高等法院及其分院管辖区域表(高六分院成立后) | 180 |
| 图 4.1 | 民事审判程序结构示意图 | 183 |
| 表 4.4 | 丰城县司法处民国二十五年度民事案件收结比较表 | 189 |
| 表 4.5 | 江西各县司法处民刑案件数(1938 年下半年至 1943 年度) | 192 |
| 表 4.6 | 各年度县司法处民刑案件总数与平均数 | 195 |
| 表 4.7 | 民事案件年表(一) | 197 |
| 表 4.8 | 民事案件年表(二)终结件数 | 198 |
| 表 4.9 | 全国土地分配百分率 | 200 |
| 表 4.10 | 地主、自耕农、佃农、雇农占人口百分率 | 201 |
| 表 4.11 | 刑事案件年表(一) | 205 |
| 表 4.12 | 伤害、窃盗案件所占比重一览表 | 207 |
| 表 4.13 | 县司法处各年度民刑一审结案率 | 212 |
| 表 4.14 | 刑事案件年表(二) | 213 |
| 表 4.15 | 民事第二审案件(1941 年度) | 214 |
| 表 4.16 | 刑事第二审案件(自诉部分 1941 年度) | 215 |
| 表 4.17 | 刑事第二审案件(公诉部分 1941 年度) | 216 |
| 表 4.18 | 刑事覆判案件报告表(1941 年度和 1944 年度) | 217 |

表 5.1　审判官提拔为推事、检察官一览表 …………………… 224
表 5.2　县政府人员编制 ……………………………………… 231
表 5.3　江西省南康县司法处丁警、录事等一览表(1936 年 8 月) …… 238
表 5.4　江西省武宁县司法处员警异动清册(1948 年 7 月) ………… 239
表 6.1　新政权建立后江西各县司法处审判官的结局 ………… 250

# 导论

## 一、选题的缘起

民国建元以后，接续清末法制变革的余韵，在宪政体制框架下司法独立成为一时之潮流，新式法院建设计划、方案迭出，但传统体制的羁绊、割据政权的阻隔、司法观念的濡滞、司法经费的拮据、司法人才的缺乏等，使新式法院的推广一再遭遇顿挫，新式法院如零散星光般点缀于少数通都大邑。民国建元搅动起湖面的涟漪和浪花，但广大县级基层如深邃的湖底，平静而安祥。

新式法院在县级基层推行异常缓慢。民国时代，未曾建有新式法院的县级基层司法体制改革渐次推出，审检所、司法公署、县知事兼理司法、县司法处是先后出现的四种制度形态。审检所、司法公署如流星般划过夜空，县知事（县长）兼理司法成为县级基层司法体制的主流。随着1936年县司法处制度的推出及推广，县司法处逐渐取代县知事兼理司法制度，成为司法体系的神经末梢。

1936年4月9日，国民政府公布《县司法处组织暂行条例》规定："凡未设法院各县之司法事务，暂于县政府设县司法处处理之"（第一条），[①]以县

---

[①] 《县司法处组织暂行条例》，载《现代司法》1936年第1卷第8期。后文涉及此条例，不再一一注明，均出自该处。

司法处取代县长兼司审判之旧制,并作为基层县级法院的过渡机构。但是,终民国时代,因经费、人才及战乱等诸多因素,普设法院未能完成。至1946年,"除新疆情形特殊外,其余各省,共设县司法处1318所。"①其后虽然还有一些县司法处改设为地方法院,但直至1949年国民党败退台湾前夕,中国大陆县级司法机构,县司法处依然占据大半壁江山。

基于县司法处数倍于地方法院的事实,民国时期有学者就认为:"县司法之重要性,实驾正式法院而上之。"②

20世纪上半叶,于世界而言是一个变革时代,于中国而言更是一个制度与秩序沧海桑田般的巨变时代。从法史学的角度来说,法治、司法的变革,是这一变革时代中值得探究的面向。

"夫万事胚胎,皆由州县。"③县,是国之运行的基层单位,国之治乱兴衰,皆可从县这一基层单位中管中窥豹。"夫天下者,州县之所积也……自州县而上,至督抚大吏,为国家布治者,职孔庶矣。然亲民之治,实惟州县,州县而上,皆以整饬州县之治为治而已。"④严耕望先生认为,自秦统一中国,实行郡县制以来,其后历朝历代地方行政区划多为三级制,"或参以二级,或参以四级,有同时参以二级、四级者……无论等级与名称如何变动,但恒以县为最低级行政区,二千余年迄今不变,惟宋以后间参以军、监、州、厅之名而已。"⑤

但是,对于县司法处的研究,目前已有的研究成果非常少,有较大的研究空间。总结民国时期县司法处运行的经验教训,对于目前我国正在进行的司法现代化建设,具有一定的历史借鉴作用。基于历史与现实意义的思

---

① 汪楫宝著:《民国司法志》,商务印书馆2013年版,第17页。
② 朱观编著:《县司法法令判解汇编》之"例言",正中书局印行,1944年8月初版。
③ (清)王又槐著:《办案要略》之"论详案",华东政法学院语文教研室注译,群众出版社1987年版,第83页。
④ 汪辉祖著:《学治臆说》之"自序",商务印书馆1939年12月初版,1960年1月补印。
⑤ 严耕望撰:《中国政治制度史纲》,上海古籍出版社2013年版,第273页。

考,本文以"民国时期江西县司法处研究"作为选题,以江西各县司法处为个案,具体考察民国时期县司法处的设置与变迁,县司法处人员待遇与考绩,县司法处审判官群体的学历、资历、任期、籍贯与党籍,民、刑事一审及其效果等等,梳理其概貌,分析其得失。

之所以选择江西为个案进行研究,出于以下考量:首先,县司法处在江西的设置与变迁具有典型意义。县司法处在各省的设置进程不一,广东、江苏未设县司法处,直接改设地方法院。抗战期间,河北、山东等沦陷省份,县司法处存在的时间比较短,代表性不足。抗战期间,江西省除赣北部分沦陷外,全省仍然存在的县司法处至少有 52 所,赣北星子、瑞昌等 11 县司法处在抗战胜利后也得以恢复,因此,县司法处的设置、运行与变迁在江西省具有典型意义。其次,江西省档案馆馆藏民国司法档案非常丰富,是本课题研究借助的史料富矿。最后,地利之便。笔者是江西人,生于斯长于斯,耳闻目睹,对于江西各县的设置沿革、风土人情、地理环境较为熟悉。长期奔赴各地档案馆查阅资料,差旅费、食宿费,部分县份尚且收取调档费、复印费等,开支繁浩,若以其他省份为个案,负担更巨。

## 二、研究概况

### (一) 民国时期的研究

县司法处于 1936 年开始设立,同时代的学者对县司法处的各个侧面进行了一些有益的探讨。

蒋应构著有《县司法处关系法规详释》(上海中华书局 1937 年出版),该著作对《县司法处组织暂行条例》、《县司法处办理诉讼补充条例》以及《县司法处刑事案件覆判暂行条例》的法条逐一阐释,并附录了县司法处其他的相关法规。

朱观编著《县司法法令判解汇编》（正中书局印行 1944年8月初版），计列有县司法法规十二种，有关院部令四十余则，相关判例、解释、命令约两百则。

贵州省地方行政干部训练委员会1942年1月编印的《县司法制度》，同年6月编印的《县司法行政》，以及陈祖信编《县司法行政讲义》（广西省地方行政干部训练委员会1941年6月编印），为三本培训教材，对于我们了解当时县司法机关之运行机制、民刑事应注意的事项以及县司法机关人事行政问题处理办法等等，颇有裨益。

黄敦汉编辑有《各级法院司法行政实务类编》（商务印书馆发行，1934年3月初版）一书。黄氏毕业于朝阳大学法律科，曾任青岛地方审判厅书记官、馆陶县法院检察官等职，浸淫司法实务经年，其著分民事类、刑事类两篇，数十万言，举凡各种呈词、书类、表册、簿据，井然罗列，为实习教材之佳作。

《赣政十年：熊主席治赣十周年纪念特刊》（江西民生印刷第一厂印刷1941年）中刊载的梁仁杰《十年来之江西司法》，该文略述了"成立各县司法处"，而"培养县司法及监狱人材"篇幅稍长。梁仁杰执掌江西高等法院十多年，该文虽不够详尽，但也是可资参照的重要史料。

汪楫宝著《民国司法志》（台北正中书局1954年版，商务印书馆2013年）是民国司法制度沿革方面的力作，但其对县司法机构的论述篇幅极短，谈及县司法处更是只有寥寥百字，主要着墨于县司法处审判官的任职资格及县司法处的设置简况。

民国时期的法政类杂志《法学杂志》第8卷第4—5期（1935年）《司法制度专号》，第9卷第5—6期（1937年）《检察制度专号》，《中华法学杂志》新编第1卷第5—6期合刊（1937年）《中国司法制度专号》；《服务月刊》第2卷第2期（1939年）《司法专题讨论》。这些专题讨论记载了当时法学界对司法、检察制度的革新意见与建议，其内容虽鲜有涉及县司法处的问题，但对我们今天审视当时的制度变迁仍有借鉴作用。

论文方面,居正《二十五年来司法之回顾与展望》(载《中华法学杂志》新编第一卷第 2 期,1936 年)、王用宾《二十五年来审检制度之变革》(载《中华法学杂志》新编第一卷第 2 期,1936 年),这两篇论文介绍了民国肇建以来至 1936 年司法、审检制度的变革,着墨于县司法处的内容很少。罗忠新《论县长兼县司法处检察职务》(载《社会评论》1948 年第 80 期),从理论与实践两方面探讨了县长兼司法处检察职务之弊端,建议废除。其他如郭继泰《改良县政府兼理司法之刍议》(载《法轨期刊》1935 年第 2 卷第 2 期)、梅仲协《改进吾国司法现状的几点意见》(载《新政治》1940 年第 4 卷第 5 期)、洪均培《战时司法法规纪要》、谢冠生《抗战建国与司法》(载《中华法学杂志》第 2 卷第 3 期,1940 年),这些论文无疑具有重要的启发意义。

### (二) 1949 年以后大陆方面的研究

1949 年新政权建立后,县司法处在大陆结束了其历史使命。1979 年全国法律史学术讨论会及中国法律史学会成立之后,法律史的研究逐渐升温。至今,研究清末民国法制、司法方面的论著可谓汗牛充栋,但县司法处的研究长期被大陆学术界所忽视,这从张晋藩总主编、朱勇主编的《中国法制通史》第九卷清末·中华民国卷可见端倪,该著为中国法制史总结性的巨作,但对县司法处未置一词。

目前,学界对于县司法处的研究成果寥寥。据笔者梳理,有如下内容:

第一,县司法处的历史渊源与设置方面

笔者所见的唯一一篇直接以县司法处为论述对象的论文,是谢冬慧的《县司法处:近代中国基层审判机构论略》(载《东南学术》2010 年第 1 期),该文对县司法处的历史渊源、主要职能、作用与局限进行了分析。

张仁善的《南京国民政府时期县级司法体制改革及其流弊》(载《华东政法学院学报》2002 年第 6 期)梳理了南京国民政府 1927 年至 1949 年县级司

法体制改革的进程,分析了其缺陷和对司法信誉的影响。张仁善著《司法腐败与社会失控(1928—1949)》(社会科学文献出版社2005年版)对于南京国民政府县级司法机构的设置,以及县级司法弊端与腐败进行了探索。蒋秋明《国民政府基层司法建设述论》(载《学海》2006年第6期)对县司法处审判官的任职资格、县司法处的设立也有述及。谢冬慧著《民事审判制度现代化研究:以南京国民政府为背景的考察》(法律出版社2011年版)述及了县司法处的由来及县司法处民庭的职能。

第二,县司法处司法官员选拔、培养,以及司法经费方面

吴燕《南京国民政府时期四川基层司法审判的现代转型》(四川大学博士论文,2007年),其第三章第三节"县司法处和县法院"研究了四川各县司法处的设立、人员的选拔和培养、司法经费等问题。吴燕《国民政府时期四川县级司法人事制度改革研究》(载《近代史研究》2011年第2期)从多方面探讨了国民政府时期,四川县级司法人事制度改革,包括四川县级司法人事制度及其演变概况,县级司法人员的甄别、审定、考录、培训及其效果,县级司法人才遴选的困境,以及权力斗争、制度冲突带来的改革阻力等等。

第三,其他与县司法处相关的论著

欧阳湘著《近代中国法院普设研究:以广东为个案的历史考察》(知识产权出版社2007年版)从法院普设的角度,揭示了近代中国司法组织传统与现代多元并存、动态消长的"实然图景"。刘昕杰著《民法典如何实现:民国新繁县司法实践中的权利与习惯(1935—1949)》(中国政法大学出版社2011年版),该著作以四川省新繁县民国司法档案为基本材料,选取了佃、典、婚约、离婚、分家析产以及合会六种民事案件,探析传统民事权利在民法典之后的基层司法实践中的实现。里赞、刘昕杰等著《民国基层社会纠纷及其裁断:以新繁档案为依据》(四川大学出版社2009年版)依托新繁县司法档案,讨论在传统向现代的社会变迁中,基层政府、司法机关如何处理地方社会纠纷。

唐仕春著《北洋时期的基层司法》（社会科学文献出版社2013年版）比较全面地研究了北洋时期基层司法制度的变迁与运作。尹伟琴的《南京国民政府前期基层司法官员薪酬考》（载《学术界》2010年第1期），基于龙泉地方法院档案，对1928—1935年间地方法院司法官员的薪酬进行了考证并评述。

（三）中国台湾方面的研究

据笔者浅见，从张伟仁主编的《中国法制史书目》（台北南港1976年版）；高明士主编的《战后台湾的历史学研究1945—2000》第一册总论·陆·法制史（"行政院国家科学委员会"2004年版）；黄源盛、黄琴唐、江存孝著《薪传五十年：台湾法学院法史学硕博士论文》（载《法制史研究》第十四期2008年12月）以及高明士著《台湾近五十年来大学文学院法史学研究趋势：以硕博士论文为分析对象》（载《法制史研究》第十七期2010年6月），可以窥见，台湾学术界对于县司法处的研究也是近乎空白。展恒举著《中国近代法制史》（台湾商务印书馆1973年7月初版）也是以几百字述及县司法处的设立过程。

梳理现有的研究成果，可以发现以下特点：

第一，民国时期有关县司法处的著作多是对司法处相关法规的辑录，并对法条进行释义，少数论文对于县司法处的实际运行有过论述。当时县司法处正在设置进程之中，许多问题尚未展现出来，很难进行深入研究。况且，当代人研究当代问题，固然有其便利的一面，但也如同看油画一样，近看模糊，远观反而清晰。

第二，现有对县司法处的研究成果只是稍稍涉猎原先史学研究、法律史研究所忽略的问题，深度远远不够。

第三，从制度层面、法律文本层面研究了县司法处的静态侧面，实践层面的研究还相当欠缺。

第四，多数著作、论文研究的重点并不在县司法处本身，只是出于研究选题的需要，以较小的篇幅涉及于县司法处，还没有系统、完整研究县司法处的力作。

## 三、研究方法与文献资料

### （一）研究方法

本文主要采用史学研究方法与法学研究方法的结合，具体而言，首先，运用历史学的考据法，在大量搜集、占有相关资料的基础上，厘清民国时期县级司法体制的变迁，县司法处的设置进程与变化，组织机构，人员编制，县司法处审判官群体的学历、籍贯、党籍等等基本问题。其次，运用法学的实证研究法，通过对县司法处民刑一审案件数据的统计与分析，揭示县司法处在基层司法体系中的重要价值，并通过对民、刑典型案例的分析与解剖，探索蕴藏在案例背后的社会历史现象及其法文化意义。

### （二）文献资料

1. 档案资料

本选题最重要的资料来源是档案资料。江西省档案馆内有民国档案12万多卷，输入关键词"司法"查找，有17000多个案卷，输入关键词"县司法处"查找，有5700多个案卷，其中，"县司法处审判官、书记官任免卷"有700多个案卷。这些案卷内容丰富，包括司法行政文件，司法人员的任免，司法经费，司法收入，民刑事案件月报表、季报表、年报表，司法人员生活补助等。江西省各县档案馆的司法档案更是待字深闺人未识，笔者曾前往江西省崇义、大余、南康、龙南、信丰、临川等20多个县市查找档案。档案资料十分丰富，且绝大多数尚未被利用，弥足珍贵。

就法律史而言,将地方档案运用于研究,可上溯至20世纪30年代台湾淡新档案的发现,后来美日学者运用档案研究中国法律和社会,极大地改变了中国法律史的研究视角和方法。① 戴炎辉、黄宗智、黄静嘉等学者利用司法档案之成果毋庸赘言。至今,中国法律史学界运用地方档案较多的有台湾淡新档案,四川巴县、南部、新繁档案,浙江黄岩档案、龙泉档案等,学者有张伟仁、田涛、邓建鹏、俞江等等。河北高等法院档案、江苏高等法院档案运用也较多,其成果有:裴赞芬《中国传统继承制度的近代嬗变:以民国时期河北高等法院档案为例》(载《河北学刊》2007年第3期),张静《民国时期河北地权纠纷:以河北民国高等法院档案为中心》(河北师范大学硕士论文2010年),把增强《民国时期华北乡村土地秩序的纷乱、调整与重构:以对民国河北高等法院档案土地纠纷类案件的分析为中心》(载《河北大学学报》哲学社会科学版2011年第1期),谭志云《民国南京政府时期妾的权利及其保护:以江苏高等法院民事案例为中心》(载《妇女研究论丛》2009年第5期)等。

2.民国报刊、杂志

民国时期的报刊杂志富含营养,笔者查阅的有《中华法学杂志》、《法学杂志》、《现代司法》、《法令周刊》、《司法行政公报》、《江西民国日报》、《江西省政府公报》、《立法院公报》等。

可资借鉴的统计类资料主要有:刘治乾主编、江西省政府统计室印《江西年鉴》[民国二十五年(1936年)十月初版],江西省政府秘书处统计室编印《江西统计月刊》(1938—1941),江西省政府统计处编印《江西统计》(1942—1947),《江西民政统计》[民国三十六年(1947年)三月],谢冠生编《司法统计》(民国二十五年),国民政府主计处统计局编印《中华民国统计提要》(上海商务印书馆民国二十五年五月初版),《中华年鉴》(中华年鉴社发

---

① 参见尤陈俊:《"新法律史"如何可能:美国的中国法律史研究新动向及其启示》,载《开放时代》2008年第6期。美国学者运用司法档案的学术成果,另参见黄宗智、尤陈俊主编:《从诉讼档案出发:中国的法律、社会与文化》,法律出版社2009年版。

行 1948 年版)等。

### 3. 地方志

江西地方志，尤其是法院志为研究提供了许多线索，比如《江西省志·江西省法院志》(方志出版社 1996 年)，《江西省志·江西省司法行政志》(江西人民出版社 1995 年)，《波阳县法院志》(江西人民出版社 1992 年)，《赣州地区法院志(1841—1996)》(内部资料 1997 年)，《临川县法院志》(内部资料 1993 年)，《南昌市志》(方志出版社 1995 年)，《南康法院志(1949—1995)》(内部资料 1993 年)，《宁都县法院志(1949—1993)》(内部资料 1995 年)，《萍乡市法院志》(内部资料 1995 年)，《铅山县法院志》(内部发行 1995 年)，《万年县法院志》(方志出版社 2003 年)，《于都县人民法院志》(内部资料 1998 年)，《玉山县法院志》(内部发行 1996 年)，《宁冈县志》[民国二十六年(1937 年)铅印本]，欧阳绍祁编《分宜县志》[民国二十九年(1940 年)石印本]等。

### 4. 其他资料

大型资料汇编是研究民国法律史、司法制度史的必备史料：殷梦霞、邓咏秋选编《民国司法史料汇编》全 50 册(国家图书馆出版社 2011 年版)；南京图书馆编，全勤、左健主编《国民政府司法公报》全 60 册(南京大学出版社 2011 年版)；田奇、汤红霞选编《民国时期司法统计资料汇编》全 22 册(国家图书馆出版社 2013 年版)；蔡鸿源编《民国法规集成》全 100 册(黄山书社 1999 年版)。

民国时期编辑的资料，是今天研究可资借鉴的重要史料，例如：司法院编印《司法院最近工作概况》(1940 年 3 月)；国民政府司法院参事处编《新订国民政府司法例规》(重庆，1940 年 10 月)；司法行政部编《司法法令汇编》(上海法学编译社 1946 年 10 月再版)；江西高等法院编《三十六年司法行政检讨会议江西高等法院暨检察处工作报告》(1947 年)；谢冠生编《全国司法行政检讨会议汇编》(1947 年 12 月)；谢冠生编《战时司法纪要》(台北：司法院秘书处 1971 年 6 月重印)等。

新旧政权的更替,政治风云的变幻,时光流水的冲刷,县司法处被湮没于历史的长河,在热闹的清末民国法律史、司法制度史研究领域,显得寂寞寥落。本书以县司法处为研究对象,以江西省为个案,以江西省档案馆馆藏民国司法档案为主要资料来源,打捞历史碎片,察其纹理,力求还原县司法处的本来面目。县司法处作为南京国民政府时期县级基层占比例极大的一种司法机关,是被学界所忽视的重要课题,对其进行研究,在一定程度上具有拾遗补缺的意义。本文的价值体现在:

第一,对于县司法处设置的历史背景、经费投入,司法人员的培训,审判官与书记官的任命、编制、职责与考绩,县司法处的停办、复员与改设地方法院的研究,还原了江西各县司法处设立与变迁的进程。

第二,学界之前对于司法人员的待遇研究,基本上截止于 1930 年代物价稳定之时,本书基于扎实的史料与考证,通过考察县司法处司法人员的收入变化,并与物价、米价变动进行比对,全面呈现了 1930 年代至 1940 年代县司法处司法人员的待遇变化。

第三,通过对江西高等法院审判官任免令的梳理,理顺了江西 71 县司法处之历任(主任)审判官。在整理江西各县司法处审判官群体铨叙履历表的基础上,对江西各县司法处审判官群体的学历与资历、任期与程期、籍贯与党籍作了基于准确数据的分析与解构。

第四,对江西各县司法处相关年度的民刑案件年报表进行了汇总,通过数据,分析江西各县司法处的讼案规模、民刑构成、民刑一审结案率与上诉率、覆判案件结果等,并分别以土地纠纷案和伤害案为中心,剖析县司法处的民、刑审判实践,从而解析其背后的历史现象与法律文化意义。

第五,在上述分析的基础上,对县司法处进行整体评价,在肯定其进步价值的同时,指出其存在的不足。对学界将县司法处视为兼理司法的一种形态的观点提出了商榷:从理念到实践,县司法处都应该是从兼理司法到正式法院过渡的、半独立的司法机关。

# 第一章　江西各县司法处的设置与变迁

江西简称赣,位于中国中部偏东南,东、南、西三面环山,北濒长江,地势南高北低,赣江纵贯南北,省会南昌市。

1932 年,江西省开始实行行政督察区制,全省署 13 区,每区设区长官 1 人,兼任驻在地县长。1934 年 1 月调整为 11 区,1935 年 4 月改划为 8 区,1939 年 3 月再次调整为 11 区,至 1942 年后稳定为 9 区。① 但不论行政督察区的划分如何变化,江西省县级行政区域并无大的变化,辖 83 县。

表 1.1　1942 年江西省行政区一览表

| 行政区域 | 驻地 | 所辖县数及县名 | |
|---|---|---|---|
| 第一行政区 | 丰城 | 7 | 丰城　南昌　新建　进贤　清江　新干　高安 |
| 第二行政区 | 宜春 | 9 | 宜春　修水　铜鼓　萍乡　万载　宜丰　上高　新余　分宜 |
| 第三行政区 | 吉安 | 11 | 吉安　峡江　永丰　吉水　泰和　万安　遂川　宁冈　莲花　永新　安福 |
| 第四行政区 | 赣县 | 11 | 赣县　南康　大余　信丰　龙南　上犹　崇义　定南　寻乌　安远　全南 |
| 第五行政区 | 浮梁 | 8 | 浮梁　鄱阳　婺源　乐平　都昌　彭泽　湖口　德兴 |

---

① 江西省行政区划志编纂委员会编:《江西省志·江西省行政区划志》,方志出版社 2005 年版,第 69—72 页。另参见周振鹤主编:《中国行政区划通史·中华民国卷》,复旦大学出版社 2007 年版,第 195—198 页。

续表

| 行政区域 | 驻地 | 所辖县数及县名 | |
|---|---|---|---|
| 第六行政区 | 上饶 | 10 | 上饶 玉山 贵溪 广丰 余干 铅山 弋阳 余江 万年 横峰 |
| 第七行政区 | 南城 | 11 | 南城 临川 南丰 崇仁 东乡 金溪 黎川 光泽 宜黄 乐安 资溪 |
| 第八行政区 | 宁都 | 7 | 宁都 瑞金 兴国 于都 广昌 石城 会昌 |
| 第九行政区 | 武宁 | 9 | 武宁 九江 奉新 永修 靖安 瑞昌 德安 安义 星子 |
| 总计 | | 83 | |

资料来源：江西省行政区划志编纂委员会编：《江西省志·江西省行政区划志》，方志出版社2005年版，第71页。

说明：(1)婺源、光泽于1934年分别从安徽、福建划归江西省管辖，1947年6月又分别划回安徽、福建。(2)南昌市及庐山管理局均直属于省政府，未列入表内。

江西是中国共产党武装割据时的重镇，1927年南昌起义之后，中国共产党在江西先后创建了井冈山革命根据地、赣西南—中央革命根据地、湘赣革命根据地、湘鄂赣革命根据地、闽浙皖赣革命根据地，其全盛时期，在全省70余县建立了苏区，全红县33县，总兵力达10万余人。[1] 中共在多种境遇下的超常规发展，至1934年终于达其张力的极限，[2]随着第五次反"围剿"的失败，1934年10月，红军主力被迫离开江西苏区，只剩星星之火坚持游击战争。南京国民政府在原苏区进行战后的恢复与重建。[3]

---

[1] 江西省苏区志编纂组编：《江西省志·江西省苏区志》，方志出版社2004年版，第1—3页。

[2] 黄道炫著：《张力与界限：中央苏区的革命（1933—1934）》，社会科学文献出版社2011年版，第3页。

[3] 参见游海华著：《重构与整合：1934—1937年赣南闽西社会重建研究》，经济日报出版社2008年版。

*14*　民国时期江西县司法处研究

图1.1　江西省行政区划图

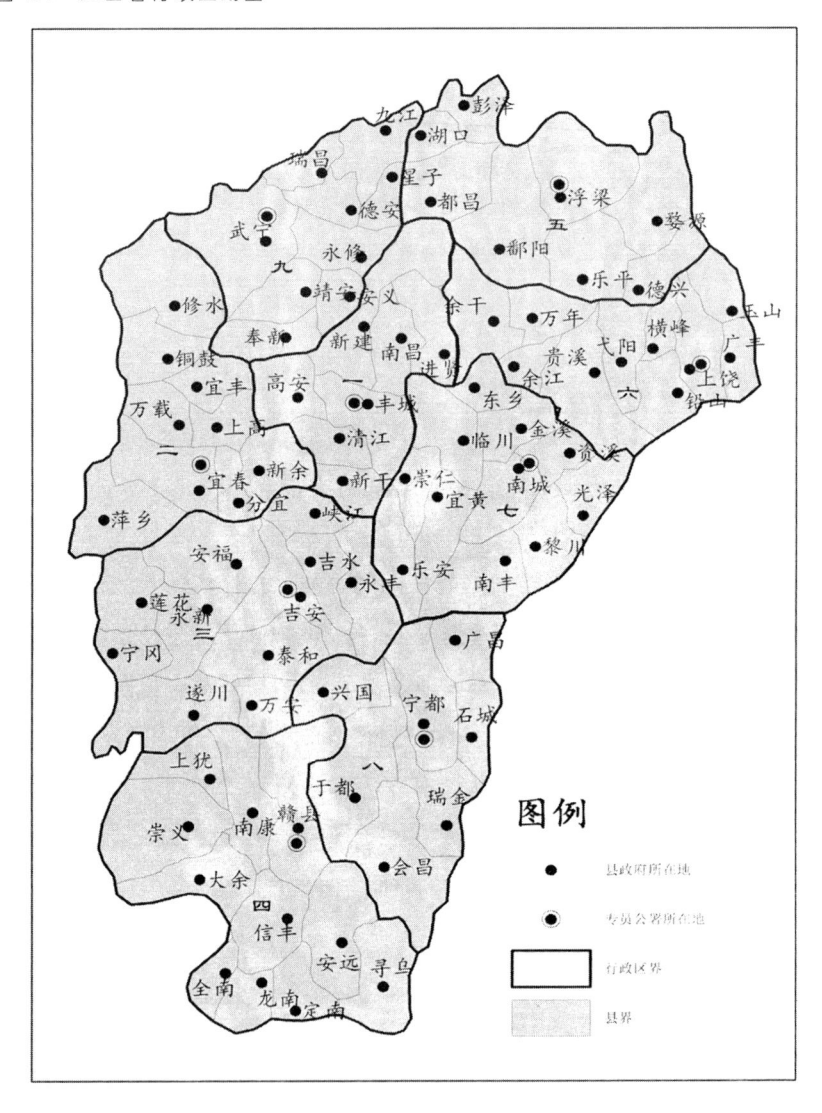

资料来源：《江西民政统计》，南昌戊子牌兴盛祥承印，1947年3月，第1页。
说明：依据此图重新绘制。

## 第一章　江西各县司法处的设置与变迁

南京国民政府时期，朱培德、鲁涤平、熊式辉、曹浩森、王陵基、胡家凤、方天先后担任江西省政府主席。1931 年 12 月 15 日至 1942 年 2 月 25 日，熊式辉（1893—1974）治赣期间，①江西在经济、交通、教育、水利、电讯、民政等诸方面的进步还是令人称道的，史称"赣政十年"。②

江西省在抗战第一年，是前线的得力后方，第二年起则是西南大后方的重要前线，战略位置十分重要。抗战期间，发生在江西境内万人以上规模的战役有 11 次，其中 7 次属于全国 22 次大会战的组成部分。这 11 次战役，6 胜、1 平、4 败，③其中的万家岭大捷、上高大捷，名垂抗战史册。正因江西境内的战役胜多败少，除赣北、赣西北部分县市沦陷外，国民政府在江西守住了相对稳定的对日作战相持线。当然，江西在抗战期间损失惨重，战时先后被日寇占领或窜扰者计有 63 县 1 市，遭日寇直接伤害者，计受伤 191201 人，死亡 313249 人，伤亡合计 504450 人，至于转徙流离、饿毙病死的，更是难以统计。其他如房屋、公路被毁，农田抛荒，疾疫流行，轻重工业及公用事业等经济损失，创痛尤巨。④

国共内战的炮火撕碎了和平的梦想。1949 年 4 月南京国民政府垮台，5 月，江西高等法院停止办公。1936 年至 1949 年间，县司法处的设立与运行，就是在上述血与火的历史背景下展开的。

---

①　刘国铭主编：《中华民国国民政府军政职官人物志》，春秋出版社 1989 年版，第 263 页。
②　参见《赣政十年：熊主席治赣十周年纪念特刊》，江西民生印刷第一厂印刷，1941 年 12 月编印。另见熊式辉著：《海桑集：熊式辉回忆录 1907—1949》（第二版），香港明镜出版社 2008 年版，第 158—164 页。
③　廖信春、谢志民：《江西抗战十一次战役述评》，载《南昌航空工业学院学报（社会科学版）》2005 年第 4 期。
④　蔡孟坚、善后救济总署江西分署编：《江西灾情》，1946 年 8 月。

## 第一节 民国时期县级司法体制的变迁

中国传统县级司法均由行政官兼理,[①]清末法院编制法的颁行,为司法机构的设置提供了法律依据。民国时期县级司法体制的改革与变迁,是中国传统司法与西方近代司法对峙、碰撞与融合的集中体现,县级司法权与行政权的剥离及其艰辛历程,是古老中国步履蹒跚地走向近代的缩影。民国时期,未设立地方法院之县级司法制度,先后有四种:审检所、司法公署、县知事(县长)兼理司法及县司法处制度。

### 一、审检所

经清末司法改革,近代司法模型初立,民国初肇,《中华民国临时约法》以三权分立的宪政设计为圭臬,司法独立有了宪制上的保障。对于未设法院之各县,司法权与行政权的分离该如何进行,司法部、各省进行了一系列的探索与实践。1912年11月,司法总长许世英(1873—1964)编就"司法计划书",拟在未设法院各县,遴选合格者充当专审员,每县三员。同年12月的中央司法会议上,对审检所制度进行了专门的论证。

1913年2月28日,司法部颁布《各县帮审员办事暂行章程》,规定未设法院各县,于县公署内附设审检所(第二条),置帮审员一至三人,办理该县民刑诉讼之初审案件及邻县审检所初级管辖之上诉案件,关于检察事务由

---

[①] 谢冠生则认为:"中国古代之司法组织,与其谓为以行政官兼理司法,毋宁谓为以司法官兼理行政之更切实际。在当时人之心目中,地方官除为人民排难解纷,平亭曲直,诛锄强暴,安定社会,其他庶政,皆末节也。"参见谢冠生:《中国司法制度概述》,载徐湛著:《中国法制史》,台湾联合书局,1962年6月初版,附录第3页。

县知事行之,帮审员由县知事呈由司法筹备处长委任并仍报告于司法筹备处长。此外,可设书记员一至三人并酌用雇员。① 同年 3 月 3 日司法部颁布《各县地方帮审员考试暂行章程》,规定了帮审员的考试资格、考试科目等。②

依据上述章程,1913 年下半年,各省普遍设立审检所,至 1914 年 4 月审检所被裁撤时,各省设立审检所共 922 所,约为全国县数的一半。

表 1.2　各省审检所情形一览表

| 省别 | 所数 | 成立报部日期 | 裁撤日期 | 说明 |
| --- | --- | --- | --- | --- |
| 直隶 | 114 | 1913 年 11 月 12 日 | 1914 年 4 月 | |
| 奉天 | 46 | 1913 年 7 月 | 1914 年 3 月 1 日 | |
| 吉林 | 31 | 1913 年 11 月 9 日 | 1914 年 4 月 | |
| 黑龙江 | 11 | 1913 年 11 月 9 日 | 1914 年 4 月 | |
| 江苏 | 48 | 1913 年 11 月 8 日 | 1914 年 4 月 | |
| 安徽 | 56 | 1913 年 11 月 8 日 | 1914 年 4 月 | |
| 江西 | 73 | 1913 年 7 月 1 日 | 1913 年 12 月 1 日 | |
| 浙江 | 64 | 1913 年 11 月 8 日 | 1914 年 3 月 15 日 | |
| 福建 | | | 1913 年 11 月 | 查福建审检所成立日期及所数均未报部惟据该省高等两厅二年十一月灰电称审检所暂停改设帮审员 |
| 湖北 | 58 | 1913 年 9 月 | 1914 年 2 月 1 日 | |

---

① 《各县帮审员办事暂行章程》,载《司法公报》1913 年第 7 期。
② 《各县地方帮审员考试暂行章程》,载《司法公报》1913 年第 7 期。

续表

| 省别 | 所数 | 成立报部日期 | 裁撤日期 | 说明 |
|---|---|---|---|---|
| 湖南 | | | 1914年3月19日 | 查湖南审检所成立日期及所数均未报部惟据该省高等两长二年十二月卅一日电称审检所因财政困难未尽成立 |
| 山东 | 94 | 1913年11月8日 | 1914年2月2日 | |
| 山西 | 110 | 1913年9月6日 | | 查山西裁撤审检所日期未据报部 |
| 河南 | 30 | 1913年11月13日 | 1913年12月17日 | |
| 陕西 | 13 | | | 查陕西应设审检所89处据该省高等厅二年十一月佳电已成立之13处旋即撤销余均未办 |
| 甘肃 | | | | 查甘肃应设审检所76处据该省高等两厅二年十一月灰电均未成立 |
| 新疆 | | | | 查新疆应设审检所38处据该省司法筹备处三年一月送电仅于迪化昌吉干阗三县设帮审员余均未办 |
| 四川 | 9 | 1913年11月8日 | | 查四川应设审检所136处据高等厅二年十一月灰电仅报成立眉山等9县余均由各县自行筹款设帮审员 |
| 广东 | 88 | 1913年11月8日 | 1914年4月 | |

续表

| 省别 | 所数 | 成立报部日期 | 裁撤日期 | 说明 |
|------|------|------|------|------|
| 广西 | 75 | 1913年7月1日 | 1914年3月 | |
| 云南 | 2 | 1913年11月 | 1914年4月 | 据该省高等厅二年十一月灰电称仅设临安及阿米路事审检所各一所三年 月马电报裁 |
| 贵州 | | | | 据该省高等厅二年十二月沁电及寒电审检所因无款均未成立 |

资料来源：《司法部三年份办事情形报告》附表十七"各省审检所情形一览表"，载《司法公报》1915年第34期增刊1。

1914年4月，政治会议议决废止审检所制度，4月5日，《县知事兼理司法事务暂行条例》公布，4月8日，司法部电令各省："县知事兼理司法事务暂行条例业奉令公布，所有各县审检所应即一律裁撤。"[1]

审检所从设立到撤销，只有短暂的半年多时间，可谓昙花一现。司法独立的理想框架在司法行政合一的历史惯性面前，犹如阳光下绚丽的肥皂泡，经不住轻微的一碰。

## 二、司法公署

审检所制度被县知事兼理司法制度取代后，县级基层司法体制该如何设置，以期符合司法独立的要求，成为各界，尤其是司法界关注的焦点之一。在1916年11月召开的全国司法会议上，筹设县司法公署咨询案就提出了

---

[1] 《致各省民政长高等审检厅裁撤各县审检所电》，载《司法公报》第9期。

比较完善的制度构想。①

　　1917年5月1日颁布的《县司法公署组织章程》,规定凡未设法院各县应于县行政公署内设司法公署,以审判官及县知事组织之;设司法公署地方所有初审民刑案件,不问事物轻微、重大概归司法公署管辖;司法公署设审判官一至二人,书记监一人,书记官二至四人,承发吏四至六人,检验吏一至二人,司法警察若干人,并酌量事务繁简置雇员若干人。审判官由高等审判厅长呈由司法部任命,以荐任待遇;书记监由高等审判厅长遴员会同高等检察厅检察长派充,并报司法部备案;书记官由审判官遴员会同县知事派充,并报高等审判厅及检察厅备案。关于审判事务概由审判官完全负责,县知事不得干涉;关于检举、缉捕、勘验、递解、刑事执行等事项,概归县知事办理并由县知事完全负责。审判官受高等审判厅长之监督,县知事关于司法事务受高等检察厅检察长之监督。② 1923年4月3日公布的《修正县司法公署组织章程各条》对相关条文进行了修正,原第四条增加第二项,规定审判官有二人以上时,以一人为监督审判官,司法行政事务应由审判官负责者由监督审判官负其责。③

　　1917年5月1日颁布了《县司法公署审判官考试任用章程》,④规定了审判官考试的组织、应试资格、考试科目等。

　　县司法公署制度框架下,司法权与行政权的剥离,即是对县知事权力的限制,推行起来阻力重重,再加上经费、人才两缺,1917年9月7日,司法部致电各省高等厅及各处,饬缓办各县司法公署:"前准国务院函开,六年度预算未核定前,应暂照五年度核准数目开支……查该省筹备各县司法公署,未

---

　　① 《司法会议决议案》(上册)之《答复县知事兼理司法应否废止咨询案意见书》,载《司法公报》1917年第71期增刊。
　　② 《县司法公署组织章程》,载《司法公报》1917年第76期。
　　③ 《修正县司法公署组织章程各条》(教令第十二号),载《司法公报》1923年第176期。
　　④ 《县司法公署审判官考试任用章程》,载《司法公报》1917年第76期。

列五年度预算案内,自不免因此而受影响,应即暂缓进行。"①"民国十一年以后,仅京兆区及奉天吉林湖北甘肃等省,共成立四十余所而已。"②据调查法权委员会报告书载,至1926年,县司法公署共46所。③

1927年5月,江西省依国民政府令,成立江西司法厅,管理司法行政事务,各县先后成立司法委员公署,审判官改称司法委员。据可考者,鄱阳县司法公署1927年5月成立,1928年10月裁撤;④临川县司法公署1927年5月成立,同年10月裁撤;⑤丰城县司法公署1927年12月13日成立,1929年5月1日裁撤。⑥

至1931年度,县司法公署共78所:安徽、青海、宁夏各1所,察哈尔2所,绥远4所,福建7所,湖北62所。⑦

## 三、县知事(县长)兼理司法

县知事(县长)兼理司法是民国县级司法体制的主流与典型,几乎贯穿于整个民国时代,直至1946年,除新疆特殊情形外,县司法处在全国其他各地普遍成立,县知事(县长)兼理司法才退出历史舞台。

1913年12月28日,袁世凯颁布大总统令(整顿司法计划),指出:"世界法理,固当熟参本国习惯,尤宜致意法院未立之地,使知事兼司审检,允属

---

① 《缓办各县司法公署电》,载《司法公报》1917年第84期。
② 汪楫宝著:《民国司法志》,商务印书馆2013年8月第1版,第16页。
③ 《调查法权委员会报告书》,载《法律评论》第182期增刊,第109页。
④ 波阳县法院志编纂委员会编:《波阳县法院志》,江西人民出版社1994年版,第51页。
⑤ 临川县人民法院编:《临川县法院志》,1993年4月,内部资料,第30页。
⑥ 《江西丰城县司法处二十五年度工作概况》之"丰城县司法沿革",二十六年七月,丰城县司法处审判官、书记官任免卷 卷宗号J018-3-00176,江西省档案馆。
⑦ 国民政府主计处统计局编:《中华民国统计提要》,商务印书馆1936年5月初版,第141页。

权宜救济之计。应饬令各省民政长官会同高等审检长，揆度情形，分别划改。仍由该总长妥议监督办法，俾兼任者得有率循。"①

1914年4月5日，《县知事兼理司法事务暂行条例》及《县知事审理诉讼暂行章程》公布，②《县知事兼理司法事务暂行条例》规定："凡未设法院各县之司法事务，委任县知事处理之"（第一条），"县知事审理案件得设承审员助理之"（第二条），第三条规定了承审员的任用资格。县知事遴选承审员并呈请高等审判厅长审定任用，承审员最多不得超过3人，如果地方事简，也可不设承审员。高等审判厅长委任承审员后应即报告于司法部、民政长。另外，可设书记员1至3人、录事2至5人、承发吏4至6人、检验吏1至2人，司法警察由县知事公署巡警充之。县知事关于司法事务受高等审判检察厅长之监督，承审员受县知事之监督。书记员、录事、承发吏、检验吏受县知事及承审员之监督。1921年7月，该条例第三条修正；1923年3月，该条例第二条修正。南京国民政府成立后，《修正县知事兼理司法事务暂行条例》于1927年8月颁布实施，但基本内容并无大的变化。

《县知事审理诉讼暂行章程》，包括通则、管辖、回避、诉讼、讼费、拘传、管收保释、协助、证人及鉴定人、审判、上诉、判决之执行、附则13章，共48条，具体规定了县知事兼理司法的诉讼程序。

1939年5月16日，司法行政部颁布《县知事兼理司法事务暂行条例》及《县知事审理诉讼暂行条例》，③其基本的制度框架并没有大的变化。

---

① 《大总统令（整顿司法计划）》，载《政府公报分类汇编》1915第15期。
② 《县知事兼理司法事务暂行条例》，《县知事审理诉讼暂行章程》，载《政府公报分类汇编》1915年第15期。
③ 《县知事兼理司法事务暂行条例》，《县知事审理诉讼暂行条例》，载《国民政府公报》1939年第60期。

表1.3　各类司法机构及数目比较表

| 年度与数量<br>法院种类 | 1926年 数目 | 1926年 百分比(%) | 1933年 数目 | 1933年 百分比(%) | 1936年 数目 | 1936年 百分比(%) |
|---|---|---|---|---|---|---|
| 县长兼理司法 | 1800 | 92 | 1438 | 80 | 1054 | 59 |
| 县司法公署 | 46 | 2 | 38 | 2 | | |
| 县法院 | | | 35 | 2 | | |
| 县司法处 | | | | | 384 | 22 |
| 新式第一审法院 | 89 | 5 | 250 | 14 | 301 | 17 |
| 未详 | | 1 | | 2 | | 2 |
| 全国县市总数 | 1950 | 100 | 1789 | 100 | 1790 | 100 |

资料来源：居正《二十五年来司法之回顾与展望》，载《中华法学杂志》1936年新编第一卷第2期。说明：1936年东北四省未计。

从上表中可以看出，县知事（县长）兼理司法是县级司法机构的主要形式，县司法公署区区微数如风中之烛。直到1936年县司法处设置，县知事（县长）兼理司法的比例才有较大幅度的下降。

## 第二节　江西各县司法处的设立与流变

对于县知事兼理司法之弊端，法界其实有清醒的认识。1916年11月，全国司法会议上的《县知事兼理司法应否废止咨询案》中就指出："县知事兼理司法原属一时权宜之策，前因财政、人才种种碍难亦自有其存在之理由，然施行以来，流弊滋多，设仍姑息因循，似非保障人权之道。"[①]可以说，对该项制度的批评之声，与县知事兼理司法之制度的实施相形相随。时人撰文，

---

[①]《县知事兼理司法应否废止咨询案》，载《司法公报》1916年第68期。

将县知事兼理司法之弊归纳为六个方面：赔贴口粮、扰乱行政、审判难精、监督难周、案件易搁、阻碍法治。① 也有学者将之归结为三个方面：一是违背了五权分立之精神，二是阻碍了法律的统一性，三是司法人员不称职及内部黑幕。② 后来担任过江西高等法院院长的吴昆吾，在 1935 年总结中国司法上之八方面的缺点，其中之一亦为"新式法院过少，县长多兼理司法也。"③

1935 年 6 月 27 日，司法行政部颁发县长兼理司法事务暂行条例草案十二条，首次提出了设置县司法处的设想：(1)县长兼理司法事务，应于县政府设司法处；(2)司法处置审判官独立行使审判职务；(3)审判官由高等法院院长呈部核派；(4)司法处行政事务及检察职务均由县长兼理。司法行政部训令各省高等法院院长、首席检察官与僚属详加研究，逐条加具意见并于文到一个月内呈复，"是此项条例，关系全国司法之改进，至为重大，允宜博访周咨，俾收广益集思之效，而获推行尽利之期。"④

1935 年可谓民国司法史上一个重要的年份，新修正公布的刑法、刑事诉讼法、民事诉讼法，以及法院组织法，均于该年 7 月 1 日施行。同年 9 月 16 日，国民政府司法院在南京召集全国司法会议，500 多名与会代表中，包括司法机关、各大学法学院、全国律师代表及专家 182 人。会议通过了"整顿县长兼理司法案"，决定三项办法交司法行政部办理，要点为：(1)承审员改为审判官，并提高其待遇；(2)严定审判官资格，慎重其人选；(3)审判权完全独立。⑤

1936 年 3 月 27 日立法院通过、同年 4 月 9 日国民政府公布的《县司法处组织暂行条例》规定："凡未设法院各县之司法事务，暂于县政府设县司法

---

① 徐照：《县长兼理司法评议》，载《政治评论》1934 年第 102 期。
② 郭继泰：《改良县政府兼理司法之刍议》，载《法轨期刊》1935 年第 2 卷第 2 期。
③ 吴昆吾：《今日中国司法不良之最大原因》，载《东方杂志》1935 年第 32 卷第 10 号。
④ 司法行政部训令，训字第 3346 号，载《司法公报》1935 年第 50 期。
⑤ 难宾：《全国地政会议与司法会议之经过》，载《东方杂志》1935 年第 32 卷第 20 号。

处处理之"(第一条),4月24日司法行政部训令各省高等法院(广东、宁夏除外),自本年7月1日起,所有兼理司法县份,分三期改设司法处,每一期不得逾半年,至迟须于1937年12月31日以前一律改设完竣。条例施行期以三年为限。改设县司法处只是初步工作,最终目的是改设正式法院。①此后,县司法处相关法规陆续制定、颁布,形成了一个比较完整的体系。1944年9月23日国民政府修正该条例,取消"暂行"二字,改称《县司法处组织条例》,内容没有变化。

表1.4 有关县司法处法规一览表

| 时　　间 | 法 规 名 称 |
| --- | --- |
| 1936年3月27日立法院通过,4月9日国民政府公布 | 《县司法处组织暂行条例》 |
| 1936年6月9日考试院公布 | 《县司法处审判官考试暂行条例》 |
| 1936年6月22日司法行政部公布 | 《县司法处书记官任用规则》 |
| 1936年6月27日国民政府公布 | 《县司法处办理诉讼补充条例》 |
| 1936年6月27日国民政府公布 | 《县司法处刑事案件覆判暂行条例》 |
| 1936年9月7日司法行政部公布 | 《县司法处律师执行职务办法》 |
| 1936年12月12日司法行政部颁行 | 《县司法处审判官学习规则》 |
| 1937年9月20日司法行政部修正公布 | 《县司法处书记官任用规则》 |
| 1944年9月23日国民政府修正公布 | 《县司法处组织条例》 |

各省依据《县司法处组织暂行条例》及司法行政部训令,迅速筹划改设县司法处事宜。1937年抗战爆发,打断了改设县司法处及改设法院的进程,原定的条例施行以三年为限,一再延期,直至1949年国民政府大陆溃败,县司法处才因政权更迭而终结其历史使命。

---

① 《县司法处自本年七月一日开始改设饬依新条例分期筹备令》,载《法令周刊》1936年第307期。

## 一、县司法处的设立

### (一) 司法经费

"司法人才与司法经费,为司法之二大基本问题,亦即为推行司法制度、充实司法机构之二大原动力。"①1932年,江西省首次编制财政预算案,②在1941年司法经费归中央统管之前,江西省各年度司法经费支出如下:

表1.5 民国二十二年(1933年)度至二十九年(1940年)度江西省司法费占普通岁出比例一览表

| 年度 | 总预算数 | 司法费 | 司法费百分比 |
| --- | --- | --- | --- |
| 二十二 | 17143974 | 929338 | 4.26 |
| 二十三 | 21894227 | 716536 | 3.27 |
| 二十四 | 20798350 | 984456 | 4.74 |
| 二十五 | 27037855 | 1278256 | 4.73 |
| 二十六 | 27275440 | 1352456 | 4.96 |
| 二十七 | 24010724 | 629076 | 4.52 |
| 二十八 | 36590217 | 951263 | 2.60 |
| 二十九 | 39103876 | 905504 | 2.32 |

资料来源:《江西省历年度省地方普通岁出比较统计》(二十二年度至二十七年度),载《江西统计月刊》1939年第2卷第1期;《二十八年度江西地方普通岁出概算分类统计》,载《江西统计月刊》1939年第2卷第5期;《二十九年度江西省统计提要·财政·岁出》,载《江西统计月刊》1941年第4卷第7期。

说明:(1)此表年度指会计年度,二十二年度是从1933年7月1日起至1934年6月30日止,其余年度类推。自民国二十八年一月一日起会计年度改用历年制,上表二十七年度预算数

---

① 吴学义著:《司法建设与司法人才》,重庆国民图书出版社1941年5月初版,第36页。
② 文群:《十年来之江西财政》,载《赣政十年:熊主席治赣十周年纪念特刊》,江西民生印刷第一厂印刷,1941年12月编印。

只列半年,即1938年7月1日起至12月31日止。

(2)江西高等法院编制的二十九年度预算,岁出经常门669672元,岁出临时门265591元,总计935263元(见江西高等法院编制《中华民国二十九年度江西省司法经临费岁出概算书》,卷宗号J018-6-03972,江西省档案馆),而《江西统计月刊》1941年第4卷第7期、文群《十年来之江西财政》(载《赣政十年:熊主席治赣十周年纪念特刊》江西民生印刷第一厂印刷 1941年12月编印)所记均为905504元,因此采用这一数据。

从上表中可见,在1933年度至1940年度,江西省司法经费一般占江西省普通岁出比例的4%以上,1934年度因围剿苏区,军费开支增加,司法费支出降为3.27%,1938、1939两年度,由于赣北各富庶县份及省会南昌先后沦陷,收入锐减,加以战时军费支出甚巨,预算收支失衡,导致该两年度司法费支出也减少颇多。

1936年4月,司法行政部训令各高等法院,将筹设县司法处的经费概算呈报备核。江西高等法院经与江西省政府磋商,并由江西省政府预算委员会决议通过,按照各县诉讼繁简,分为最繁县、繁县、次繁县、简县,编订经费概算,最繁县及繁县每月经费预算306元,次繁县每月经费288元,简县每月经费258元。

以最繁县及繁县为例,经费概算如下:

表1.6 民国二十五年(1936年)度江西省县司法处经费岁出概算书(最繁县及繁县)

| 科目 | 本年度概算数(元) | 上年度预算数(元) | 比较 增(元) | 比较 减(元) | 备考 |
| --- | --- | --- | --- | --- | --- |
| 县司法处经费 | 3672 | 2040 | 1632 | | 本款经费月计306元以上年度原有最繁司法预算每月368元除去监所费外实月170元相抵月加136元年计如上增数 |
| 第一项俸给费 | 3384 | 1824 | 1560 | | |

续表

| 岁出经常门 ||||||
|---|---|---|---|---|---|
| 科目 | 本年度概算数（元） | 上年度预算数（元） | 比较 || 备考 |
| ^ | ^ | ^ | 增（元） | 减（元） | ^ |
| 第一目俸薪 | 2808 | 1680 | 1128 | | |
| 第一节俸给 | 2040 | 960 | 1080 | | 审判官一员月支100元书记官二员内一员月支40元又一员月支30元年计如上数 |
| 第二节薪水 | 768 | 720 | 48 | | 录事二员月各支16元执达员二员月各支10元检验吏一员月支12元年计如上数 |
| 第二目饷项工资 | 576 | 144 | 432 | | |
| 第一节饷项 | 384 | 144 | 240 | | 司法警察四人月各支8元年计如上数 |
| 第二节工资 | 192 | | 192 | | 庭丁二人月各支8元年计如上数 |
| 第二项办公费 | 288 | 216 | 72 | | |
| 第一目文具 | 48 | 36 | 12 | | |
| 第一节纸张簿籍 | 36 | 24 | 12 | | 月支3元年计如上数 |
| 第二节笔墨 | 12 | 12 | | | 月支1元年计如上数 |
| 第二目邮电 | 36 | 12 | 24 | | |
| 第一节邮费 | 36 | 12 | 24 | | 月支3元年计如上数 |
| 第三目消耗 | 60 | 24 | 36 | | |

续表

| 科目 | 岁出经常门 ||||备 考|
|---|---|---|---|---|---|
| | 本年度概算数(元) | 上年度预算数(元) | 比较 增(元) | 比较 减(元) | |
| 第一节灯火 | 24 | 12 | 12 | | 月支2元年计如上数 |
| 第二节茶水薪炭 | 36 | 12 | 24 | | 月支3元年计如上数 |
| 第四目旅费 | 144 | 144 | | | |
| 第一节办案旅费 | 144 | 144 | | | 传案拘案调查勘验解送人犯各项舟车食宿费月支12元年计如上数 |

资料来源：江西高等法院呈，民国二十五年六月二十七日，筹设各县司法处呈部核派审判官暨转报成立日期卷，卷宗号J018-3-01961，江西省档案馆。

最繁县、繁县每月经费预算306元（年度预算3672元），具体预算如下：第一项俸给费282元，第二项办公费24元。俸给费：审判官一员100元，主任书记官一员40元，书记官一员30元，录事二员各支16元，执达员二员各支10元，检验吏一员支12元，司法警察四员各支8元，庭丁二人各支8元。办公费：纸张薄籍3元，笔墨1元，邮费3元，灯火2元，茶水薪炭3元，办案旅费12元。与最繁县、繁县相比，次繁县录事只设一员每月少支16元，办案旅费每月少支2元，合计月少支18元。简县不设主任书记官，书记官月支40元，每月少支30元，录事只设一员每月少支16元，办案旅费每月少支2元，合计月少支48元。①

---

① 江西高等法院呈，民国二十五年六月二十七日，筹设各县司法处呈部核派审判官暨转报成立日期卷，卷宗号J018-3-01961，江西省档案馆。

## (二) 设置进程

江西省共辖83县。1936年4月《县司法处组织暂行条例》颁行之际，江西省尚有兼理司法县政府73县，地方法院只有8所，即南昌（辖南昌、新建两县）、河口（辖铅山、横峰两县）、九江、吉安、赣县、临川、鄱阳及浮梁地方法院，1936年9月20日又成立了袁宜地方法院，辖宜春、分宜两县。依据条例，江西高等法院分三期，根据各县诉讼繁简，先繁后简，于1936年7月设立万载、丰城等25县司法处，1937年2月设立奉新、泰和等24县司法处，1937年8月设立南丰、上犹等22县司法处，至此，共设立县司法处71所，县知事（县长）兼理司法制度暂时成为历史陈迹。

表1.7 江西各县司法处设置一览表

| 期别 | 拟成立时间 | 成立县份及实际成立时间 |
|---|---|---|
| 第一期（25县） | 1936年7月1日 | 万载(7月20日)；宁都 丰城 萍乡 贵溪 上高 南城 高安 崇仁 进贤 都昌 安义(7月21日)；清江 玉山(7月22日)；上饶(7月23日)；修水 武宁(7月24日)；湖口 乐平(7月25日)；吉水(7月26日)；于都(7月29日)；余干 崇义(8月1日)，南康(8月6日)；永新(8月8日) |
| 第二期（24县） | 1937年2月15日 | 奉新 永修 德安 泰和 黎川 永丰 弋阳 光泽 兴国(2月15日)；宜丰 龙南(2月16日)；大余(2月17日)；东乡 金溪 广昌 万安 余江(2月18日)；星子 信丰(2月19日)；婺源(2月20日)；瑞金 广丰(2月21日)；会昌(2月25日)；莲花(3月13日) |
| 第三期（22县） | 1937年8月1日 | 南丰 新余 定南 宁冈 余南 上犹 峡江 新干 安福 遂川 石城 乐安 宜黄 靖安 铜鼓 万年 彭泽 德兴 瑞昌(8月1日)；资溪(8月3日)；安远(8月11日)；寻乌(8月18日) |

资料来源：筹设各县司法处呈部核派审判官暨转报成立日期卷 卷宗号 J018-3-01961；筹设县司法处卷 卷宗号 J018-3-02012，江西省档案馆。

第一章　江西各县司法处的设置与变迁　　31

　　由于审判官抵达各县日期不一,各期县司法处成立时间与拟定成立日期略有差异,第二期莲花县原派审判官余璋因家事呈请辞职,1937年2月27日江西高等法院另派胡邦蔡为审判官,导致莲花县司法处3月13日才成立。①第三期22县拟定于1937年8月1日成立,南丰、新余等19县都于当日成立,而资溪县司法处呈报因交通阻梗,于8月3日成立;安远县司法处呈报因途遇大水,汽车不通,于8月11日成立;寻乌县司法处呈报因沿途匪患尚未肃清,绕道前往,于8月18日成立。②

　　依据《县司法处组织暂行条例》,审判官由高等法院院长从符合审判官任职资格的人员中遴选暂派,并呈报司法行政部核派。1936年6月27日,江西高等法院将第一期县司法处审判官名单呈报司法行政部审核。

表1.8　江西高等法院遴保第一期25县司法处审判官名册

| 县别 | 审判官姓名 | 县别 | 审判官姓名 | 县别 | 审判官姓名 | 县别 | 审判官姓名 | 县别 | 审判官姓名 |
|---|---|---|---|---|---|---|---|---|---|
| 清江 | 刘金麟 | 永新 | 万竞 | 宁都 | 聂烈光 | 于都 | 余世荣 | 崇义 | 刘和春 |
| 万载 | 邹启明 | 上高 | 胡寯 | 吉水 | 黄学余 | 南城 | 张维熙 | 崇仁 | 丘凤唐 |
| 丰城 | 黄谟介 | 进贤 | 张燮 | 安义 | 王仰曾 | 武宁 | 武瀛洲 | 高安 | 黄绍香 |
| 修水 | 陈政 | 玉山 | 丁从周 | 贵溪 | 周澈 | 乐平 | 熊益三 | 都昌 | 曾崙 |
| 湖口 | 朱炽昌 | 余干 | 张先恭 | 上饶 | 丁德高 | 南康 | 刘兆德 | 萍乡 | 王冕 |

资料来源:江西高等法院呈　民国二十五年六月二十七日,J018-3-01961筹设各县司法处呈部核派审判官暨转报成立日期卷,江西省档案馆。

　　1936年10月28日,江西高等法院将第一期各县司法处主任书记官、书记官呈报司法行政部备案。

---

　　①　莲花县司法处审判官、书记官任免卷,卷宗号J018-3-00111,江西省档案馆。
　　②　江西高等法院呈,文字第360号,民国二十六年十月十三日,筹设县司法处卷,卷宗号J018-3-02012,江西省档案馆。

表 1.9　江西省第一期 25 县司法处主任书记官、书记官姓名清册

| 县别 | 职别 | 姓名 | 县别 | 职别 | 姓名 |
| --- | --- | --- | --- | --- | --- |
| 清江 | 主任书记官 | 余文钦 | 贵溪 | 主任书记官 | 李雨蕃 |
| | 书记官 | 殷贵华 | | 书记官 | 余长育 |
| 万载 | 主任书记官 | 张仲贤 | 上饶 | 主任书记官 | 黄绍汉 |
| | 书记官 | 李树峰 | | 书记官 | 朱光祖 |
| 丰城 | 主任书记官 | 张和重 | 于都 | 主任书记官 | 朱亚文 |
| | 书记官 | 朱桂一 | | 书记官 | 欧舜则 |
| 修水 | 主任书记官 | 黄启诚 | 南城 | 主任书记官 | 黄廷桢 |
| | 书记官 | 郑秉三 | | 书记官 | 周　肃 |
| 湖口 | 主任书记官 | 邓　谦 | 武宁 | 主任书记官 | 周　莹 |
| | 书记官 | 林文樵 | | 书记官 | 黄仕信 |
| 永新 | 主任书记官 | 吴文怡 | 乐平 | 主任书记官 | 王佐顺 |
| | 书记官 | 廖文清 | | 书记官 | 王培英 |
| 上高 | 主任书记官 | 郑享宾 | 南康 | 主任书记官 | 彭登云 |
| | 书记官 | 龙作栋 | | 书记官 | 魏梓滨 |
| 进贤 | 主任书记官 | 廖永龄 | 崇义 | 主任书记官 | 钟正举 |
| | 书记官 | 段正裕 | | 书记官 | 陈天恕 |
| 玉山 | 主任书记官 | 胡贞毅 | 崇仁 | 主任书记官 | 吴品元 |
| | 书记官 | 何显徵 | | 书记官 | 游振中 |
| 余干 | 主任书记官 | 魏凤犀 | 高安 | 主任书记官 | 彭国珩 |
| | 书记官 | 李绳祖 | | 书记官 | 黄元瑞 |
| 宁都 | 主任书记官 | 吴继善 | 都昌 | 主任书记官 | 欧阳炳文 |
| | 书记官 | 罗羽珍 | | 书记官 | 温树荣 |
| 吉水 | 主任书记官 | 李　敏 | 萍乡 | 主任书记官 | 凌约三 |
| | 书记官 | 熊声毅 | | 书记官 | 傅维贤 |
| 安义 | 书记官 | 梁国栋 | | | |

资料来源:江西高等法院呈　发文字第 480 号　民国二十五年十月二十八日,筹设各县司法处呈部核派审判官暨转报成立日期卷　卷宗号 J018-3-01961,江西省档案馆。

司法以便利人民为主旨,县司法处的设立,便利了各地民众的诉讼。各县司法处成立后,即行履行职责。丰城县司法处审判官黄谟介与县长李林联衔布告民众周知:"为布告事:查本处于七月二十一日业经成立,依照组织条例由县长兼理检察官职务,审判官独立行使审判,现已筹备就绪,正式受理本县民刑诉讼第一审案件,以及非讼事件。本县长、审判官莅位之初,对于本县司法自应力图改进,以期减轻人民诉讼拖累,建立廉明司法机关,提高法律效能。"并陈明禁止员警需索、不得挟嫌诬告、撰写状词注意事项等等。①

江西高等法院第二分院院长叶在畸建议,拟将星子司法归并九江管辖。星子民众闻讯极感不平,深恐此项建议实现,1936年底,在星子县第一届行政会议上,推定代表,向层峰请愿,要求星子设立司法处。理由为:其一,星子距离九江两百里左右,若有诉讼发生,往返旅费浩大,人地生疏,觅保也不易,如此非但不能便民,反而贻害人民。其二,以普设司法分院推论,狭小县份应归并于大县合组,但临县德安,地域、人口都不如星子,尚且考虑单独设立司法处,如此不足以昭公允。② 在星子民众的反对之下,星子县单独设立了司法处。

分宜县司法归袁宜地方法院管辖。1942年分宜县第一次行政会议决议,请县政府转请江西高等法院设立分宜县司法处。1942年2月8日,分宜县县长谢寿如呈请江西省政府,以袁宜地方法院设在宜春,离分宜太远,械斗死伤,向不报案,呈请设立分宜县司法处,以便利人民申诉,免除自由报复。3月16日,江西省政府主席曹浩森据情函达江西高等法院,希查照核办。5月15日,江西高等法院复函江西省政府:"查分宜县诉讼案件,归袁宜地院管辖尚无不便,且本年度不能增设司法机关,业奉中央明令,自未便

---

① 《丰城审判官铲除司法积弊》,载《江西民国日报》1936年8月2日。
② 《星子民众请求设司法处 反对星子司法归并九江管辖》,载《江西民国日报》1936年12月19日。

准予提前设置。"①

### (三) 人员培训

1936年7月,江西省第一期25县司法处成立,江西高等法院对于审判官、书记官等人选,颇费斟酌,深感人才缺乏,认为非加以训练,难期有足够的合格人才。"就考核现有人员而言,虽不无学验尚优之士,然欲求其克称厥职,允为贤能之选,弥觉凤毛麟角,难如所期。"第二、第三两期县司法处,均将按计划筹办,为未雨绸缪。江西高等法院决定设审判官、书记官、管狱员补习班各一班,共办两期,补习期间定为四个月,每次培训人数,审判官及管狱员班各30人,书记官班50人。各班教授,由院长从本院推检人员中聘任,不另支薪,其他教务员、事务员薪水,丁役工资,笔墨、图书和办公杂费等,预算两期共需5000元。所授科目,按照实际必需拟定。拟于1936年9月举办第一期,以便四个月补习期满,正好是1937年年初设置第二期县司法处之时,这样,就可以从第一期补习班中遴员担任相关职务。②

江西高等法院附设之审判官、书记官、管狱员补习班,均不招考,而是从登记人员及现任人员中,遴选符合条件者入班补习,现任人员调入补习班,要开去原缺,派员接替,不再支原薪。江西高等法院通令所属各机关人员,如符合各类资格,限于1936年8月31日前将资格送请审查,江西高等法院还为此成立了资格审查委员会。③ 各县曾任、现任司法人员,报名踊跃。

根据江西高等法院制订的《江西各县司法处审判官补习班暂行简章》、《江西各县司法处书记官补习班暂行简章》和《江西各县监所管狱员补习班

---

① 江西省政府、高等法院设立分宜县司法处函、呈 卷宗号 J016-3-01395,江西省档案馆。

② 地院开办审判官、管狱员、书记官补习班文件卷 卷宗号 J018-3-01850,江西省档案馆。

③ 《高等法院开办司法人员训练班》,载《江西民国日报》1936年8月31日第6版。《司法人员补习班受训人员均不招考》,载《江西民国日报》1936年11月27日。

暂行简章》,各班修习科目如下:

表 1.10　审判官、书记官、管狱员补习班修习科目

| 班别 | 修　习　科　目 |
|---|---|
| 审判官班 | 一、民事审判及强制执行实务　　二、刑事审判及检察实务<br>三、民事拟判　　　　　　　　　四、刑事拟判<br>五、检察拟稿　　　　　六、民事法规及判例(民法及民事特别法)<br>七、刑事法规及判例(刑法及刑事特别法)<br>八、民事诉讼法规及判例　　　九、刑事诉讼法规及判例<br>十、证据法　　十一、非讼事件法　　十二、公牍 |
| 书记官班 | 一、民法及强制执行法概要　　二、刑法概要<br>三、民诉实务　　　　　　　　四、刑诉实务<br>五、会计概要及实务　　　　六、司法统计实务<br>七、公证人法概要　　八、公牍　　九、速记学 |
| 管狱员班 | 一、监狱学　　　　　　　　二、监狱规则<br>三、看守所暂行规则　　　　四、监所其他现行法规概要<br>五、刑事政策概要　　　　　六、感化法规概要<br>七、工场管理法规概要　　　八、刑法概要<br>九、刑诉法概要　　　　　　十、会计概要及实务 |

资料来源:地院开办审判官、管狱员、书记官补习班文件卷　卷宗号 J018－3－01850,江西省档案馆。

补习班附设于江西高等法院内,教员由江西高等法院院长从本院推事、检察官、主科书记官以上人员中延聘,不另支薪。补习班设教务员、事务员各一人,由院长委任,承院长之命令,分掌教务、庶务各事宜。

表 1.11　江西高等法院附设审判官、书记官第二期补习班教员一览表

| 职别 | 姓名 | 讲授科目 | 籍贯 | 学历 |
|---|---|---|---|---|
| 院长 | 梁仁杰 | 党义 | 江西临川 | 法国巴黎大学法科毕业,获法学博士学位 |

续表

| 职别 | 姓名 | 讲授科目 | 籍贯 | 学历 |
|---|---|---|---|---|
| 首席检察官 | 钱谦 | 精神讲话 | 浙江 | 日本明治大学法科毕业 |
| 民庭长 | 熊汇平 | 刑事法规及判例 | 安徽凤阳 | 山东公立法政学校法科毕业 |
| 刑庭长 | 李昌年 | 刑事审判实务 刑事拟判 | 江西临川 | 国立北京法政专门学校法律科毕业 |
| 民庭长 | 章朝佐 | 民事法规及判例 | 江西南昌 | 江西省立法政专门学校法律别科毕业 |
| 刑庭长 | 邵濬 | 民事特别法规及判例 | 浙江龙游 | 浙江公立法律专门学校法科毕业 |
| 南昌地院院长 | 郭德彰 | 民事诉讼法规及判例 | 江西永新 | 江西省立法政学堂别科毕业 |
| 南昌地院首席 | 钟尚斌 | 刑事诉讼法规及判例 | 安徽巢县 | 前北京法律学堂毕业 |
| 南昌地院刑庭长 | 堵福曜 | 刑事特别法规及判例 | 浙江绍兴 | 浙江公立法政专门学校法律科毕业 |
| 推事 | 熊阳荫 | 民事审判实务 | 湖南 | 湖南私立会通法政专门学校法科毕业 |
| 推事 | 王超 | 民事拟判及公证人法 | 江西安福 | 湖南私立会通法政专门学校法科毕业 |
| 推事 | 陈秉璋 | 民事法规概要 | 福建长乐 | 福建私立法政学校及前北京司法讲习所毕业 |
| 九江地院推事 | 徐建忠 | 民事强制执行法概要 | 江西临川 | 江西省立法政专门学校法律专科毕业 |
| 赣县地院院长 | 吴树基 | 刑事法规概要 | 浙江瑞安 | 日本明治大学专门部法律科毕业 |

续表

| 职别 | 姓名 | 讲授科目 | 籍贯 | 学历 |
| --- | --- | --- | --- | --- |
| 南昌地院推事 | 周日光 | 证据法 | 江西宜春 | 江西省立法政专门学校毕业法官训练所第二届毕业 |
| 南昌地院推事 | 张文瑞 | 民事强制执行 | 浙江诸暨 | 法官训练所第三届毕业 |
| 检察官 | 廖作梅 | 检察拟稿 | 江西南城 | 江西豫章法政专门学校法律科毕业 |
| 检察官 | 楼观光 | 非讼事件法 刑事政策 | 浙江诸暨 | 北京司法讲习所毕业 |
| 检察官 | 项雍 | 检察实务 | 湖北广济 | 湖北法政专门学校毕业 |
| 书记官长 | 韦毓玮 | 会计学概要及实务 | 江苏盐城 | 浙江公立法专毕业 |
| 监狱科主任 | 何绍休 | 公牍 | 江西临川 | 江西官立法政学堂讲习科修业 |
| 书记官 | 章维翰 | 公牍 | 浙江吴兴 | 江西优级师范博物选科毕业 |
| 兼事科主任 | 程展云 | 刑速记 | 江西南昌 | 江西省立法政专门学校法律别科 |
| 统计科主任 | 董秉勋 | 司法统计 | 江苏武进 | 江西省立法政专门学校毕业 |

资料来源：江西省高等法院附设审判官、书记官补习班第二期同学录 卷宗号 J033-2-00333，江西省档案馆。

由上表可见，教员包括江西高等法院院长梁仁杰、首席检察官钱谦、民庭长熊汇平、刑庭长邵潾、南昌地院院长郭德彰、赣县地院院长吴树基等，都是具有丰富实践经验的资深推检、书记官。

经上述筹备，第一期审判官、书记官补习班于 1936 年 10 月 1 日正式开班授课，管狱员班因审查合格人员人数未能足额，展延至 11 月 9 日才开始上课。第一期各班学员如下：

表1.12 江西高等法院附设审判官、书记官、管狱员补习班第一期学员名单

| 班　别 | 学　员　名　单 |
| --- | --- |
| 审判官班<br>（30人） | 朱贤斋　蔡启麟　史美文　吴运鸿　薛聿骧　王崇云　廖吉斋　辛信　雷迅　邱荣祖　李景稷　高齐缙　刘祖汉　胡屏广　车光汉　杨宝森　钟皓　陶球　郭超群　王阶平　廖立三　刘汝霖　熊可人　胡邦蔡　郑季濂　詹逸　余璋　危酒昌　陈沛霖　秦镜 |
| 书记官班<br>（50人） | 张国榦　陈位源　邹峰文　陈秉文　万兆麒　罗仲立　李桂鸣　杜黻　钟坚　龙益谦　陈道源　邓伯亮　廖慎修　舒政铎　邱德湘　廖振麟　陈瑛　丁伟　彭长启　欧阳濬　蔡衍尧　韦毓珑　唐彦祖　廖绵钰　张乃睢　刘侠　王俊　李景禽　喻之梅　曾上珍　徐祥麟　曾觉非　刘自新　熊继轩　胡祖茂　徐镇南　胡建谘　杨柳春　胡嗣虞　徐超　欧阳光　吴摹舜　焦景清　彭政清　张振中　王伯坚　吴琼玉　易松年　谌厚隆　熊冠群 |
| 管狱员班<br>（11人） | 吴家鼎　袁景新　刘子炎　鲁若参　胥庆韶　何时雨　梅棣春　文杰　郝焜　王正禧　胡枚 |

资料来源：地院开办审判官、管狱员、书记官补习班文件卷 卷宗号J018-3-01850,江西省档案馆。

经过四个月的学习,1937年1月底,各班进行毕业考试,30日书记官班、管狱员班考试完毕,31日审判官班考试完毕,由各科教员批改试卷。依成绩优劣,以抽签办法决定工作县份,分派第二期成立之24县司法处工作。并由江西高等法院将审判官抽签结果报司法行政部核准,加以任用。各班所有考试试卷一并报司法行政部备案。①

审判官班成绩为：甲等2名：朱贤斋、蔡启麟；乙等24名：史美文、吴运鸿、薛聿骧、王崇云、辛信、廖吉斋、邱荣祖、李景稷、高齐缙、刘祖汉、胡屏广、车光汉、杨宝森、雷迅、郭超群、陶球、钟皓、余璋、王阶平、廖立三、刘汝霖、秦

---

① 《司法人员补习班毕业学员将派往各地任用》,载《江西民国日报》1937年1月30日。

镜、熊可人、胡邦蔡;丙等3名:詹逸、郑季濂、危涵昌。管狱员班甲等1名,乙等8名,丙等1名。书记官班甲等6名,乙等33名,丙等9名。① 另外,三人因病缺考:审判官班陈沛霖、书记官班熊冠群、管狱员班王正禧。后经补考,陈沛霖79.28分,熊冠群75.95分。②

1937年2月7日上午10时,第一期补习班举行隆重毕业典礼。③典礼结束后,各学员分赴各地,筹备成立第二期县司法处。

表1.13　江西高等法院第一期审判官补习班毕业人员分发一览表

| 姓　名 | 分发县名及职务 | 备考 | 姓　名 | 分发县名及职务 | 备考 |
| --- | --- | --- | --- | --- | --- |
| 朱贤斋 | 奉新县司法处审判官 |  | 雷　迅 | 泰和县司法处审判官 |  |
| 蔡启麟 | 永修县司法处审判官 | 调南康 | 郭超群 | 万安县司法处审判官 |  |
| 史美文 | 德安县司法处审判官 |  | 陶　球 | 宜丰县司法处审判官 |  |
| 吴运鸿 | 大余县司法处审判官 | 调永修 | 钟　皓 | 瑞金县司法处审判官 |  |
| 薛聿骧 | 万载县司法处审判官 |  | 余　璋 | 莲花县司法处审判官 |  |
| 王崇云 | 星子县司法处审判官 |  | 王阶平 | 会昌县司法处审判官 | 调兴国 |
| 辛　信 | 金溪县司法处审判官 |  | 廖立三 | 兴国县司法处审判官 | 调会昌 |
| 廖吉斋 | 东乡县司法处审判官 |  | 刘汝霖 | 龙南县司法处审判官 |  |
| 邱荣祖 | 余江县司法处审判官 |  | 秦　镜 | 光泽县司法处审判官 |  |
| 李景稷 | 广丰县司法处审判官 |  | 熊可人 | 广昌县司法处审判官 |  |
| 高齐缙 | 黎川县司法处审判官 |  | 胡邦蔡 | 铜彭县承审员 |  |

① 《二期司法人员补习班毕业考试完毕》,载《江西民国日报》1937年2月4日。笔者说明:该报道题目有误,系"一期",非"二期",另外,报道内容中书记官甲等6名、乙等33名、丙等9名,乙等只列了32个名字,甲乙丙等相加48人,加缺考熊冠群,才49人,与50人不符。

② 地院开办审判官、管狱员、书记官补习班文件卷,卷宗号J018-3-01850,江西省档案馆。

③ 地院开办审判官、管狱员、书记官补习班文件卷,卷宗号J018-3-01850,江西省档案馆。

续表

| 姓 名 | 分发县名及职务 | 备考 | 姓 名 | 分发县名及职务 | 备考 |
|---|---|---|---|---|---|
| 刘祖汉 | 婺源县司法处审判官 |  | 詹 逸 | 万年县承审员 |  |
| 胡屏广 | 弋阳县司法处审判官 |  | 郑季濂 | 石城县承审员 | 调靖安 |
| 车光汉 | 信丰县司法处审判官 |  | 危迺昌 | 乐安县承审员 |  |
| 杨宝森 | 永丰县司法处审判官 |  | 陈沛霖 |  | 缺考 |

资料来源：江西高等法院呈　民国二十六年二月二十日，地院开办审判官、管狱员、书记官补习班文件卷　卷宗号 J018-3-01850，江西省档案馆。

郑季濂"祗因原籍县分，亲朋太多，处理司法诸多未便"，由石城改调靖安县承审员，蔡启麟"生长大余，办案不无窒碍"申请调南康；吴运鸿则申请调永修，廖立三因"籍隶于都，毗连兴国，亲友太多，为谋审判公平起见，请与阶平对调"。陈沛霖因病缺考暂未分发工作。①

书记官班学员派充如下：

表1.14　江西省第二期成立24县司法处主任书记官、书记官姓名清册

| 县别 | 职别 | 姓名 | 县别 | 职别 | 姓名 |
|---|---|---|---|---|---|
| 奉新 | 主任书记官 | 陈位源 | 余江 | 主任书记官 | 陈道源 |
|  | 书记官 | 丁伟 |  | 书记官 | 曾觉非 |
| 泰和 | 主任书记官 | 杜戬 | 弋阳 | 主任书记官 | 舒政铎 |
|  | 书记官 | 王柏坚 |  | 书记官 | 吴摹舜 |
| 永丰 | 主任书记官 | 邹峄文 | 广昌 | 主任书记官 | 廖绵钰 |
|  | 书记官 | 彭政清 |  | 书记官 | 欧阳光 |
| 兴国 | 主任书记官 | 刘侠 | 莲花 | 主任书记官 | 龙益谦 |
|  | 书记官 | 王嵩生 |  | 书记官 | 曾上珍 |

---

① 地院开办审判官、管狱员、书记官补习班文件卷　卷宗号 J018-3-01850，江西省档案馆。

续表

| 县别 | 职别 | 姓名 | 县别 | 职别 | 姓名 |
|---|---|---|---|---|---|
| 瑞金 | 主任书记官 | 熊继轩 | 东乡 | 主任书记官 | 钟坚 |
| | 书记官 | 杨柳春 | | 书记官 | 谌厚隆 |
| 会昌 | 主任书记官 | 彭长启 | 光泽 | 主任书记官 | 张乃䁖 |
| | 书记官 | 焦景清 | | 书记官 | 胡祖茂 |
| 信丰 | 主任书记官 | 邱德湘 | 婺源 | 主任书记官 | 陈瑛 |
| | 书记官 | 胡建谙 | | 书记官 | 张振中 |
| 万安 | 主任书记官 | 廖振麟 | 德安 | 主任书记官 | 罗仲立 |
| | 书记官 | 王俊 | | 书记官 | 刘自新 |
| 黎川 | 主任书记官 | 廖慎修 | 广丰 | 主任书记官 | 陈秉文 |
| | 书记官 | 胡嗣虞 | | 书记官 | 易松年 |
| 金溪 | 主任书记官 | 邓伯亮 | 龙南 | 主任书记官 | 李景禽 |
| | 书记官 | 徐镇南 | | 书记官 | 徐超 |
| 永修 | 主任书记官 | 万兆麒 | 大余 | 主任书记官 | 蔡衍尧 |
| | 书记官 | 韦毓珑 | | 书记官 | 吴琼玉 |
| 星子 | 书记官 | 李桂鸣 | 宜丰 | 书记官 | 欧阳潘 |

资料来源：江西高等法院呈 第1159号 民国二十六年四月十四日，筹设各县司法处呈部核派审判官暨转报成立日期卷 卷宗号J018－3－01961，江西省档案馆。

其中，除张国鞍另有任用，唐彦祖原派兴国自愿放弃，熊冠群缺考暂未派充等情外，第二期成立之奉新等24县司法处主任书记官、书记官，多由该补习班学员派充。

第二期补习班于1937年3月1日开班授课，管狱员班因人数过少，未能开班。审判官、书记官班学员如下：①

---

① 审判官班学员张銮，在《江西高等法院附设审判官、书记官第二期补习班同学录》（江西省档案馆 卷宗号J033－2－00333）中未见其名。

表 1.15　江西高等法院附设审判官、书记官、管狱员补习班第二期学员名单

| 班　别 | 学　员　名　单 |
|---|---|
| 审判官班<br>（30人） | 方国鎜　王言纶　王绍珪　江文福　江宗汉　任继武　朱梅春　吴道中　李家腾　彭年　李世标　金宝光　周邦杰　周景苏　周雍余　胡以谦　胡偁杰　樊甲　纪云章　陈政　过德刚　彭兆薰　张步吕　赵伯杞　刘耀南　龙会云　饶兆拯　魏炳翰　罗允怀　张銮 |
| 书记官班<br>（50人） | 文世荣　毛文博　孔宪尧　尹本邦　伍振德　余维诵　李珽　李仁　李国柱　李淮滨　何式宾　汪志先　吴树勋　周成章　周学谦　柯庭桂　胡德铨　胡福宝　胡耀庚　徐满球　徐豫之　徐时杰　徐煌瑞　陈绍藩　陈兴邦　陈能耀　汤焕城　黄安球　黄国屏　贺组时　杨不平　单蕴辉　万贤佶　张耀臣　虞素　裘有庚　赵涤凡　郑梦兰　熊世谨　熊植谋　蔡寿　刘慈　楼选青　缪家兴　缪仕潘　戴万煦　魏景莘　严养民　苏汉弘　李肃 |

资料来源：地院开办审判官、管狱员、书记官补习班文件卷　卷宗号 J018-3-01850，江西省档案馆。

1937 年 6 月底，第二期补习班补习期满，经考试，审判官第 19 名以前，书记官第 41 名以前，参加抽签，分发第三期成立之南丰等 22 县司法处工作。并于 1937 年 7 月 5 日上午八时在江西高等法院大礼堂举行毕业典礼。[①] 审判官学员派充如下：

表 1.16　江西高等法院第二期审判官补习班毕业人员分发一览表

| 姓名 | 分发县名及职务 | 姓名 | 分发县名及职务 |
|---|---|---|---|
| 李世标 | 南丰县司法处审判官 | 张步吕 | 资溪县司法处审判官 |
| 饶兆拯 | 峡江县司法处审判官 | 朱梅春 | 宁冈县司法处审判官 |
| 纪云章 | 新干县司法处审判官 | 吴道中 | 遂川县司法处审判官 |
| 彭　年 | 万年县司法处审判官 | 胡以谦 | 定南县司法处审判官 |

---

① 《司法人员训练班昨日举行毕业典礼》，载《江西民国日报》1937 年 7 月 6 日第七版。

续表

| 姓名 | 分发县名及职务 | 姓名 | 分发县名及职务 |
|---|---|---|---|
| 周雍余 | 瑞昌县司法处审判官 | 周景苏 | 上犹县司法处审判官 |
| 李家腾 | 宜黄县司法处审判官 | 赵伯杞 | 全南县司法处审判官 |
| 任继武 | 靖安县司法处审判官 | 王绍珪 | 石城县司法处审判官 |
| 陈 政 | 德兴县司法处审判官 | 江文福 | 安远县司法处审判官 |
| 胡侗杰 | 安福县司法处审判官 | 周邦杰 | 寻乌县司法处审判官 |
| 罗允怀 | 铜鼓县司法处审判官 | | |

资料来源:筹设县司法处卷 卷宗号 J018-3-02012,江西省档案馆。

1937年10月19日,江西高等法院将第三期成立南丰等22县司法处主任书记官、书记官呈报司法行政部备案。大多数为第二期书记官班学员。

表1.17 江西省第三期成立22县司法处主任书记官、书记官姓名清册

| 县别 | 职别 | 姓名 | 县别 | 职别 | 姓名 |
|---|---|---|---|---|---|
| 南丰 | 主任书记官 | 魏景莘 | 安福 | 主任书记官 | 鲁炳雯 |
| | 书记官 | 刘 慈 | | 书记官 | 李 琏 |
| 新余 | 主任书记官 | 蔡衍尧 | 安远 | 主任书记官 | 李 肃 |
| | 书记官 | 单蕴辉 | | 书记官 | 严养民 |
| 定南 | 主任书记官 | 徐煌瑞 | 石城 | 主任书记官 | 徐时杰 |
| | 书记官 | 彭焕静 | | 书记官 | 徐满球 |
| 寻乌 | 主任书记官 | 黄安球 | 宜黄 | 主任书记官 | 刘纯阶 |
| | 书记官 | 熊植谋 | | 书记官 | 萧业道 |
| 宁冈 | 主任书记官 | 尹本邦 | 铜鼓 | 主任书记官 | 何式宾 |
| | 书记官 | 徐豫之 | | 书记官 | 陈绍藩 |
| 全南 | 主任书记官 | 汤焕城 | 万年 | 主任书记官 | 余维诵 |
| | 书记官 | 熊世谨 | | 书记官 | 赵潋凡 |

续表

| 县别 | 职别 | 姓名 | 县别 | 职别 | 姓名 |
| --- | --- | --- | --- | --- | --- |
| 峡江 | 主任书记官 | 虞　素 | 瑞昌 | 主任书记官 | 吴树勋 |
| | 书记官 | 文世荣 | | 书记官 | 李淮滨 |
| 新干 | 主任书记官 | 胡福宝 | 遂川 | 主任书记官 | 毛文博 |
| | 书记官 | 梅焕德 | | 书记官 | 曾绍周 |
| 上犹 | 书记官 | 陈能耀 | 资溪 | 书记官 | 徐泮元 |
| 乐安 | 书记官 | 张耀臣 | 彭泽 | 书记官 | 楼选青 |
| 靖安 | 书记官 | 杨不平 | 德兴 | 书记官 | 苏汉弘 |

资料来源：江西高等法院呈　第379号　民国二十六年十月十九日，筹设县司法处卷　卷宗号J018-3-02012，江西省档案馆。

从各班报名情况，可管窥审判官、书记官与管狱员在社会中的地位。审判官班报名踊跃，而管狱员班第一期就因人员不足，延期开课，第二期更是无法开课。曾任南康县法院代理候补检察官胡毓昌，1936年10月8日具呈江西高等法院，恳请加入审判官补习班受训，并将原南康县法院任内制作之处分书及莅庭判词各一份附作证明。江西高等法院批复该员系政治经济科毕业，学历不符，未同意其申请。①

## 二、县司法处之流变

### （一）战区各县司法处的停办与战后的恢复

1938年6月，日寇入侵江西，从1938年6月22日马当—九江江防保卫战开始，至1939年3月南昌会战结束，赣北、赣西北大片国土沦陷，南昌市、

---

① 地院开办审判官、管狱员、书记官补习班文件卷，卷宗号J018-3-01850，江西省档案馆。

南昌县、新建、九江、湖口、彭泽、星子、德安、瑞昌、永修、安义、武宁等县市大部被日军占领,直至抗战胜利,日寇的殖民统治才瓦解。

表 1.18　江西北部各县城镇沦陷日期

| 城镇名称 | 沦陷日期 | 城镇名称 | 沦陷日期 |
| --- | --- | --- | --- |
| 彭泽县城 | 1938 年 7 月 1 日 | 永修县城 | 1939 年 3 月 21 日 |
| 湖口县城 | 1938 年 7 月 5 日 | 安义县城 | 1939 年 3 月 22 日 |
| 九江县城 | 1938 年 7 月 26 日 | 奉新县城 | 1939 年 3 月 23 日 |
| 星子县城 | 1938 年 8 月 21 日 | 靖安县城 | 1939 年 3 月 24 日 |
| 瑞昌县城 | 1938 年 8 月 25 日 | 武宁县城 | 1939 年 3 月 28 日 |
| 德安县城 | 1938 年 10 月 28 日 | 南昌市 | 1939 年 3 月 29 日 |

资料来源:《江西统计月刊》1939 年第 2 卷第 8 期,第 54 页。

鉴于沦陷区域的司法事务实际上陷于停顿状态,1938 年 12 月 23 日,江西高等法院训令星子、德安、永修、瑞昌、武宁、彭泽、湖口等 7 县司法处及监所暂行停办,1939 年 5 月,安义、奉新、靖安、高安等 4 县司法处及监所暂行停办。未沦陷区域司法事务则由县政府兼理。①

1938 年 7 月,九江地方法院停办,原驻扎于九江的江西高等法院第二分院则辗转迁移,先后搬迁至武宁、修水、余干、金溪、光泽,最后驻扎于金溪。1939 年 3 月,南昌地方法院停办。1938 年 8 月 7 日江西高等法院迁往泰和,1939 年 9 月 26 日迁至兴国,1945 年 11 月 1 日才从兴国迁回南昌。②

1938 年 11 月 30 日,江西省政府临时会议通过了《江西省游击战区县份行政调整办法》和《江西省游击战区县份县政府组织经费概算表》。《江西省游击战区县份行政调整办法》第十五条规定:"司法处及监所暂行停办,所

---

① 江西省府函送游击战区县份行政调整办法卷,卷宗号 J018-3-00995,江西省档案馆。
② 江西省法院志编纂委员会编:《江西省志·江西省法院志》,方志出版社 1996 年版,第 15 页。

有该县司法事宜,由高等法院委托县长代办,得设承审员一人,司法书记一人,由县长自行选用,报请高等法院备案,人犯得解送邻近县份监所寄押。"依照《江西省游击战区县份县政府组织经费概算表》,承审员按委任十一级,每月额支数80元(实发50元),司法书记每月额支数34元(实发34元)。1939年6月27日,第1187次省务会议修正通过《修正江西省游击战区县份行政调整办法》和《修正江西省游击战区县份县政府组织经费概算表》,司法书记一职取消,改为"并得指派雇员兼理司法书记事务"。①

游击战区第一审由县政府兼理,第二审则由巡回审判负责。② 1938年12月15日,司法院公布《战区巡回审判办法》,1939年8月18日公布《战区巡回审判民刑诉讼暂行办法》。1939年8月28日,修正的《江西省战区巡回审判办法施行细则》明确了南昌、九江等14县为战区,并将其分为两区,这样,江西战区巡回审判区最终划定。1945年12月24日,司法院颁布废止战区巡回审判办法及战区巡回审判民刑诉讼暂行办法的751号令,战区巡回审判历史使命终结。③

表1.19　江西省第二审巡回审判管辖区域表

| 区　别 | 管　辖　区　域 |
| --- | --- |
| 巡回审判第一区 | 6县:九江、南昌、星子、德安、湖口、彭泽 |
| 巡回审判第二区 | 8县:新建、武宁、瑞昌、安义、靖安、永修、奉新、高安 |

资料来源:司法院编印《司法院最近工作概况》附表二"战区各省第二审巡回审判管辖区域表",民国二十九年三月。上海图书馆藏。

抗战胜利后司法复员,原先停办的奉新、靖安等11县司法处于1946年年初陆续恢复。

---

① 江西省府函送游击战区县份行政调整办法卷,卷宗号J018-3-00995,江西省档案馆。
② 关于江西战区巡回审判体系、实践与评析,参见孙西勇著:《抗战时期江西战区巡回审判研究》,中国政法大学出版社2016年版。
③ 部令发战区巡回审判办法卷,卷宗号J018-3-00996,江西省档案馆。

表 1.20　抗战胜利后江西省恢复办公之县司法处一览表

| 县司法处 | 恢复办公时间 | 主任审判官姓名 | 县司法处 | 恢复办公时间 | 主任审判官姓名 |
|---|---|---|---|---|---|
| 奉新 | 1946年1月21日 | 楼显康 | 星子 | 1946年2月19日 | 刘 舫 |
| 靖安 | 1946年1月21日 | 张 汉 | 彭泽 | 1946年2月24日 | 郜 骧 |
| 永修 | 1946年1月27日 | 金 干 | 德安 | 1946年2月27日 | 熊世珍 |
| 高安 | 1946年1月29日 | 聂赓飏 | 武宁 | 1946年3月16日 | 吴镜明 |
| 瑞昌 | 1946年2月1日 | 朱汾颐 | 湖口 | 1946年4月28日 | 朱炽昌 |
| 安义 | 1946年2月1日 | 熊人叙 | | | |

资料来源：星子县司法处审判官书记官任免卷　卷宗号 J018-1-00820；审判官呈部请派卷　卷宗号 J018-1-01673；永修县司法处审判官书记官任免卷　卷宗号 J018-1-00743；瑞昌县司法处审判官书记官任免卷　卷宗号 J018-1-00728；武宁县司法处审判官书记官任免卷　卷宗号 J018-1-00818；审判官呈部请派卷　卷宗号 J018-1-01652；安义县司法处审判官书记官任免卷　卷宗号 J018-1-00912；安义县司法处审判官书记官任免卷　卷宗号 J018-1-00654；奉新县司法处审判官书记官任免卷　卷宗号 J018-1-00765；靖安县司法处审判官书记官任免卷　卷宗号 J018-1-00778；高安县司法处审判官书记官任免卷　卷宗号 J018-1-00686；江西省档案馆。

### （二）部分县司法处改设法院

县司法处设置的最终目的，是为改设地方法院做准备。从1940年至1948年，江西省依据诉讼繁简，先后将南康、宁都等17所县司法处改设成地方法院。

至1948年年底，江西省设有高等法院1所；高等法院分院6所，即赣县、九江、吉安、河口、宜春、南城分院；地方法院26所，即原先的南昌、河口、九江、吉安、赣县、临川、鄱阳、浮梁、袁宜等9所地方法院，加上表中17所由县司法处改设之地方法院；县司法处52所。

江西高等法院在设置县司法处的同时，也详拟计划，拟将本省分期改设之县司法处，分三期改设为正式法院。江西高等法院积极筹备，与江西省政

表 1.21 县司法处改设地方法院一览表

| 改设时间 | 地方法院名称 | 数量 | 备注 |
| --- | --- | --- | --- |
| 1940 年 4 月 1 日 | 南康、宁都、兴国、黎川 | 4 | 至 1948 年底,江西省设有高等法院分院 6 所、地方法院 26 所、县司法处 52 所。 |
| 1942 年 11 月 1 日 | 泰和 | 1 | |
| 1944 年 10 月 15 日 | 大余 | 1 | |
| 1944 年 10 月 20 日 | 金溪 | 1 | |
| 1944 年 11 月 1 日 | 萍乡 | 1 | |
| 1947 年 12 月 1 日 | 丰城、上饶、贵溪、南城、清江 | 5 | |
| 1948 年 12 月 1 日 | 玉山、广丰、永新、信丰 | 4 | |

资料来源:江西省法院志编纂委员会编《江西省志·江西省法院志》北京:方志出版社 1996 年 10 月第 1 版,第 15—16 页;江西省档案馆:J018-3-02912 萍乡司法处审判官、书记官任免卷;J018-3-00485 泰和县司法处审判官、书记官任免卷;J018-3-00342 兴国县司法处审判官、书记官任免卷;J018-1-01442 各机关概况调查表卷;J018-6-00048 各机关概况调查卷;J018-1-01479 江西高等法院等机关概况调查表。

府会商改设地方法院之经费。① 计划从 1938 年 1 月 1 日起,以半年为一期,预计最迟至 1939 年 6 月末止,可一律改设就绪。1937 年 5 月 8 日,江西高等法院将筹设地方法院之经费预算和分期进行参照表,呈报司法行政部备核。后来抗战的爆发,使这一计划成了具文。

表 1.22 江西高等法院分期筹设地方法院计划

| 期别 | 成立县名 | 备考 |
| --- | --- | --- |
| 第一期 | 1937 年 7 至 12 月为第一期计拟成立后列 11 县:丰城、高安、萍乡、南康、宁都、都昌、武宁、永新、上饶、南城、贵溪。 | 每县均单独设立地方法院一所,计数 11 所,如在第一期内限于经费不能全行成立,则拟先设丰城、高安、南康、上饶、贵溪五处,余俟展期筹设。 |

---

① 《高等法院决分三期完成全省地院组织》,载《江西民国日报》1937 年 4 月 30 日第六版。

续表

| 期 别 | 成立县名 | 备 考 |
| --- | --- | --- |
| 第二期 | 1938年1至6月为第二期计拟成立后列16县：清江、进贤、余江、万载、于都、大余、星子—德安、乐平、永修、修水、玉山、广丰、黎川—光泽、余干。 | 除星子与德安合并设立星德地方法院。又黎川与光泽合并设立黎光地方法院外，余均单独设立，共计成立地方法院14所。 |
| 第三期 | 1938年7至12月为第三期计拟成立后列21县：东乡、崇仁、安义、奉新、上高、信丰、兴国、崇义—上犹、龙南—定南—全南、彭泽—湖口、吉水、永丰、万安、泰和、弋阳、南丰、金溪。 | 除崇义与上犹合并设立崇犹地方法院，又龙南定南全南三县合并设立三南地方法院暨彭泽与湖口合并设立彭湖地方法院外，余均单独设立，共计成立地方法院17所。 |
| 第四期 | 1939年1至6月为第四期计拟成立后列23县：宜黄、靖安、宜丰、铜鼓、万年、安远、瑞金、石城、会昌—寻乌、瑞昌、婺源、安福、乐安、新干—峡江、新余、遂川、莲花—宁冈、广昌、资溪、德兴。 | 除会昌与寻乌合并设立寻会地方法院，又新干与峡江合并设立干峡地方法院暨莲花宁冈合并设立莲冈地方法院外，余均单独设立，共计成立地方法院20所。 |
| 附注 | (1)1937年上半年度应于宜春筹设江西高等法院第五分院，并将高四分院由河口移设贵溪，因贵溪为浙赣路所经又系京赣路之终点，地较河口适中，故以移设为宜。<br>(2)本省未成立地方法院县份尚有71县，拟定每半年为一期，分四期逐渐筹设，以单独设立为原则，以合并设立为特殊例外，计应成立地方法院62所，内有宜黄、靖安、宜丰、铜鼓、万年、安远、石城、瑞昌、乐安、新余、广昌、资溪、德兴等县可照部定最低限度数额编列预算(月需946元)，余则按实际情况分别酌编。 | |

资料来源：江西高等法院呈 发文字第1283号，民国二十六年五月八日，分期筹设地方法院计划卷 卷宗号J018-3-01945，江西高等法院。

表 1.23 各省第一期改设县司法处一览表

| 省别 | 原兼理司法县数 | 第一期改设县司法处县数 | 备考 |
| --- | --- | --- | --- |
| 山东 | 83 | 83 | 于本年七月一日全数改设完竣 |
| 湖北 | 54 | 54 | 于本年七月一日全数改设完竣 |
| 河南 | 100 | 28 | |
| 湖南 | 66 | 14 | |
| 福建 | 57 | 19 | |
| 甘肃 | 53 | 53 | 于本年七月一日全数改设完竣 |
| 陕西 | 88 | 28 | 已据报先筹设19县尚有9县仍饬于本年十二月末日以前改设就绪 |
| 安徽 | 52 | 17 | |
| 山西 | 97 | 18 | |
| 江西 | 73 | 25 | |
| 浙江 | 43 | 8 | |
| 四川 | 141 | 28 | |
| 青海 | 13 | 6 | |
| 绥远 | 13 | 2 | |
| 宁夏 | 1 | 1 | |
| 江苏 | 51 | | 免改设县司法处即分期改设地方法院 |
| 河北 | 119 | | 呈准第一期暂缓半年设立 |
| 察哈尔 | 14 | | 呈准第一期暂缓半年设立 |
| 贵州 | 78 | | 经费商未与省政府商定 |
| 广西 | 77 | | 尚未据报惟该省各县原设审判官与县司法处略似 |
| 云南 | 106 | | 尚未据报 |
| 新疆 | 57 | | 尚未据报 |
| 广东 | 无 | | |
| 合计 | 1436 | 384 | 第一期改设县数至迟应于本年十二月末日以前办理完竣 |

资料来源：王用宾:《二十五年来审检制度之变革》,载《中华法学杂志》1936年新编第一卷第2期。

广东省早在1921年就完成了地方审判厅和各县地方分庭的普遍设立，至1935年，地方分庭改组为地方分院基本完成。① 从上表可见，至1936年年底，各省第一期改设县司法处共384所。1937年年底，各省设置县司法处计757所，②至1940年3月，设置县司法处计896所。③ 至1946年，"除新疆情形特殊外，其余各省，共设县司法处1318所"。④

1938年至1947年各年度共计增设县司法处、地方法院各446所，具体设置数目如下表所示：

表1.24 民国二十七年（1938年）至三十六年（1947年）增设县司法处、地方法院统计表

| 年度 | 县司法处 | 地方法院 | 年度 | 县司法处 | 地方法院 |
| --- | --- | --- | --- | --- | --- |
| 1938 | / | 10 | 1943 | 35 | 1 |
| 1939 | 17 | 15 | 1944 | 41 | 18 |
| 1940 | 35 | 14 | 1945 | 125 | 134 |
| 1941 | 13 | 48 | 1946 | 135 | 143 |
| 1942 | 20 | 7 | 1947 | 25 | 56 |

说明：包括抗战胜利后光复改组各法院在内。

资料来源：谢冠生编：《战时司法纪要》，台北："司法院"秘书处，1971年6月重印，第5页。

"县司法处之设立，所以健全第一级审判机关，树立司法独立之基础，为将来设立地方法院之过渡办法。"⑤县司法处设立以后，承办了大量的民刑

---

① 欧阳湘著：《近代中国法院普设研究：以广东为个案的历史考察》，知识产权出版社2007年版，第181、236页。
② 《司法院第一次工作报告》民国二十七年七月编，关于司法院工作报告卷，卷宗号J018-8-00270，江西省档案馆。
③ 司法院编印：《司法院最近工作概况》附表一"各省法院及新监狱看守所设置数目表"民国二十九年三月，上海图书馆藏。
④ 汪楫宝著：《民国司法志》，商务印书馆2013年版，第17页。
⑤ 张志岩：《泛论县司法处》，载《江西民国日报》1937年6月23日第1版。

第一审案件,为司法人才的成长提供了历练的基地,也为改设地方法院奠定了坚实的基础。以江西省为例,司法处设立前,地方法院只有9所,而由县司法处改设之地方法院则达17所,大约为直接设置地方法院的两倍。

审检所、司法公署存在的时间过于短暂,范围也小,在司法实践中难以留下过多的痕迹,而县司法处则逐步取代兼理司法县政府,成为南京国民政府中后期县级基层司法体制的主要形式,在司法实践中发挥了重要的作用。

# 第二章　县司法处的编制、待遇与考绩

县司法处存在的时间正是近代中国社会剧变之期，司法经费随时局而变化，司法人员编制也有增减。司法人员的待遇因物价上涨，有一个动态的变化过程。对公职人员的监督与考绩，是行政管理的应有之义。

## 第一节　编制与职责

### 一、编制

按照《县司法处组织暂行条例》的规定，县司法处人员设置包括（主任）审判官、（主任）书记官、检验员、录事、执达员、法警、庭丁，但相关法规并无人员编制的具体员额，各司法年度，由江西高等法院根据各县诉讼繁简，编制经费预算，进行员额调整。审判官、书记官、检验员由高等法院遴选派用，录事、执达员、法警、庭丁，由县长商同审判官派充或雇用，并将名额呈报高等法院备案。1945年以后，部分县司法处还增设了会计员一员，为委任待遇。

表2.1　县司法处编制表

| 职别 | 主任审判官 | 审判官 | 主任书记官 | 书记官 | 检验员 | 录事 | 执达员 | 法警 | 庭丁 |
|---|---|---|---|---|---|---|---|---|---|
| 员额 | 1 | 1 | 1 | 1 | 1 | 2—3 | 2—4 | 2—4 | 1—2 |

县司法处上隶高等法院,下辖看守所,看守所编制包括管狱员(或看守所所长)1人、主任看守1人、医士1人、看守若干、守丁1—2人。

1936年至1937年抗战爆发前,江西各县司法处设审判官1员,主任书记官1员、书记官1员。检验员、录事、执达员、法警、庭丁按上表编制满员设置。抗战爆发后,1937年9月,国民政府颁发《国难时期各项支出紧缩办法》,规定除军务、国防、使领馆等机关,其余党政机关经费一律按原预算七成支发,在紧缩机关的同时实行人员疏散。① 依据该办法,司法行政部于1937年10月1日颁发"本部所属各机关疏散人员办法"训令,规定各司法机关如有疏散人员之必要,则须慎重将事,斟酌尽善,以昭公允,应就各员事务繁简、资历深浅、能力高下、成绩优劣、奖惩有无、是否党员、是否预算外开支等等,通盘筹划,分别情形,呈部核定。②

依照上项办法,江西各县司法处除万年、万安、修水、崇仁、永修、宁都、宜丰、乐平、铜鼓、高安、南城、金溪、瑞昌、靖安、石城、清江、吉水、丰城、新干、湖口、弋阳等21县司法处呈报并无疏散人员外,③其余各县司法处多有人员疏散。未疏散人员之各县司法处,情形各异,高安县司法处呈报每月所收民刑案件不下三四十件,事务繁重,无法疏散;宜丰县司法处也是"本处人员原不敷用,势难疏散";永修县司法处则呈报"本处及监所在职员警,幸均能本体时艰,本为国服务之精神,遵照节流方案支领薪金,共度难关"。④

---

① 《国难时期各项支出紧缩办法》,载《四川高等法院公报》1937年第30期。
② 司法行政部训令 第5856号,《四川高等法院公报》1937年第30期。
③ 院衔指令第3977号 民国二十六年十一月十八日,各县司法处职员疏散卷,卷宗号J018-3-02883,江西省档案馆。
④ 各县司法处职员疏散卷 卷宗号J018-3-02883,江西省档案馆。

表 2.2　江西省光泽县司法处疏散人员表

| 疏散人员姓名 | 职别 | 性别 | 年龄 | 籍贯 | 是否党员 | 分配事务 | 资历 | 能力 | 成绩 | 奖惩 |
|---|---|---|---|---|---|---|---|---|---|---|
| 张仲毅 | 书记官 | 男 | 未详 | 未详 | | 尚　未　到　职 | | | | |
| 周得胜 | 法警 | 男 | 41 | 临川 | | | | | | |
| 秦方保 | 法警 | 男 | 23 | 南昌 | | | | | | |
| 黄荣发 | 看守 | 男 | 30 | 南城 | | | | | | |
| 张玉珍 | 女看守 | 女 | 35 | 湖北 | | | | | | |
| 雷和云 | 所丁 | 男 | 20 | 光泽 | | | | | | |

资料来源：光泽县司法处呈，发文字第 3552 号，民国二十六年十一月三日，各县司法处职员疏散卷　卷宗号 J018-3-02883，江西省档案馆。

也有自行呈请停薪留资者。1938 年 8 月，广丰县司法处主任书记官陈秉文即以薪水七折八扣所剩无多，"诚难枵腹从公"。况幼弟调服兵役，老母忧思成疾，全家妇孺乏人主持，呈请停薪留资。① 江西高等法院批准了其请求。

1941 年开始，江西高等法院在讼案比较繁重的县份增设一名主任审判官，尤其是 1944 年特种刑事案件划归普通司法机关管辖后，各县司法处讼案大增，增设一名主任审判官势所必然。

表 2.3　江西各县司法处增设主任审判官时间一览表

| 时　间 | 机　　　关 | 机关数 |
|---|---|---|
| 1941 年 | 清江　丰城　贵溪　上饶　南城　萍乡 | 6 |
| 1944 年 | 玉山 | 1 |

---

① 快邮代电　民国廿七年八月十四日，各县司法处职员疏散卷　卷宗号 J018-3-02882，江西省档案馆。

续表

| 时间 | 机　　关 | 机关数 |
|---|---|---|
| 1946年 | 进贤 万载 修水 永新 上高 余干 于都 乐平 崇仁 都昌 永丰 瑞金 会昌 信丰 宜丰 余江 广昌 莲花 东乡 婺源 广丰 龙南 新余 寻乌 安福 遂川 宜黄 南丰 铜鼓 万年 德兴 武宁 永修 德安 瑞昌 高安 安义 靖安 奉新 湖口 星子 彭泽 | 42 |
| 1947年 | 吉水 峡江 乐安 万安 新干 上犹 资溪 光泽 弋阳 全南 石城 崇义 安远 宁冈 定南 | 15 |

资料来源:三十四年度机关组织暨员工人数年报表　卷宗号J018-4-03245;本院三十五年度机关组织暨员工人数年报表　卷宗号J018-4-03246;江西省档案馆。附表一:江西各县司法处审判官任期一览表。

从编制总数上来看,1945年12月底,江西省共设县司法处52所附设看守所51所,共103个机关,职员1350人,工人103人。① 1946年12月底,县司法处63所附设看守所63所,共126个机关,职员1668人,工人126人。②

## 二、职责

县司法处人员的权限与职责分述如下:

审判官:《县司法处组织暂行条例》规定:"县司法处置审判官,独立行使审判职务。审判官有二人以上时,以一人为主任审判官"(第三条)。审判官由高等法院院长遴选符合资格者呈请司法行政部核派,为荐任待遇。县司法处审判事务受高等法院或其分院院长监督。根据1932年1月27日司法行政部呈准公布,并于同日施行的《司法官任用回避办法》,各省区高等以下法院院长、首席检察官不得以本省本区人充任,各县司法处审判官应比照司

---

① 三十四年度机关组织暨员工人数年报表　卷宗号J018-4-03245,江西省档案馆。
② 本院三十五年度机关组织暨员工人数年报表　卷宗号J018-4-03246,江西省档案馆。

法官回避本县。① 审判官关于审判事项所拟命令或通知，应由主任审判官判行，审判官主办案件，其裁判及文件，应由主任审判官核阅。② 1943 年 9 月 28 日修正公布《县司法处组织暂行条例》第九条条文："县司法处行政事务，由审判官处理之，审判官有二人以上者，由主任审判官处理之。"③ 行政事务由县长兼理改为由审判官处理。

县长：《县司法处组织暂行条例》规定："县司法处检察职务，由县长兼理之"（第四条），"县司法处行政事务，由县长兼理之"（第九条）。县司法处检察职务，受高等法院或其分院首席检察官监督，县司法处司法行政事务，受高等法院院长监督。县长在县司法处的地位，是以兼理检察职务资格并兼理司法行政事务，与法院院长以推事而兼理法院行政事务相类似。法院院长兼理推事职务，不具有监督检察官之职权，县长也不能以兼理检察职务，而具有监督审判官之职权。县长、审判官各自直接受上级长官的监督。审判官不受县长之监督，县长并非审判官之长官。县长兼理行政事务，系指司法处事务属于行政性质者由县长兼职，并非漫无限制、任意扩张。④

书记官：掌理纪录、编案、文牍、统计、会计、收费、收发文件、编订卷宗、经售印状纸、保管档卷等各项事宜，有二人以上时，以一人为主任书记官。1936 年 6 月 22 日公布的《县司法处书记官任用规则》，规定书记官任用资格为："一、依法有法院书记官资格者；二、经普通考试及格者；三、曾任法院书记官者；四、专科以上学校毕业者；五、在公私立高级中学、旧制中学或其他同等学校毕业，现任或曾任各县司法公署书记官或各县司法书记员一年

---

① 关于奉令司法人员回避本籍的令，卷宗号 J018-8-00040，江西省档案馆。

② 核示主任审判官权责令，司法行政部指令，指字第 5627 号，民国二十六年三月六日，载《法令周刊》1937 年第 351 期。

③ 行政院、江西省政府关于外交、司法工作的组织法、条例、函 卷宗号 J016-3-03614，江西省档案馆。

④ 《解释县司法处组织暂行条例疑义令》，司法行政部指令 指字第 15702 号 民国二十六年六月二十二日，载《法令周刊》1937 年第 367 期。

以上者;六、现任或曾任法院候补书记官及学习书记官继续服务一年以上者;七、现任或曾任法院或司法行政机关录事服务三年以上而成绩优良者"(第二条),县司法处书记官,由高等法院院长遴选委派,并呈报司法行政部备案(第三条)。① 1937年9月20日该条条文修正为:县司法处书记官,由高等法院院长,会同首席检察官,遴选委派,并呈报司法行政部备案。②

县司法处印信由书记官承县长之令保管。所有文件,署名处为"某县县长兼理县司法处检察职务"或"某县县长兼理县司法处行政事务",并盖用司法处印信。但审判官独立行使职权,盖用司法处印信时,无须得县长之许可。③

录事:协助主任书记官及书记官办理各项事务,以缮写为其专责。

检验员:中国古代刑事检验向由仵作处理,随着近代医学的发展,显然不足以应对实际的需要。司法行政部曾于1932年在上海筹设法医研究所,培养法医人才。④《法医研究所练习生章程》规定,练习生所学科目有国文、刑事法大意、外国语、毒化学、卫生常识、生理解剖常识、病理常识、法医学概论、检验择要、救急处置及实习。⑤ 县司法处检验员作为委任职专门技术人员,其任用资格适用于《技术人员任用条例》第四条关于委任职技术人员各款所规定的资格,例如"经普通考试各种技术人员(检验员)考试及格或与普通考试相当之特种技术人员考试及格者"等。⑥ 检验员主要职责在于检验

---

① 《县司法处书记官任用规则》,载《司法公报》1936年第123期。
② 《修正县司法处书记官任用规则第三条条文》,载《四川高等法院公报》1937年第30期。
③ 司法行政部指令 指字第21402号,载《司法公报》1936年第141期。
④ 李光夏编著:《法院组织法论》,上海大东书局1946年11月再版,第106页。
⑤ 《法医研究所练习生章程》民国二十一年十二月三十日司法行政部指令法医研究所第22752号,载国民政府司法院参事处编:《新订国民政府司法例规》第1册,1940年10月,第387—388页。
⑥ 《技术人员任用条例》,民国二十四年十一月八日国民政府公布同日施行,载国民政府司法院参事处编:《新订国民政府司法例规》第1册,1940年10月,第380—381页。

尸伤及民刑案件鉴定事项等。

执达员：送达文件，包括裁定、判决、命令、传票、非讼事件文件及一切通知书，强制执行事件之查封拍卖，执行拘票、拘提民事被告人，送达判词，通知催传等。

法警：搜索证据、逮捕人犯、解送人犯、送达刑事诉讼文件、取保传人等事项。

庭丁：开庭时传唤诉讼当事人及证人，引至法庭之中，讯问完毕，引于法庭之外，并受审判官之命令执行法庭内其他事务。

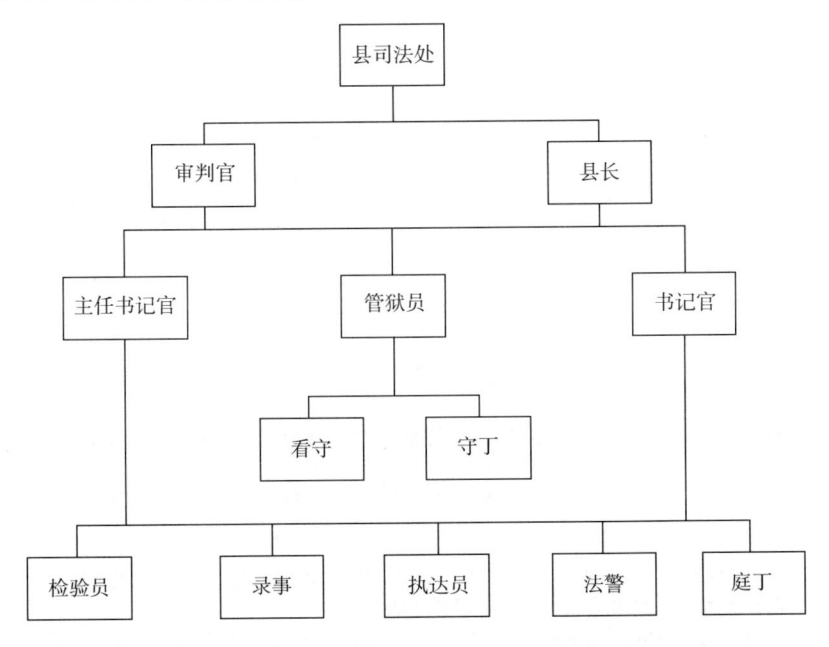

图2.1 县司法处司法行政系统

```
                    县司法处
                   ┌────┴────┐
                 审判官      县长
                   │
         ┌─────────┼─────────┐
      主任书记官  管狱员    书记官
                   │
              ┌────┴────┐
             看守      守丁

  检验员  录事  执达员  法警  庭丁
```

《县司法处组织暂行条例》规定："县司法处处务规程，由高等法院拟订，呈请司法行政部核准行之"（第十二条），江西高等法院据此拟订了《江西各县司法处暂行处务规程》及《江西各县司法处暂行办事细则》,呈请司法行政部核准并施行。《江西各县司法处暂行处务规程》四章二十六条,第十条将县长、审判官请假事宜规定为,"县长因事故不能执行职务时,得以县政府曾习法律学科三年以上之秘书或科长代行其检察职务,并呈报高等法院备查。主任审判官因事故不能执行职务时,得以审判官暂行兼代其职务,审判官因事故不能执行职务时,得由主任审判官暂兼办其职务,并呈报高等法院备查。其不设主任审判官之县,如审判官因事不能执行职务,应随时呈请高等法院核夺办理。"①该条末段"应随时呈请高等法院核夺办理",经呈请司法行政部,后修改为"得由县长暂行兼代并呈明高等法院备案,但时期在十五日以上者应呈请高等法院核办。"②

《县司法处组织暂行条例》第十三条规定,"本条例施行期间以三年为限",原计划三年内将所有改设之县司法处一律改设为地方法院,抗战的爆发打乱了原定计划。三年期限将至之际,1939年4月5日,国民政府训令《县司法处组织暂行条例》施行期间自民国二十八年四月九日起,延长三年,1942年4月3日再次训令自民国三十一年四月九日起,再予延长三年。③1944年9月23日该法修正公布,去掉"暂行"二字,改称《县司法处组织条例》。

在1947年11月召开的全国司法行政检讨会议上,县司法处再次成为讨论的焦点之一。有关健全各县司法机构的议案共十三件,最后决议:(一)

---

① 《江西各县司法处暂行处务规程》,江西省政府拟发抄发的县司法处组织条例、办事细则、审判规程,卷宗号 J016-3-03546,江西省档案馆。
② 司法行政部指令 指字第29424号 民国二十五年十二月二十三日,载《司法公报》1937年第160期。
③ 行政院、江西省政府关于外交、司法工作的组织法、条例、函 卷宗号 J016-3-03614,江西省档案馆。

三年内所有县司法处一律改设法院；（二）县司法处改设法院前，县长不再兼检察职务；（三）上项检察人员之名称，由司法行政部酌定。① 但急剧变化的时局再次使这一决议成为泡影。

## 第二节 待 遇

民国时期，司法职员的薪酬是一个变化的过程，②在抗战前，基本上只有俸薪一项收入，1941 年以后，增设了司法人员补助俸、战时生活补助费，以及其他补贴。

### 一、县司法处职员薪酬

**（一）俸 薪**

县司法处设置之初，职员俸薪③在国家法规中无章可寻，《法院书记官

---

① 《司法行政检讨会议在京举行》，载《法律评论》1947 年第 15 卷第 11 期。
② 探讨民国时期司法人员薪酬问题的论文不多，且有的观点相左：杨天宏的《民国时期司法职员的薪俸问题》（载《四川大学学报（哲学社会科学版）》2010 年第 2 期），该文侧重于探讨北洋时期及南京国民政府初期司法职员的薪俸问题，认为待遇不菲；张仁善的《论司法官的生活待遇与品德操守——以南京国民政府时期为例》（载《南京大学法律评论》2002 年春季号）则持相反观点，认为司法官的待遇菲薄，妨碍了司法官品行操守的养成；尹伟琴的《南京国民政府前期基层司法官员薪酬考》（载《学术界》2010 年第 1 期）基于龙泉地方法院档案，对 1928 至 1935 年间地方法院司法官员的薪酬进行了考证并评述；曾代伟、孙西勇的《抗战时期战区巡回审判经费筹措考略：以 1939—1940 年江西战区为例》（载《河北法学》2015 年第 2 期）考察了江西战区巡回审判职员的薪俸，认为待遇不低。
③ 民国时期司法人员薪酬统称"俸薪"，具体名称不一：审判官以上为"俸给"，书记官、录事、检验员、执达员为"薪水"，法警、庭丁为"工饷"。本文一律称为"俸薪"。另县长兼职并不兼薪。

官俸暂行条例》(1935年2月8日)、《司法官官俸发给细则》(1936年6月22日)、《暂行法官及其他司法人员官等官俸表》(1937年3月8日国民政府公布、同年7月1日施行),对县司法处人员的俸薪都未有规定。笔者在江西省档案馆查阅了不少有关司法经费问题的案卷,也未发现相关的级俸比叙表、指令或解释。但"审判官既以荐任待遇,则气廪所以称事,其俸额须视承审员所支者较高,他项人员之待遇,亦须酌予改进。"所需增加之经费,由各高院与省府切商筹拨。①

在1936年度江西省县司法处经费岁出概算书、江西高等法院编制的1940年江西省司法经临费概算书,②以及1937年、1938年各县司法处职员考绩表中,③都明确记载着1936年至1940年间县司法处职员俸薪待遇。列表如下:

表2.4 县司法处职员俸薪表

| 职别\薪俸 | 审判官 | 主任书记官 | 书记官 | 录事 | 检验员 | 执达员 | 法警 | 庭丁 |
|---|---|---|---|---|---|---|---|---|
| 俸额(元) | 100 | 40 | 30 | 16 | 12 | 10 | 8 | 8 |
| 实支(元) | 70 | 28 | 21 | 11.20 | 8.40 | 7 | 5.60 | 5.60 |

审判官、书记官的俸薪,比兼理司法县政府下的承审员(月支80元)、书记(月支16元)有所提高,雇员俸薪则未有变化。同一时期,县地方法院推事、检察官叙荐任11级至1级(200—400元),书记官叙委任13级至3级

---

① 《司法院通令所属改进县司法组织》,载《中央周报》1936年第413期。
② 筹设备县司法处呈部核派审判官暨转报成立日期卷,卷宗号 J018-3-01961;中华民国二十九年度江西省司法经临费岁出概算书,卷宗号 J018-6-03972,江西省档案馆。
③ 江西上高、崇仁、金溪、万载等县司法处人员考绩表,卷宗号 J018-1-01885;二十七、二十八年各县司法处职员考绩表,卷宗号 J018-3-00797,江西省档案馆。

（75—160元）；县地方法院分院推事、检察官叙荐任12级至1级（180—400元），书记官叙委任15级至3级（65—160元）。①

抗战爆发后，因战事开支浩繁，江西省政府遵照行政院令，从1937年11月起，各机关经费一律七折发给，②另外普扣两成救国公债，是谓七折八扣，书记官以下因俸额不足35元之基本生活费，在实际操作中，往往按俸额实发，但两成公债照扣。因经费支绌，江西省约2/3的县司法处依照司法行政部所订疏散人员办法，紧缩员警，节省经费，以渡难关。③

1941年开始，司法经费划归中央统一管辖，县司法处经费也改归国库负担，由司法行政部编制预算。由于物价上涨，县司法处职员俸薪也略有提高。

1942年9月5日，国民政府修正公布（同日施行）《暂行法官及其他司法人员官等官俸表》，规定县司法处主任书记官为委任13级至6级俸（70—120元），书记官委任14级至7级俸（65—110元）。县司法处审判官俸薪未有规定，县地方法院推事、检察官叙荐任11级至1级（200—400元）。④

1943年3月1日，司法行政部公布《县司法处审判官俸给规则》，规定县司法处审判官之俸给如表所示：⑤

---

① 《暂行法官及其他司法人员官等官俸表》（1937年3月8日国民政府公布，同年7月1日施行），国民政府司法院参事处编：《新订国民政府司法例规》，重庆1940年10月，第394、395页中间之插页。

② 广播社：《本省政费不敷甚巨 省府订定紧缩办法》，载《江西民国日报》1937年10月26日第三版。

③ 各县司法处职员疏散卷 卷宗号J018-3-02883，江西省档案馆。

④ 《暂行法官及其他司法人员官等官俸表》，载殷梦霞、邓詠秋选编：《民国司法史料汇编》第四十七册，国家图书馆出版社2011年版，第322、323之间插页。

⑤ 司法行政部编：《司法法令汇编》第四册，上海法学编译社1946年10月再版，第145页。

表2.5 县司法处审判官俸给表

| 级别 | 一级 | 二级 | 三级 | 四级 |
|---|---|---|---|---|
| 俸额 | 220元 | 200元 | 180元 | 160元 |

主任审判官自三级至一级,审判官自四级至二级。初任人员叙该职务之最低级俸额,但曾任其他司法职务者得按其原支俸额酌叙级俸。

国民政府1943年9月20日公布、同日施行的《雇员支薪考成规则》,规定中央及地方各机关雇员的月薪最高额由原来的50元提高到80元。雇员按资历不同,月薪50元至80元不等,分七级,级差5元。

表2.6 雇员薪给表

| 级薪 | 一 | 二 | 三 | 四 | 五 | 六 | 七 |
|---|---|---|---|---|---|---|---|
| 俸额(元) | 80 | 75 | 70 | 65 | 60 | 55 | 50 |

资料来源:《雇员支薪考成规则》,载《社会部公报》1943第11期。

司法人员俸额的再次调整,是在1948年。该年5月19日公布施行《修正法官及其他司法人员官等官俸表》,根据各人年资不同,县司法处主任审判官叙荐任11级至6级(200—300元),审判官叙荐任12级至6级(180—300元),主任书记官叙委任10级至4级(85—140元),书记官叙委任14级至6级(65—120元)。①

### (二) 司法人员补助俸

1940年以后,物价节节攀升,各地司法人员生活艰窘。司法人才罗致非易,为稳定司法人员队伍,待遇必然需要提高。1942年9月,司法行政部颁发《各省司法人员支给补助俸标准》及分类计算表,规定所有正式法院及新监所经部派或核备之委任以上司法人员,自1942年8月份起支给补助

---

① 修正法官及其他司法人员官等官俸表卷,卷宗号J018-1-01793,江西省档案馆。

俸。分类计算表如下：

表 2.7　补助俸分类计算表（单位:元）

| 职别＼年资 | 不满二年 | 二年以上 | 四年以上 | 六年以上 | 八年以上 | 十年以上 | 十二年以上 | 十四年以上 | 十六年以上 |
| --- | --- | --- | --- | --- | --- | --- | --- | --- | --- |
| 荐任以上 | 140 | 160 | 180 | 200 | 220 | 240 | 260 | 280 | 300 |
| 委任及委任待遇 | 90 | 100 | 110 | 120 | 130 | 140 | 150 | 160 | 170 |

荐任以上职员，每月基本补助俸数额为 140 元，每积资满两年加给 20 元，以 300 元为最高额。委任及委任待遇职员，每月基本补助俸数额为 90 元，每积资满两年加给 10 元，以 170 元为最高额。补助俸数额及年资自 1943 年起，每年度终了时重行核定一次。①

得此消息，基层司法人员自是急切期盼，如久旱欲逢甘露。1942 年 10 月，光泽县司法处王仰曾请示江西高等法院，县司法处是否得领补助俸？江西高等法院指令如一瓢冷水："查得支补助俸人员，奉部令以正式法院及新监所为限，各县司法处及监所自不在内。"峡江县司法处审判官饶兆拯则道出了县司法处人员的共同心声："服务于司法处人员未能受同等待遇，究不能谓无遗憾。伏念司法处审判官、书记官及看守所长与正式法院及新监所人员所处地位虽有不同，然所抽职责并无贰致，且自抗战以来物价高涨，正式法院及新监所人员日常生活固感困苦，而服务司法处人员薪俸较正式法院及新监所人员尤低，其困苦更甚，尤有设法救济之必要。"江西高等法院回复："此类事件，关系全国通案，中央自有权衡。"②政策自上而定，权衡来去，自是基层吃亏。

---

①　司法人员支给补助俸及推进业务一案（1942 年），卷宗号 J018－6－04084，江西省档案馆。

②　同上。

最高当局终不能久置基层于不顾,自1943年7月份起,修订后的《各省司法人员支给补助俸规则》及分类计算表,在提高补助俸数额的同时,将县司法处审判官、书记官纳入享受这一福利的范围:

表2.8 各省司法人员补助俸分类计算表(单位:元)

| 职别＼年资 | 补助俸数额 ||||||||
|---|---|---|---|---|---|---|---|---|
| | 不满二年 | 二年以上 | 四年以上 | 六年以上 | 八年以上 | 十年以上 | 十二年以上 | 十四年以上 | 十六年以上 |
| 荐任或荐任待遇 | 240 | 260 | 280 | 300 | 320 | 340 | 360 | 380 | 400 |
| 委任 | 160 | 170 | 180 | 190 | 200 | 210 | 220 | 230 | 240 |
| 委任待遇 | 140 | 150 | 160 | 170 | 180 | 190 | 200 | 210 | 220 |

县司法处审判官基本补助俸月为240元,年资(自司法行政部派之日起算)每积满两年加给20元,连同基本数以400元为最高额。书记官基本补助俸为160元,年资(自高等法院令派之日起算)每积满两年加给10元,连同基本数以240元为最高额。①

1946年,上述补助俸再次提高,依照另行拟订的《改善司法人员待遇办法》,从1946年4月起,不分年资,司法官月支补助俸25000元,其他司法人员荐任及荐任待遇月支400元,委任月支240元,委任待遇220元。②

其他司法人员与司法官③比较,差距过于悬殊,一时舆论大哗。江西高二分院、高三分院、九江地院、临川地院、吉安地院等各地书记官,纷纷联名电请增加补助俸。江西高等法院书记官长邓必彰、检察处主任书记官郦荣本等65位书记官联名电呈行政院、司法行政部和江西高等法院:"中央爱护

---

① 司法人员支给补助俸规则及办法(1943年),卷宗号J018-6-04162;关于各省司法人员支给补助俸规则的训令(1944年),卷宗号J018-8-00577,江西省档案馆。
② 司法人员补助俸办法(1946年),卷宗号J018-6-04190,江西省档案馆。
③ 民国时期司法官(或法官),是指县地方法院以上之院长、庭长、推事、首席检察官和检察官,书记官系列,并不属于司法官。

司法救济属僚之德,何敢妄渎……新标准书记官长、主科书记官只支400元,书记官只支240元,较诸法官竟差60倍以至百倍以上,未免过于悬殊。就职责方面而论,书记官长、主科书记官、书记官虽非平亭狱讼,然办理纪录及各种司法行政,其繁劳较法官实亦有过而无不及,再就生活方面而言,书记官底薪尚不及法官三分之一,加成数相差尤巨,而所需之食衣住行种种开支,并无一或可减免,是以生活之清苦较法官为尤甚……用敢沥情吁恳钧院体察事实,俯赐提请增加,俾沾实惠。"①江西临川地院书记官吴渠显然有愤愤之意:"奉读之余,深感失望……悬殊之甚,奚啻霄壤,且此微数,处兹物价涨激增之际,以一月补助俸,米不足购一升,布不敷买半尺,杯水车薪,无济于事,补助之旨,徒具虚名。"②上犹县司法处审判官蒋秉蘅则以疑义之名,询问25000元是否为所有委任以上司法人员月支补助俸。③满怀憧憬,实堪可叹。

书记官不属于法官,司法行政体系规定的实际工作岗位与职责已然如此,倒也无可争辩,所可议者,只能是补助俸的差距太大而已。此处颇具幽默的是,县司法处审判官被摒弃在"法官"之外,不仅与当初设置县司法处、追求审判独立之初衷相左,也实在有悖于基本的事实。国民政府颁布的《县司法处组织条例》第三条:"县司法处置审判官,独立行使审判职务",审判官审理了大量民刑一审案件,在各类司法报表中,审判官归于"法官"类,触目可见。涉及到钱的时候,审判官倒是成了"其他司法人员"。

纷纷嚷嚷之际,1946年10月起,司法人员补助俸再次调整:司法官补助俸增加一倍,月支5万元,其他荐任、委任及委任待遇人员增加十倍,分别

---

① 快邮代电,静字第440号,民国三十五年六月二十九日总务科收文,司法人员补助俸办法(1946年)卷宗号J018-6-04190,江西省档案馆。
② 江西临川地方法院呈,彰南文字第145号,民国三十五年七月二十四日,司法人员补助俸办法(1946年)卷宗号J018-6-04190,江西省档案馆。
③ 江西上犹县司法处呈,法会字第472号,民国三十五年八月二日,司法人员补助俸办法(1946年)卷宗号J018-6-04190,江西省档案馆。

月支4000元、2400元及2200元。县司法处审判官按照其他荐任人员标准支给。① 1947年8月起,司法官补助俸月支15万元,其他荐任、委任及委任待遇人员分别月支2万、1.2万及1.1万元,上海、新疆两地仍依成例加倍发给。②

### (三) 战时生活补助费

物价暴涨,对普通公务员和教职员影响最大。大职员收入高,又有各种办公费、出差费等。抗战期间劳力最值钱,一般苦工收入甚至都超过小职员。③ 时人感慨:"高官禄厚者,罗绮珍羞,锦衣肉食,而一般小职员,则衣不能蔽体,食不足充饥。"④

1941年7月,国民政府国防最高委员会第六十次常务会议通过了《非常时期改善公务员生活办法》,规定自1941年7月1起施行。除军事机关军事学校人员、学校教职员补助办法分别由军事委员会、教育部另案办理外,中央党政机关及其附属机关公务员(包括职员及雇员)享受下列补助:

一、平价食粮及代金:公务员每人每月可购平价食粮2市斗,公务员家属:配偶、母、女,每人每月2市斗(女未满五岁减半);父(60岁以上)2市斗,子(5至16岁)2市斗(未满五岁减半),父与子若为残疾者不受年龄限制。同时规定,家属以五人为限;一家若有两个公务员,以一人请领;未办平价米之地方或平价米不敷分配时发给代金;平价米基本价格为每市石60元,代金之数额依照平价米基本价格与公务员服务所在地中等熟米之市价差额计

---

① 司法行政部训令,京训(人一)字第6768号,民国三十五年十一月八日,司法人员补助俸办法(1946年)卷宗号J018-6-04190,江西省档案馆。
② 司法行政部训令,京(36)训会(一)字第13126号,民国三十六年十一月十七日,司法人员补助俸办法(1947年),卷宗号J018-6-04118,江西省档案馆。
③ 王小湘:《解决小公务员生活的两个办法》,载《江西民国日报》1941年5月15日第四版。
④ 任维钧:《非常时期公务员俸给问题》,载《行政评论》1940年第1卷第2期。

算。工役每人每月可购平价食粮二市斗,家属以二人为限。

二、生活补助金:公务员实支薪俸不论多寡,一律每人每月发给生活补助费60元;实支200元以下者,另发特别生活补助费每人每月20元。同时规定,公务员生活补助费随日用必需品价格涨落而增减,以1941年4月重庆市物价总指数为标准,每逢指数高出此标准百分之十时递增发给生活补助费10元,指数低落时也以此标准递减;增发生活补助费每年一、四、七、十月修正一次,以国民政府主计处统计局所编报告之指数为依据。

三、其他补助:筹设公共食堂,其所需要之燃料、水电、工资等费用,由各该机关另行供给。公务员若参加公共食堂膳食,其本人平价米归公支配,并负担菜蔬之费用;筹设公共宿舍,收宿费每人不得超过10元。①

该办法罚则规定:"公务员购领平价米或请领代金时,如有谎报冒领或重复情事,以贪污论罪。"

由于各省、各地所产主粮各有不同,国民政府粮食部对各种杂粮对米之折合率、米及各种杂粮每市斗之重量分别作了规定:

表2.9 各种粮食对米之折合率,稻谷及各种粮食每市斗重量表

| 各种粮食对米之折合率 | | 稻谷及各种粮食每市斗重量表 | |
| --- | --- | --- | --- |
| 品类 | 对米一市斗折合之数量 | 稻谷 | 10.8市斤 |
| 稻谷 | 二市斗 | 稻米 | 15市斤 |
| 小麦 | 一市斗六市升 | 小麦 | 14市斤 |
| 玉蜀黍 | 一市斗七市升 | 玉蜀黍 | 13市斤 |
| 高粱 | 一市斗七市升 | 高粱 | 13.5市斤 |
| 荞麦 | 一市斗八市升 | 荞麦 | 12.5市斤 |
| 大麦 | 一市斗八市升 | 大麦 | 12.5市斤 |
| 青稞 | 一市斗八市升 | 青稞 | 12.5市斤 |

资料来源:补助费卷 卷宗号J018-6-04542,江西省档案馆。

---

① 《非常时期改善公务员生活办法》,载《中央党务公报》第3卷第16期。

1942年9月18日,国民政府公布《公务员战时生活补助办法》,自1942年10月1日起施行,原《非常时期改善公务员生活办法》及其施行细则同时废止。该办法规定:一、食米及代金:公务员每人每月准领之数量,25岁以下每人6市斗,25岁至30岁每人8市斗,31岁以上1市石;未办食米供应之地方或公务员自愿时,得发给食米代金;代金每市斗之金额,以粮食部查报各省之粮价计算,每半年更改一次,由行政院核定;夫妻同为公务员时,由一人依规定领取食米,其余一人领食米二市斗。工役在同一机关服务三年以上者,每人每月发给食米6市斗,服务不足三年者,发给4市斗,二、战时生活补助费:公务员自1942年10月起,每人每月发给战时生活补助费,由行政院根据各地物价和生活状况,核定基本数,并于基本数外,依其所支薪俸额核定加成发给。三、其他补助:公共食堂及公共宿舍,也有相关规定。①

1943年9月27日修正《公务员战时生活补助办法》,规定战时生活补助费基本数及薪俸加成数每四个月更改一次,并以每年2、6、10月为更改期。②

以1944年进贤县司法处审判官张文源所领战时生活补助费为例:

表2.10 审判官张文源三十三年(1944年)度一至十二月份战时生活补助费报核清册

| 职别 | 姓名 | 薪额 | 在职日期 | 基本数 | 按薪加成数 | 合计 | 月份 |
|---|---|---|---|---|---|---|---|
| 审判官 | 张文源 | 200 | 全月 | 360 | 200 | 560 | 1944年1—4月各月 |
|  |  | 200 | 全月 | 800 | 500 | 1300 | 1944年5—10月各月 |
|  |  | 200 | 全月 | 1500 | 2000 | 3500 | 1944年11—12月各月 |

资料来源:进贤县司法处及看守所员役生活补助费计算表 卷宗号J018-6-02368,江西省档案馆。

---

① 《公务员战时生活补助办法》,载《行政院公报》1942 第5卷第10期。
② 《公务员战时生活补助办法》,载殷梦霞、邓詠秋选编:《民国司法史料汇编》第四十七册,国家图书馆出版社2011年版,第333页。

从这份生活补助费报核清册中可以看到，从1944年5月开始，除基本数逐渐提高外，按薪加成数也开始翻番，5—10月加成数为薪额的2.5倍，11—12月加成数为薪额的10倍。

随着物价飞速上涨，生活补助费基本数与加成数也驰入了快车道。1946年3月份调整了中央文职公教人员生活补助费支给标准表，根据各地物价情况，将全国分为五区，各区生活补助费支给标准如下：

表2.11 中央文职公教人员生活补助费支给标准表（自1946年3月份起施行）

| 级别 | 生活补助费支给标准 | | 适用地点 |
| --- | --- | --- | --- |
| | 基本数 | 薪俸加倍数 | |
| 一 | 70000 | 160 | 迪化、归绥、康定 |
| 二 | 50000 | 160 | 上海、南京、北平、天津、衡阳、长沙、昆明、广州、新疆 |
| 三 | 45000 | 150 | 重庆、武汉、杭州、桂林、青岛、开封、兰州 |
| 四 | 45000 | 140 | 江苏、湖北、广东、广西、陕西、山西、河北、山东、甘肃、西康、浙江、福建、绥远、云南、河南、湖南 |
| 五 | 35000 | 130 | 四川、贵州、江西、安徽、宁夏、青海、察哈尔 |

资料来源：考试院、安徽、江西考铨处关于文职公教人员生活补助费、配给物资等问题的训令、呈、办法、细则、表册 卷宗号J016-3-00060，江西省档案馆。

由该表可见，各地因物价上涨不一，基本数与薪俸加倍数也各不相同，地区差距较大。第一区比第五区基本数高两倍。

此后的调整，以上海、江西所在区为对比，生活补助费支给标准如下：

表2.12 中央文职公教人员生活补助费支给标准表（自1946年6月份之后的调整）

| 江西 | | | 上海 | | | 施行期间 |
| --- | --- | --- | --- | --- | --- | --- |
| 级别 | 生活补助费支给标准 | | 级别 | 生活补助费支给标准 | | |
| | 基本数 | 薪俸加倍数 | | 基本数 | 薪俸加倍数 | |
| 六 | 3.5万 | 180 | 二 | 7万 | 380 | 1946年6月起 |

续表

| 江西 | | | 上海 | | | 施行期间 |
|---|---|---|---|---|---|---|
| 级别 | 生活补助费支给标准 | | 级别 | 生活补助费支给标准 | | |
| | 基本数 | 薪俸加倍数 | | 基本数 | 薪俸加倍数 | |
| 五 | 6万 | 360 | 二 | 11万 | 720 | 1946年8月起 |
| 四 | 9万 | 600 | 一 | 17万 | 1100 | 1946年12月起 |
| 四 | 20万 | 1000 | 一 | 34万 | 1800 | 1947年5月起 |
| 三 | 34万 | 1360 | 一 | 44万 | 1800 | 1947年8月起 |
| 三 | 76万 | 2900 | 一 | 99万 | 4000 | 1947年10月起 |

备注：工役支基本数六成；发有公粮者，由粮食部核定粮价通知财政部在基本数内扣除

资料来源：考试院、安徽、江西考铨处关于文职公教人员生活补助费、配给物资等问题的训令、呈、办法、细则、表册，卷宗号J016-3-00060，江西省档案馆。

以江西省上高县司法处1946年1至9月生活补助费结算表为例：1946年1月，基本数每员月支20000元，警丁每名每月14000元，加成数700成（即70倍）；2月，基本数每员月支30000元，警丁每名每月18000元计六成，工役月支15000元计五成，加成数900成（即90倍）；3—5月，基本数每员月支35000元，警丁每名每月21000元计六成，工役月支17500元计五成，加成数130倍。6—7月基本数每员月支35000元，警丁每名每月21000元计六成，加成数180倍；8—9月，基本数每员月支60000元，警丁每名每月36000元计六成，加成数360倍。①

为了研拟出更加切实合理的补助方案，由国民政府主计处组织文武人员待遇调整计划委员会，主计处处长主持负责，五院派代表参加。方案经提交国民政府委员会第十九次国务会议讨论通过，自1948年1月起，实施新的补助方案，其要点为：全国分为五区，每三个月调整一次，一律以薪俸30

---

① 三十五年一至九月份生活补助费结算表 卷宗号J018-6-05199，江西省档案馆。

元为基数,照生活费指数计算发给,31元以上一律以十分之一照指数计算,生活费指数以主计处查编为准,等等。① 1948年9月后,改按金圆券为单位进行新的调整,而此时,国民政府自身已然挽回不了堕入万劫不复深渊之历史命运。

(四) 其他补助与救济

除了上述俸薪、司法人员补助俸和战时生活补助费外,另有法收提成、消费合作社、医药补助、生育补助、盐(代金)、棉布(代金)等补助与救济措施。

法收提成:民国时期,法收项目繁多,包括售状费、罚金、罚锾、没收金、没收物变价、过怠金、财产孳息收入等。对于各地司法机关来说,效益最佳的当属缮状费(包括缮状费和撰状费)提成。根据《司法机关缮状费提奖规则》,各司法机关经收缮状费,超过所定比额时,应以超收数之四成,购贴司法印纸,六成提奖,用于缮状录事奖金、添雇临时缮状人薪资以及缮状处公杂费。② 随着物价上涨,缮状费、撰状费也由1942年每百字(不满百字按百字计)分别征收法币五角、一元,逐步提高到1946年每百字征收20元、40元,各省可视经济情形提高至五倍,由高等法院按照本省实际状况,酌定呈报司法行政部核准后加征。1946年江西省缮状费、撰状费每百字实际征收200元、400元。③ 各县司法处缮状多由录事负责,或由执达员、检验员办理,遇收状过多时,也会临时雇人助缮,并在提奖项下分给薪资。④

---

① 国民政府考试院训令,文(三十七)会字第61号,民国三十七年元月十五日,考试院、安徽、江西考铨处关于文职公教人员生活补助费、配给物资等问题的训令、呈、办法、细则、表册,卷宗号J016-3-00060,江西省档案馆。
② 缮状费提奖规则,卷宗号J018-6-04304,江西省档案馆。
③ 缮状费提奖规则,卷宗号J018-6-04314;修正高等以下各级法院缮状处通则卷,卷宗号J018-6-04313,江西省档案馆。
④ 关于缮状处何时设置及办理情形卷,卷宗号J018-3-02564,江西省档案馆。

以下为江西上高县司法处1945—1946年征收缮状费提奖及资金分配情况：

表2.13　江西上高县司法处征收缮状费提奖收支清册(单位:元)

| 年份\项目 | 收入 上年转入数 | 收入 本年提奖数 | 支出 缮状录事奖金 | 支出 雇临时缮状人薪水 | 支出 缮状处办公费 | 本年结余 |
|---|---|---|---|---|---|---|
| 1944年 | 4.80 | 3091.20 | 1905 | 540 | 648.70 | 2.30 |
| 1945年 | 2.30 | 8648 | 3255 | 3800 | 1595 | 0.30 |
| 1946年 | 0.30 | 57816 | 42000 | 0 | 15807 | 9.30 |

资料来源：上高司法收入卷（1944年）卷宗号J018-6-02237；上高司法处司法收入卷（1945年）卷宗号J018-6-02238；上高司法处司法收入卷（1946年）卷宗号J018-6-02239。江西省档案馆。

消费合作社:《非常时期改善公务员生活办法》及《公务员战时生活补助办法》均规定,各机关可筹设员工消费合作社,廉价供给必需品以减轻公务员生活负担。据此,司法行政部于1942年1月9日、1943年5月4日一再训令各省高等法院督促各属遵办该项要政。基于自身财力不足和人力单薄,绝大多数县司法处都是组织员工参加当地县政府举办的消费合作社,个别如南丰县并无行政机关所办之员工消费合作社,南丰县司法处与当地之江西第一监狱共同筹设消费合作社,并拟订《有限责任南丰县司法员工消费合作社章程》,呈报江西高等法院备案。①

医药与生育补助:修正后的《公务员战时生活补助办法》规定,各机关应单独或联合设立医务所或诊疗室,所需药品由政府酌予分配,公务员患重病住院,医药手续等费由机关补助三分之二。公务员之配偶、子女患重病而又

---

① 各属筹设消费合作社卷,卷宗号J018-6-04418,江西省档案馆。

家境困难,由主管长官查明确实,支给医药补助费不得超过实际用费的一半。公务员或其配偶生育子女,由机关支给生育补助费,其数额由原定 2000 元,增为 5000 元,之后改为"其数额另定之"。① 例如,遂川县司法处书记官叶桐之妻于 1944 年 2 月 8 日生育一子,依照公务员战时生活补助办法请领生育补助费 2000 元。②

盐(代金)、棉布(代金)也有相关规定,遂川县司法处 1944 年 11 月共有职员 14 人,每人每月领盐 4 市斤。③ 江西吉水县司法处 1944 年棉布代金报核清册中,吉水县司法处 1944 年共有职员 19 人,每人领布 3 丈,共 39 丈,实领代金 30030 元。④

意外事件的救济方面,比如遭受空袭损害之救济。1939 年 8 月 9 日公布的《中央公务员雇员公役遭受空袭损害暂行救济办法》,对公务员、雇员、公役及其亲属,被炸伤之医药费,致残之补助,殉难之殓埋费与恤金,私人物品补炸毁之补助等都做了相关规定。⑤

另据《各机关学校节余薪俸及生活补助费移充员工福利用途实施办法》规定,各机关、学校就核定编制紧缩员额,所节余之薪俸、生活补助费可移充员工福利用途。1947 年度,江西遂川县司法处俸津节余 9988826 元,主任审判官陈镇华呈请江西高等法院如何处理,高院指令:"预算数与实支数之差额,自得视因节余移充员工福利,否则应如数返还国库。"⑥

---

① 《为修正公务员战时生活补助办法十七十八两条条文令仰知照》,载《湖北省政府公报》1945 年第 533 期。
② 江西遂川县司法处呈,呈字第 59 号,民国三十三年二月十七日。遂川司法处及看守所员工福利事业卷,卷宗号 J018-6-02212,江西省档案馆。
③ 遂川司法处及看守所员工福利事业卷,卷宗号 J018-6-02212,江西省档案馆。
④ 关于吉水司法处及看守所棉布代金的呈,卷宗号 018-6-02198,江西省档案馆。
⑤ 国民政府司法院参事处编:《新订国民政府司法例规》,重庆 1940 年 10 月,第 588 页。
⑥ 遂川司法处及看守所生活补助费节余及不敷卷,卷宗号 J018-6-02162,江西省档案馆。

从上述可知,1940年以后,因物价腾贵,民国公务员俸给制度也相应转变,由原来纯粹的货币俸给,逐步转为货币俸给与实物俸给相结合。以食粮、盐、棉布等生活必需品,再加上消费合作社、医疗,保障公务员最为基本的生存条件。

为方便与物价进行比较,选择1939年前、抗战期间及1947年三个年份,以审判官为例,其货币收入大致如下表:

表2.14　1939年至1947年审判官月收入表　　　　　　　　(单位:元)

| 项目<br>时间 | 薪额 | 生活补助费 |  |  | 司法人员补助费 | 总收入 |
|---|---|---|---|---|---|---|
|  |  | 基本数 | 按薪加成数 | 合计 |  |  |
| 1939年以前 | 70 | / | / | / | / | 70 |
| 1944年1月 | 180 | 360 | 180 | 540 | 240 | 960 |
| 1944年6月 | 200 | 800 | 500 | 1300 | 240 | 1740 |
| 1944年12月 | 200 | 1500 | 2000 | 3500 | 240 | 3940 |
| 1947年6月 | 200 | 200000 | 200000 | 400000 | 4000 | 404200 |
| 1947年12月 | 200 | 760000 | 580000 | 1340000 | 20000 | 1360200 |

## 二、薪酬与物价之比对

收入水平如何,只有与物价的变动并相比较,才能显示出其高低。物价指数、米价及其他生活日常用品的价格变动,能够宏观与微观、抽象与具体地多角度观察收入水平的变化情况。

物价指数方面,以1937年至1942年吉安的零售物价指数,以及1937至1947年吉安、南昌的莞售国货价格年终指数为主要参照。吉安地处江西省中部,位于赣江中游,抗战时南昌沦陷后,江西省会先搬吉安再搬泰和,吉安之水陆交通要冲、货物集散中心地位更为突显。抗战胜利后省会搬回南昌,选择这两地物价指数,具有一定的代表性。

图 2.2 1937 年至 1942 年吉安零售物价指数

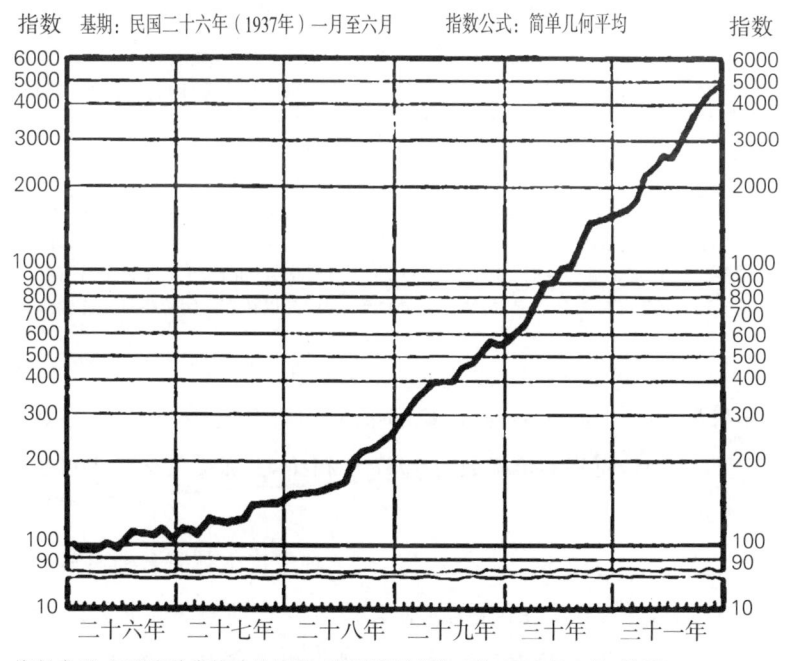

资料来源:江西省政府统计处编印:《江西统计》第三期,1943 年 3 月,封面。

从上图中可见,在 1937 年 1—6 月之基期,物价极为稳定,零售物价指数在 100 上下略有浮动。从 1937 年 7 月至 1939 年 7 月两年间,物价上涨明显,但涨幅较缓,物价指数尚未突破 200。1939 年 8 月之后,物价遽涨,由缓而急,至 1942 年底,物价指数升至 4642,与基期相比,上涨达 45.5 倍。①

---

① 《江西战时物价的统计分析:二十六年一月至三十一年十二月》,载江西省政府统计处编印:《江西统计》第三期,1943 年 3 月。

表 2.15　1937 年至 1947 年历年吉安、南昌趸售国货价格年终指数及上涨百分率

| 年别 | 廿六 | 廿七 | 廿八 | 廿九 | 卅 | 卅一 | 卅二 | 卅三 | 卅四 | 卅五 | 卅六 |
|---|---|---|---|---|---|---|---|---|---|---|---|
| 年终总指数 | 106 | 132 | 250 | 572 | 1530 | 4819 | 16626 | 42978 | 115684 | | |
| 上涨百分率 | | 24.5 | 89.4 | 128.8 | 167.4 | 215 | 245 | 158.5 | 169.2 | | |
| 年终总指数 | | | | | | | | | 129108 | 616548 | 9509408 |
| 上涨百分率 | | | | | | | | | | 377.5 | 1442.4 |

资料来源:《南昌市物价三十六年变动概况说明》,载江西省政府统计处编印:《江西统计》第 11 期,1948 年 8 月,第 1 页。说明:廿六年至卅四年为吉安指数,卅五、卅六年为南昌指数。因南昌自廿八年至卅四年九月被日寇侵占,物价资料缺乏,因此以往吉安物价指数相比较。

趸售国货价格指数与零售物价指数变动一致,1942 年指数 4819 与 1937 年指数 106 相比,上涨也是 45.5 倍。1943 年之后,物价上涨愈益猖獗,1947 年 12 月,趸售物价指数与 1937 年相比,上涨更是达到不可思议的 8.9 万倍。

再以米价的上涨为例。一部中国史,某种程度上就是普通百姓解决吃饭问题的历史,老百姓实在没饭吃,活不下去,历史的周期率也就发生作用。以前人们见面的问候语就是"吃了没?"。所谓民以食为天,无论生活如何拮据,"俭用"可以,"省吃"实难,如果饭也得省,那就确实生活异常艰窘了。正因为此,无论理论上还是实际生活中,粮价往往是比对不同时期收入水平的最佳参照物。1939 年以后,由于法币的恶性通货膨胀,在部分农村和内地城市,粮食甚至代替法币而起了计价作用。[①] 笔者记得小时候在家乡农村,外来的匠人,如补锅匠等帮人补锅,穷的人家,就给匠人一些粮食作为工钱,传

---

① 参见杨培新著:《旧中国的通货膨胀》(增订本),人民出版社 1985 年版,第 125—126 页。

统习俗在村落社会中总会有不经意的体现。

表2.16 1937—1947年间江西省米价变动表(单位:市斗;价格:元)

| 江西省1937—1947年米价变动一览表 ||||||||
|---|---|---|---|---|---|---|---|
| 时间 | 价格 | 地点 | 时间 | 价格 | 地点 |||
| 基期价格 | 0.752 | 赣县 | 基期价格 | 0.62 | 赣县 |||
| 1937年 | 0.737 | 赣县 | 1944年1月 | 122 | 赣县 |||
| 1938年 | 0.689 | 赣县 | 3月 | 178 | 赣县 |||
| 1939年 | 0.756 | 赣县 | 6月 | 178 | 赣县 |||
| 1940年 | 3.492 | 赣县 | 9月 | 185 | 赣县 |||
| 1941年1月 | 6.09 | 赣县 | 12月 | 180 | 赣县 |||
| 3月 | 9.16 | 赣县 | 1945年3月 | 262 | 赣县 |||
| 6月 | 12.27 | 赣县 | 6月 | 302 | 赣县 |||
| 9月 | 12.67 | 赣县 | 9月 | 290 | 赣县 |||
| 12月 | 10.23 | 赣县 | 12月 | 503 | 赣县 |||
| 1942年1月 | 11 | 赣县 | 基期价格 | 0.64 | 九江 |||
| 3月 | 14.50 | 赣县 | 1947年1月 | 4767 | 九江 |||
| 6月 | 14.30 | 赣县 | 3月 | 8000 | 九江 |||
| 9月 | 19 | 赣县 | 6月 | 20000 | 九江 |||
| 12月 | 35 | 赣县 | 9月 | 23000 | 九江 |||
| | | | 12月 | 62333 | 九江 |||

资料来源:江西省政府统计处编印:《江西统计》第三期1943年3月,第72—74页;第6期1946年6月,第43—44页;第11期1948年8月,第33页。

说明:一、基期价格指1937年1—6月平均价格;二、因资料关系,1937年至1942年所列为二机晚米价格,1944年至1947年所列为中等早米价格。说明:基期价格指1937年上半年平均价格。

1937至1940年为一年内平均米价,1941年之后罗列每一季度最后一个月的米价。1939年以前米价稳定,1940年以后,米价逐步上涨,与整体物价指数的上涨基本一致。1947年12月米价与1937年基期相比,上涨9万倍左右,与上述吉安、南昌物价指数上涨8.9万倍也是吻合的。

表2.17 审判官收入与米折算表

| 时间 | 审判收入 | 米价 | 收入折米（斗） | 时间 | 审判官收入 | 米价 | 收入折米（斗） |
|---|---|---|---|---|---|---|---|
| 1939年之前 | 70 | 0.64 | 109.3 | 1944年12月 | 3940 | 180 | 21.9 |
| 1944年1月 | 960 | 122 | 7.8 | 1947年6月 | 404200 | 20000 | 20.2 |
| 1944年6月 | 1740 | 178 | 9.8 | 1947年12月 | 1360200 | 62333 | 21.8 |

1939年前,审判官一个月收入,按实支薪70元计算,可购109斗米左右,至1947年年底,只能购21斗米左右。物价指数、米价均上涨大约9万倍,审判官俸薪,1947年年底比1939年前,只上涨1.9万倍。综合计算,1947年年底,审判官实际生活水平为1939年前的1/5左右。其中,在抗战中,生活水平跌落到最低点。

以九江为例,对比食物类、燃料类、杂项类和衣着类1937年上半年与1947年12月零售价格:

表2.18 江西省九江零售物价表(1937年上半年与1947年12月比对)

| 九江零售物价 基期:1937年上半年 价格:国币元 ||||||||
|---|---|---|---|---|---|---|---|
| 物品 | 计价单位 | 基期价格 | 1947年12月价格 | 物品 | 计价单位 | 基期价格 | 1947年12月价格 |
| 上等晚米 | 市斗 | 0.70 | 66667 | 黑木炭 | 市斤 | 0.02 | 1767 |
| 中等早米 | 市斗 | 0.64 | 62333 | 杂柴 | 十斤 | 0.07 | 8667 |
| 次等早米 | 市斗 | 0.50 | 56667 | 烟煤 | 十斤 | 0.10 | 17800 |
| 黄豆 | 市斗 | 0.50 | 68667 | 小大英香烟 | 十只包 | 0.03 | 6000 |

续表

| 九江零售物价　基期:1937年上半年　价格:国币元 |||||||||
|---|---|---|---|---|---|---|---|
| 物品 | 计价单位 | 基期价格 | 1947年12月价格 | 物品 | 计价单位 | 基期价格 | 1947年12月价格 |
| 机制面粉 | 市斤 | 0.08 | 11333 | 夜光火柴 | 小盒 | 0.01 | 1000 |
| 五花猪肉 | 市斤 | 0.20 | 24000 | 三星牙膏 | 只 | 0.20 | 18333 |
| 猪板油 | 市斤 | 0.30 | 36000 | 肥皂 | 块 | 0.08 | 6667 |
| 黄牛肉 | 市斤 | 0.10 | 12000 | 西湖毛巾 | 条 | 0.20 | 4800 |
| 母鸡 | 市斤 | 0.20 | 24000 | 烟叶 | 市斤 | 0.10 | 24000 |
| 中等酱油 | 市斤 | 0.14 | 8633 | 江北棉花 | 市斤 | 0.45 | 36637 |
| 盐 | 市斤 | 0.20 | 5400 | 国货四股毛线 | 磅 | 2.80 | 486667 |
| 白糖 | 市斤 | 0.20 | 25333 | 龙头白细布 | 市尺 | 0.10 | 15000 |
| 中等大小鸡蛋 | 一个 | 0.02 | 2000 | 1.2尺宽白土布 | 市尺 | 0.05 | 7333 |

资料来源:江西省政府统计处编印:《江西统计》第十一期,1948年8月,第33—34页。

据江西省政府民政厅编组保甲统计,1935年江西省人口15690403人,共3055251户,[①]户均5人。根据上表的日常用品零售价格、户均人数以及每月收入,可以合理推算一下县司法处职员的生活水平及其变化。

日常生活开支,包括衣食住行。"行"的方面,民国时期的人员流动,若非躲避战乱,不会像今天这般频繁,占开支比例应该是极低。"住"的方面,据1944年5月份造报的统计数据,广丰、安福、万安等20所县司法处,眷属人数共1030人,居住于任所者890人,占86%。其中,丰城(眷属80人)、上犹(眷属12人)、信丰(眷属134人)县司法处之眷属,全住任所内,当然,也

---

① 刘治乾主编:《江西年鉴》第一回,江西省政府统计室 1936年10月初版,第73页。

有个别县司法处如全南（眷属61人），因房屋狭小，眷属多在外居住。① 所以，住的支出，也应该很少。

在"衣食"等日常用品方面，从上表可见，在1939年前，物价低廉，上等晚米7角钱一市斗，五花猪肉2角钱一市斤，鸡蛋2分钱一个，火柴1分钱一盒，肥皂8分钱一块，棉花4角5分一市斤等。"（抗战）最初三年，实实在在可以说法币坚挺，老百姓对它的信心，一些也没有动摇，购买力一如其旧。"②以1939年前实支俸薪及当时中等早米0.64元/斗计算，1939年前县司法处职员收入折算成米：审判官70元（109.3斗），书记官21元（32.8斗），录事11.2元（17.5斗），检验员8.4元（13.1斗），执达员7元（10.9斗），法警、庭丁5.6元（8.8斗）。以每人每月消费米3.5斗计算，一家五口一个月需米17.5斗。录事以上，一个人的收入足可以换回一家人所需消费的大米。

据有的学者研究，20世纪30年代上海工人的月工资一般在30元左右，而郊区农村农业工人工资每月平均只有5元；1936年中国的人均国民收入为50.51元，③即平均每月收入4.21元。1935年记者调查江西崇仁县第六区"农工工资每日五角，工人工资最低三角。"④即便每天工作，农工的月收入也就15元，工人月入最少有9元。

执达员、法警等基层雇员，虽为司法体制的末梢，但其职司同样重要，如果待遇过薄，往往会凭藉其职务之便，对当事人进行需索。1938年5月6日，司法院通令各省高等法院整顿执达员、法警队伍，要求执达员、法警薪饷

---

① 司法行政部、江西高等法院等关于填报公务员及其眷属人数调查表的训令、呈 卷宗号J018-1-01413，江西省档案馆。
② 陈存仁著：《银元时代生活史》，上海人民出版社2000年版，第480页。
③ 王玉茹著：《近代中国物价、工资和生活水平研究》，上海财经大学出版社2007年版，第71、197页。
④ 杨竹生：《崇仁第六区农村经济概况》，载《经济旬刊》1935年第四卷第十八期，通讯，第2页。

从优发给:"厚禄所以养廉,必其薪饷足之事畜,始能责以洁己奉公。应由各省高院暨所属各院按切当地实际生活情形,依执达员、法警身分,估计生活上所必不可少之费用,以定提高薪饷之标准。"①结合上述,江西省政府 1937 年机关经费七折令中规定,35 元为基本生活费,不予折扣,只扣两成公债(政府公债是迟早要兑现的),政策制订者显然要考虑当时的实际生活水平,由此看来,法警每月 8 元(实支 5.6 元),起码应足以维持其个人一个月的开支。

综上分析,可以推断,35 元是一条重要的分界线,县司法处书记官的收入为法警大致 5 倍,正好 35 元上下,其收入该算得上中等,基本上以一人之力,可以解决全家的温饱问题,而审判官之俸薪,则可谓小康了。县司法处雇员以下之收入,与普通工、农相类似,自顾有余,承担全家的开支则显然不足。

抗战时,时局维艰,县司法处职员收入也降至低谷,1944 年 6 月,米价为 178 元/斗,县司法处职员收入折算成米分别为:审判官 1740 元(9.8 斗)、书记官 1240 元(6.9 斗)、检验员 992.5 元(5.6 斗)、录事 957.5 元(5.4 斗)、执达员 940 元(5.3 斗)、法警 558 元(3.1 斗)、庭丁 544 元(3.1 斗)。②

抗战结束后,县司法处职员收入又有所回升,但如前所述,审判官收入只及 1939 年前的 1/5,月入 1360200 元折算成米 21.8 斗,堪堪从原来的小康堕入温饱线。至于书记官以下各员,显然生活更是艰辛,仅仅糊口而已。加之以俸薪时常拖欠,在物价每天不断上涨之际,拖上数月,到手的俸薪早已更加贬值,再者,生活补助费虽然隔数月调整一次,但无论如何赶不上物价上涨的进度。所幸有平价米(代金)、盐(代金)、棉布(代金)和医疗保障,

---

① 司法院:《司法院第一次工作报告》,二十七年七月编。关于司法院工作报告卷 卷宗号 J018-8-00270,江西省档案馆。
② 进贤县司法处及看守所员役生活补助费计算表 卷宗号 J018-6-02368,江西省档案馆。依据该表,结合司法人员补助俸,计算出各职员的月收入。

个别人员偶尔有缮状费奖金或出差补助等一鳞半爪的点滴收入与福利,比如,江西永新县司法处1947年7月份支出勘验拘提费17万元,用于支付警丁的食宿。①

江西高等法院向来有登记备用办法,如欲为审判官、书记官、看守所所长及其他监所职员,需将文凭、证件呈送审核,审核合格之后,准予登记备用,虽然"登记之人多,而录用者寥寥无几。"②人们对登记备用趋之若鹜,说明这份职业还是具有吸引力。笔者比对了部分县司法处的人员异动清册,即便是在通货膨胀益加严重的1947、1948年,多数县司法处职员还是相对稳定,人员变动极少。③所谓穷则思变,如果一份职业,其收入实不足以维持生计,必然会人心思变,另谋他途。当然,在那动荡的岁月,这种相对稳定,又何尝不是无奈的选择。

梳理县司法处职员的薪酬及实际生活水平变迁,可以看出,南京国民政府时期司法人员的待遇有以下特点:

其一,俸额级差大,法官待遇一枝独秀,俸薪及司法人员补助俸都体现出对法官倾斜的制度设计原则。南京国民政府时期,司法人员的俸给级差甚巨,高等法院院长比县司法处审判官的俸给高10多倍,与执达员等雇员相比,则高达80多倍。同为县司法处职员,审判官比书记官俸薪高2倍多,比执达员等高10多倍。若加上司法人员补助俸、战时生活补助费等,总收入的差距更大。精英化的法官遴选与任用,必然需要配之以优厚的俸禄与待遇。

其二,司法经费全国统一,为司法人员的薪俸提供了保障。经费全国划

---

① 关于各司法处勘验拘提费的呈,卷宗号 J018-6-04854,江西省档案馆。
② 江西高等法院编:《三十六年司法行政检讨会议江西高等法院暨检察处工作报告》,江西高等法院1947年,第4页。上海市图书馆近代馆藏。
③ 黎川县司法处及萍乡、河口、武宁等司法处所属现有员额调查表卷(1948年),卷宗号 J018-01-01441,江西省档案馆。

一之前，各省司法人员薪俸向有折扣，抗战之后，折扣更巨。"自三十年度全国司法经费统一……各省司法人员已一律按官俸表十足支给，绝无偏畸。"①

其三，县司法处司法人员的收入差强人意，同样作为司法体系的最基层，县司法处审判官、书记官的俸额，比县地方法院推事（检察官）、书记官的俸额一般要低1/3甚至1/2左右，而县司法处审判官（书记官）的职责与县地方法院推事（书记官）的职责并无二致，甚至于"审判官之任务，不独主办案件，更须兼办司法行政，实际上，即系一地院推事兼院长无异。"②厚此薄彼之情状，既显示了基层根本不可能参与规则制订的历史常态，也映衬着民国时期县司法处这一过渡司法机关的某种尴尬地位。

最后，县司法处职员的收入呈先下降，之后逐步回升之轨迹，在抗战时期收入跌落到低谷，抗战胜利后，收入有所回升。普通个体的生存艰辛与生活水平的起伏，正是激荡的时局变幻的影像。③

"历史在照亮昔日的同时也照亮了今天，而在照亮了今天之际又照亮了未来。"④司法改革是当前的热点，司法人员分类管理、法官员额制、省以下人财物统管等，而法官的薪酬改革终将是其中不可缺失的一环，没有相应的物质保障以及多种规则合力下的尊严与满足感，法官用脚投票、另择高枝就会是一种经常性的选择。据报道，2014年上海有86名法官离职，而此前5年，上海平均每年流失法官67名。⑤ 其他各省也有类似的情况。南京国民

---

① 孟长泳：《吾国司法之检讨》，载《东方杂志》1943年第39卷第8期。

② 安福县司法处呈，字第439号，民国三十年十二月三十日，安福县司法处审判官、书记官任免卷J018-3-00439，江西省档案馆。

③ 参见谢志民：《南京国民政府时期县司法处职员薪酬考：以档案资料为中心》，载《江西师范大学学报》（哲学社会科学版）2016年第2期。

④ [美]本杰明·卡多佐著：《司法过程的性质》，苏力译，商务印书馆1997年版，第30页。

⑤ 《去年上海86名法官离职，司法改革能消解"离职潮"吗？》，http://shzw.eastday.com/shzw/G/20150420/u1ai147926.html 东方网，访问时间：2015年9月20日。

政府时期,呼吁多年的司法经费全国统筹,却是在财政非常困难的抗战时期(1941年)得以实现,这就说明经费问题,往往却又与钱无涉,关键在于刮骨疗伤、壮士断腕的勇气与决断。殷鉴不远,南京国民政府时期司法人员的薪酬制度,也许可以给当下的改革以些许借鉴。

## 第三节 监督与考绩

### 一、监督

《县司法处组织暂行条例》规定:"县司法处关于司法行政事务,受高等法院院长之监督。关于审判官事务,受高等法院或其分院院长之监督。关于检察职务,受高等法院或其分院首席检察官之监督"(第十条)。《江西各县司法处暂行处务规程》规定:"各县县长及审判官监督各该县司法处人员及监狱看守所并考核其办事成绩"。①(第六条)

审判官之审判事务、县长之检察事务,显然是上级监督的重点。为此,江西省高等法院制订相应规章制度,以使监督有章可循。

#### (一) 对县长、审判官的监督

县长兼理县司法处检察职务,包括刑事侦查及勘验尸伤、刑事调查事实收集证据、刑事提起公诉及上诉并协助自诉、刑事莅庭陈述意见、指挥刑事判决执行、指挥司法警察逮捕或搜索罪犯及执行其他职务等。1943年,江

---

① 《江西各县司法处暂行处务规程》,江西省政府拟发抄发的县司法处组织条例、办事细则、审判规程,卷宗号J016-3-03546,江西省档案馆。

西高等法院拟订《江西各县县长兼理县司法处检察职务奖惩规则》,司法行政部核准后,于1944年2月24日公布施行。其奖惩标准如下表所示:

表2.19 江西各县县长兼理司法处检察职务奖惩标准

| 奖 | | 惩 | |
|---|---|---|---|
| 情 形 | 种 类 | 情 形 | 种 类 |
| (1)每月侦查案件依限办结毫无积滞者<br>(2)办理侦查案件有优异之成绩者<br>(3)对于协助或嘱托事件能认真办理并迅速者<br>(4)其他整顿司法事务确有成绩者 | (1)嘉奖<br>(2)记功<br>(3)记大功<br>(4)晋级<br>(5)记名升用<br>记功三次准一次大功 | (1)办理侦查案件并特别情形逾越法定限期而不办结者<br>(2)办理侦查案件有重大错误者<br>(3)判决确定之刑事案件不迅速执行者<br>(4)没收物品不依法处分者<br>(5)督察不严致使法警藉案勒索舞弊及发觉后容隐不究者<br>(6)奉令饬办事件延不办复者<br>(7)对于协助或嘱托事件延不办理者 | (1)儆告<br>(2)申诫<br>(3)记过<br>(4)记大过<br>(5)减俸或降级<br>(6)免职 |

资料来源:江西省县长兼理县司法处检察职务暨行政事务奖惩规则卷 卷宗号J018-3-01235,江西省档案馆。

该规则规定,县长之奖惩由江西高等法院院长、首席检察官函商江西省政府核定。

保障审判官独立行使审判职务是设置县司法处的初衷。审判官的能力、水平,决定着审判质量的高低,影响着管辖区域内的司法公正与否。对审判官的监督始于任命时的审核,审判官到职三个月左右,需将自己的学历等证件、民刑审判各十件,由高等法院转呈司法行政部核审,学历资历不合,或者民刑审判不及格者,都不予任用。1936年,江西设置第一期县司法处,任用25名审判官,司法行政部指令:"陈政、黄学余二员资历不足,张燮、王冕二员学历不合,所请均毋庸议。"①1946 年,伍家玉被派为审判官,因其所学专业为政治经济科,与规定资格不合,司法行政部指令"应毋庸议"。为此,江西高等法院特呈司法行政部:"该员学识经验尚能称职,任事以来,亦甚勤奋努力。本省自特种刑事案件划归司法机关受理后,各县司法处审判官员额增设颇多,司法人材缺乏,委实不敷分配,除俟遴选合格人员,再行另文呈请核派外,在未经遴员接替前,仍由该员暂行代理,以利进行。"②

为考核审判官的办案质量,江西高等法院制订了《考核推检暨审判官办案成绩办法》及《江西高等法院调核所属推检审判官办案稿件暂行办法》呈报司法行政部核准实施。

1940 年 3 月 26 日,江西高等法院呈文司法行政部详细说明了《调核所属推检审判官办案稿件暂行办法》的制定目的:③

> 窃维司法人员职司平亭,能否称职,于司法威信及人民之生命财产,所关至巨,故非学验兼优,洞明世故之士,不足胜兹重任,即学验世故虽属练达,而因循敷衍不知振奋者,仍不足以言治绩而舒民困。晚近司法人员,大都经过考试训练,始行登用,其平时与年终考绩,复有考试法令,规定甚详,应各人尽其才,努力成务矣。乃就职等平时考查所及,所属人员中,遇事敷衍,难期振作,或事理不明,文理欠通者,仍非绝无其人,其影响于司法尊严及人民信仰者,至深且巨。默察考此原因,大抵以平时考查,寄□于各机关主管长官,容或囿于情面,未能认真,而高院院长及首席检察官仅能就各种簿表及其直辖境内已上诉或再议之少

---

① 司法行政部指令,指字第 24319 号,民国二十五年十月二十日,筹设各县司法处呈部核派审判官暨转报成立日期卷,卷宗号 J018-3-01961,江西省档案馆。说明:王冕系湖南会通法政专门学校法律本科毕业,因该校未报教育部备案,故王冕学历暂未予承认;张燮系北平朝阳大学法科毕业,何以学历不合,未见详案,此处荐疑。事实上,该两员后来都又得以任用。

② 江西高等法院呈,特字 317 号,民国三十五年七月八日,光泽县司法处审判官、书记官任免卷,卷宗号 J018-1-00536,江西省档案馆。

③ 关于调核属员稿件办法,卷宗号 J018-8-00548,江西省档案馆。

数案件而为考查,实际上于所属职员办案成绩,仍多隔阂。每念及此,辄深惶悚,兹为亟图补救起见,经职等会同拟订调核所属推检审判官办案稿件暂行办法一则,拟由本院随时调集所属各员稿件,切实审核,按其内容,约以事理法理文理,分别计分,定其等差,并按照非常时期公务员考绩暂行条例平时奖惩规定,记其功过,以补年终考绩暨仅就簿表考查之所不及,同时使所属各员,知将严密考查,咸能振作精神,克尽厥职,应□司法威信,赖以增高,人民困苦,得以解除,职等监督之责,亦或克勉尽于万一。

《江西高等法院调核所属推检审判官办案稿件暂行办法》共七条,1940年6月由司法行政部核准实施。该办法规定,江西高等法院可随时调集所属推检审判官办案稿件,进行审核;令文指定期间内,各该员所办全部文稿,一律检送,不得有所选择或遗漏,不得临时改篡;院长(或首席检察官)指定民刑庭庭长推事、检察官进行初核,院长(或首席检察官)进行覆核;初核、覆核均按事理(40分)、法理(30分)、文理(30分)三项,以分数评定;80分以上者为最优,70分以上者为次优,60分以上者为及格;成绩优异,或成绩不及格者,按照非常时期公务员考绩暂行条例的规定分别奖惩,但总平均分数在60分以上,而事理分数平均不满24分,或法理文理分数有一平均不满18分者,应予申诫;成绩特优,或过劣者,由江西高等法院胪具事绩,专报司法行政部分别奖惩。①

1940年9月10日,江西高等法院令代理上饶县司法处审判官邱杰熹,将本年7月20日至8月10日期间制作的裁判书(不得遗漏)检齐送院,以凭审查。9月26日,邱杰熹复呈因其7月25日才到任,27日上饶遭敌机轰炸,躲避空袭,至8月4日才觅定临时办公地点,8月10日以前无结案,检

---

① 关于调核属员稿件办法,卷宗号 J018-8-00548,江西省档案馆。

送 8 月 15 日以后之判决书、裁定、和解笔录各三件。①

江西高等法院将判决书等交由邵濬庭长审查。10 月 16 日，邵濬总评意见为："上饶县司法处审判官邱杰熹所送裁判各件，经予审核内容，法律见解因多欠妥，所拟判词亦难认为稳当。"试举一例：

**江西上饶县司法处刑事判决　　二十九年度　字第　号**

公诉人：兼本处检察职务上饶县县长

被告：王永成，男　年二十九岁　山东人　前当兵现无业

上（右）②被告因窃盗案经兼本处检察职务县长提起公诉，本处审理判决如左：

主文

被告王永成意图为自己所有窃取他人所有物之所为处有期徒刑三月

事实

被告王永成于本年五月下旬在县属沙溪汽车站后饭店内，被浙赣铁路警察第四分段查获，讯供前曾为窃盗不讳，羁押十日后始解送兼本处检察职务县长讯办，经侦查属实提起公诉。

理由

查被告王永成在本处审讯时，曾供称二十七年二月与玉山人三头在火车站偷一个皮箱和一个被包，今年五月在诸暨火车站偷了一个客人的包袱，内面有几件破衣服，卖了五块钱，六月卅日审讯笔录，是其为盗偷窃确凿无疑，应依法论科。据上论，结合依刑法第三百二十条第一项、刑诉法第二百九十一条前半段判决如主文。

---

① 高等法院调各院推事县司法处审判官办案成绩卷，卷宗号 J018 - 3 - 00802，江西省档案馆。

② 民国时期书写为竖排、从右至左书写。按今天横排规则，则"右"应改为"上"，"左"应改为"下"，本著按原文。后文涉及不再注明。

本案经兼本处检察职务县长彭维基执行职务
　　　　　　　　　　中华民国二十九年八月十七日
　　　　　　　　　　上饶县司法处刑庭
　　　　　　　　　　　审判官邱杰熹

上(右)件证明与原本无异

江西高等法院第四分院为本案第二审法院，当事人如不服本处判决，应于接受判词之翌日起十日内依法上诉。
　　　　　　　　　　代书记官邱景文
　　　　　　　　　　中华民国二十九年八月十八日

邵溍对此件的审查意见为："此件判决，王永成究于何年何月在你处窃取他人所有物，未于事实栏加以认定，不过叙述其被浙赣铁路警察第四分段查获，讯供前曾为窃盗不讳等词而已，完全系叙其被获经过情形，与依证据认定犯罪事实之法文，显属不合，虽其理由内有王永成供认二十七年二月与玉山人在火车站偷过一次，今年五月在诸暨火车站偷过一次，照其供述观察自应按照刑法第三百二十一条第一项第六款加重窃盗罪，而与同法第三百二十条第一项之普通窃盗罪无涉，且先后行窃两次，一次系共犯，一次系单独犯罪，各罪基于概括之故意反复而为同一之行为，即犯连续犯，应依数罪并罚，分别宣告其罪之刑，该判就此种显然之法律见解尚不能见及，则该审判官办案能力，自属尚嫌不足。"

对于裁定三件及和解笔录三件，邵溍审查认为"尚无错误"。

1941年7月23日，江西高等法院第二分院院长汤本殷呈文江西高等法院院长梁仁杰，详报本院所辖之都县、余干两县司法处办理案件之乖谬：①

---

　① 高二分院呈报都昌、余干两县司法处办案劣点令饬注意卷，卷宗号J018－3－02354，江西省档案馆。

窃查本院管辖县司法处对于嘱托案件，能依照程序期限办理者固属不少，然一再令催迟不具复者，颇不乏人，既碍诉讼之进行，实有整饬之必要。查都昌县司法处对于本院二十九年十月五日令调罗贤福与罗汪氏遗产案卷证，再经令催，始于三十年一月十日送到，至同月十四日缴费裁定，迭经令催，迟至四月十七日始据呈缴送证，核其收受年月又为三月二十日，审查原审卷宗，系四月十八日判决，八月交科，直至九月九日始行送达，其办事显属迟缓，实碍诉讼进行。又余干县司法处办理李厚阳与乐茂林回赎柴山案，系于二十九年十月八日判决，但送达收受日期，为十一月十二日，迨案经上诉，本院于三月四日发出传票，诚属费解，至于代状原为不得已权宜办法，既经领到正式状纸，应立即补正，乃各该处对于是项事件往往将空白状纸订入卷内即将原稿附于状尾，既不缮正又不粘固，极易脱落，如已征缮状费，理应缮正，未征缮状费者，亦应粘固，其他各处经职院令饬纠正，尚能遵照办理，但余干县司法处视同具文，其呈送李厚阳之上诉状，将原稿粘于状尾，而吴日昌与余桂香解除婚约案，余桂香之诉状及后递三次状纸，均用空白，仅将原稿附于状尾，又查张英发与蔡本珍债务案，原卷内之诉状，概系空白状，而将状稿附于状尾，似此情形，该两处审判官、书记官不能不任其咎。职以诉讼进行之迟延，关系当事人利害至巨，应予改善，以资整饬。谨将职院平日办案考核该两司法处有原卷可稽事迹显著，而无可饰讳之劣点，理合备文呈请钧长鉴核施行。

据此，8月11日，江西高等法院训令都昌县县长彭学余、司法处审判官曾崙，余干县县长吴权之、司法处审判官彭年：“查原呈各节，至关重要，乃该两县司法处竟尔任意玩忽，实属不合，除指令并分行外，合亟令仰嗣后切实注意，毋得再有违误致于严惩，切切此令。”

江西高等法院调阅1943年10月、11月丰城县司法处审判官毛益鸿的民刑判决书，经审核，"该审判官毛益鸿，事理不清，法理不明，办理各案，诸多违误,殊难称职。"惟念该员原籍沦陷,无家可归,且年老力衰,生计艰窘,其情不无可念。1944年4月,江西高等法院一面饬令该员今后应切实纠正,一面呈报司法行政部,请示对毛益鸿应如何议处。① 1946年4月16日,江西高等法院院令毛益鸿退休。

### (二) 视察

实地视察了解各省、各地方法院、县司法处状况,针对视察中所发现的问题,提出相应的改进意见,是南京国民政府时期的一项重要措施。1932年5月10日,司法行政部公布(同日施行)《视察各省区司法规程》规定:"司法行政部部长应视察各省区法院及监所每年至少一次。部长因事不能前往时,得派次长、参事、司长、最高法院检察署检察官或委托司法院参事、最高法院庭长、推事或富有法律学识经验之专家分区前往视察"(第一条),"各省区高等法院院长、首席检察官应视察所属法院及监所每年至少二次"(第二条),视察内容包括:(1)法院、监所行政状况;(2)诉讼事件、非讼事件、登记事件进行状况;(3)司法收入整理状况;(4)法院、监所职员、吏警配置及处理事务状况;(5)监所人犯收容及待遇状况;(6)其他与法院、监所行政有关事项。如有特殊事件发生,应随时视察、调查或暂住指导。视察费用、旅费川资列入预算,不得由法院、监所供应,视察时随从员役至多不得超过三人。视察经过、成绩应作成报告书报告于司法行政部部长。②

1934年8月29日,司法行政部训令中指出,自上述规程公布后,有的高等法院、首席检察官并未遵章视察,或仅报告出发视察而未将报告书类呈部查核,有违司法行政部令出惟行之意。特重申前令,各高院院长、首席检察官务必分期视察,并将视察经过作成报告书呈司法行政部查核,

---

① 调核所属推事审判官办案稿件卷,卷宗号J018-1-01720,江西省档案馆。
② 国民政府司法院参事处编:《新订国民政府司法例规》第一册,1940年10月,第225—226页。

毋得玩延。①

  为考察江西司法状况,司法行政部部长王用宾(1881—1944)在视察广东、湖北后,于 1936 年 11 月 12 日至 16 日,先后视察了江西九江高二分院、第二监狱、南昌地方法院、第一监狱、临川地方法院。梁仁杰将改进本省司法计划和各县设立司法处情况,向王用宾作了详细的汇报。为明了新设县司法处之各项情形,王用宾特于 16 日前往进贤县司法处考察,该处审判官周瞻锋汇报了成立后办理司法情形。② 在 11 月 14 日对江西高等法院、南昌地方法院两院人员的训勉讲话中,王用宾指出,要特别注重案件的第一审;无论经费如何困难,三级三审制必须切实施行;办案须迅速;整顿司法收入;监所应注重对犯人的感化等。③

  1941 年 4 月,司法行政部函聘朱献文、楼英视察浙赣闽三省司法,并派徐祖荫襄助视察。

  朱献文(1872—1949),字郁堂,浙江义乌人。1902 年,选派留学日本东京帝国大学法科,回国后,在法律编订馆任民法亲属篇起草员。中华民国建立后,历任国务院法制局参事、大理院推事,1916 年任江西高等审判厅厅长,1918 年 6 月 28 日被任命为京师高等审判厅厅长,7 月 18 日到任。④ 1922 年,调任江苏高等审判厅厅长,1927 年挂冠归里。1930 年 10 月 29 日任司法院参事,1932 年 4 月辞职,⑤同年 10 月 25 日,司法行政部聘其为视

---

 ① 视察所属各法院监所应将视察经过作成报告书呈核令,二十三年八月二十九日司法行政部训令各省高等法院暨首检官第 2796 号。国民政府司法院参事处编:《新订国民政府司法例规》第一册,1940 年 10 月,第 226 页。
 ② 司法部王部长昨日由浔来省视察,《江西民国日报》1936 年 11 月 14 日;司法部王部长昨视察高地两法院,《江西民国日报》1936 年 11 月 15 日;司法部王部长昨赴临川视察,《江西民国日报》1936 年 11 月 16 日;司法部王部长定今日离省赴皖视察,《江西民国日报》1936 年 11 月 17 日。
 ③ 司法部王部长昨视察高地两法院,《江西民国日报》1936 年 11 月 15 日。
 ④ 署理京师高等审判厅长朱献文就职日期通告,《政府公报》1918 年第 894 期。
 ⑤ 任命朱献文为司法院参事由,《司法公报》1930 年第 96 期。司法院参事朱献文呈请辞职,《司法院公报》1932 年第 13 期。

察司法专员。①

楼英,1931年曾任察哈尔万全地方法院院长。② 徐祖荫,1930年曾任江苏高等法院第二分院书记官,1931年11月任司法行政部科员。③

从上述三人的任职经历中可以看出,他们都曾在地方司法第一线工作过,实践经验丰富。朱献文法学功底深厚,任职经历丰富,由其领衔视察,各地司法存在的问题,应该逃不过其法眼。

江西高等法院对于上级的视察十分重视,拟订视察所经路线、沿途陪送人员,制订详案,分令各地遵照执行。

表2.20 视察经过机关路线及派定陪送人员一览表

| 经过机关 | 路线 | 陪送人员 | 附记 |
| --- | --- | --- | --- |
| 高四分院及河口地院 | 铅山河口 | 高四分院院长楼观光由河口陪送至金溪 | 高四分院院长楼观光并至上饶迎接 |
| 高二分院 | 金溪 | 高二分院院长汤本殷由金溪陪送至南城 | 该分院原驻九江移驻金溪 |
| 南城县司法处 | 南城 | 南城主任审判官周澈由南城陪送至临川 | |
| 临川地方法院 | 临川 | 临川地院院长王纲煦由临川陪送至南丰 | |
| 江西第一监狱 | 南丰 | 王纲煦周澈由南丰陪送至宁都 | |
| 宁都地方法院 | 宁都 | 宁都地院院长贺飚武由宁都陪送至赣县 | |
| 高一分院及赣县地院 | 赣县 | 高一分院院长李仑高由赣县陪送至南康 | |

---

① 函聘朱献文充本部视察司法专员由,《司法行政公报》1932年第20期。
② 派楼英代理察哈尔万全地方法院院长由,《司法公报》1931年第117期。
③ 任命徐祖荫署江苏高等法院第二分院书记官由,《司法公报》1930年第82期。任命徐祖荫为本部科员由,《司法公报》1931年第149期。

续表

| 经过机关 | 路线 | 陪送人员 | 附　记 |
| --- | --- | --- | --- |
| 南康地方法院 | 南康 | 李仑高由南康陪送回赣县由赣县地院徐葱衍陪送至吉安 | 由南康至吉安仍须经过赣县由赣县至吉安有汽车及汽船可达 |
| 吉安地方法院 | 吉安 | 吉安地院段超瀛由吉安陪送至泰和 | |
| 高三分院 | 泰和 | 高二分院院长董化鲲由泰和陪送至兴国 | 该分院原驻吉安移驻泰和 |
| 江西高等法院 | 兴国 | | |
| 黎川地方法院 | 黎川 | | 由黎川入闽 |

资料来源：江西高等法院训令　文字第2829号　民国三十年八月二十日，关于聘朱献文等视察浙、赣、闽三省司法的训令、指令、函、呈，卷宗号J018-3-02363，江西省档案馆。

1941年9月初，朱献文等由浙转赣，视察了江西高等法院暨一、二、三、四分院，黎川地方法院暨看守所、江西高等法院临时庭，兴国、河口、临川、宁都、赣县、南康、吉安地方法院暨看守所，上饶、金溪、南城、泰和、瑞金县司法处暨看守所，南丰县司法处，江西第一、第二监狱。①

1941年11月20日，朱献文、楼英、徐祖荫将"江西省司法应行注意改进事项"一份函送江西高等法院。该份应行注意改进事项长达80多页，对所视察的各个机关，分别提出改进意见。以上饶县司法处暨看守所为例，视察员所提意见共九点，摘要如下："（一）该处审判官于本年二月间移城外施家山办公，看守所移设松光山，而县长及检部人员仍在城内县署办公。施家山离城三里，松光山离城十里，施家山离松光山七里，接洽公务，殊感未便。为避空袭起见，看守所自应暂留乡间，而审判官亟应设法移回城内，当商请县长就检部附近代觅办公处所，俾与检部同处办公，以利进行。（二）该处原

---

① 关于聘朱献文等视察浙、赣、闽三省司法的训令、指令、函、呈，卷宗号J018-3-02363，江西省档案馆。

设审判官两员,本年七月以前,仅丁审判官一人办理,致积案多至200余件,至七月初旬,添派曾审判官到任后,民刑案件虽结数均能超过收数,惟查八月份仍有未结案191件,自应限令清结或派员赶速清理,毋任案积累民。(三)羁押期间届满,依法即视为撤销押票,故有继续羁押之必要时,应于期间未满前声请裁定延长羁押。黎文光、陈学生杀人两案,于羁押被告期间届满后,始声请裁定延长,于法不合,嗣后应特别注意。"其他还有司法贴印纸、民刑事上诉书状、司法收入和看守所等相关问题。江西高等法院将"应行注意改进事项"抄发,于12月26日转饬各相关机关遵照办理。① 对于视察员所提出的上饶县司法处积案问题,江西高等法院积极解决,于1941年11月调贵溪县司法审判官朱希文赴上饶县司法处,协助清理积案。

1942年4月,司法行政部以训令形式,对江西高等法院暨所属法院、县司法处、监所等应注意改进之事项共31点,一一列举,要求切实遵照督促办理,并将办理情形呈报备核。② 5月,江西高等法院将办理情形,逐一陈述。③

1946年12月4日,江西高等法院训令河口地方法院院长王玉麒视察上饶、玉山各县司法处司法及监所,关于县司法处部分、关于检察部分、关于监所部分之应行视察事项都有详细的规定。例如,关于县司法处部分应行视察事项共15项,包括处宇之布置、职员之勤惰及其风纪、簿册之设备、经费之收支、法收之报解、案款之保管、平民法律扶助之实施、民刑案件之收结、民事执行是否迅速、警丁服装是否整齐、警丁有无需索情弊、表报有无迟延、每月办公费开支情形、小组会议是否按期举行、其他。从中可见,视察内

---

① 关于聘朱献文等视察浙、赣、闽三省司法的训令、指令、函、呈,卷宗号J018-3-02364,江西省档案馆。
② 司法行政部训令,训(总二)字第1749号,民国三十一年四月二十五日,令朱献文视察浙赣闽三省司法案卷,卷宗号J018-3-02431,江西省档案馆。
③ 江西高等法院呈,字第842号,民国三十一年五月二十五日,令朱献文视察浙赣闽三省司法案卷,卷宗号J018-3-02431,江西省档案馆。

容涵盖了县司法处日常工作的方方面面。关于检察部份应行视察事项11项,关于监所部份应行视察事项9项。1947年1月,王玉麒将视察报告书呈报江西高等法院。①

视察对于发现日常工作中存在的问题、促进各地改进司法是颇具效果的。

## 二、考绩

南京国民政府为加强对公务员的管理,建立了考绩制度,先后颁布了一系列的考绩法规。司法人员不属于公务员系列,但考绩一样涵盖了司法人员,此外,委任以下雇员则参加考成。

表2.21 南京国民政府时期颁布的考绩法规一览表

| 时　　间 | 法　规　名　称 |
| --- | --- |
| 1929年11月4日国民政府公布 | 《考绩法》 |
| 1935年7月16日国民政府公布同年11月1日施行 | 《公务员考绩法》 |
| 1935年10月30日国民政府公布 | 《公务员考绩法施行细则》 |
| 1935年11月1日国民政府公布 | 《公务员考绩奖惩条例》 |
| 1936年12月25日国民政府公布 | 《修正公务员考绩法施行细则》 |
| 1939年12月8日国民政府公布 | 《非常时期公务员考绩暂行条例》 |
| 1941年2月22日国民政府准予备案 | 《考核公务员工作操行学识实施办法》 |
| 1942年4月21日国民政府公布 | 《非常时期公务员考绩暂行条例补充办法》 |
| 1943年2月26日国民政府公布 | 《非常时期公务员考绩条例》 |
| 1943年11月6日考试院公布 | 《非常时期公务员考绩条例施行细则》 |

---

① 奉令视察上饶玉山各县司法处司法及监所卷,卷宗号,伪刑-9-000816,江西省铅山县档案馆。

续表

| 时　间 | 法　规　名　称 |
|---|---|
| 1944年12月26日 | 《县长考绩条例》 |
| 1945年10月30日国民政府公布 | 《公务员考绩条例》 |
| 1945年11月24日考试院公布同日施行,29日国民政府核准备案 | 《公务员考绩条例施行细则》 |
| 1946年2月11日司法行政部京训人二字第185号训令颁布 | 《各省司法机关办理公务员考绩应行注意事项》 |
| 1949年1月1日总统府公布 | 《公务人员考绩法》 |
| 1949年1月7日 | 《公务人员考绩法施行细则》 |

根据1935年《公务员考绩法》和《公务员考绩奖惩条例》,以及1936年《修正公务员考绩法施行细则》,对公务员的考绩标准、等次和奖惩,列表如下：

表2.22　公务员考绩标准、等次与奖惩

| 考绩标准 | 年　考 ||| 总　考 |||
|---|---|---|---|---|---|---|
| | 分数 | 等次 | 奖惩 | 分数 | 等次 | 奖惩 |
| 工作50<br>学识25<br>操行25 | 80以上 | 一等 | 晋级 | 90以上 | 一等 | 升等 |
| | 70以上 | 二等 | 记功 | 80以上 | 二等 | 晋级 |
| | 60以上 | 三等 | 不予奖惩 | 70以上 | 三等 | 记功 |
| | 不满60 | 四等 | 记过 | 60以上 | 四等 | 不予奖惩 |
| | 不满50 | 五等 | 降级 | 不满60 | 五等 | 记过 |
| | 40以下 | 六等 | 解职 | 不满50 | 六等 | 降级 |
| | 每年12月进行 ||| 不满40 | 七等 | 解职 |
| | ||| 第三次年考后进行 |||

资料来源：《公务员考绩法》,载蔡鸿源主编：《民国法规集成》第37册,黄山书社1999年2月第1版,第151页;《公务员考绩奖惩条例》,载《江西省政府公报》1935第362期;《修正公务员考绩法施行细则》,载《江西省政府公报》1937第714期。

公务员考绩标准,分工作(50分)、学识(25分)、操行(25分)三项,年考总考均以满60分为合格,但总分在60分以上而工作分不满30,或学识、操行有一不满15分,仍以不合格论。考绩分年考和总考,年考在每年12月进行,总考在第三次年考后进行,在同一机关任职满一年(自铨叙合格之月起计)才参加考绩,司法人员在同一高等法院管辖下,调动任同官等职务合并计算时间,三年成绩系指任同官等职务三次年考之合并成绩。

奖励分为升等、晋级、记功,惩处分为记过、降级、解职。升等人员,荐任职升等者不得超过现有荐任人员的1/10,委任职升等者不得超过现有委任人员的1/20,升等人员若资格不符合公务员任用法之规定,则改为晋二级,但不得超过本职之最高级。晋级人员的简任职人数不得超过现有简任人员1/3,荐任职不得超过现有荐任人员1/5,委任职不得超过现有委任人员1/7,不及上项数额则以1人为限。荐任或委任职公务员,已晋至本职之最高级,因年考或总考应予晋级而无级可晋者,得分别予以简任或荐任待遇。解职人员,年考不得少于各该机关总员额的2%,总考不得少于各该机关总员额的4%。

表2.23 公务员考绩表

| 机关 | 姓名 别号 | 现职 | 到职年月 | 等级 | 实支俸额 | 工作概况 | 平时奖惩及其事迹 | 中华民国年月日 |
|---|---|---|---|---|---|---|---|---|
| 考绩委员会初核 ||||| 主管长官覆核 |||| 备考 |
| 工作分数 | 操行分数 | 学识分数 | 总分数 | 考绩委员会主席 | 工作分数 | 操行分数 | 学识分数 | 总分数 | 奖惩 | 职衔 姓名 盖章 | |

资料来源:二十七、二十八年各县司法处职员考绩表 卷宗号J018-3-00797,江西省档案馆。

表 2.24　公务员考绩初步评定分数表

| 标准 | 初步评定分数 ||||||||||| 总分数 | 直接上级长官 |
|---|---|---|---|---|---|---|---|---|---|---|---|---|---|
| | 工　作　分　数 |||||| 操行分数 ||| 学识分数 ||| | |
| | 守时 | 少缺席 | 无过误 | 特著勤劳 | 办理繁重事件 | 辅导他人 | 业务贡献 | 守规律 | 新生活 | 节约 | 胜任职务 | 阅读书籍 | 研究问题 | | |
| | | | | | | | | | | | | | | | |

资料来源：二十七、二十八年各县司法处职员考绩表　卷宗号 J018-3-00797，江西省档案馆。

公务员考绩标准，工作(50 分)、学识(25 分)、操行(25 分)三项评分细则如上表所示，1939 年度，操行分数增加了"精神总动员"一项。

公务员考绩分初核与覆核，其直接上级长官执行初核，再上级长官执行覆核，主管长官执行最后覆核。兼理司法县政府之承审员，其直接上级长官是县长，县司法处之审判官，其直接上级长官则为高等法院院长。司法行政部依据《修正公务员考绩法施行细则》，于 1937 年 2 月 2 日颁发了修正司法人员考绩程序表令，规定了各级司法机关司法人员的考绩程序，"县司法处依法应予考绩之人员，均参照表列地方法院办理。"[1]1937 年 5 月 26 日司法行政部训令再次明确指出："县司法处设立，原为成立法院之初步，审判官待遇提高、职务独立，自与承审员有别，且县长在县司法处，系属办理检察官职务，未便由其执行初核。所有二十五年终依法应予考绩之各县司法处审判

---

[1] 司法行政部训令，训字第 716 号，民国二十六年二月二日，载《法令周刊》1937 年第 347 期。

官,应由该管高等法院院长,或分院院长执行初核,以明系统。"①从江西各县司法处考绩的实际来看,各县司法处审判官由江西高等法院院长执行初核,县司法处书记官及其他应行考绩人员,由(主任)审判官执行初核。

抗战爆发后,国民政府依照实际情形修订了考绩条例,1939年12月8日颁布的《非常时期公务员考绩暂行条例》②,有三大变化,一是对工作、学识、操行规定了比较具体的评分标准;二是奖惩只分三等,80以上晋级、60以上留级、不满60降级或免职;三是首次规定平时功过与考绩时功过可以相互抵销。

1942年4月21日公布的《非常时期公务员考绩暂行条例补充办法》,规定了更加细致的奖金或奖励办法:在同一机关连续考绩两次在70以上未满80分者,得给予一次性奖金:委任九级以下者50元,委任八级以上四级以下者100元,委任三级以上及荐任200元,简任300元(第二条)。简任已达最高级人员,或简荐任待遇最高级人员,复得简荐任存记,或简荐任存记人员,复得简荐任待遇,已达最高级,考绩在80分以上者,得给予奖状或奖金,简任人员及简任存记或待遇人员,400元以内,荐任存记或待遇人员,200元以内(第三条)。在本机关内继续服务满十年,五次考绩均在80分以上者,由铨叙机关呈请颁给勋章并给一个月俸额之一次奖金。③(第六条)

1943年2月26日颁布了《非常时期公务员考绩条例》,与原规定相比,其变化是奖惩分为五等:80分以上者,简任晋一级,荐任委任晋二级,人数

---

① 司法行政部训令,训字第3332号,民国二十六年五月二十六日,载《司法公报》1937年第191期。
② 国民政府司法院参事处编:《新订国民政府司法例规》第1册,1940年10月,第500—504页。
③ 《四川省政府公报》1942年,第326期。

不得超过该机关参加考绩人员的1/3;70分以上者,简任酌给一个月俸额以内之一次奖金,荐任委任晋一级;60分以上者留级;不满60分者降一级;不满50分免职。① 同年11月6日公布的《非常时期公务员考绩条例施行细则》,规定考绩成绩分为四等:80以上"异",70以上"优",不满60"低",不满50"劣"。②

抗战胜利后,考绩条例又一次修订,1945年10月30日公布《公务员考绩条例》,将年度考绩分为五等:80以上一等,70以上二等,60以上三等,不满60四等,不满50五等,并列表详细规定了简任、荐任、委任人员各等次的奖惩。③ 1945年11月24日考试院公布《公务员考绩条例施行细则》,细化考绩办法。④

1946年2月11日,司法行政部公布了《各省司法机关办理公务员考绩应行注意事项》,规定了司法人员参加考绩的人员范围、考绩程序、奖励的人数限额、填表应行注意事项等内容。⑤

由于司法官职务特殊,普通公务员考绩表工作项目考核之内容不太适合于司法官,司法行政部改订了工作考核项目内容,从1946年度起,各级法院院长、庭长、推事、主任审判官、审判官及首席检察官、检察官,操行、学识两项仍照原订,工作考核项目按新修订的进行考核,以更加符合司法官的职务性质和实际情形。相应职别的工作考核项目如下表:

---

① 《非常时期公务员考绩条例》,载《江西省政府公报》1943年第1280期。
② 《非常时期公务员考绩条例施行细则》,载《社会部公报》1943第12期。
③ 司法行政部编:《司法法令汇编》第4册,上海法学编译社1946年10月再版,第162页。
④ 同上书,第169—173页。
⑤ 同上书,第184—187页。

表 2.25　甲种司法官考绩表应行改订工作考核项目

| | 考　核　项　目 | 最高分数 |
|---|---|---|
| 工作 | 1. 是否长于领导 | 10 |
| | 2. 对于主管司法行政事务之创建推动改进有无妥实办法 | 10 |
| | 3. 对于人与事之考察及支配是否允当 | 10 |
| | 4. 办案进行有无迟误 | 10 |
| | 5. 审理事实是否周详 | 10 |
| | 6. 援用法律是否妥洽 | 10 |
| | 7. 判决结果是否适当 | 10 |
| | 8. 是否负责 | 10 |
| | 9. 能否与人合作 | 10 |
| | 10. 能否耐劳苦 | 10 |
| 说明：本表适用于高等法院以下各级法院之院长及庭长、兼行院长职务之推事、县司法处主任审判官及仅置审判官一员之县司法处审判官。 | | |

资料来源：司法行政部训令　京（三十六）训（同）字第125号　民国三十六年元月　日，江西高等法院、各县关于三十五年度公务员考绩的训令、呈　卷宗号 J018-1-01321(1)，江西省档案馆。

表 2.26　乙种司法官考绩表应行改订工作考核项目

| | 考　核　项　目 | 最高分数 |
|---|---|---|
| 工作 | 1. 对于配受案件收结能否相抵 | 10 |
| | 2. 对于本机关业务之创造推动改进有无特殊之建议 | 10 |
| | 3. 办案进行有无迟延 | 10 |
| | 4. 审理事实是否周详 | 10 |
| | 5. 援用法律是否妥洽 | 10 |
| | 6. 判决结果是否适当 | 10 |
| | 7. 能否与人合作 | 10 |
| | 8. 是否负责 | 10 |
| | 9. 有无恒心 | 10 |
| | 10. 能否耐劳苦 | 10 |
| 说明：本表适用于高等法院以下各级法院之推事、候补推事及设置审判官二员以上之县司法处审判官。 | | |

资料来源：司法行政部训令　京（三十六）训（同）字第125号　民国三十六年元月　日，江西高等法院、各县关于三十五年度公务员考绩的训令、呈　卷宗号 J018-1-01321(1)，江西省档案馆。

1949年,国民政府再次修订考绩法规,1月1日、7日分别公布《公务人员考绩法》和《公务人员考绩法施行细则》,但来不及实施,政权已然易手。

国民政府1943年9月20日公布、同日施行的《雇员支薪考成规则》,则规定了对雇员的考成办法。依据该规则,雇员月薪从50元至80元不等,雇员服务每满半年考成一次,于6月底和12月底进行。按工作、操行、学识各项成绩,分为五等,80分以上者为一等每月加薪10元以下,70分以上者为二等每月加薪5元以下,60分以上者为三等仍支原薪,50分以上者为四等减薪,不满50分为五等解雇。一等人员不得超过该机关参加考成人员人数的1/2。雇员薪额如已达80元,经年终考成达一等二等者,给予年功加薪,一等每月加10元,二等每月加5元,因年功加薪所增之薪额,最高不得超过160元。①

表2.27 江西玉山县司法处雇员三十六年度下半年考成清册

| 姓名 | 现职 | 到职年月 | 原支薪额 | 考成总分 | 工作成绩 | 奖惩 | 备考 |
|---|---|---|---|---|---|---|---|
| 王志文 | 录事 | 三十五年九月 | 50 | 83 | 按期造送条理井然 | 拟请加薪十元 | |
| 汪能璜 | 录事 | 三十五年十二月 | 50 | 83 | 认真职守 | 拟请加薪十元 | |
| 邱 郁 | 录事 | 三十五年九月 | 50 | 79 | 勇于负责 | 拟请加薪五元 | |
| 任鼎彝 | 执达员 | 三十五年九月 | 50 | 79 | 较为迅速尚无推诿 | 拟请加薪五元 | |
| 戴亦仁 | 执达员 | 三十五年九月 | 50 | 79 | 循分供职尚无推诿 | 拟请加薪五元 | |

---

① 《雇员支薪考成规则》,载《社会部公报》1943第11期。

续表

| 姓　名 | 现　职 | 到职年月 | 原支薪额 | 考成总分 | 工作成绩 | 奖　惩 | 备　考 |
|---|---|---|---|---|---|---|---|
| 徐　达 | 录事 | 三十六年十一月 | | | 该员供现职未满半年不予考成 | | |
| 铨叙部审查委员会决定：照审查意见通过　中华民国三十七年五月廿六日星期六 ||||||||

资料来源：皖赣考铨处、江西高等法院关于对赣县、南昌、波阳等地方法院和司法处1947年下半年任用人员考绩的报表、公函　卷宗号J019－1－00873，江西省档案馆。

公务员考绩制度的实施体现了南京国民政府加强公务员管理，使公务员管理走向制度化、规范化、科学化，并寓监督于平时管理之中。但其实施效果并不理想，其原因大致有二：

第一，制度本身变化不断，影响了其实际效果。1929年的《考绩法》并未实施，从1935年至1949年，公布的考绩法规14部，几乎一年颁布一部法规，变动过于频繁，简直可以谓之为朝令夕改，失去了法规应有延续性、严肃性，考绩的等级、奖惩变化不断，给实际操作也带来了一定的难度。

第二，参与考绩的人员比例极低，无法达到考绩应有的目的。据学者研究，1935年至1947年，历年考绩人数与公务员总数之百分比，最高为1935年4.2%，最低为1944年0.003%，[①]普遍为1%左右，绝大多数公务员并未参加考绩，覆盖面太小，效果也就可想而知。

参与考绩人数少，原因也是多方面的，一方面公务员队伍本身并不稳定，民国时代公务员去留、变动非常大，从后文对审判官群体的研究也可以看出这一点。考绩条例规定一年以上才参加考绩，许多人任职不足一年就另谋他职了。另一方面，考绩机关考试院、铨叙部在国民政府行政体系中权威性不足，政令的推行十分困难。

---

① 何家伟：《大悖初衷：南京国民政府公务员考绩制度嬗变及其实施研究》，载《民国档案》2009年第1期。

表 2.28 江西高等法院所属公务员三十三年（1944 年）度考绩结果清册

| 姓名 | 现职 | 官等 | 奖惩 | 合格或不合格 | 备考 |
|---|---|---|---|---|---|
| 王文亮 | 黎川地院书记官 | 委 | 晋级 | 合格 | 依原拟晋叙委任三级 |
| 范守义 | 南康地院书记官 | 委 | 晋级 | 合格 | 依原拟晋叙委任六级 |
| 徐作霖 | 南康地院书记官 | 委 | 晋级 | 合格 | 依原拟晋叙委任九级 |
| 余世荣 | 南康地院推事 | 荐 | 晋级 | 合格 | 依原拟晋叙荐任六级 |
| 陈长萱 | 南康地院书记官 | 委 | 晋级 | 合格 | 依原拟晋叙委任四级 |
| 龙益谦 | 永新县司法处主任书记官 | 委 | 奖状 | 合格 | 该员于三十三年十一月调现职由委任十四晋委十三有案本届考绩依法改给奖状 |
| 杨学敏 | 南城县司法处书记官 | 委 | 留级 | 合格 | |
| 古士琳 | 南城县司法处看守所所长 | 委 | 晋级 | 合格 | 表填兼职未经登记依原拟晋叙委任十二级 |
| 萧源南 | 崇义县司法处书记官 | 委 | 晋级 | 合格 | 依原拟晋叙委任十二级 |
| 戴万煕 | 崇仁县司法处书记官 | 委 | 年功加俸 | 合格 | 依原拟给予年功俸 10 元月支俸 120 元 |
| 周连钦 | 崇仁县司法处看守所所长 | 委 | 晋级 | 合格 | 该员姓名表填周涟钦本部册登周连钦从册登 依原拟晋叙委任九级 |
| 俞承汉 | 万安县司法处看守所所长 | 委 | 留级 | 合格 | 表填兼职未经登记 |
| 吴摹舜 | 弋阳县司法处书记官 | 委 | 年功加俸 | 合格 | 依原拟给予年功俸 10 元月支俸 120 元 |
| 邹媢周 | 宜丰县司法处书记官 | 委 | 晋级 | 合格 | 依原拟晋叙委任十三级 |
| 湛德培 | 定南县司法处看守所所长 | 委 | 留级 | 合格 | |

续表

| 姓名 | 现职 | 官等 | 奖惩 | 合格或不合格 | 备考 |
|---|---|---|---|---|---|
| 刘玉清 | 宁冈县司法处看守所所长 | 委 | 留级 | 合格 | 表填兼职未经登记 |
| 胡传藻 | 峡江县司法处看守所所长 | 委 | 留级 | 合格 | 表填兼职未经登记 |
| 万嘉鑫 | 乐安县司法处书记官 | 委 | 晋级 | 合格 | 依原拟晋叙委任十一级 |
| 刘振群 | 德兴县司法处书记官 | 委 | 晋级 | 合格 | 依原拟晋叙委任十三级 |
| 欧阳光 | 德兴县司法处看守所所长 | 委 | 年功加俸 | 合格 | 依原拟加年功俸10元月支俸130元 |

资料来源：司法行政部训令 京(36)训人(二)第1361号 民国三十六年二月十 日,江西高等法院、各县关于三十五年度公务员考绩的训令,呈 卷宗号J018-1-01321(2),江西省档案馆。

从上表可以看出,1944年度,江西高等法院所属各地方法院书记官、县司法处书记官及看守所所长系列,参与考绩的仅上表中的20人,笔者虽无各地方法院书记官、县司法处书记官及看守所所长人员的准确数据,但1944年度,江西省有县司法处52所,附设看守所51所,按编制计算,书记官、看守所所长至少156人,地方法院书记官编制更多,仅有20人参与考绩,所占比例显然很低。

表2.29 江西各县司法审判官二十七、二十八年(1938年、1939年)度考绩成绩一览表

| 机关 | 姓名 | 二十七年度 | 二十八年度 | 机关 | 姓名 | 二十七年度 | 二十八年度 |
|---|---|---|---|---|---|---|---|
| 上高 | 胡寯 | 75 | 74 | 上犹 | 周景苏 | 74 | 78 |
| 德兴 | 江文福 | 67 | 63 | 丰城 | 黄谟介 | 76 | 79 |
| 崇仁 | 郑季濂 | 68 | 65 | 铜鼓 | 樊甲 | 75 | 79 |
| 贵溪 | 周雍余 |  | 73 | 崇义 | 刘和春 | 77 | 79 |
| 万年 | 王言伦 |  | 70 | 余江 | 彭 年 | 71 | 73 |

续表

| 机关 | 姓名 | 二十七年度 | 二十八年度 | 机关 | 姓名 | 二十七年度 | 二十八年度 |
|---|---|---|---|---|---|---|---|
| 清江 | 刘金麟 | 70 | 74 | 广丰 | 李景稷 | 78 | 80 |
| 修水 | 贾化鹏 | 70 | 71 | 宁冈 | 江宗汉 | 60 | |
| 弋阳 | 胡屏广 | 64 | 62 | 永修 | 吴运鸿 | 74 | |
| 金溪 | 辛信 | 65 | 63 | 玉山 | 丁从周 | 79 | 80 |
| 于都 | 余璋 | 不满一年 | 66 | 南城 | 周澈 | 81 | 82 |
| 定南 | 胡以谦 | 60 | 60 | 资溪 | 危酒昌 | 70 | 69 |
| 乐安 | 张给熙 | 71 | 66 | 靖安 | 任继武 | 74 | |
| 寻乌 | 周邦杰 | 72 | 72 | 瑞金 | 钟皓 | 75 | 77 |
| 永丰 | 魏炳翰 | 71 | 70 | 广昌 | 熊可人 | 73 | 75 |
| 新余 | 方国鋆 | 不满一年 | 66 | 全南 | 赵伯杞 | 72 | 75 |
| 宜黄 | 李家腾 | 80 | 80 | 乐平 | 熊益三 | 81 | 82 |
| 泰和 | 彭兆薰 | | 80 | 万安 | 郭超群 | 80 | 81 |
| 宜丰 | 陶球 | 74 | 77 | 信丰 | 罗允怀 | 74 | 78 |
| 峡江 | 饶兆拯 | 77 | 80 | 大余 | 刘兆德 | 80 | 81 |

资料来源：二十七、二十八年各县司法处职员考绩表 卷宗号 J018-3-00797；江西上高、崇仁、金溪、万载等县司法处人员考绩表 卷宗号 J018-1-01885，江西省档案馆。

笔者统计了 1938 年、1939 年度江西各县司法处审判官的考绩结果，如上表所列。1938 年度，参与考绩 33 人，80 以上 5 人，70 以上 22 人，60 以上 6 人；1939 年度，参与考绩 35 人，80 以上 9 人，70 以上 17 人，60 以上 9 人。两个年度，都没有不合格的人员，当时考绩条例规定的解职人员不少于 2%，更是具文。

上表考绩成绩，倒也值得分析，一方面固然反映了审判官当年的工作情况，另一方面，因考绩成绩初核人员为高等法院院长，从中也可以一窥江西高等法院院长梁仁杰对各审判官的工作评价。

1938年度,金溪县司法处审判官辛信的工作概况栏中记载以下内容:"一、共收民事案件70起。已结69起,内计一月未满者60起,一月以上者9起,共开庭68次。二、共收刑事案件52起,已结51起,内计一月未满者43起,一月以上者4起,三月以上者4起,共开庭52次。三、撰拟司法行政文稿98件,核稿43件。四、调节办公杂费,因得添置各项用具,渐完设备及修整房屋以壮观瞻。五、编制各项卷宗、簿册、民刑事月报及稽核法收,均获齐全周密以资查核。六、谢绝应酬,夙夜从公,督道员司,率身廉谨,遇有承办人员不请办理之件,常详予指示或代为办理,以匡不逮。"其当年考绩成绩为65分。① 同年度,宜黄县司法处审判官李家腾的工作概况为:"审判民事第一审案件12起,裁定民事案件9起,审判刑事第一审案件15起,裁定刑事案件10起,计裁判民刑事案件46起,庭讯凡131次,批示170件,核阅文稿294件。"其当年考绩成绩为80分。②

审判官最重要的工作理应是民刑审判,单从这一指标看,辛信1938年度审理民刑案件122件(办结120件),李家腾当年审理民刑案件46件,李氏当年的办案数量仅为辛氏的37.7%,两相比较,工作量不可同日而语,可辛信65分,李家腾80分,该成绩是否公正,何以厚此薄彼,笔者不得不有所疑问。

与地方法院比较,县司法处的人员编制少一半以上,但审判官、书记官、检验员、执达员、录事、法警等司法人员各司其职,也基本保障了各县的司法运行。随着通货膨胀的不断加剧,县司法处司法人员的账面薪酬剧增,1947年年底,审判官月入140万元左右,但实际生活水平只有1939年前月俸70元的1/5左右,其他司法人员则更为困苦,基层司法人员生存维艰。上级司

---

① 江西上高、崇仁、金溪、万载等县司法处人员考绩表,卷宗号J018-1-01885,江西省档案馆。
② 二十七、二十八年各县司法处职员考绩表,卷宗号J018-3-00797,江西省档案馆。

法行政机关制定了诸多措施,对县司法处进行监督,且贯穿于日常工作的各个方面,在一定程度上保障了县司法处的办案质量。对司法人员的考绩则流于形式,收效甚微。

# 第三章　江西各县司法处审判官群体

民国时期对于司法官的遴选十分重视，自清末司法改制以来，司法官的选用就以考试选任为原则，走职业化与精英化的道路，审判官也不例外。县司法处审判官的学历背景、专业水平如何，直接影响到案件审理的质量。

笔者梳理了江西省档案馆馆藏的"某某县司法处审判官、书记官任免卷"及"审判官呈部请派卷"，共736卷，依据其中的审判官任免令和审判官铨叙履历表，并与其他相关案卷进行比对，整理成"江西各县司法处审判官任期一览表"（见附录一）以及"江西各县司法处审判官名录"（见附录二）。附录一包括各县司法处（主任）审判官的院派（部派）日期[①]、到职日期、卸职日期，并据此计算出各审判官的赴任程期与任期。综合来看，前一任审判官的卸职日期与后一任的到职日期基本上相互衔接，应该几无遗漏。附录二包括审判官姓名、别号、性别、出生年月、籍贯、入党（国民党）时地、学历与资历等内容。这两张表格基本上反映出1936年至1949年间江西省各县司法处审判官的学历与资历、程期与任期、籍贯与党籍的整体状况。这些基础数据，是本章分析的基础。

据笔者梳理，1936年至1949年间，确定到任的江西各县司法处审判官共275人，其中董济、蒋远源、刘大康、楼显康4名审判官的履历表未能查找到。另有6人因资料欠缺，无法确定是否到任：1948年2月派安远的易凤鸣；1949年3月19日所派廖铨、徐庆，4月13日所派乔增桂、钟伟贤，4月

---

①　院派指江西高等法院派令，部派指司法行政部派令。

16日所派王步瀛。1949年5月,江西高等法院停止运行,派令寄达需一定时日,风雨飘摇之际,人心惶惶与观望迷惘,该5人是否到任,成为疑问。因此,本文统计的审判官共计271人。

## 第一节  学历与资历:审判官遴选的专业化与精英化

1936年颁布的《县司法处组织暂行条例》第五条规定,任县司法处审判官者,必须具有下列资格之一:"一、依法有司法官资格者;二、经审判官考试及格,并训练期满者;三、曾经承审员考试及格,或各省司法委员、承审员考试及格,领有覆核及格证书者;四、修习法律学科三年以上,领有毕业证书,经高等考试及格者;五、修习法律学科三年以上,领有毕业证书,并办理法院纪录事务,或司法行政事务三年以上,曾经报部有案,成绩优良者;六、修习法律学科三年以上,领有毕业证书,曾任承审员或帮审员、审判官、审理员、司法委员二年以上,或连同办理法院纪录事务,司法行政事务,合计在三年以上,成绩优良者。依前项第二款至第六款资格核派之审判官,任职满两年,成绩优良者,由高等法院院长胪列成绩,呈报司法行政部,得以推事或检察官任用。"

该任职资格,实际上包括学历与资历两方面的内容:

在学历方面:该条第四、五、六款表达非常明确,"修习法律学科三年以上,领有毕业证书。"更通俗地说,即是法科大专以上毕业。第一、二、三款虽未直言,但检诸司法官资格和审判官、承审员、司法委员考试的应试资格要求,对修习法律学科的时间都有明确的规定。1917年5月1日公布的《县司法公署审判官考试任用章程》规定:凡年满三十岁以上有下列资格之一者可参加审判官考试:"一、在外国公私立大学或专门学校修法律之学三年以上得有凭证者;二、在国立大学及教育部认可之公私立法政专门学校修法律之学三年以上得有凭证者;三、曾充帮审员或承审员一年以上经正式委任者;四、曾任各法院书记官长民刑事记录书记官满一年以上曾经司法部任命者;五、曾于前清充各官署刑幕五年以上成绩夙著经原官或现任本省荐任以上官证明者。"(第六条)①1933年6月19日公布的《修正承审员考试暂行条例》规定承审员考试应考资格为:"一、在国立及经教育部立案或承认之国内外专门以上学校修法律政治学科一年半以上毕业得有证书者;二、高等检定考试第二种及格者;三、有法政专门著作经审查及格者;四、曾办理司法或司法行政事务三年以上有证明书者。"(第二条)②1935年8月5日考试院修正公布、同日施行的《高等考试司法官考试条例》规定,司法官考试应考资格为:"一、公立或经立案之私立大学独立学院或专科学校法律政治各学科毕业得有证书者;二、教育部承认之国外大学独立学院或专科学校法律政治各学科毕业得有证书者;三、有大学或专科学校法律政治各学科毕业之同等学历经高等检定考试及格者;四、有法律专门著作经审查及格者;五、经同类之普通考试及格满四年者;六、曾任司法或司法行政机关委任官及与委任官相当职务三年以上有证明文件者;七、在国内外专科以上学校修法律政治各学科一年以上得有毕业证书并曾在专科以上学校教授本条例第六条必试科目二年以上或曾任审判事务二年以上或法院纪录事务三年以上有证明文件者。"③1936年6月9日考试院公布的《县司法处审判官考试暂行条例》对应考资格规定为:"一、有高等考试司法官考试应考资格者;二、公立或经教育部立案或承认之国内外专科以上学校法律政治各学科一年半以上毕业,得有证书者。"④

---

① 《县司法公署审判官考试任用章程》,载《司法公报》1917年第76期。
② 《修正承审员考试暂行条例》,载《考试院公报》1933年第6期。
③ 国民政府司法院参事处编:《新订国民政府司法例规》第一册,1940年10月,第305页。
④ 《县司法处审判官考试暂行条例》,载《江西省政府公报》1936年第537期。

1936年6月11日,湖北高等法院请示司法行政部:本省现任承审员有系政治经济科三年毕业,曾任承审员或司法委员三年以上,成绩优良,学历固然不符,但摈而不用又未免可惜,可否准以审判官继续任用。6月22日,司法行政部指令:"查政治经济科三年毕业,既与县司法处组织暂行条例第五条规定之学历不合,虽曾任承审员或司法委员三年以上成绩优良者,仍未便准其继续任用。"①

在资历方面:该条第五款对资历的要求是"办理法院纪录事务,或司法行政事务三年以上,曾经报部有案,成绩优良者。"第六款对资历的要求是"曾任承审员或帮审员、审判官、审理员、司法委员二年以上,或连同办理法院纪录事务,司法行政事务,合计在三年以上,成绩优良者。"

对上述资格的审查是相当严格的。审判官先由各省高等法院按照任职资格要求遴选派用,到职三个月左右,检具履历证件及民刑判决书,呈报司法行政部,由司法行政部、铨叙部、教育部交会审查,即司法行政部审查民刑判决书,铨叙部审查各种资历证件,教育部审查毕业证或学历证明。依照第五条第五款资格呈请核派者,应由高等法院院长假设案情,面令撰拟民刑判词五件以上,如依第六款呈请核派者,应检送最近承办民刑案件判词十件,连同各种证件一并呈部审核。② 同条第一项司法官资格审查之严格更不亚于审判官,1935年2月8日司法行政部修正公布、同日施行的《司法官审查委员会规则》规定,司法官审查委员会分为资格审查委员会、成绩审查委员会两组,资格审查委员会审查各种证书及证明文件,包括学校毕业证书、学校教授聘书及其年限暨教授讲义、曾充司法官或司法行政官之委状或其他证明文件、曾应司法官考试及其他考试之及格证书暨其他凭证文件,成绩审

---

① 司法行政部指令,指字第14465号,民国二十五年六月二十二日《司法公报》1936年第123期。

② 司法行政部训令,训字第4865号,民国二十五年九月十八日,筹设各县司法处呈部核派审判官暨转报成立日期卷,卷宗号J018-3-01961,江西省档案馆。

查委员会审查判词起诉书不起诉处分书或其他司法行政文件,任事期内案件收结表,其他关系成绩之文件。[①]

## 一、学历

271名审判官中,留日及外省学校法科毕业的90人,毕业学校及名单如下:

表3.1 江西各县审判官毕业学校一览表之一 外省学校

| 学　　校 | 姓　　　　名 | 人数 |
|---|---|---|
| 朝阳大学 | 吴瑞徽 王材固 刘廷杰 李家腾 曾崟 罗其泽 邹文焴 任继武 周道熙 周澈 孙青云 史美文 丘凤唐 吴品元 纪云章 吴道中 王士瀛 刘金麟 张燮 孙崐 | 20 |
| 北京大学 | 喻遂生 张垔民 朱友良 | 3 |
| 北平大学 | 朱贤裔 王公孚 王安 | 3 |
| 国立北京法政专门学校 | 聂烈光 熊人叙 杨祖震 过德刚 胡俊 廖簜声 | 6 |
| 北京私立中国大学 | 王嵩生 熊同禄 郑邦麟 曾国屏 黄河清 刘舫 | 6 |
| 北京中央大学 | 贾化鹏 | 1 |
| 北平民国大学 | 费子诚 万兢 | 2 |
| 北平民国学院 | 张受益 | 1 |
| 北平中国学院 | 张国榦 | 1 |
| 上海持志大学(学院) | 文世荣 陈虞卿 | 2 |
| 上海法科大学 | 赵舫 | 1 |

---

① 国民政府司法院参事处编:《新订国民政府司法例规》第一册,1940年10月,第219—220页。

续表

| 学　校 | 姓　　名 | 人数 |
|---|---|---|
| 上海法政学院 | 金绍曾　杨清正　李树峰　王云衢　胡国平　施生 | 6 |
| 上海江南学院 | 黄钟 | 1 |
| 上海群治大学 | 陈赞枢 | 1 |
| 上海震旦大学 | 曾鲁 | 1 |
| 上海中国公学 | 邓伯亮　张遵祺　文柄 | 3 |
| 福建公立法政专门学校 | 江宗汉 | 1 |
| 福建私立法政专门学校 | 林文洸　薛聿骧　胡偑杰 | 3 |
| 国立中山大学广东法科学院 | 丘道万 | 1 |
| 私立南华学院 | 曾子敬 | 1 |
| 武昌中华大学 | 曾详海　汤焕城 | 2 |
| 湖北公立法政专门学校 | 王振谱　陈邦淑　严俊驹 | 3 |
| 湖南大学 | 杨正襄 | 1 |
| 湖南群治大学 | 刘和春　周景苏　钟皓　余璋 | 4 |
| 湖南公立法政专门学校 | 杜坦生 | 1 |
| 湖南会通法政专门学校 | 王冕 | 1 |
| 湖南达材法政专门学校 | 李秉刚　张文源 | 2 |
| 江南法政专门学校 | 涂步青 | 1 |
| 江苏公立法政专门学校 | 邰骧 | 1 |
| 南京法政专门学校 | 吴俊 | 1 |
| 浙江公立法政专门学校 | 张寿熙 | 1 |
| 国立英士大学 | 郑绍康 | 1 |
| 山东法政专门学校 | 邵云樵 | 1 |
| 河南公立法政专门学校 | 郑享宾 | 1 |
| 安徽大学 | 聂辉扬　佘世荣 | 2 |
| 日本明治大学 | 邱杰熹　王炳炎 | 2 |

上表共89人，另有丁德高学历为"福建法政专门学校专科三年毕业"，暂时无法查证是"公立"还是"私立"。

曾在两所学校修学的有5人（分别归入毕业学校，肄业不计）：朱友良，国立北京大学法学院法律系毕业，获法学士学位，私立北平朝阳法学院法律系肄业。张文源，湖南达材法政专门学校本科毕业，北京大学法律系肄业。邱杰熹，湖南第一法政学校政治经济科毕业，日本明治大学法律科毕业（归入法科学校）。刘金麟，北平朝阳大学法律专科四年毕业，日本明治大学研究科肄业。曾鲁，上海震旦大学法学系毕业，法国巴黎大学政治经济系肄业。

经与《国立北京法政大学江西同乡录》核对，杨祖震1915年毕业，胡俊1917年毕业，过德刚1922年入校，熊人叙1924年毕业，廖簫声1925年毕业，皆为法律本科。[①]

本科毕业共40人，其中13人获法学学士学位。本科：王材固、朱贤裔、贾化鹏、周澈、孙青云、纪云章、郑邦麟、刘舫、江宗汉、杨祖震、胡俊、过德刚、熊人叙、廖簫声、张文源、杨正襄、王冕、钟皓、余璋、邰骧、李树峰、陈赞枢、胡国平、薛聿骧、胡倜杰、汤焕城、张寿熙。获法学学士学位：佘世荣、刘廷杰、喻遂生、张垩民、周道熙、郑绍康、丘道万、王云衢、邓伯亮、朱友良、陈虞卿、张遵祺、吴瑞徵。

从学校的人数来看，朝阳大学20人，占外省毕业人数90人的22.2%，达1/5强，遥遥领先于其他学校的毕业人数。其次是国立北京法政专门学校、北京私立中国大学、上海法政学院各6人。

从外省学校毕业学生就读学校的地域分布来看：北京43人，占47.8%，上海15人，占16.7%，北京、上海合计58人，占64.4%，占外省学校毕业人数的将近2/3，足见北京、上海近代法学教育之兴盛。湖南9人，福建5人，

---

① 《国立北京法政大学江西同乡录》，1925年5月刊，上海图书馆近代馆藏。

湖北5人,江苏3人,浙江2人,安徽2人,广东2人,山东1人,河南1人,留学日本2人。

在清末民初法学教育的热潮中,江西省也占有一席之地,先后成立的法政专门学校有四所,列表如下:

表3.2 清末民国江西法政学校设置情况一览表

| 校名 | 设立时间 | 认可或立案备案年月 | 备注 |
| --- | --- | --- | --- |
| 江西省立法政专门学校 | 1906年,江西法政学堂。1913年更名。1933年6月遵部令停办 | 1915年8月正式认可 | 由前清官立法政学堂改名 |
| 江西私立法政专门学校 | 1910年冬;1929年奉部令限期停办;1933年6月结束 | 1914年1月始先准予备案 | 自1914年8月始毕业生经部核准 |
| 私立豫章法政专门学校 | 1910年豫章法政公学。1929年更名章江。1933年6月结束 | 1914年1月始先准予备案 | 自1914年11月始毕业生经部核准。该校备案系与江西私立法专门并案办理,见政府公报 |
| 私立赣州法政专门学校 | | | 1914年饬令停办,有别科毕业生经部核准,1915年后停办(资料欠详) |

资料来源:一、潘懋元、刘海峰编:《中国近代教育史资料汇编 高等教育》,上海教育出版社1993年版,第481—483页。二、江西省司法行政志编委会编:《江西省志·江西省司法行政志》,江西人民出版社1995年版,第95—96页。三、江西私立章江法政专门学校(原名豫章)同学录,卷宗号5-4-27,江西赣州市档案馆。

271名审判官中,毕业于江西本省法政学校者176人,其中,江西省立法政专门学校56人,私立江西法政专门学校59人,私立章江(豫章)法政专门学校57人,大约各占本省毕业人数的1/3,另外4人中,毛益鸿毕业于江西省官立法官养成所及江西豫章法政补习别科,①涂宗汉、聂赓飏、王阶平毕业于"江西法政专门学校",未能查明是"公立"还是"私立"。

各审判官履历表中,绝大多数并未填具毕业时间和班别。经与各个学校的同学录核对,详情如下:

表 3.3　江西各县审判官毕业学校一览表之二　江西省立法政专门学校

| 班别专业 | 毕业时间 | 姓　　名 |
| --- | --- | --- |
| 法律别科第 1 班 | 1912 年 1 月 | 杜鄂 |
| 法律别科第 2 班 | 1913 年 1 月 | 许继昌 |
| 法律别科第 3 班 | 1914 年 1 月 | 方国鏊　危酒昌　程孝毅　张德溥 |
| 政治经济科第 1 班 | 1916 年 3 月 | 谢奂 |
| 法律科第 1 班 | 1916 年 9 月 | 胡以谦　胡寓 |
| 法律科第 2 班 | 1917 年 3 月 | 王大猷　秦镜 |
| 法律科第 3 班 | 1917 年 3 月 | 郑季濂　杜国琛 |
| 政治经济科第 3 班 | 1919 年 6 月 | 伍家玉　杨清 |
| 法律科第 5 班 | 1921 年 6 月 | 王言纶　刘兆德　刘兆燊　朱炽昌　胡敬舆　谢士倜　尚志 |
| 法律科第 6 班 | 1922 年 6 月 | 程德瑞　王崇云　王彰 |
| 政治经济科第 6 班 | 1922 年 6 月 | 王仰曾　熊燮邦 |
| 法律科第 7 班 | 1923 年 6 月 | 朱汾颐　朱希文　魏炳翰　万增 |
| 法律科第 8 班 | 1924 年 6 月 | 吴楚英　江文福 |

---

① 江西省官立法官养成所成立于 1906 年秋,学习时间一年半,学习期满经考试合格者发给毕业文凭,准参加法官考试。学习科目 16 门,包括宪法大纲、现行刑律、新刑律、民事诉讼草案、刑事诉讼律草案、民法、商法、破产律、国际公法、国际私法、行政法要论等。见江西省司法行政志编委会编:《江西省志·江西省司法行政志》,江西人民出版社 1995 年版,第 91 页。

续表

| 班别专业 | 毕业时间 | 姓　　名 |
|---|---|---|
| 法律科第 9 班 | 1925 年 6 月 | 陈沛霖　方远扬　张先恭 |
| 法律科第 10 班 | 1926 年 6 月 | 蔡恂 |
| 政治经济科第 11 班 | 1927 年 6 月 | 彭年 |
| 法律科第 11 班 | 1927 年 6 月 | 冯品高 |
| 法律科第 12 班 | 1928 年 6 月 | 李家学　彭熙骏 |
| 法律科第 13 班 | 1929 年 6 月 | 张维熙　陶球　谭仁勇　李世标 |
| 法律科第 14 班 | 1930 年 6 月 | 金丽生 |
| 法律科第 15 班 | 1931 年 6 月 | 谢应悌　黄学余　杨独清 |
| 法律科第 17 班 | 1933 年 6 月 | 黄服畴　廖吉斋　吴文怡　缪仕潸 |

资料来源：表中审判官履历所填学历与《江西省立法政专门学校同学录》比对。《江西省立法政专门学校同学录》，1932 年 6 月编，卷宗号 5-3-26，江西赣州市档案馆。

上表共 53 名，另有 3 名，即邹荣祖、陈立鹏、郑士良班别不详。曾在两所学校修学的有 1 人：黄服畴，江西省立法政专门学校法律本科暨武昌中华大学法学院毕业。56 人中，法科毕业 49 人，政治经济科毕业 7 人（谢夑、伍家玉、杨清、王仰曾、熊燮邦、彭年、邹荣祖），①本科毕业共 40 人其中法律本科 38 人，政治经济本科 2 人（彭年、邹荣祖）。

表 3.4　江西各县审判官毕业学校一览表之三　私立江西法政专门学校

| 班别专业 | 毕业时间 | 姓　　名 |
|---|---|---|
| 一班法科 |  | 吴镜明 |
| 二班法科 |  | 车光汉 |

---

①　谢夑、熊燮邦履历中填的是法律本科，核对同学录，实为政治经济科。另谢夑江西县长考试及格；杨清 1921 年 12 月司法官考试初试及格，1924 年 3 月司法官再试及格；王仰曾 1929 年江西各县承审员考试及格，1934 年首都普通考试及格，1934 年首都承审员临时考试及格。

续表

| 班别专业 | 毕业时间 | 姓　名 |
| --- | --- | --- |
| 三班法科 | | 蒋秉衡 |
| 六班法科 | | 胡邦蔡 |
| 七班法科 | | 刘汝霖 |
| 八九合班法科 | | 李景稷　徐日明　王绍珪 |
| 十四班法科 | | 朱梅春 |
| 十五班法科 | | 席秋芳 |
| 十六班法律本科 | 1931 年 | 陈镇华　王镇南　尹志恢　刘耀南　雷迅 |
| 十七班法律本科 | 1932 年 | 张步吕　袁兴仕　何显徽　龙行燮　钟举正　鲁炳雯　缪家兴　谢绎　詹逸　朱玠 |
| 十八班法科 | 1933 年 6 月 | 焦景清　熊继轩　潘弘毅　周成章　李耀唐　舒政铎　陈欣然　徐豫之 |
| 一至十五班法政本科 | | 曾震寰　陈庆之　黄绍香　龙会云　丁从周　游云峰　李景伊　朱汝琏　辛信　刘绍基　樊应丰　熊世珍　樊永言　邓绍端　余绎　金干　董霖 |

资料来源：表中审判官履历所填学历与《私立江西法政专门学校同学录》比对。《私立江西法政专门学校同学录》，1932 年 6 月编，卷宗号 5 - 4 - 30，江西赣州市档案馆。

　　第一班至十五班法政本科毕业时间为 1914 年至 1930 年。上表共 50 名，另有 9 名即杨宝森、熊益三、戴明、武瀛洲、邹伟才、彭相正、王兴汉、周蔚文、萧伟民班别不详。曾在两所学校修学的有 1 人：吴镜明，私立江西法政专门学校法律本科暨北京警官高等学校指纹科毕业。59 人中，法科毕业 58 人，政治经济科毕业 1 人（邓绍端）。① 本科毕业 48 人，其中法律本科 47 人，政治经济本科 1 人（邓绍端）。

---

① 邓绍端考取江西各县承审员，考试院覆核及格。

表 3.5　江西各县审判官毕业学校一览表之四　私立章江(豫章)法政专门学校

| 班别专业 | 毕业时间 | 姓　　　名 |
| --- | --- | --- |
| 第 1 班法律别科 | 1914 年 | 蔡启麟　廖立三 |
| 第 2 班法律别科 | 1915 年 | 丘开桂　熊可人　高齐缙 |
| 第 5 班法律本科 | 1920 年 | 黄谟介　罗允怀　张夷 |
| 第 6 班法律本科 | 1921 年 | 周邦杰　张汉　樊甲　刘铣 |
| 第 7 班法律本科 | 1922 年 | 邹启明　熊芳　陈政 |
| 第 9 班法律本科 | 1923 年 | 胡屏广　赵伯杞　魏凤稗 |
| 第 10 班法律本科 | 1924 年 | 郭超群　金宝光　曾镛 |
| 第 12 班法律本科 | 1926 年 | 刘夔飓 |
| 第 13 班法律本科 | 1927 年 | 胡德铨 |
| 第 14 班法律本科 | 1928 年 | 邓纪 |
| 第 15 班法律本科 | 1929 年 | 周瞻锋　周雍余　邱荣祖 |
| 第 16 班法律本科 | 1930 年 | 周藩 |
| 第 17 班法律本科 | 1931 年 | 吴运鸿　彭兆薰 |
| 第 18、19 班法律本科 | 1932 年 1933 年 | 胡道辉　汪志先　蒋思训　张北藩　徐祥麟　左邦直　陈瑛　彭长启　廖绵钰　饶兆拯　曾岐祥　姜鸿謩　章思严　喻之梅 |

资料来源：表中审判官履历所填学历与《江西私立章江法政专门学校(原名豫章)同学录》比对。《江西私立章江法政专门学校(原名豫章)同学录》，1933 年 6 月编，卷宗号 5-4-27，江西赣州市档案馆。

上表共 44 名，另有 13 名，即陈淦生、苏圣权、陈声甫、项燊锋、熊植谋、康曜、万笃明、甘棠、李集之、温树荣、邹康、刘祖汉、黄振华班别不详。57 人中，法科毕业 57 人，其中本科毕业 47 人。①

---

① 曾镛履历表中填的专科，但第 10 班为法律本科且与其同班的郭超群、金宝光都填的本科，此处将曾镛归入本科毕业。章思严的履历表有的填专科有的填本科，此处归入本科毕业。

271位审判官中,中学肄业1名:方平,赣南中学肄业。① 大专肄业4人:涂举如,私立上海法学院司法组修业一年;王世昌,武昌私立中华大学法律系肄业二学年;刘师旦,江西法政专门学校法律预科毕业;蔡子法,未填具体的毕业学校,履历中只填写了"司法院法官训练所毕业"。由此推论,该员也应该具有大专以上学历,依据是1929年2月4日司法行政部呈准公布的《法官训练所章程》第三条规定:"凡中国国民党党员曾在国内外专门以上学校修习法政学科三年以上毕业,得有毕业证书者,得应本所学员资格之试验。"② 1930年6月13日公布的《修正法官训练所章程》中,第三条略有修正,但"修习法政学科三年以上毕业,得有毕业证书者"仍然是基本条件。③

综上所述,271位审判官中,专科以上毕业266人,占98.1%,④大专肄业4人,占1.5%,中学肄业1人,占0.4%。

271位审判官,法科毕业258人占95.2%,政治经济科毕业8人;本科毕业175人,占64.6%;法律本科毕业172人,占63.5%,政治经济本科毕业3人;获法学学士学位13人,占4.8%。

政治经济科专业并不符合任用条件,1936年6月11日湖北高等法院请示司法行政部:本省现任承审员有系政治经济科三年毕业,曾任承审员或司法委员三年以上,成绩优良,学历固然不符,但摈而不用又未免可惜,可否准以审判官继续任用。6月22日司法行政部指令:"查政治经济科三年毕业,既与县司法处组织暂行条例第五条规定之学历不合,虽曾任承审员或司

---

① 该员江西第五届普通检定考试及格,1941年普通考试临时考试监狱官考试及格。见方平履历表,兴国地院看守所所长任免卷,卷宗号J018-3-00514,江西省档案馆。
② 《法官训练所章程》,载《司法公报》1929年第6期。
③ 《修正法官训练所章程》,载《司法公报》1930年第77期。
④ 除去下文杜坦生伪造学历,则为265人,占97.8%。此处计入,因为伪造者也是因该"学历"才被任用。

法委员三年以上成绩优良者,仍未便准其继续任用。"①但江西高等法院也委任了少部分政治经济科毕业者为审判官。1946年3月7日,司法行政部指令江西高等法院:伍家玉系江西公立法政专门学校政治经济科毕业,核与规定资格不合,所请派署上饶县司法处审判官,应毋庸议。江西高等法院呈报司法行政部:"该员学识经验尚能称职,任事以来,亦甚勤奋努力。本省自特种刑事案件划归司法机关受理后,各县司法处审判官员额增设颇多,司法人材缺乏,委实不敷分配,除俟遴选合格人员,再行另文呈请核派外,在未经遴员接替前,仍由该员暂行代理,以利进行。"②

如前所述,法科大专以上是审判官审查任用的一个基本条件,即便是曾经委派而未到职者如周肃、曹锡阶、刘家瑾、萧乐康等,都具有法学大专以上的毕业文凭:周肃,北平中国大学法律系毕业;③曹锡阶,国立北京法政专门学校法律本科毕业;④刘家瑾,国立暨南大学法学学士;⑤萧乐康,上海法政大学法律科毕业。⑥

江西司法界与地方官场关系交错,司法官任用慎重。1938年11月15日,江西省第五区专员邓景福向梁仁杰推荐程德瑞为审判官:"云山兄……兹有程秀君德瑞,毕业法政,历充南(昌)九(江)两地方法院推事、检察官,品学均优,弟知之最深,如荷委充斯职,必能胜任愉快,特电奉恳。"11月28日

---

① 司法行政部指令,指字第14465号,民国二十五年六月二十二日《司法公报》1936年第123期。

② 光泽县司法处审判官、书记官任免卷,卷宗号J018-1-00536,江西省档案馆。

③ 周肃履历表,上犹县司法处审判官、书记官任免卷,卷宗号J018-1-00739,江西省档案馆。

④ 曹锡阶履历表,德安县司法处审判官、书记官任免卷,卷宗号J018-1-00569,江西省档案馆。

⑤ 刘家瑾履历表,玉山县司法处审判官、书记官任免卷,卷宗号J018-3-00406,江西省档案馆。

⑥ 萧乐康履历表,龙南县司法处审判官、书记官任免卷,卷宗号J018-1-00651,江西省档案馆。

梁复电:"承介程君德瑞学验俱优,亟思借重。惟司法人员资格限制极严,拟请饬具详细履历寄下,以便审查核夺。"12月14日,江西高等法院派程德瑞代理婺源县司法处审判官。① 从代电中可见,梁、邓相互称兄道弟,私交不浅,但梁仁杰并未贸然应承,而是先说明"惟司法人员资格限制极严",先看详细履历,再审查核夺。

伪造学历则从另一个侧面反映了法科大专以上学历的重要性。

杜坦生,湖南临湘人,1946年1月31日经江西高等法院派为上高县司法处审判官。按规定,尚须提交学历等证件,由高等法院转呈司法行政部核派。杜坦生返回湖南,于11月25日找到自己的临湘同乡、湖南高等法院推事施中谷,自称是前湖南公立法政专门学校法科毕业,现任江西上高县司法处审判官,因毕业文凭在战时遗失,现须呈明学历,请施中谷帮忙出具证明。施中谷回忆以前在该校确有杜姓同学,但非同期毕业,当即答应先予证明。因证明须两位同学签名,杜坦生又央求于湖南高等法院推事兼庭长张劭。事隔20余年,张劭对杜姓同学的面貌、姓名也记不清,但谈及当年的教职员及熟习的同学姓名,杜坦生均能言之历历,张劭乃亦信以为真。张劭的同学录已遗失,就答应从别处借阅同学录后再予证明。杜坦生称假期已满,即须回赣,再三恳求即予证明。施中谷、张劭等碍于同学情面,就在他所填写的"杜燧更名杜坦生"之学历证明书上盖章,交杜携去。事后向别处借阅同学录,发现竟无杜燧之名,施中谷即于第二天前往杜坦生住处,追索该项证明书,但杜业于去赣。施中谷旋即又以快函向上高追索,要求杜坦生于本年12月10日以前将此项证明书寄回,但快函如石沉大海。为免受牵累,张劭、施中谷将事情的来龙去脉向湖南高等法院院长余觉汇报。12月23日,湖南高等法院将此事函告江西高等法院,而杜坦生的学历证明已于12月

---

① 婺源县司法处审判官书记官任免卷,卷宗号 J018-3-00204;婺源县司法处审判官书记官任免卷,卷宗号 J018-3-00195,江西省档案馆。

16日由江西高等法院转呈司法行政部。1947年1月16日,江西高等法院呈报司法行政部,要求将杜坦生该项学历证明注销。并饬令杜坦生另行呈报学历证明文件。杜坦生即于3月19日请假再回湖南,返赣后于4月2日呈文江西高等法院,附上岳阳县司法处主任审判官李元恺及新昌县长张云襄出具之证明保结各一张。江西高等法院未敢轻信,4月14日将杜坦生的两纸学历证明保结转函湖南高等法院,湖南高等法院再转函湖南省政府教育厅,以查明该员学籍。5月31日,湖南高等法院复函江西高等法院:经湖南省政府教育厅查明,湖南公立法政专门学校毕业生中并无杜燧或杜坦生其人,至于李元恺、张云襄则曾在该校法律本科第七班毕业。至此,杜坦生学历问题真相大白。而杜坦生则早在4月11日就因参与赌博被免职。①

同为冒牌,骗法各异。苏立文本人系私立福建法政专门学校法律系毕业,于1934年7月病故。苏毓楷竟冒用已死之苏立文名义,谎称毕业证遗失,请求该校(已改名福建学院)补发毕业证明书。校方因年代久远,未加核对,竟被其混领。嗣后,苏毓楷即以苏立文名义在福建第四行政专员公署充当军法助理员。福建学院同学会得悉此事,当即向福建学院揭发此事,并向苏毓楷居住地惠安县司法处控告。苏毓楷闻风潜逃。1946年11月15日,江西高等法院派"苏立文"为会昌县司法处审判官。福建惠安县司法处于1947年1月13日、福建学院同学会闽南属分会于2月25日分别电呈江西高等法院,呈请将苏毓楷扣押讯办。江西高等法院在接到福建惠安县司法处代电后,于2月8日密电会昌县司法处主任审判官孙崐,若"苏立文"到职,"应即扣留"。② 估计苏毓楷早已得闻风声,并未前往会昌就职。

学历有疑义的有陈赞枢、武瀛洲。

陈赞枢系上海群治大学第一届大学部法科法律系毕业,在贵溪任上曾

---

① 审判官呈部请派卷,卷宗号J018-1-00669;上高县司法处审判官、书记官任免卷,卷宗号J018-1-00760;审判官呈部请派卷,卷宗号J018-1-01652,江西省档案馆。

② 会昌县司法处审判官、书记官任免卷,卷宗号J018-1-00642,江西省档案馆。

因学历疑义而被免职。教育部复函司法行政部,群治大学十六年毕业生未据报部,陈赞枢毕业资格照章不予承认,据此,司法行政部1945年6月5日训令江西高等法院:该员"不以任用",12月20日,江西高等法院奉部令后将其免职。12月30日,贵溪县司法处转陈赞枢签呈,对此的解释是:"遵查群治大学十六年毕业生,早经敝校罗校长面谕呈报前教育部,并奉指令备查在案。惟值北伐革命成功之际,平、沪两地多事之秋,究不知此项文件前教育部已否移交接收,乃事隔十八年之久,中间经过抗战八年,胜利之时母校早已停办,主管人员各居一方,住址莫明,现由职正设法探询,俾便取得合法学历证明,再行呈送审查。"几经折腾,一年半之后,1947年7月25日,陈赞枢学历"业经专案迳呈该校教务主任余楠秋转呈教育部查明准予承认。"①1948年1月10日陈赞枢再被江西高等法院派为余江县司法处审判官。

武瀛洲呈报的学历为民国十一年(1922年)在私立江西法政专门学校庚班法律本科毕业,但未将毕业证书呈验,仅由前校长刘濂出具证明书一纸。江西高等法院在审查司法人员资格时,对其学历颇有疑问,1936年9月29日、10月14日两次函请江西省教育厅代为查明。10月28日,江西省教育厅复函江西高等法院:"经查该前私立江西法政专门学校存卷毕业生名册内,民国十一年毕业班次,系属己班,并册内庚班所列各生,均无武瀛洲名字。"10月31日,江西高等法院将"该员学历不无疑问"呈报司法行政部,②12月,武瀛洲被免职。③

此外,邹康曾被控伪造文凭。1948年,弋阳县民万子贞、徐亮、周华先、胡卓才向江西高等法院、监察院皖赣监察使署和司法行政部呈控,该县司法

---

① 贵溪县司法处审判官、书记官任免卷,卷宗号J018-1-00601;贵溪县司法处审判官、书记官任免卷,卷宗号J018-1-00675;审判官呈部请派卷,卷宗号J018-1-01652,江西省档案馆。
② 关于查武瀛洲学历密件卷(1936年),卷宗号J018-5-01866,江西省档案馆。
③ 1946年以后,武瀛洲又先后被派为余干、都昌县司法处主任审判官。是学历得以证明抑或是其他原因,因未见相关资料,此处只能存疑。

处主任审判官邹康之江西豫章法政专门学校法律本科文凭系伪造。江西高等法院令上饶地方法院院长周澈彻查。9月30日,周澈呈文江西高等法院:经查并无徐亮、万子贞、周华先、胡卓才其人。10月5日,吴昆吾签令:"邹康暂予免议"。①

基层县司法处审判官专科以上毕业率尚且达到98.1%,更高层阶的高等法院及其分院,司法官的学历不低于这个比例。1940年度,江西高等法院第三分院院长1人、首席检察官1人、推事2人、检察官1人,共5人(全男),都是国内法政专门以上学校法科毕业;江西高等法院第四分院院长1人、首席检察官1人、推事5人、候补推事1人、学习推事1人、检察官2人、学习检察官1人,共12人(全男),留日法科毕业2人,国内法政专门以上学校法科毕业10人。② 1942年度,江西高等法院本院推事10人,全部高等教育法政专业毕业,其中国内毕业8人、欧美1人、日本1人;检察官4人,全部为国内高等教育法政专业毕业。③

近代中国,民众接受教育的比例是非常的低。1930年代初,江西寻乌城东小学是个有名的"毕业公司",没有出息的地主子弟,就拿钱去混一张文凭,名片上印上"城东小学毕业生"以示显摆。刚毕业时,祠堂里要给毕业生一些钱,叫"抢红花",每年可以和有功名的秀才、举人平分学谷,每年祭祖完

---

① 弋阳司法处审判官邹康伪造文凭案卷,卷宗号J018-5-01133,江西省档案馆。
笔者对此案颇有疑惑。据邹康履历为1913年出生,若按呈控所言,其毕业时间为1926年,推算其毕业时仅13周岁,则入江西豫章法专时仅10周岁。上文所述,1933年6月编造的《江西私立章江法政专门学校(原名豫章)同学录》并无邹康名字。据此,笔者也怀疑其文凭的真实性。但是,从另一角度来说,即便要伪造文凭,也应该是伪造外省法专的毕业文凭,因为伪造本省的实在风险太大,毕业于本省法专的司法人员遍布江西法界,很容易穿帮。
② 高等第一、二、三、四分院二十九年度民刑诉讼、司法行政统计年表,卷宗号J018-4-03187,江西省档案馆。
③ 本院三十一年度行政部分及民刑案件年表,卷宗号J018-4-03172,江西省档案馆。

毕可以和有功名的分胙肉。① 小学毕业就如此了不得，可见受过高等教育者是何等的稀罕。

表3.6 江西省人口受教育程度（截止1946年12月）

| 受教育类型 | 受高等教育者 || 受中等教育者 || 受初中教育者 ||
|---|---|---|---|---|---|---|
| | 毕业 | 肄业 | 高中毕业 | 高中肄业 | 毕业 | 肄业 |
| 人数 | 9275 | 8174 | 28798 | 44449 | 101254 | 112970 |
| 占百分比 | 0.085 | 0.075 | 0.265 | 0.408 | 0.931 | 1.039 |
| 受教育类型 | 受初等教育者 |||| 私塾 | 不识字 |
| | 高小毕业 | 高小肄业 | 初小毕业 | 初小肄业 | | |
| 人数 | 236198 | 241407 | 429284 | 866356 | 1517608 | 7281113 |
| 占百分比 | 2.172 | 2.219 | 3.947 | 7.965 | 13.953 | 66.941 |
| 说明：六岁以下儿童未届入学年龄未列入 ||||||||

资料来源：《江西民政统计》，南昌戊子牌兴盛祥承印，1947年3月，第39页。

上表所列江西省总人数10876886人（六岁以下未计入）。受高等教育毕业者每千人不到一人，高中毕业每千人不到三人，初中毕业每千人不到十人，文盲比例高达66.9%。

据1947年内政部人口局估算，"我国文盲数目，向鲜确实之统计，据最近估计，约百分之三十强。"②

据南京国民政府教育部统计，民国元年（1912年）至三十六年（1947年），专科以上学校毕业生人数计210826人，加上民国元年以前3184人，总计214010人。

---

① 《寻乌调查》，中共中央文献研究室编：《毛泽东文集》第一卷，人民出版社1993年版，第149—150页。
② 《中华年鉴》（上册），民国三十七年（1948年）版，中华年鉴社发行，第101页。

表 3.7　1912 年至 1947 年各年专科以上学校毕业生人数一览表

| 年度 | 毕业人数 | 年度 | 毕业人数 | 年度 | 毕业人数 |
| --- | --- | --- | --- | --- | --- |
| 1912 | 490 | 1924 | 2397 | 1936 | 9154 |
| 1913 | 976 | 1925 | 2272 | 1937 | 5137 |
| 1914 | 1048 | 1926 | 2841 | 1938 | 5085 |
| 1915 | 1364 | 1927 | 2714 | 1939 | 5622 |
| 1916 | 1470 | 1928 | 3253 | 1940 | 7710 |
| 1917 | 1155 | 1929 | 4164 | 1941 | 8035 |
| 1918 | 900 | 1930 | 4583 | 1942 | 9056 |
| 1919 | 1137 | 1931 | 7034 | 1943 | 10514 |
| 1920 | 1446 | 1932 | 7311 | 1944 | 12078 |
| 1921 | 1428 | 1933 | 8665 | 1945 | 14463 |
| 1922 | 1742 | 1934 | 9622 | 1946 | 20185 |
| 1923 | 2005 | 1935 | 8672 | 1947 | 25098 |

资料来源：一、《专科以上学校历年来毕业生人数》，载《江西民国日报》1936 年 8 月 24 日第五版。二、教育部教育年鉴编纂委员会编：《第二次中国教育年鉴》第五编 高等教育，商务印书馆 1948 年版，第 528—540 页。

说明：《第二次中国教育年鉴》记载 1935 年度毕业生数为 8673 人。

1928 年至 1947 年大专以上法科毕业生人数共计 50782 人。

表 3.8　1928 年至 1947 年各年度专科以上学校法科毕业生一览表

| 年度 | 毕业人数 | 年度 | 毕业人数 | 年度 | 毕业人数 |
| --- | --- | --- | --- | --- | --- |
| 1928 | 1420 | 1935 | 2596 | 1942 | 1913 |
| 1929 | 1681 | 1936 | 2667 | 1943 | 2511 |
| 1930 | 1898 | 1937 | 1059 | 1944 | 2579 |
| 1931 | 2560 | 1937 | 1182 | 1945 | 3403 |
| 1932 | 2713 | 1939 | 1312 | 1946 | 4769 |
| 1933 | 3175 | 1940 | 1685 | 1947 | 6350 |
| 1934 | 3478 | 1941 | 1831 | 总计 | 50782 |

资料来源：教育部教育年鉴编纂委员会编：《第二次中国教育年鉴》第五编 高等教育，商务印书馆 1948 年版，第 527—528 页。

如前所述,要成为一名审判官,学历、资历的要求是非常严格的,并非大专以上法科一毕业就可以入职。若以1936年改设县司法处为截止时间,国内大专以上毕业生总数为91027人(含民国元年以前3184人),1928年至1936年大专以上法科毕业生22188人,分之于全国各地,满足各行各业对人才的需求,再加上资历的要求,可见审判官可供遴选之人才的稀缺程度。

从横向比较,自1926年1月至1938年12月,江西省县长1113名,专科以上学校毕业513人,占46.1%,其中法专毕业180人,占16.2%;①据1941年统计,江西省第一、二、三期县行政人员训练班结业学员347人,大专以上学校毕业144人,占41.5%;②1946年,江西省省参议员84人,大专以上毕业54人,占64.3%,江西省各县参议员2420人,大专以上毕业618人,占25.5%。③ 结合近代中国国民受教育程度,对比之下,江西各县司法处审判官98.1%的大专以上毕业生比率,是何等的令人惊异,也足见民国时代法官的精英化④并非虚言。

再从纵向比较,1949年之后,司法政治化⑤的泛滥及砸烂公检法的时代,毋庸多言。有学者就指出,法官的选任,20世纪50年代之后没有任何标准,直到1983年才规定"担任审判员的人应当具有法律知识",以"应当具有法律知识"这样空洞的标准,则"我奶奶也可以当法官。"⑥

1949年至1987年,全国高等院校政法类毕业生专科17051人、本科

---

① 江西省政府建设厅编印:《江西省县长研究》,1938年12月,第1页。
② 江西省政府秘书处统计室编制:《江西统计月刊》1941年第4卷第7期,第17页。
③ 《江西民政统计》,南昌戊子牌兴盛祥承印,1947年3月,第46、48页。
④ 民初司法官的考选与培养,参见吴永明著:《理念、制度与实践:中国司法现代化变革研究(1912—1928)》,法律出版社2005年版,第165—212页。
⑤ 新政权建立后司法政治化的源起,参见刘练军:《司法政治化的滥觞:土改时期的人民法庭》,载香港《二十一世纪》2012年2月号,总第129期。
⑥ 贺卫方:《我奶奶也可以当法官:从〈法院组织法〉的修改看中国司法改革》,http://www.aisixiang.com/data/14511.html 爱思想网。访问时间:2015年10月21日。

43802人、研究生3582人,共计64435人,全国高校本、专科生毕业生总计5638250人。①1998年至2007年十年间,全国普通高等学校法学毕业生人数列表如下:

表3.9　1998—2007年全国普通本、专科学校法学毕业生人数一览表

| 年度 | 1998 | 1999 | 2000 | 2001 | 2002 | 2003 | 2004 | 2005 | 2006 | 2007 |
|---|---|---|---|---|---|---|---|---|---|---|
| 本科 | 14832 | 16363 | 19806 | 30326 | 36332 | 52756 | 63334 | 76140 | 91596 | 105964 |
| 专科 | 14817 | 15137 | 24318 | 31148 | 43634 | 57660 | 70030 | 87389 | 94568 | 98834 |
| 小计 | 29649 | 31500 | 44124 | 61474 | 79966 | 110416 | 133364 | 163529 | 186164 | 204798 |

资料来源:教育部发展规划司编:《中国教育统计年鉴》1998年至2007年各年度《普通本、专科分学科学生数·毕业生数》。

　　1999年大学扩招之后,法学专业本、专门科毕业学生人数迅速攀升,至2007年,法学类学生一年内的毕业人数,几乎相当于清末至1947年国内培养的大专以上毕业生的总和。1998年至2007年十年间,法学本、专科毕业生总数1044984人,尚且不计法学类的硕士、博士毕业生人数。因此,从理论上说,法官任用的专业化有足够的人才条件。

　　直至1987年,全国法院系统的审判人员,大专以上学历占17.1%,1992年占66.6%,②姑且不论含糊的"大专以上学历"是否法律专业,是否各类电大、函授、夜大、党校、政法管理干部学校培训等等类型。1995年年底全国各级法院共有法官165085人,大专以上文化水平138988人,占84.1%,法律专业毕业者97872人,占59.3%,③进入21世纪以后,状况更

---

①《中国法律年鉴1989》,法律出版社1990年版,第1106—1107页。
②《最高人民法院工作报告》(最高人民法院院长任建新,1993年3月22日八届全国人大一次会议),《人民日报》1993年4月6日。
③最高人民法院研究室统计资料。转引自景汉朝、卢子娟:《经济审判方式改革若干问题研究》,载《法学研究》1997年,第5期。

是逐渐改善,①2004年3月10日最高人民法院院长肖扬在十届全国人大二次会议上做"最高人民法院工作报告"指出:"我院法官中硕士、博士学位的比例已达47%。"②

从学历的角度来说,对比于1949年之前审判官的学历百分比,前后确有云泥之别。

## 二、资历

综合各审判官的履历可以看出,江西各县审判官的资历,或者说来源,主要有四方面:考试、承审员转任、书记官等转任、军法人员转任,也有少数从律师登记备用转任。当然,有的审判官经历丰富,考试通过,承审员、书记官、军法官都任职过,资历丰富,也属常事。

### (一) 考试

据学者研究,南京国民政府时期,各类司法官考试、审判官考试(11次)、法院书记官考试,及格人数共约二千数百人。③

表3.10 特种考试县司法处审判官考试及格人数统计表

| 年别 | 1937 | 1939 | 1943 | 1945 | 1946 | 1947 | 总计 |
| --- | --- | --- | --- | --- | --- | --- | --- |
| 人数 | 130 | 21 | 34 | 128 | 94 | 167 | 574 |

资料来源:杨学为总主编、王奇生主编:《中国考试通史·卷四·民国》,首都师范大学出版社2004年版,第163页。

---

① 据《中国法官基本状况报告》,至2015年,中国法官群体大学本科以上学历占97.85%(其中硕士占34.37%,博士占1.32%),大专占1.92%,高中及以下占0.23%。因其数据来源不详,此处仅供参考。来源:法官之家,网址:http://www.360doc.com/content/15/0501/06/1417717_467185861.shtml,访问时间:2015年10月21日。

② 《中国法律年鉴2005》,中国法律年鉴社2005年8月,第24页。

③ 汤能松、张蕴华等著:《探索的轨迹:中国法学教育发展史略》,法律出版社1995年版,第281页。

上表中,1946 年应该是只列入了 4 月第一次司法人员考试录取的审判官 94 人,而当年 11 月第二次司法人员考试还录取了审判官 98 人,1946 年审判官考试总的及格人数应为 192 人。1947 年 5 月第一次司法人员考试录取审判官 76 人,10 月第二次司法人员考试录取审判官 77 人,总数为 153 人,与上表数据也不相符,此处存疑。①

特种考试县司法处审判官考试科目,与高等考试司法官考试初试科目相同,考九门科目:国父遗教、国文、本国历史及地理、宪法、民法、刑法、商事法规、民事诉讼法和刑事诉讼法。

根据《县司法处组织暂行条例》第五条一至四款,县司法处审判官的任职资格,考试及格的种类包括司法官考试,审判官考试,承审员考试,各省司法委员考试,以及高等考试等。

表 3.11 江西各县审判官各类考试及格一览表(47 人)

| 附表二序号 | 姓名 | 考 试 类 别 |
| --- | --- | --- |
| 2 | 蔡 恂 | 1927 年江西文官考试及格,1929 年江西省区长考试及格 |
| 8 | 曾详海 | 国民政府司法部法官训练班考试及格 |
| 10 | 曾震寰 | 1920 年考取江西承审员;1929 年 7 月考取湖北各县司法委员 |
| 17 | 陈沛霖 | 1929 年考取江西各县承审员经考试院覆核及格 |
| 30 | 邓绍端 | 考取江西各县承审员,考试院覆核及格 |
| 32 | 丁德高 | 1914 年福建承审员试验及格 |
| 39 | 方国鉴 | 考取承审员,考试院覆核及格 |
| 43 | 甘 棠 | 1929 年江西各县承审员考试及格,经考试院覆核及格 |
| 44 | 高齐缙 | 1920 年江西承审员考试及格 |

---

① 谢冠生编:《战时司法纪要》,台北"司法院"秘书处,1971 年 6 月重印,第 404 页。

续表

| 附表二序号 | 姓名 | 考 试 类 别 |
|---|---|---|
| 45 | 郜 骧 | 1922年11月江苏高等审判厅承审员考试及格 |
| 49 | 胡邦蔡 | 1928年3月江西高等法院司法委员考试合格 |
| 53 | 胡敬舆 | 1925年4月江西各县管狱员考试及格 |
| 61 | 黄谟介 | 考取承审员,考试院覆核及格 |
| 62 | 黄绍香 | 1920年考取承审员,1929年考取江西各县承审员 |
| 68 | 江文福 | 1929年考取江西各县承审员 |
| 84 | 李景稷 | 考取承审员 |
| 89 | 廖吉斋 | 江西高等法院承审员考试及格 |
| 105 | 刘祖汉 | 考取承审员,考试院覆核及格 |
| 107 | 龙会云 | 1934年9月考取承审员 |
| 111 | 毛益鸿 | 1914年10考取湖南承审员,1937年川滇黔三省高等法官初试及格,复考取川滇黔三省审判官 |
| 115 | 聂辉扬 | 1935年高等考试司法官初试及格,1937年司法官再试及格 |
| 125 | 丘凤唐 | 1935年10月第三届高等文官司法官初试及格,1937年4月司法官再试及格 |
| 126 | 丘开桂 | 赣南司法委员考试及格 |
| 128 | 邱荣祖 | 1930年江西第三届县长考试及格并经覆核及格 |
| 131 | 尚 志 | 1929年考取江西各县承审员经考试院覆核及格 |
| 142 | 陶 球 | 1929年江西各县承审员考试及格经考试院覆核及格 |
| 148 | 万 增 | 司法部各县管狱员考试及格。江西、河南县长考试及格 |
| 152 | 王材固 | 1927年第四届司法官考试及格 |
| 153 | 王崇云 | 1929年考取江西各县承审员经考试院覆核及格 |
| 155 | 王公孚 | 河南省第一届普通考试承审员考试及格 |

续表

| 附表二序号 | 姓名 | 考 试 类 别 |
|---|---|---|
| 163 | 王言纶 | 江西高等法院考试司法委员、承审员及格领有及格证书 |
| 164 | 王仰曾 | 1929年江西各县承审员考试及格,1934年首都普通考试及格,1934年首都承审员临时考试及格 |
| 170 | 魏炳翰 | 考取江西各县司法委员 |
| 177 | 吴镜明 | 1929年江西各县承审员考试及格 1932年考试院覆核及格。1941年高等考试司法官初试临时考试及格 |
| 184 | 武瀛洲 | 江西高等法院承审员临时考试应试及格 |
| 188 | 谢 龚 | 江西县长考试及格 |
| 191 | 辛 信 | 1929年江西各县承审员考试及格经考试院覆核及格 |
| 192 | 熊 芳 | 1929年江西各县承审员考试及格 |
| 194 | 熊可人 | 1928年经江西高等法院考取司法委员暨承审员 |
| 196 | 熊世珍 | 江西各县承审员考试及格考试院覆核及格 |
| 199 | 熊益三 | 考取江西承审员,考试院覆核及格 |
| 208 | 杨 清 | 1921年12月司法官考试初试及格,1924年3月司法官再试及格 |
| 216 | 喻遂生 | 司法官考试及格,1928年12月司法官再试及格 |
| 228 | 张维熙 | 江西各县承审员考试及格并经考试院覆核及格 |
| 240 | 郑士良 | 1928年2月江西县长考试及格 |
| 254 | 朱汾颐 | 1925年8月江西各县管狱员考试及格,1927年5月江西省政府司法厅司法委员考试及格 |
| 269 | 方 平 | 江西第五届普通检定考试及格,1941年普通考试临时考试监狱官考试及格 |

江西省271名审判官中,通过考试者为上表中的47名,占17.3%,不足五分之一。承审员、司法委员考试及格符合审判官任职资历,毫无疑义。

至于县长考试是否符合资历,由司法行政部最终予以认可,从邱荣祖任免一案可资佐证。

邱荣祖所通过的考试为江西第三届县长考试。邱荣祖任职万年县审判官时,江西高等法院以奉部令其资历不合,而将邱荣祖免职。邱荣祖为此向江西高等法院及司法院、考试院考选委员会提出异议:"奉读之下,不胜骇异……荣祖任职年余,倘有丝毫贪婪渎职,虽寸磔而无悔,乃毫无过失而以资历不合四字去职,揆诸法治国家之措施,殊令人不能不为不平之鸣。查荣祖系章江法政专门学校法律本科毕业,并经江西县长考试及格,暨考试院复核及格,正与部颁县司法处组织条例第五条第一项第四款之资格相符合,如谓上项县长考试系地方考试,不能认为高等考试,然查当时之县长考试,既呈奉中央令准有案,且各典试委员如仇鳌、刘天铎、陈剑悠等固赫然为考试院所简派,其及格人员之试卷又一律呈经考试院覆核及格,其效力当然应与考试院在首都举行之高等考试完全同视,不能以其在地方举行而有所歧视……"[①]经司法行政部司法官资格审查委员会与考试院考选委员会再次覆审,其资历为合格,由江西高等法院存记优先派用。[②]

### (二) 承审员转任

从江西各县审判官任用的实际情况来看,多数人的资历是曾任承审员。《县司法处组织暂行条例》第五条第六款:"修习法律学科三年以上,领有毕业证书,曾任承审员或帮审员、审判官、审理员、司法委员二年以上,或连同办理法院纪录事务,司法行政事务,合计在三年以上,成绩优良者。"县司法处设置初期江西高等法院开办的两期审判官补习班补习人员共60名,除王

---

① 邱荣祖快邮代电呈江西高等法院,民国廿七年六月十五日,万年县司法处审判官、书记官任免卷,卷宗号J018-3-00155,江西省档案馆。
② 司法行政部指令,指字第10329号,民国二十七年十一月十四日,筹设各县司法处卷,卷宗号J018-3-02097,江西省档案馆。

绍珪、朱梅春、周雍余、饶兆拯、郭超群、危迺昌、邱荣祖、史美文和薛聿骧等9人的资历为地方法院书记官之类，其他都是从江西各县现任承审员中选拔出来的。①

至于承审员之任职资格，1914年4月5日公布的《县知事兼理司法事务暂行条例》规定，"县知事审理案件得设承审员助理之"（第二条），承审员任用资格为："一、在高等审判厅所管区域内之候补或学习司法官；二、在民政长所管区域内之候补县知事；三、曾充推事或检察官半年以上者；四、经承审员考试合格者。"②（第三条）

从各审判官的履历中可以看到，曾担任过承审员的审判官有134人，占50%，是审判官最主要的来源。

### （三）书记官等转任

《县司法处组织暂行条例》第五条第五款规定："修习法律学科三年以上，领有毕业证书，并办理法院纪录事务，或司法行政事务三年以上，曾经报部有案，成绩优良者。"部分审判官由各地院、县司法处书记官转任。

### （四）军法人员转任

1936年2月20日，国民政府军事委员会函咨司法院，县政府军法承审员可否与普通司法承审员同等资格待遇以审判官核派。司法院转令司法行政部核议后，于3月26日复函军事委员会：县政府军法承审员如果具有县司法处组织暂行条例第五条第一款至第五款资格之一者，自得以县司法处审判官核派，若具有同条第六款资格，系曾修习法律学科三年以上领有毕业证书，并曾任军法承审员二年以上而有证明文件，经主管官署证明其成绩优

---

① 江西省高等法院附设审判官、书记官补习班第二期同学录，卷宗号J033-2-00333，江西省档案馆。
② 《县知事兼理司法事务暂行条例》，载《政府公报分类汇编》1915年第15期。

良者,亦可认具其有审判官之任用资格。①

为维持司法权的完整与独立,1944年1月12日颁布(同年11月12日施行)的《特种刑事案件诉讼条例》,将原归军事或军法机关管辖的特种刑事案件划归普通法院、县司法机关管辖(除军人为被告外),但危害民国、汉奸、违反战时军律及妨害军机之案件,由高等法院或分院审理。② 特种刑事案件包括:(一)依法律规定适用特种刑事审判程序之案件,如惩治贪污条例、惩治盗匪条例、禁烟治罪暂行条例、禁毒治罪暂行条例等;(二)特种刑事案件诉讼条例施行前依法令规定由军事或军法机关审理之案件,如军机防护法、危害民国紧急治罪法、惩治汉奸条例、非常时期违反粮食管理治罪暂行条例、中华民国战时军律、妨害国家总动员惩罚暂行条例等。

特种刑事案件划归普通司法机关管辖后,一方面,普通司法机关讼案增加。部分诉讼繁忙的县司法处,增设了一名审判官。另一方面,部分军法人员也需要另谋出路。为此,1944年10月18日国民政府公布(同日施行)了《军法人员转任司法官条例》,该条例首先对军法人员做了界定:"本条例所称军法人员为各级军法官及其他执掌军法裁判之人员"(第二条),然后依据军法人员的学历与资历,分别规定其转任审判官、推事或检察官之级别(第三条至第六条)。转任审判官的条件为:"军法人员曾在专科以上学校修习法律学科三年以上毕业,而任相当于委任职之军法人员三年以上,经登记并审查成绩合格者,具有转任审判官之资格。"(第三条)③1945年6月27日行政院公布、同日施行的《军法人员转任司法官审查－＋成绩规则》规定:"军法人员声请审查成绩,应开具履历、检取最后连续制作之判词三十份或其他

---

① 具备条件之军法承审员认有县司法处审判官资格函,司法院公函,公字第115号,民国二十六年三月二十六日,《法令周刊》1937年第354期。
② 《特种刑事案件诉讼条例》,载《江西省政府公报》1944年第1305期。
③ 司法行政部编:《司法法令汇编》第四册,上海法学编译社1946年10月再版,人事法令第73页。

与审判有关之著作或文稿,连同学历、经历及登记合格之证明文件呈由中央主管军法机关核转司法行政部"(第三条),"司法行政部为审查军法人员成绩设军法人员成绩审查委员会"(第四条)。①

担任过军法官的审判官有 95 人,占 35.4%。

## 第二节 任期与程期:审判官任期较短与程期之拖沓

### 一、任期

从"江西各县司法处审判官任期一览表"(见附表一)中可见,1936—1949 年间,江西省 71 县司法处,审判官任期为 549 任(次),可分为下列情况:

表 3.12 1936—1949 年江西各县审判官任期情况表

| 任期分类 | 任(次) | 备注 |
| --- | --- | --- |
| 辞职未就 | 61 | 因病、路途遥远、川资难筹等原因 |
| 不确定是否到任 | 12 | 多为 1949 年 3 月或 4 月任命,不确定是否到任。 |
| 不计数 | 1 | 附表一,序号 117,万增,已到任,高院令原派案撤销,万增毋庸到职。 |
| 挂职 | 8 | 萧伟民、陈瑛(两任)、胡国平、刘铣、方平、胡道辉、董霖 |
| 到任 | 467 | 实际到任 |

---

① 司法行政部编:《司法法令汇编》第四册,上海法学编译社 1946 年 10 月再版,人事法令第 75 页。

辞职未就者61任次，占11.1%即1/10强。辞职原因有以下几方面：

一是因病呈辞。这是最为常见的理由或托词。1938年11月19日院派陈继曾为贵溪县司法处审判官，23日陈呈请高等法院收回成命，称"审判官职责繁重，非继曾羸弱之躯，所能胜任。"①1939年11月1日院派蓝功廷暂代莲花县司法处审判官，蓝代电呈江西高院，称患足疾，行动不便，无法赴任。②

二是供职他处，无法另就。1941年2月3日院派刘家瑾为玉山县司法处审判官，刘供职江西省政府民政厅，称辞职未获准，不能赴任。③1946年3月14日院派曾岂凡为南城县司法处审判官，而曾正服务于丰城县政府，未能到职。④

三是交通不便、川资难筹。1943年3月25日院派过德刚为上饶县司法处审判官，过德刚呈称："惟上饶六百里之遥，交通不便，非如临川附近或清江等地计程一二百里需时三四日可达，兼时际非常，米珠薪桂，需要一千余元旅费，刚系贫士……一时不易筹措，稽延逋慢，咎何能辞。"⑤1947年7月31日院派周肃为上犹县司法处审判官，周肃任职于靖安参议会。8月21日周肃呈称：路途遥远，川资难筹，无法赴任，并请改调靖安附近各县。⑥

四是赴职途中，出现意外。1939年4月14日院派谢龚为万载县司法处审判官，5月13日谢龚呈报，赴职途中行经新余、分宜交界之山坑中，遇散兵三人，被搜抢一空，惊吓之下，人又患病，只有折返回家休养，呈请辞职。⑦无独有偶，1947年4月23日院派颜森干为铜鼓县司法处审判官，6

---

① 贵溪县司法处审判官、书记官任免卷，卷宗号J018-3-00175，江西省档案馆。
② 莲花县司法处审判官、书记官任免卷，卷宗号J018-3-00234，江西省档案馆。
③ 玉山县司法处审判官、书记官任免卷，卷宗号J018-3-00406，江西省档案馆。
④ 南城县司法处审判官、书记官任免卷，卷宗号J018-1-00676，江西省档案馆。
⑤ 上饶县司法处审判官、书记官任免卷，卷宗号J018-1-00394，江西省档案馆。
⑥ 上犹县司法处审判官、书记官任免卷，卷宗号J018-1-00739，江西省档案馆。
⑦ 万载县司法处审判官、书记官任免卷，卷宗号J018-3-00257，江西省档案馆。

第三章　江西各县司法处审判官群体　143

月 17 日颜呈称,在从湖南攸县赴铜鼓中途被匪抢劫,砍伤公丁,自己也受伤,返回攸县原籍治病,请另改派,7 月 11 日再次呈请改派赣西各县。① 方远扬则更为悲剧,1945 年 12 月 17 日院派为方远扬为宜黄县司法处审判官,1946 年 1 月 25 日,方携眷乘车前赴宜黄,途中车覆山沟,小儿方庆龙不幸遇难,妻左臂折,自己右腿折,被迫返赣医治。②

五是地址不清,无法联系。张炳南系 1944 年 1 月司法行政部令江西高等法院查缺派用,但未载通讯地点。1945 年 12 月 20 日院派张炳南为余干县司法处审判官,但院令无从寄发。③ 1948 年 11 月 24 日院派黄为志为安远县司法处主任审判官,也因踪迹不明,派案于 12 月 2 日撤销。④

六是家事缠绕,无法到任。1944 年 3 月 7 日院派陈赞枢为都昌县司法处审判官,陈赞枢称妻子患病需人照料,无法赴任。⑤ 1946 年 1 月 12 日院派陈沛霖为丰城县司法处审判官,陈沛霖称迫于家务,不能赴职。⑥

七是其他原因。1941 年 3 月 25 日院派廖立三为石城县司法处审判官,廖立三呈称:该县防军系前驻会昌江西保安第十三团驻在地(分驻宁都、石城、会昌、瑞金等县),自己在任会昌审判官时,该团长欧阳江因案要求未遂,迫自己星夜离县。若前往任事,难免不无意外发生。5 月 3 日院令原派案撤销,另派廖立三为寻乌审判官。⑦ 1947 年 11 月 24 日院派涂穗为崇仁县司法处审判官。涂穗任职于第七区专员公署(南城),26 日呈称自己兼充第七区专署视察,曾赴崇仁五六次,调查控案三四十起,对于地方政府首长

---

① 铜鼓县司法处审判官、书记官任免卷,卷宗号 J018-1-00833,江西省档案馆。
② 宜黄县司法处审判官、书记官任免卷,卷宗号 J018-1-00694,江西省档案馆。
③ 余干县司法处审判官、书记官任免卷,卷宗号 J018-1-00603,江西省档案馆。
④ 丰城县司法处审判官、书记官任免卷,卷宗号 J018-1-00670,江西省档案馆。
⑤ 都昌县司法处审判官、书记官任免卷,卷宗号 J018-1-00469,江西省档案馆。
⑥ 安远县司法处审判官、书记官任免卷,卷宗号 J018-1-00791,江西省档案馆。
⑦ 石城县司法处审判官、书记官任免卷,卷宗号 J018-3-00367,江西省档案馆。

及部分人士不无开罪之处，恐渠等心存芥蒂，不免影响工作，不便前往就职，请准予另调。①

挂职者实际并未到达调任之任所、未担任调任之县司法处的实际事务。比如：萧伟民，1948年8月19日院派信丰县司法处审判官，调南城地方法院清理积案(1948年9～11月)，信丰县司法处1948年11月30日裁撤、12月1日改院，江西高等法院又将萧伟民调代理瑞金县司法处审判官，仍在南城地院清理积案。陈瑛，1947年6月27日院派暂代宁都地院推事，1947年9月20日院派代理会昌县司法处审判官，仍代理宁都地方法院推事，1948年10月29日院令调代全南县司法处审判官并调南昌地院办事。再如：胡国平，1947年9月18日院派定南县司法处审判官，暂调高院办事，而其派令"寄司法行政部人事处岑指生科员收转"，则为我们理解此类事件背后的奥妙提供了线索。挂职的原因，多为任职推、检资历不足，则以调某某县司法处审判官暂调某处办事为幌子，一边实际任职推、检，一边在县司法处积累年资。邱荣祖原任万年县司法处审判官，1938年6月11日院令资历不合，应予免职。邱荣祖对于自己的资历问题，据理力争，其呈文就揭露此类事件：任职年资相差甚巨，则主办审查员以"尚未审查完竣"，藉以掩护，先子任命，"故有一人据要津，其兄弟叔侄虽无资亦同登法籍者(此例甚多，容后补呈)，否则虽任何廉明尽职，亦必吹毛求疵，横遭摈斥，铨政若此，良堪浩叹。"②

实际到任的467任(次)中，若以一年为计数周期，任期如下表所示：

---

① 崇仁县司法处审判官、书记官任免卷，卷宗号J018-1-00749，江西省档案馆。
② 邱荣祖呈江西高等法院，民国二十七年六月十八日，万年县司法处审判官、书记官任免卷，卷宗号J018-3-00155，江西省档案馆。

表 3.13 审判官任职时间表(单个任期)

| 任　　期 | 任次 | 审判官姓名及任职县份 |
|---|---|---|
| 十年以上 | 1 | 王言纶(万年) |
| 九年至九年十一个半月 | 3 | 陶球(宜丰) 钟皓(瑞金) 方国銮(新余) |
| 八年至八年十一个半月 | 8 | 李景稷(广丰) 江文福(德兴) 胡以谦(定南) 饶兆拯(峡江) 李家腾(宜黄) 刘金麟(清江) 贾化鹏(修水) 程德瑞(婺源) |
| 七年至七年十一个半月 | 8 | 廖立三(寻乌) 胡屏广(弋阳) 江宗汉(宁冈) 熊可人(广昌) 刘兆德(大庾) 周雍余(贵溪) 辛信(金溪) 曾嵛(都昌) |
| 六年至六年十一个半月 | 7 | 吴运鸿(安远) 金宝光(乐安) 熊益三(乐平) 任继武(遂川) 王阶平(会昌) 张文源(进贤) 彭年(余干) |
| 五年至五年十一个半月 | 10 | 曾国屏(资溪) 王仰曾(光泽) 刘和春(崇义) 赵伯杞(万安) 周邦杰(石城) 郑季潆(崇仁) 胡寓(上高) 谢龚(东乡) 余璋(于都) 樊甲(铜鼓) |
| 四年至四年十一个半月 | 15 | 魏炳翰(丰城) 朱希文(清江) 丁从周(玉山) 毛益鸿(丰城) 李世标(上高) 郭超群(莲花) 黄谟介(丰城) 曾震寰(新干) 危酒昌(资溪) 刘和春(吉水) 魏炳翰(永丰) 郭超群(万安) 黄服畴(全南) 邓纪(万载) 周澈(南城) |
| 三年至三年十一个半月 | 32 | 蒋秉衡(上犹) 黄谟介(玉山) 张先恭(乐平) 朱梅春(上犹) 赵伯杞(全南) 王崇云(萍乡) 周景苏(上犹) 张先恭(余江) 邓伯亮(余江) 吴文怡(遂川) 金绍曾(都昌) 佘世荣(于都) 潘弘毅(东乡) 彭熙骏(上高) 熊世珍(德安) 周道熙(南丰) 邱荣祖(永丰) 王云衢(武宁) 丘开桂(定南) 周景苏(安福) 张受益(崇义) 张国榦(崇仁) 胡倜杰(安福) 袁兴仕(安福) 朱汾颐(瑞昌) 雷迅(铜鼓) 尚志(龙南) 杜鹗(吉水) 张夷(信丰) 张汉(靖安) 胡寓(萍乡) 秦镜(光泽) |

续表

| 任　期 | 任次 | 审判官姓名及任职县份 |
|---|---|---|
| 两年至两年十一个半月 | 63 | 参见附表一 |
| 一年至一年十一个半月 | 125 | 参见附表一 |
| 半个月至十一个半月 | 195 | 参见附表一 |

以一年为计数周期,任期正好成一个金字塔形,一年内的任期195任次,占41.8%,是金字塔的基底,一年至两年内任期125任,占26.8%。10年以上任期1任,是金字塔的顶端,任期的差距非常大。每任平均任期为一年十个月。

实际到任的269名审判官,任职县数如下表所示:

表3.14　审判官调任县份一览表

| 任职县数 | 人次 | 审　判　官　姓　名 |
|---|---|---|
| 6 | 1 | 曾国屏(南丰　石城　上饶　贵溪　资溪　余江) |
| 5 | 1 | 李世标(南丰　东乡　上高　余干　宜黄) |
| 4 | 15 | 魏炳翰　金宝光　朱梅春　张维熙　邱荣祖　廖吉斋　吴镜明　陈政　张步吕　刘兆燊　焦景清　陈镇华　武瀛洲　黄钟　樊甲 |
| 3 | 28 | 程德瑞　丁从周　王阶平　张先恭　黄谟介　周景苏　王崇云　雷迅　聂烈光　朱希文　彭兆薰　方远扬　朱炽昌　谢应悌　杨独清　彭年　周道熙　张寿熙　李集之　杜国琛　伍家玉　吴品元　熊植谋　甘棠　樊应丰　周成章　谭仁勇　周瞻锋 |
| 2 | 84 | 略。参见附表一 |
| 1 | 140 | 略。参见附表一 |

仅任职一县的有140人,占52%,调任2县以上者129人,占48%。调任5、6县的有两人。

将个人任职时间合并计算，可得下表数据：

表3.15 审判官任职时间表（合并任期）

| 任期 | 人次 | 审 判 官 姓 名 |
|---|---|---|
| 十年以上 | 4 | 魏炳翰 曾国屏 廖立三 王言纶 |
| 九年至九年十一个半月 | 10 | 程德瑞 丁从周 江文福 刘和春 王阶平 张先恭 方国鋆 赵伯杞 陶球 钟皓 |
| 八年至八年十一个半月 | 20 | 李景稷 金宝光 李世标 熊益三 吴运鸿 胡以谦 郭超群 江宗汉 周雍余 饶兆拯 刘金麟 黄谟介 李家腾 周景苏 刘兆德 任继武 贾化鹏 周邦杰 彭年 胡嵩 |
| 七年至七年十一个半月 | 7 | 朱梅春 胡屏广 熊可人 王仰曾 张维熙 曾崙 辛信 |
| 六年至六年十一个半月 | 9 | 张文源 邱荣祖 王崇云 朱希文 廖吉斋 余璋 樊甲 周澈 谢奂 |
| 五年至五年十一个半月 | 5 | 吴镜明 危酒昌 郑季濂 陈政 雷迅 |
| 四年至四年十一个半月 | 13 | 聂烈光 彭兆薰 方远扬 曾震寰 毛益鸿 张步吕 朱炽昌 张国榦 谢应悌 杨独清 孙青云 黄服畴 邓纪 |
| 三年至三年十一个半月 | 33 | 周瞻锋 蒋秉衡 周道熙 佘世荣 涂步青 丘道万 蔡启麟 刘兆燊 张寿熙 袁兴仕 邓伯亮 吴文怡 李集之 金绍曾 潘弘毅 彭熙骏 熊世珍 罗允怀 王镇南 丘开桂 王云衢 熊继轩 张受益 纪云章 龙行燮 胡偑杰 朱汾颐 尚志 秦镜 杜鹗 张汉 张夷 刘舫 |
| 两年至两年十一个半月 | 54 | 焦景清 杜国琛 章思严 薛聿骧 王炳炎 张德溥 陈镇华 金丽生 朱贤斋 黄绍香 陈淦生 伍家玉 陈庆之 陈立鹏 陈虞卿 吴品元 熊植谋 徐日明 左邦直 尹志恢 熊燮邦 龙会云 谢士佩 费子诚 汪志先 游云峰 邹伟才 李秉刚 陈赞枢 王绍珪 熊人叙 樊应丰 邹荣祖 鲁炳雯 喻之梅 何显徵 邓绍端 丁德高 吴道中 杨清正 罗其泽 曾岐详 聂赓飚 王嵩生 施生 邹康 孙崑 甘棠 郜骧 万增 黄钟 陈瑛 胡俊 康曜 |

续表

| 任期 | 人次 | 审 判 官 姓 名 |
|---|---|---|
| 一年至一年十一个半月 | 65 | 刘夔飚 钟举正 周成章 胡邦蔡 缪家兴 胡敬舆 温树荣 黄振华 彭长启 万笃明 朱汝琏 缪仕濬 彭相正 郑享宾 林文洸 杨祖震 周蔚文 邵云樵 舒政铎 朱友良 武瀛洲 郑邦麟 张垕民 曾详海 刘师旦 吴瑞徵 郑绍康 蒋思训 王大猷 涂举如 刘祖汉 刘汝霖 刘绍基 史美文 聂辉扬 廖绵钰 涂宗汉 陈欣然 高齐缙 杜坦生 姜鸿罿 陈声甫 黄学余 李家学 陈邦淑 徐祥麟 王公孚 杨正襄 李景伊 赵舫 吴俊 金干 王安 蔡恂 朱玠 谢绎 戴明 詹逸 余绎 曾鲁 熊芳 张燮 廖篯声 楼显康 廖铨 |
| 半个月至十一个半月 | 49 | 王士瀛 王振谱 曾子敬 蔡子法 刘廷杰 谭仁勇 项燊锋 樊永言 陈沛霖 李树峰 斤凤唐 张北藩 苏圣权 车光汉 邹启明 胡德铨 胡道辉 刘耀南 邱杰熹 喻遂生 李耀唐 吴楚英 徐豫之 杨宝森 郑士良 程孝毅 王材固 魏风穉 席秋芳 许继昌 邹文煊 冯品高 熊同禄 汤焕城 王世昌 黄河清 文世荣 王兴汉 过德刚 张遵祺 万兢 曾镛 周藩 文柄 王冕 王彰 杨清 蒋远源 乔增桂 |

合并任期两年以内的有114人,占42.4%,两年至两年十一个半月54人,三年至三年十一个半月33人,四年以上各年份的人数较少。十年以上的有4人:魏炳翰先后任职永丰、新干、丰城、安福4县,计十年九个月;曾国屏先后任职南丰、石城、上饶、贵溪、资溪、余江6县,计十年七个半月;廖立三先后任职会昌、寻乌2县,计十年一个半月;王言纶,先后任职万年、万载2县,计十年一个月。

上述数据,无论是单个任期、调任县份还是合并任期,基本上呈金字塔形,平均任期一年十个月,说明当时审判官的调动是比较频繁的,尤其未足一年任期的,刚刚熟悉本地情形,却得他调。当事人的心声可以反映这一事实。1948年10月16日,江西高等法院检察处调武宁县司法处主任审判官吴镜明代理南昌地方法院检察官,吴镜明在《赠别武宁同胞书》中,回顾了抗战前自己首任武宁县司法处审判官,因武宁沦陷,武宁县司法处在抗战期间停办,"自别以后,三十年由莲花调安福,侥幸那年高等司法官考试及格,三十一年奉司法行政部长分发袁宜地院学习,次年调派泰和地院候补推事,东调西调,调个不亦乐乎。"①

调动之频繁甚至有时连江西高等法院都犯糊涂,1947年8月27日吴昆吾在谭仁勇请调的呈文上批示:"查底册谭仁勇系调安远,何以仍在上犹?然则周隶又在何处?着李主任元俊查明具复。"②实在让人忍俊不禁。

司法行政部曾一再下达"各法院长官对于所属各员不得无故呈请更调"的训令。1932年3月17日司法行政部训令各省高等法院暨首席检察官:"嗣后各该管长官对于所属各员,除有办事不力、声名平常以及人地确系不宜者应据实揭报以凭核办外,不得无故呈请更调,以示限制而资保障。"训令中还直击更调频仍之弊:"……攀援瞻徇,其流弊更不可胜言,徒使躁进者夤缘奔竞,有玷士风,愿谨者得失萦情,无心职责,若复迁调烦数,视法院如传舍,耗资财于道途,匪惟迁地未必尽良,抑于讼案进行因而延滞,殊非本部爱护法曹之本旨也。"③对于法官不得无故更调的原因,也有清晰明了的说明:"法官职司平亭,必须环境安定,乃能尽心职务。若更调频繁,位置屡易,不惟办事精神适滋纷扰,地方情形难免生疏,且如未结案件骤易生手,程序即须更新进行,因之濡滞,至于程期之枉费,时间旅费之多受损失,其影响于个人者亦匪浅鲜……法官责任关系何等重大,循良者自不宜轻于调动,贪惰者亦岂他调所能卸责。"④

---

① 吴镜明《赠别武宁同胞书》民国三十七年十月二十八日,武宁县司法处审判官、书记官任免卷,卷宗号 J018-1-00818,江西省档案馆。
② 上犹县司法处审判官、书记官任免卷,卷宗号 J018-1-00739,江西省档案馆。
③ 1932年3月17日司法行政部训令各省高等法院暨首检官第611号,国民政府司法院参事处编:《新订国民政府司法例规》第一册,1940年10月,第363—364页。
④ 1935年1月30日司法行政部训令各省高等法院暨首检官第417号,国民政府司法院参事处编:《新订国民政府司法例规》第一册,1940年10月,第364页。

调动频仍之原因,大致有四:

一是"水土不服"或"人地不宜"。战时环境下,临近战区县份,大家避之唯恐不及,而偏远烟瘴之地,也被视为畏途,要么辞职不就,即或勉强前往,任职之后往往以诸多借口呈请另调。黄服畴,1943年8月1日到职全南县司法处任审判官。1945年3月22日,5月5日,5月10日三次代电呈请高等法院,以"水土不服"等由要求他调。5月28日江西高等法院训令"查该员迭呈请调,殊属不合,应予申斥。"①若在当地声名不佳,也会被人呈控而无法立足。南丰县司法处审判官蔡恂任职一载,1949年3月27日被南丰县参议会议长刘照明、县党部书记长曾勋柱参其一本:"敝邑自审判官蔡恂到职以来,所有民刑诉讼案件,恒多是非莫辨,轻重倒置,鼠牙雀角之细故,辄经年不决,拖累多数良民,贼货杀人之重案,竟判以轻罪徒刑,甚或藉故假释。更不避瓜李之嫌,时亲赴当事人家中之宴会,即茶肆酒楼中常见其与当事人畅饮私谈。种种乖戾行为,殊失司法之尊严,不无贿赂公行之物议,似此藐玩法纪,居然为民有司,敝邑人民既多讼事之累,尤有沉冤之痛。照明等不忍下民之饮恨含冤,用敢函达左右,恳请派员密查,予以更换,以彰法治而振纪纲。"鉴于此,江西高等法院4月18日院令将其停职,另候任用。②

二是审判官之间矛盾。主任审判官与审判官不和,相互掣肘,往往也会将其中一人调开。1941年7月曾国屏到任上饶县司法处,与主任审判官丁从周意见不合,明争暗斗,势同水炭。江西高等法院第四分院院长楼观光向江西高等法院汇报:"(两人)于公互相掣肘,于私已成怨仇,如仍在一处任事,不特阻害公事,亦且贻笑地方。"正好贵溪县司法处审判官朱希文调在上饶县司法处清理积案,且携眷同行,楼观光建议将曾国屏、朱希文互调。江西高等法院采纳了楼观光的建议,1942年1月30日,院令曾国屏调任贵溪

---

① 全南县司法处审判官、书记官任免卷,卷宗号 J018-1-00551,江西省档案馆。
② 南丰县司法处审判官、书记官任免卷,卷宗号 J018-1-01687,江西省档案馆。

县司法处审判官,而朱希文则调任上饶审判官。①

三是病故或因案停职。审判官病故或因案停职,必然要另派他人。

表3.16 审判官任内病故者(13位)

| 任职机构 | 姓名 | 病故时间 | 任职机构 | 姓名 | 病故时间 |
|---|---|---|---|---|---|
| 遂川 | 吴道中 | 1939年9月4日 | 金溪 | 辛信 | 1944年11月23日 |
| 吉水 | 聂烈光 | 1941年9月中旬 | 余江 | 纪云章 | 1945年2月25日 |
| 吉水 | 张遵祺 | 1941年10月23日 | 于都 | 余璋 | 1945年4月22日 |
| 丰城 | 杨祖震 | 1942年8月19日 | 龙南 | 尚志 | 1945年12月8日 |
| 南丰 | 陈政 | 1943年3月7日 | 万载 | 文世荣 | 1946年4月中旬 |
| 资溪 | 危酒昌 | 1943年3月25日 | 余江 | 彭长启 | 1947年12月25日 |
| 崇仁 | 郑季濂 | 1943年5月14日 | | | |

因案停职或解职者有:龙会云(万载),詹逸(萍乡),杜坦生(上高),严俊驹(南城),刘金麟(清江),谢士侗(上饶),武瀛洲(余干),方远扬(永新),雷迅(泰和),高齐缙(黎川),杨宝森(永丰),陈欣然(宜丰),刘汝霖(龙南),周瞻锋(龙南),过德刚(东乡),车光汉(信丰),罗允怀(信丰),郑邦麟(瑞金),廖立三(会昌),孙崐(会昌),方国鋆(新余),胡德铨(万年),方远扬(全南),王绍珪(石城)等,计24人次。

四是高院工作失误,该回避籍贯的未予回避。1947年8月28日江西高等法院将刘兆燊从永新调宜丰,刘兆燊9月19日到职。因刘兆燊籍隶宜丰,江西高等法院发现错误后,于9月22将该派案撤销,刘兆燊仍供永新原职。来回奔赴,徒耗川资与程期。无独有偶,1945年12月20日院派胡德铨为进贤县司法处审判官,也因胡德铨籍隶进贤,12月25日院令原派案撤

---

① 上饶县司法处审判官、书记官任免卷,卷宗号J018-3-00438,江西省档案馆。

销。出现这种低级错误,实属不该。

从审判官任职时长来看,两极分化严重,时间长的达十年以上,而时间短的三、五几月甚或半个月。除去病故或辞职另就等情,若以升迁的角度,影响个人拔擢的因素大致如下:

### (一) 工作能力

工作能力的高低是影响升迁快慢的首位因素。喻遂生,江西临川人,1926年6月北京大学法律本科毕业,获学士学位,之后入司法储才馆学习1928年12月毕业,司法官考试再试及格,1936年12月奉部令调入司法院法官训练所第二期现任法官训练班受训,专业基础可谓扎实。1929年起先后任广东、浙江各地方法院候补检察官、检察官,在浙江嘉兴地方法院检察官任内,时因1937年12月嘉兴失陷,依照战区司法人员登记办法呈准登记,1938年6月奉司法行政部令分发江西省,派在南昌地方法院办事,同年7月20日,江西高等法院令派喻遂生代理新干县司法处审判官。但作为北大毕业之高材生并具有长期审检经验的良才,显然不会久居乡野。半年后,1939年1月23日院令调派代理南昌地院推事并派在江西高等法院临川临时庭办事,历经锤炼,1945年6月任江西高等法院刑二庭庭长。[1] 在梁仁杰、吴昆吾任内都深受器重。张垦民,江西上饶人,也是北大毕业的法学学士,曾受聘于北京文化大学、浙江大学,教授法律、经济等科。在察哈尔、江西等多个地方法院担任过书记官。1945年12月起先后担任江西广丰、乐平县司法处主任审判官,不到两年,1947年9月担任江西高等法院书记官长。[2]

---

[1] 喻遂生履历表,江西安福、德安、武宁等县司法处职员履历表,卷宗号J018-1-01451;江西司法人员录(1948年),卷宗号J018-2-23161。江西省档案馆。

[2] 张垦民履历表,江西安福、德安、武宁等县司法处职员履历表,卷宗号J018-1-01451;江西司法人员录(1948年),卷宗号J018-2-23161。江西省档案馆。

丘凤唐，福建上杭人，北平朝阳大学1925年毕业，1935年高等文官司法官初试及格。1936年7月10日江西高等法院令派代理崇仁县司法处审判官，任职九个月后，1937年4月赴京司法官再试及格，5月即另委为江西各地方法院候补推事，此后先后担任吉安地方法院推事、赣县地方法院推事、江西高等法院第三分院推事等职。①

廖立三，江西于都人，1914年毕业于江西豫章法政专门学校法律科，从1920年起，历任江西高等法院第一分院书记官、南康县承审员兼临时法庭司法官、会昌县承审员等职。先后调入江西高等法院附设承审员补习班、江西高等法院附设审判官补习班第一期培训，1937年2月院派代理会昌县司法处审判官，1938年6月17日奉部令派署，②在江西司法界算得上是老资格。其学历、资历早也符合推、检任用条件，但一直原地踏步，难于升迁。与其工作能力与人际协调能力不无瓜葛。其在会昌任内即被人告发贪污渎职，1939年6月7日院令撤职移送侦查，后经赣县地方法院及江西高等法院第一分院审判无罪。1941年5月3日被派为寻乌县司法处审判官，后升任主任审判官。但一味任用私人，与处内同仁的关系总是难以融洽。审判官朱玠任职一年多，即呈请江西高等法院另调他处，其呈文中指出："自到职以来，时经年余……对本处处务违法之点，迭经进言改善，务求合法处理，方不致有失实行宪法之意义。讵事与愿违，因种种关系，无法达成任务，并经惹起廖主任审判官父子叔侄之不满意（本处职员多系其子侄亲戚），昕夕思维，乏计可施，惟有吁恳俯鉴悃款，将职予以他调以免发生摩擦，致处务进行有掣肘之虞。"吴昆吾批示："令廖主任审判官凡事应与审判官同寅协恭。"③

---

① 丘凤唐履历表 司法行政部、江西高等法院及所属关于报送司法人员调查表的训令、呈，卷宗号J018-1-01416，江西省档案馆。
② 廖立三履历表 江西安福、德安、武宁等县司法处职员履历表，卷宗号J018-1-01451，江西省档案馆。
③ 朱玠签呈 民国三十七年十月三日 寻乌县司法处审判官、书记官任免卷，卷宗号J018-1-00850，江西省档案馆。

不久将朱玠与上犹曾子敬对调。廖立三与曾子敬同样矛盾重重。曾子敬于1949年3月8日、4月13日两次给高院院长吴昆吾写信,对廖立三的种种不良行为,多有揭发,比如衙门家庭化、利令智昏、贪婪成性等。[①]

万增原任进贤县司法处审判官,1946年9月4日主任审判官周道熙调南昌地方法院后,江西高等法院即派万增代理进贤县主任审判官。1948年1月18日院令:"该员文理欠通,用法错误,着降调代理高安县司法处审判官……着潜心学习,以观后效。"[②]也许觉得前途无望,担任高安县司法处审判官一个半月后,呈请辞职,一走了之。

**(二)人际背景**

前文所述挂职者,多为人事背景较强人员,自然可以不经寻常程序升迁。200多位审判官中唯一的女性,席秋芳,江西临川人,1930年毕业于私立江西法政专门学校,1931年起8月起历任南昌地方法院检察处学习书记官、候补书记官,云南昆明地方法院书记官,江西临川地方法院书记官,江西高等法院第二分院书记官,1947年6月19日院派暂代南城县司法处审判官,半年后,12月1日南城地方法院成立,即被令派为南城地方法院推事。[③]相比于许多煎熬多年的审判官,其升至推事之快速着实让人眼红。临川一系在江西高等法院院长梁仁杰十多年的苦心经营下,在江西法界根深蒂固,人脉关系盘根错节,席之升迁,与其临川籍背景不无关联。

---

[①] 曾子敬函报寻乌县司法处廖主审对法处实施殊不健全,卷宗号J018-5-02474,江西省档案馆。

[②] 院衔训令,人字第765号,民国三十七年一月廿八日,高安县司法处审判官、书记官任免卷,卷宗号J018-1-00788,江西省档案馆。

[③] 席秋芳履历表,南城县司法处审判官、书记官任免卷,卷宗号J018-1-00727,江西省档案馆。

### （三）个人选择

审判官需要回避原籍贯，能在原籍附近县份任职，也是很多人考虑的重要因素，一则各种人情事务，来往方便，二则另赴他调，旅费也是一笔不小的开支。1947年4月23日院令铜鼓县司法处主任审判官雷迅代理袁宜地方法院推事，雷迅原籍修水，铜鼓、修水是相临县份，雷迅并不愿意赴袁，呈请仍供原职："值此物价飞涨，职一家五口，每月所得，无法维持，如赴袁宜，则旅费一项，殊感困难，纵属典质，无非捉襟见肘，补屋牵萝，而宜春生活之高，倍于铜鼓，倘贸然往就，必致狼狈不堪。"7月21日院令雷迅暂缓赴袁宜就职。①

县司法处（主任）审判官负责一县司法事务，其职责相当于地方法院推事兼院长，宁做鸡头、不做凤尾也是一种选择与考虑。李世标原任余干县司法处主任审判官，1947年12月1日江西高等法院检察处令派代理南城地方法院检察官，8日李世标代电称旧病未康复，拟仍在此供职，请收回成命。江西高等法院也未勉为其难，15日院令仍供原职。②

同样是基于县司法处（主任）审判官职责之重要，从江西高等法院的角度来说，也有必要在一些重要县份司法处安排干员以独当一面，因此，有些业绩较为突出的审判官，也未必会及时升任推检。例如钟皓，从1937年2月起担任瑞金县司法处审判官达九年多，直至1946年3月调代宁都地方法院推事。1941年朱献文等视察赣省司法时，对其操行颇为赞许："其拒绝行贿，足树审判官操行廉洁之风，自应调卷查明，予以嘉奖。"③而战时江西高

---

① 铜鼓县司法处密呈，民国三十六年七月十日，铜鼓县司法处审判官、书记官任免卷，卷宗号J018-1-00677，江西省档案馆。

② 余干县司法处审判官、书记官任免卷，卷宗号J018-1-00714，江西省档案馆。

③ 文字第1259号 民国三十年十二月二日，关于聘朱献文等视察浙、赣、闽三省司法的训令、指令、函、呈，卷宗号J018-3-02364，江西省档案馆。

等法院搬迁至兴国办公,其周边县份,也颇类天子脚下,能稳稳坐镇九年多,也可见其深得上司赏识。

## 二、程期

司法行政部对于司法官赴任程限有明文规定,1935年8月30日公布的《修正本省境内司法官赴任程限表》规定的程限为:

表3.17 本省境内司法官赴任程限表

| 附郭地方 | 5日 | |
| --- | --- | --- |
| 距省百里以上 | 10日 | |
| 距省五百里以上 | 20日 | 如交通便利地方限10日 |
| 距省千里以上 | 30日 | 同上 |

资料来源:司法官由京赴任暨调任转任由所在地方赴任程限表,二十四年八月司法行政部修正 训令直辖各机关第4458号,国民政府司法院参事处编:《新订国民政府司法例规》第一册,1940年10月,第437页。

抗战爆发后,由于战时特殊环境,司法行政部对程限有所调整,1939年12月9日司法行政部颁《司法人员调任逾越程限表所定日期三分之一为限仍准支给半俸令》规定:"查战区各省交通阻滞,各级司法人员调任转任逾越程限事所常有……为此,通饬各该高院,嗣后凡调任、转任人员,如确因交通障故,经查明属实者,逾越赴任程期应以在部颁修正赴任程限表所规定日期三分之一以内为限,仍准支给半俸。"①

上表平均程限为16天(假定赴任各地是随机的、概率均等),细考江西各县司法处审判官赴任程期,467任总程期12263天,即所有人赴任竟花掉

---

① 司法行政部编:《司法法令汇编》第四册,上海法学编译社1946年10月再版,人事法令第149—150页。

33年半,实在夸张(县司法处存在的时间不足13年)。平均程期为26天,即便统一以最宽限的程限30天计,31天以上的程期有139任占29.8%,41天以上77任占16.5%,50天以上49任占10.7%,超过1/10,可见,逾越程期十分普遍。

表3.18 审判官赴任程期50天以上一览表(49任)

| 附表一序号 | 赴任机关 | 姓名 | 程期(天) | 附表一序号 | 赴任机关 | 姓名 | 程期(天) |
| --- | --- | --- | --- | --- | --- | --- | --- |
| 37 | 贵溪 | 陈赞枢 | 205 | 35 | 贵溪 | 曾国屏 | 61 |
| 160 | 湖口 | 朱炽昌 | 110 | 426 | 宜黄 | 李世标 | 60 |
| 137 | 上饶 | 曾国屏 | 102 | 531 | 上犹 | 朱玠 | 60 |
| 149 | 修水 | 陈庆之 | 99 | 374 | 莲花 | 吴镜明 | 59 |
| 91 | 进贤 | 周道熙 | 99 | 43 | 上高 | 李世标 | 58 |
| 143 | 上饶 | 伍家玉 | 95 | 242 | 德安 | 熊世珍 | 58 |
| 141 | 上饶 | 章思严 | 93 | 373 | 莲花 | 金宝光 | 58 |
| 111 | 安义 | 朱炽昌 | 92 | 9 | 万载 | 邹伟才 | 57 |
| 349 | 瑞金 | 郑邦麟 | 87 | 145 | 上饶 | 彭相正 | 57 |
| 18 | 丰城 | 魏炳翰 | 83 | 54 | 南城 | 丁从周 | 56 |
| 208 | 崇义 | 张受益 | 77 | 287 | 龙南 | 方远扬 | 56 |
| 440 | 寻乌 | 曾子敬 | 77 | 429 | 彭泽 | 邰骧 | 55 |
| 30 | 萍乡 | 王崇云 | 76 | 162 | 湖口 | 陈庆之 | 55 |
| 286 | 龙南 | 鲁炳雯 | 73 | 444 | 安福 | 廖吉斋 | 54 |
| 321 | 余江 | 邓伯亮 | 71 | 330 | 星子 | 陈淦生 | 53 |
| 100 | 都昌 | 冯品高 | 70 | 536 | 石城 | 周邦杰 | 52 |
| 209 | 崇义 | 丘道万 | 69 | 322 | 余江 | 彭长启 | 52 |
| 339 | 信丰 | 张德溥 | 67 | 169 | 乐平 | 涂宗汉 | 52 |
| 29 | 萍乡 | 胡寯 | 66 | 139 | 上饶 | 熊益三 | 51 |

续表

| 附表一序号 | 赴任机关 | 姓名 | 程期（天） | 附表一序号 | 赴任机关 | 姓名 | 程期（天） |
|---|---|---|---|---|---|---|---|
| 155 | 武宁 | 吴镜明 | 66 | 510 | 遂川 | 程德瑞 | 51 |
| 488 | 南丰 | 樊甲 | 66 | 326 | 星子 | 刘舫 | 50 |
| 458 | 德兴 | 涂宗汉 | 64 | 186 | 于都 | 焦景清 | 50 |
| 375 | 莲花 | 郭超群 | 62 | 443 | 安福 | 吴镜明 | 50 |
| 497 | 瑞昌 | 杜国琛 | 62 | 171 | 乐平 | 王世昌 | 50 |
| 236 | 永修 | 费子诚 | 61 | | | | |

县司法处设置之初，审判官倒也不敢造次，往往能遵限迅速到任。时间日久，痼态日显。程期最长的陈赞枢，1943年6月16日院派贵溪县司法处审判官，1944年1月11日才到任，程期长达205天。从上表可见，有几位拖延程期似成习惯：吴镜明3次赴任分别为66天、59天、50天；朱炽昌2次赴任分别为110天、92天；涂宗汉2次赴任分别为64天、52天；李世标2次赴任分别为60天、58天；曾国屏2次赴任分别102天、61天；陈庆之2次赴任分别为99天、55天。吴镜明、朱炽昌、李世标、曾国屏等，都可谓是老资格的司法人员。

程期拖宕数十天，对于处务影响甚大，各县司法处往往迭催高院，饬令新任速速到处任事。1943年4月19日曾国屏被调离贵溪，同时院派雷迅为贵溪县司法处审判官，雷迅因病不能到职，6月16日再派陈赞枢。陈迟迟未能到任，11月4日贵溪县司法处主任审判官周雍余电呈江西高等法院，大意云：雷迅辞不赴任，陈赞枢半载仍未到任，职自前月偶患热继之以虐缠绕，本处案件日繁，颇难支持，请电催陈赞枢即日到职分办诉案，以免积累而符厚望。直至1944年1月11日，陈赞枢才到职就任。[①] 程期竟达205天。

---

[①] 贵溪县司法处审判官、司法官任免卷，卷宗号J018－1－00420；贵溪县司法处审判官、司法官任免卷，卷宗号J018－1－00516，江西省档案馆。

1943年,熊益三由乐平调任上饶县司法处主任审判官,于5月1日到任。上饶讼案颇繁。3月25日院派过德刚为审判官,辞职未就,6月28日再派章思严为审判官,又久未到任。熊益三十分着急上火,8月21日快邮代电江西高等法院:"属处积案百余件未清,而新案踵至。前委审判官过德刚辞不赴任,现委章思严自奉令以来迄又两月有余仍未见动静……在刑事羁押被告则以天气炎热,人犯拥挤,生命堪虞,民事田产则云期近收割,恐酿命祸,履勘之案催促尤甚,或具状主张,或面为哀求,纷至沓来。益三一人,日夕支持,委实难于应付,当事人不谅苦衷者,或竟向钧四分院请饬迅速办理,近迭奉到此类训令。回忆益三受钧长培植,司谳各县,虽不敢说案无留牍,而积压案件之事实少,今竟如此,日夜彷徨,深感内疚,伏乞钧长俯念属处案件繁杂,积案特多,即日电饬章审判官思严迅速到差,俾便清理,一扫从前拖延之风而树司法威信。"9月10日江西高等法院催饬章思严:"克日前赴上饶任事,毋延!"千呼万唤,章思严终于于10月1日到达任所,①程期达93天。

司法行政部对于此中猫腻,其实洞若观火,早在1936年1月10日的训令中就指出:"兹查奉派人员,每有于程限以外,借故请假,不即莅新,或以筹措旅费为言,或则称病称事,而夷考其实,大抵以所派之地点或职位未惬所愿,因而观望不前,希图另调,即在此逗留期内,四出请托,一再干谒。似此情形,实于公务进行有莫大之影响,用特重申前令,嗣后赴任、转任人员,非有特别事故,不得率而请假,本部亦必从严考核。如或逾限不到,而又未事先呈准有案者,准由各该院长、首席检察官呈请免职另派。"②

但是,江西高等法院也有其无奈之处,一则符合条件的司法人员遴选实非易事,逾限动辄免职另派,显系不太现实。二则是各种关系的微妙平衡,例如,1948年6月2日院派林英为石城县司法处主任审判官,林英奉委将

---

① 上饶县司法处审判官、司法官任免卷,卷宗号J018-1-00394,江西省档案馆。
② 司法行政部训令,训字第99号,二十五年一月十日,载《法令周刊》1936年第293期。

近半载都未到职,至 11 月 18 日江西高等法院才将原派案撤销。而查其派令,赫然写着:"交本院首席收转。寄上海地方法院检察处林检察官松庵代收转寄林英。"①

## 第三节　籍贯与党籍:审判官来源圈子化与司法党化

### 一、籍贯

271 位审判官,外省籍人士 38 人,占 14%,本省籍 233 人,占 86%。

表 3.19　江西各县审判官外省籍人数一览表

| 籍贯 | 人数 | 姓名 |
| --- | --- | --- |
| 广东 | 1 | 曾子敬(梅县) |
| 广西 | 1 | 陈赞枢(桂林) |
| 山东 | 1 | 孙青云(招远) |
| 安徽 | 3 | 熊同禄(凤阳)　佘世荣(铜陵)　郜骧(五河) |
| 江苏 | 4 | 王士瀛　王云衢(盐城)　朱友良(松江)　许继昌(武进) |
| 湖北 | 6 | 曾详海　汤焕城　王振谱(广济)　贾化鹏(阳新)　陈邦淑(鄂城)　严俊驹(潜江) |
| 福建 | 6 | 丁德高(建宁)　林文洸(林森)　郑邦麟(龙岩)　薛聿骧(闽侯)　丘凤唐(上杭)　王材固(永定) |

---

① 石城县司法处审判官、书记官任免卷,卷宗号 J018-1-00786,江西省档案馆。另注,下达派令时江西省首席检察官为张毓泉。

续表

| 籍贯 | 人数 | 姓名 |
|---|---|---|
| 湖南 | 6 | 李秉刚 余璋(平江) 杨正襄(常德) 杜坦生(临湘) 王冕(湘潭) 邱杰熹(安化) |
| 浙江 | 10 | 高齐缙 胡偪杰 金绍曾 董霖(绍兴) 蔡子法(东阳) 郑绍康(乐靖) 张寿熙(龙游) 胡寓(吴兴) 孙崐(富阳) 吴俊(浦江) |

任职江西各县审判官的外省籍人士,多来自江西周边省份,其中浙江 10 人,占外省籍的 26.3%,湖北、湖南、福建各 6 人,分别占 15.8%。若以外省县份计,则浙江绍兴(4 人)、湖北广济(3 人)排在前两位。湖北籍得益于居正(1876—1951)、鲁师曾的提携,浙江籍则以楼观光、张文瑞为核心。①

表 3.20 江西各县审判官本省籍人数一览表

| 籍贯 | 人数 | 姓名 | 籍贯 | 人数 | 姓名 |
|---|---|---|---|---|---|
| 赣县 | 1 | 吴文怡 | 都昌 | 2 | 吴楚英 万竞 |
| 安义 | 1 | 胡以谦 | 玉山 | 2 | 朱汝琏 黄钟 |
| 余江 | 1 | 吴道中 | 石城 | 2 | 郑季濂 熊芳 |
| 永修 | 1 | 余绎 | 信丰 | 2 | 施生 朱玠 |
| 弋阳 | 1 | 苏圣权 | 武宁 | 2 | 车光汉 杜国琛 |
| 宜黄 | 1 | 程孝毅 | 万载 | 2 | 王崇云 辛信 |
| 寻乌 | 1 | 方远扬 | 万安 | 2 | 游云峰 张夷 |
| 峡江 | 1 | 谢应悌 | 泰和 | 2 | 周瞻锋 戴明 |
| 婺源 | 1 | 江文福 | 兴国 | 3 | 吴瑞徵 康曜 方平 |
| 黎川 | 1 | 邓绍端 | 崇仁 | 3 | 谢士侗 陈虞卿 曾鲁 |
| 瑞金 | 1 | 袁兴仕 | 于都 | 3 | 廖立三 彭兆薰 郑享宾 |
| 瑞昌 | 1 | 冯品高 | 永丰 | 3 | 陈镇华 聂赓飏 张受益 |

① 龚汝富:《庙谟未定星霜易 又是萧萧芦荻秋——法学家吴昆吾在江西》,载《江西师范大学学报》2015 年第 1 期。

续表

| 籍贯 | 人数 | 姓　　名 | 籍贯 | 人数 | 姓　　名 |
|---|---|---|---|---|---|
| 南康 | 1 | 陈立鹏 | 星子 | 3 | 缪仕濬 缪家兴 张北藩 |
| 乐安 | 1 | 黄绍香 | 新干 | 3 | 聂辉扬 谢奚 杨清 |
| 浮梁 | 1 | 金宝光 | 上犹 | 3 | 蔡启麟 黄服畴 黄学余 |
| 光泽 | 1 | 江宗汉 | 清江 | 3 | 杨独清 萧伟民 蒋思训 |
| 广昌 | 1 | 魏凤穉 | 宁都 | 3 | 廖吉斋 曾岐详 曾崟 |
| 贵溪 | 1 | 刘廷杰 | 南丰 | 3 | 罗允怀 危迺昌 刘铣 |
| 湖口 | 1 | 彭长启 | 南城 | 3 | 饶兆拯 郑士良 张燮 |
| 吉安 | 1 | 刘舫 | 余干 | 4 | 曾国屏 李树峰 王嵩生 曾镛 |
| 金溪 | 1 | 丁从周 | 修水 | 4 | 黄振华 熊世珍 樊甲 雷迅 |
| 安福 | 2 | 刘夔飓 王绍珪 | 萍乡 | 4 | 张文源 张德溥 刘和春 钟皓 |
| 莲花 | 2 | 李集之 朱炽昌 | 上饶 | 5 | 周成章 纪云章 张垦民 王镇南 周蔚文 |
| 大余 | 2 | 丘开桂 丘道万 | 九江 | 5 | 罗其泽 史美文 谭仁勇 杨清正 张遵祺 |
| 德安 | 2 | 邵云樵 蔡恂 | 鄱阳 | 6 | 周雍余 陈淦生 陈庆之 王兴汉 彭年 王彰 |
| 宜丰 | 7 | 刘兆德 刘兆燊 吴品元 熊益三 邹伟才 刘师旦 张汉 |
| 宜春 | 7 | 刘耀南 刘祖汉 彭相正 温树荣 项燊锋 钟举正 赵舫 |
| 进贤 | 7 | 陈沛霖 樊应丰 樊永言 胡道辉 胡德铨 焦景清 吴运鸿 |
| 奉新 | 9 | 费子诚 廖绵钰 王炳炎 熊人叙 熊植谋 张步吕 赵伯杞 詹逸 廖簧声 |
| 丰城 | 9 | 刘绍基 聂烈光 任继武 万笃明 朱汾颐 朱贤裔 文世荣 谢绎 甘棠 |
| 永新 | 9 | 曾震寰 刘汝霖 龙行燮 王世昌 吴镜明 尹志恢 周景苏 左邦直 文柄 |
| 高安 | 9 | 陈声甫 陈欣然 刘金麟 龙会云 武瀛洲 杨宝森 朱希文 邹启明 胡俊 |

第三章　江西各县司法处审判官群体　163

续表

| 籍贯 | 人数 | 姓　　名 | 籍贯 | 人数 | 姓　　名 |
| --- | --- | --- | --- | --- | --- |
| 吉水 | 10 | 郭超群　李家腾　李家学　彭熙骏　王公孚　徐日明　张维熙　朱梅春　周藩　王安 |||||
| 新建 | 16 | 熊继轩　熊可人　熊燮邦　喻之梅　王阶平　魏炳翰　毛益鸿　潘弘毅　杜鹗　涂举如　汪志先　鲁炳雯　金丽生　姜鸿誉　金干　邓纪 |||||
| 南昌 | 19 | 胡邦蔡　程德瑞　方国鋆　胡屏广　蒋秉衡　李景稷　李景伊　李耀唐　涂宗汉　舒政铎　王大猷　徐祥麟　徐豫之　章思严　王仰曾　陶球　秦镜　尚志　万增 |||||
| 临川 | 25 | 邓伯亮　过德刚　何显微　胡国平　胡敬舆　黄河清　黄谟介　李世标　邱荣祖　涂步青　王言纶　伍家玉　席秋芳　杨祖震　喻遂生　张国榦　张先恭　周邦杰　周道熙　邹文煊　邹荣祖　邹康　陈瑛　陈政　周澈 |||||

本省籍共233人，分布于江西省61县。从单个县份来看，临川25人，占本省籍人数的10.7%，超过十分之一，若以全部审判官271人计，占9.2%，接近十分之一。其次为南昌19人、新建16人。铜鼓、上高、新余、分宜、龙南、遂川、宁冈、崇义、定南、安远、全南、德兴、广丰、铅山、万年、横峰、乐平、东乡、资溪、石城、靖安、彭泽等22县则未产生一位审判官。

以省会南昌及周边县份计，南昌(19人)、新建(16人)、丰城(9人)、临川(25人)、进贤(7人)，共计76人，占全部审判官的32.6%，约三分之一。作为江西省政治中心的南昌，其周边县份在江西省政治地缘格局中占有天然优势。

以行政区计，排前三位的是南昌所在的第一行政区66名，临川所在的第七行政区38名，吉安所在的第三行政区32名，共计136名，占58.4%，超过二分之一强。

临川籍审判官人数一枝独秀，自然得益于江西高等法院院长梁仁杰(1888—1958)的庇荫。梁仁杰，男，字云山，江西临川人，前清京师译学馆最优等毕业，法国巴黎大学毕业，获法学博士学位。曾任前北京司法部参事室办事,兼国立北京大学、法政大学教授,历任最高法院推事、江西高等法院首席检察官、院长,上海江苏高等法院第三分院院长等职。① 梁仁杰曾于1929年12月至1931年10月担任江西高等法院院长近两年,1936年5月再次莅职江西,正是县司法处设置之始,且本次执掌江西高等法院直至1947年6月,长达11年。在梁仁杰的提携下,临川籍人士遍布江西司法界。

1939年3月至1945年8月任职江西高等法院首席检察官郭德彰的影响也不可低估。郭德彰,江西永新人,江西官立法政学堂毕业,1912年起历任江西南昌地方检察厅检察官、九江初级检察厅检察官、九江地方检察厅检察长,嗣后在湖北、奉天等地任职,1930年3月任江西高等法院首席检察官,1931年4月任江西临川地方法院院长,1931年8月任江苏高等法院第三分院推事,1933年9月任江苏高等法院第三分院庭长,1936年5月任江西南昌地方法院院长,1937年11月任江西南昌地方法院推事兼院长。②

从县司法处审判官的地域来源,可见南京国民政府时期江西省司法界形成了相对凝固的利益圈子,背后各种势力的博弈与平衡,颇值玩味。

## 二、党籍

271名审判官,国民党党员为187人,占69%,即三分之二强。国民党党员名单如下:蔡启麟、蔡恂、蔡子法、曾国屏、曾鲁、曾崙、曾岐详、曾镛、曾震寰、车光汉、陈淦生、陈瑛、陈立鹏、陈声甫、陈赞枢、陈镇华、陈政、程德瑞、戴明、邓伯亮、邓纪、丁从周、杜国琛、杜坦生、樊甲、樊永言、方远扬、甘棠、高齐缙、郜骧、郭超群、过德刚、何显徵、胡邦蔡、胡敬舆、胡俊、胡寓、胡以谦、黄

---

① 江西高等法院、南康河口等地方法院职员名录(1943年),卷宗号J008-1-01455,江西省档案馆。

② 郭德彰履历表,司法行政部总务司函检各院书记官暨监所现有职员履历卷,卷宗号J018-3-02070,江西省档案馆。

服畴、黄河清、黄学余、黄振华、黄钟、纪云章、江文福、江宗汉、姜鸿蓍、蒋秉衡、蒋思训、焦景清、金宝光、金绍曾、康曜、李秉刚、李集之、李家腾、李景伊、李世标、廖吉斋、廖立三、廖绵钰、林文洸、刘和春、刘金麟、刘夔飚、刘绍基、刘师旦、刘廷杰、刘耀南、刘兆德、刘兆燊、刘祖汉、龙会云、鲁炳雯、罗其泽、罗允怀、毛益鸿、缪家兴、缪仕滽、聂赓飚、聂辉扬、聂烈光、彭熙骏、彭相正、彭长启、彭兆薰、丘道万、丘开桂、邱杰熹、邱荣祖、饶兆拯、任继武、尚志、邵云樵、施生、史美文、舒政铎、孙崐、孙青云、谭仁勇、陶球、涂步青、万笃明、万增、汪志先、王崇云、王阶平、王冕、王士瀛、王世昌、王嵩生、王言纶、王仰曾、王云衢、王振谱、危迺昌、魏炳翰、魏凤犀、温树荣、文柄、文世荣、吴楚英、吴道中、吴镜明、吴俊、吴品元、吴瑞徵、吴运鸿、武瀛洲、谢癸、谢绎、谢应悌、熊继轩、熊可人、熊人叙、熊益三、熊植谋、徐祥麟、杨宝森、杨独清、杨清正、尹志恢、游云峰、余绎、余璋、喻遂生、喻之梅、袁兴仕、詹逸、张步吕、张德溥、张国榦、张汉、张垕民、张受益、张维熙、张文源、张先恭、张燮、张夷、章思严、赵伯杞、赵舫、郑邦麟、郑季濂、郑享宾、钟皓、周澈、周道熙、周景苏、周蔚文、周雍余、周瞻锋、朱炽昌、朱玠、朱梅春、朱汝琏、朱希文、朱贤裔、朱友良、邹康、邹启明、邹荣祖、邹伟才、邹文煊、左邦直、方平。

据司法院统计室1937年统计,1936年12月31日以前任用之司法院职员,党员比例为69.81%,①江西各县司法处党员比例与之相仿。

国民党政权推行司法党化②由来已久,滥觞于孙中山,徐谦、居正是倡

---

① 《司法院现任职员党籍统计表》,载《司法公报》1937年第164期。
② 对于司法党化问题的探讨,参见韩秀桃著:《司法独立与近代中国》,清华大学出版社2003年版,第333—359页;江照信著:《中国法律"看不见中国":居正司法时期(1931—1948)研究》,清华大学出版社2010年版,第65—114页;李在全著:《法治与党治:国民党政权的司法党化(1923—1948)》,社会科学文献出版社2012年版;李在全:《徐谦与国民革命中的司法党化》,载《历史研究》2011年第6期;侯欣一:《党治下的司法:南京国民政府训政时期执政党与国家司法关系之构建》,载《华东政法大学学报》2009年第3期。

导司法党化的标志性人物。居正将司法党化分为党义化与党人化。① 如前章所述,江西高等法院举办的审判官、书记官、管狱员补习班,院长梁仁杰讲授"党义",首席检察官钱谦讲授"精神讲话"。司法官考试、司法官培训,都注重"党义"之研究与运用。在党人化方面,党务工作人员通过特殊的"考试"渠道进入司法领域,提倡司法官加入国民党党籍。

司法党化的成效则差强人意。从司法党义化的角度看,党义教育并未深入人心。新政权建立后,在旧司法人员改造训练班上,有的旧司法人员坦白:听人说入了党工作有保障,因此就由人介绍加入了国民党,但"我在法院工作前后有三十多年,为解决生计问题而工作,党的主义完全不晓得。"② 从司法党人化的角度来看,"弱势独裁"的国民党,党组织涣散,入党方式"五花八门"。③ 司法院、各县司法处党员比例虽接近七成,但有不少党员,包括江西高等法院院长梁仁杰,都是通过"集体入党"的方式加入国民党党组织。

## 第四节 审判官被控案

南京国民政府时期,从法院推检、县司法处审判官书记官,看守所所长,到普通职员,司法人员被控案频发。如果将各类司法人员、查实的司法腐败案件统计到一起,显然黑幕惊人。笔者在此仅对江西审判官这一群体涉讼案进行梳理。

据笔者在江西省档案馆的梳理,审判官被控案80案次(人次)左右,结

---

① 参见居正:《司法党化问题》,载《中华法学杂志》第五卷第10-12号合刊(1934年),见《法律哲学导论》,商务印书馆2012年,第22页。
② 第五小组检讨纪录簿,卷宗号J018-2-23290,江西省档案馆。
③ 参见王奇生著:《党员、党权与党争:1924—1949年中国国民党的组织形态》,华文出版社2010年版。

果大致分三种情况：

## 一、违法犯罪

确定有过失、违法甚至犯罪的，有下列13案：

刘汝霖渎职案：1937年9月，龙南县民黄日昇、黄郭民等四人呈控该县司法处审判官刘汝霖贪污渎职，12月，黄献廷呈控刘汝霖滥用法权、讼以贿定，同时，该县司法处主任书记官胡德铨控刘汝霖行为恶劣、排除官佐，刘汝霖则控胡德铨学识浅陋、人格鄙污。经信丰县司法处审判官樊甲查明：刘汝霖办理廖锡鑑一案确有重大错误；胡德铨挟妓观戏系属实情（另有1937年12月23日《新龙南报》为证），该员已调充资溪县司法处书记官，拟请予以申诫。1938年4月，江西高等法院将刘汝霖渎职一案办理情形呈报司法行政部，司法行政部指令江西高等法院：刘汝霖办案昧于程序，发生重大错误，既据查明属实，应予撤退示惩。① 6月3日，刘汝霖被免职。

过德刚重婚案：东乡县司法处审判官过德刚因重婚，于1938年4月5日被判处有期徒刑一年，缓刑二年。过德刚被免职。②

高齐缙侵占法收案：1938年4月，黎川县司法处主任书记官廖慎修、书记官胡嗣虞呈控该处审判官高齐缙侵占法收，经江西高等法院派员查明确有侵占嫌疑，4月27日院令高齐缙停职，交付侦查。③ 1938年6月3日，江西南昌地方法院一审判决高齐缙有期徒刑五年，附带民事判决被告应将侵占之法收668.17元退还，并处罚金250元。④ 高齐缙不服一审判决，上诉

---

① 黄日昇等诉刘汝霖违法舞弊卷，卷宗号J018-3-01510；胡德铨、黄献廷等控刘汝霖行为恶劣滥用法权卷，卷宗号J018-3-01690，江西省档案馆。
② 呈部核示过德刚在缓刑期内可否准予任用卷，卷宗号J018-3-02347，江西省档案馆。
③ 廖慎修等控高齐缙侵占法收案卷，卷宗号J018-2-04900，江西省档案馆。
④ 江西南昌地方法院关于高齐缙侵占公款的起诉书、笔录、判决书，卷宗号J018-2-04899，江西省档案馆。

并声请停止羁押,江西高等法院裁定高齐缙缴纳保证金四千元,后经高齐缙一再声请,加以时局紧张,减至一千元,于1938年7月停止羁押。① 1939年1月,江西高等法院清江临时庭二审票传高齐缙,该员已逃匿无踪。直至抗战胜利后,1946年2月18日,江西高等法院再次发出传票,该员仍不知去向,3月4日,江西高等法院发出通缉书,通缉高齐缙。②

詹逸贪污渎职案:1938年8月,萍乡县民刘化龙向江西高等法院、司法行政部呈控萍乡县司法处审判官詹逸违法强收缮状费,吸食鸦片,与烟痞流氓勾结一气,卖案子收贿赂,均从烟铺中出来,致一般打官司人,有钱者生,无钱者死。同时,童国华、危文生、刘天俊等六人密报詹逸受贿,侵吞当事人款子,浮收缮状费,滥用私人,侄子外甥均安排在县工作,吸食鸦片等,种种不法行为。9月6日,江西省第二区专员兼保安司令危宿钟电告江西高等法院,已将詹逸、傅惟贤(书记官)扣押,依法检验讯办。9月15日,危宿钟再电江西高等法院,詹逸、傅惟贤"吸食鸦片,私受贿赂,已查明有据。"江西高等法院检察处将詹逸、傅惟贤吸食鸦片部分送由有军法职权之机关或地方政府依法审判,收受贿赂部分发交袁宜地方法院检察官依法侦讯。司法行政部收到刘化龙呈控后,于9月20日训令江西高等法院"澈查具复"。③ 1939年1月16日,江西袁宜地方法院一审判决詹逸无罪,公诉人袁宜地院检察官不服一审判决,上诉至江西高等法院第三分院。1941年1月3日,高三分院判决:"原判决关于詹逸被诉收受周心荃贿赂无罪部分撤销。前项之公诉不受理。其他上诉驳回。"应依照惩治贪污条例规定,移由军法机关审判。颇为吊诡的是,该案竟不了了之,1941年,詹逸出任江西奉新县政府

---

① 江西高等法院刑事庭,南昌地方法院看守所关于侵占案犯高齐缙声请停止羁押的批复、呈、报告书,卷宗号J018-2-04794,江西省档案馆。
② 江西高等法院,南昌地方法院、黎川县司法处关于高齐缙侵占罪及附带民事诉讼案的指令、训令、呈,卷宗号J018-2-04897,江西省档案馆。
③ 专员危宿钟电知萍乡审判官詹逸等收受贿赂吸食鸦片卷,卷宗号J018-3-01518,江西省档案馆。

承审员,1942年2月詹逸呈请恢复审判官原职,4月13日江西高等法院批示:"所请复职之处,着毋庸议。"①1946年2月,奉新县民郑顺之呈控詹逸贪污渎职,并诉"窃闻被告早年任萍乡审判官时因案渎职业经高三分院通缉有案,乃近数年来受战事影响划为游击区之奉新,不幸竟任其逃避于此而出任法官。"江西高等法院检察处至此似乎才恍然大悟,3月2日训令袁宜地检处"查明詹逸收受贿赂一案办理结果情形尅日具复",3月20日,袁宜地检处复函"于1942年4月22日以函字第156号将詹逸贪污部分连同卷证等件一并函送萍乡县政府核办在卷,迄今未准送卷还处,办理结果情形,亦未函复,无从查明。"郑顺之呈控之后,詹逸闻讯逃匿,3月28日,奉新县司法处呈文江西高等法院:"被告两次票传均未到处。"②

车光汉侵占案:信丰县司法处审判官车光汉被控侵占,经江西赣县地方法院迭次派警拘传,该员逃避无踪,以致无法讯判。1939年1月,赣县地方法院呈请江西高等法院对车光汉明令通缉。③ 1943年9月,江西高等法院第一分院发布通缉书,对车光汉渎职更审,逃亡无踪予以通缉。④

王绍珪贪污案:1939年4月4日,匿名者向江西高等法院呈控石城县司法处审判官王绍珪贪污枉法;9月,李勋衡等向司法行政部呈控王绍珪卖案受贿、滥用职权、奸淫妇女。10月,石城县司法处主任书记官陈瑱、书记官傅惟贤分别向江西高等法院揭发王绍珪的种种不法行为。11月江西高等法院呈文司法行政部汇报调查情形:王绍珪卖案受贿虽非事实,而办理各案,疵累甚多,行为亦多颠顿,业经予以免职。其滥权羁押李宗祥部分,可否免予置议?1940年1月24日,司法行政部指令江西高等法院:王绍珪既经

---

① 令饬高三分院将詹逸被诉受贿案移送军法机关核办卷,卷宗号J018-3-01570,江西省档案馆。
② 詹逸贪污渎职案,卷宗号J018-7-11180,江西省档案馆。
③ 通缉车光汉归案令,卷宗号J018-2-01996,江西省档案馆。
④ 请通缉车光汉归案法办由,卷宗号J018-7-05512,江西省档案馆。

撤职,姑准免议。①

罗允怀渎职贪污案:1940年6月14日,罗允怀诉管狱员何时雨虐待重婚罪罪犯林叶氏,在监死亡,要求撤职查办以重人命。6月15日,何时雨则诉称罗允怀渎职滥押生产未满一月之林叶氏毙命,意图卸责,迫令检验员变更验断书,书记官出具伪结,以图将其滥押毙命的罪责转嫁给监狱管理人员。② 此后,江西省第四区保安司令部提讯罗允怀,江西高等法院检察处派员侦查后认为,罗允怀贪污执达员食宿费查明有据,又该员办理张振麟、邹郭氏及黄士钊自诉各案,均违法或废弛职务。10月,罗允怀被免职。③

龙会云侵占案:1941年底、1942年初,谭洪坤、辛兴华、辛全民等先后呈控万载县司法处龙会云渎职舞弊、侵吞公款。据万载县司法处清理积案审判官邓纪查复江西高等法院检察处,龙会云对各年所收罚金,不填联单,不报不解,并以龙电书名义浮支执达员薪津696元,不无侵占嫌疑。江西高等法院于1942年1月20日院令龙会云停职,移付袁宜地方法院检察处侦查。袁宜地院检察处侦查终结,认为该案系犯惩治贪污暂行条例罪嫌,应由宜春县政府军法官审理,并将龙会云移交宜春县政府。1942年3月6日下午六时许,龙会云趁隙脱逃。3月18日,袁宜地院检察处发布通缉书通缉龙会云。④

刘金麟违法渎职案:1944年,清江县民傅斯济向皖赣监察使署呈控清江县司法处审判官刘金麟违法乱行、纵凶埋尸。皖赣监察使署派调查员罗

---

① 王绍珪贪污案卷,卷宗号J018-3-01525,江西省档案馆。
② 信丰审判官罗允怀管狱员何时雨互诉违法渎职卷,卷宗号J018-5-00402,江西省档案馆。
③ 准本院检察处函据周寿山呈控信丰县司法处审判官罗允怀违法失职卷,卷宗号J018-3-01536,江西省档案馆。
④ 龙会云侵占案卷,卷宗号J018-2-01970;通缉被告龙会云归办由,卷宗号J018-7-03756,江西省档案馆。说明:笔者在江西省档案馆未能查阅到其他有关龙会云案的资料,龙会云是否被缉拿归案,不得而知。

羽珍前往澈查,据罗羽珍调查,刘金麟确有受贿纵放、枉法循情之事。9月26日,皖赣监察使署向江西高等法院纠举刘金麟,要求依法查照核办。江西袁宜地方法院检察官侦查终结后,在1945年4月30日起诉书中,认为应行起诉。①

严俊驹贪污案:1944年底,邓志远等呈控南城县司法处审判官严俊驹贪赃枉法。据南城县司法处主任审判官丁从周查复江西高等法院,严俊驹办理梅润轩案、周文瀚案、孙玉书案,分别敲诈、收受贿款一万元、八万元、三万元。此外,严俊驹到任不久,即与本地土娼吴珍珠姘居,并租赁府背14号即湖北同乡会为香巢,夜间与周末必有麻将一桌,胜负动辄数千元。1945年1月4日,江西高等法院令严俊驹停职审查,4月21日,兴国地方法院检察处侦查终结,严俊驹应予提起公诉,羁押在案。严俊驹声请停止羁押,6月9日,兴国地方法院裁定,严俊驹犯罪嫌疑重大,既据检察官提起公诉,执行羁押依法有据,被告声请驳回。严俊驹为此再向江西高等法院提起抗告,7月10日,江西高等法院裁定,依据刑事诉讼法第七十六条第四款规定,被告犯罪嫌疑重大而所犯为死刑、无期徒刑或最轻本刑为五年以上有期徒刑之罪者,得不经传唤迳行拘提,原审检察官以其触犯惩治贪污条例第二条第七款之罪,最轻本刑为十年以上有期徒刑,予以羁押,委无不合。抗告驳回。②

方国鋆贪污案:1945年7月,新余县民胡贤得呈控该县审判官方国鋆贪污渎职。经袁宜地方法院检察官侦查,所得证据,足认该员有贪污嫌疑。1947年6月23日,袁宜地方法院检察官对方国鋆提起公诉,③7月21日,

---

① 刘金麟违法乱行被诉,卷宗号J018-7-07533;呈部呈报清江县司法处主任审判官刘金麟渎职一案办理情形,卷宗号J018-2-02241,江西省档案馆。
② 严俊驹贪污一案,卷宗号J018-7-07551;严俊驹贪污上诉案卷J018-2-08895,江西省档案馆。
③ 方国鋆贪污案,卷宗号J018-7-11184;方国鋆贪污等罪案,卷宗号J018-7-12690,江西省档案馆。

该员被停职。

胡德铨贪污案:1946年7月8日,万年县司法处审判官胡德铨被免职,7月13日离处。7月15日,余和钊、徐玉玲等呈控胡德铨在任时,勾结看守所主任何青山(胡德铨妻弟)期约诈财数十万元,经万年县县长兼检察职务章彭年调查属实,但胡德铨于7月13日、何青山于14日分别潜逃。1947年10月20日,万年县县长兼县司法处检察职务萧子明呈复江西高等法院检察处,被告逃匿,多次传讯未到,迭拘未获,此案未能侦结。①

杜坦生贪污案:1947年3月,李成保密告上高县司法处审判官杜坦生贪污。6月7日,南昌地方法院检察官起诉书中认定,杜坦生在办理李德才案时敲诈八万元,黄桂才案受贿30万元,依法应合处罪罚,提起公诉。②

## 二、结果不清

结果不明确的有7案:

杨宝森被控案:1937年,永丰县朱国恒等呈诉该县司法处审判官杨宝森嗜好嫖赌、准案通奸、纵警需索、验伤反押、浮收费用、贿赂案件,请予撤换。江西高等法院鉴于杨宝森同时有伪造证件嫌疑,7月31日院令杨宝森撤职,同时派吉水县司法处审判官杜鄂查明具覆。8月12日,杜鄂将调查情形呈报江西高等法院,"杨审判官与县长感情不洽,绅士求见又都拒绝,所以做不好。""遍询各商家及当地诸父老,均不能道出杨宝森贪爱钱财之事……总之,杨宝森于财字似无如何失德,而于色字却未能看破,以致贻人口实。"③

周瞻锋贪污渎职案:龙南县司法处审判官周瞻锋、主任书记官吴文怡被

---

① 胡德铨贪污案,卷宗号J018-7-11246,江西省档案馆。
② 杜坦生贪污案,卷宗号J018-7-12651,江西省档案馆。
③ 朱国恒等诉杨宝森嗜好嫖赌卷,卷宗号J018-3-01499,江西省档案馆。

控贪污,1941年2月经江西省第四区保安司令部拘提候讯。2月27日,萧钟淑媛呈控周瞻锋、吴文怡胁迫订婚妨害名誉,经江西高一分院派推事彭吉翔调查,周瞻锋不无略诱之嫌。据此,4月28日,江西高等法院指令将周瞻锋撤职归案讯办。吴文怡经第四区军法官审讯,无罪释放。①

谢士佩贪污案:1947年,周延林、上饶参议会议长余言分别呈控谢士佩贪污,10月14日,司法行政部训令江西高等法院查明核办。10月30日江西高等法院呈文司法行政部,经广丰县司法处主任审判官张寿熙前往上饶密查,谢士佩不无贪污嫌疑,已将谢士佩停职并交付侦查。② 1948年7月13日,清江地方法院一审判决谢士佩无罪,清江地方法院检察官不服一审判决,声请覆判,8月21日,江西高等法院覆判:原判决撤销,发回清江地方法院更为审理。9月11日,江西高等法院训令清江地方法院,该案经最高法院裁定,第一审管辖移转于首都地方法院。③

## 三、 诬告

诬告被判无罪的,有7案:

雷迅侵占案:1937年11月,吴云山等诉泰和县审判官雷迅侵蚀公帑、贪婪枉法。同月,管狱员兼看守所所长何时雨诉雷迅迭诈未遂、串证构陷,雷迅则诉何时雨行为不检、违法舞弊。经江西高三分院检察处派员调查,雷迅有犯罪重大嫌疑,应予停职究办。④ 1938年5月19日,南昌地方法院一审判决对雷迅科处刑罚,雷迅不服一审判决,上诉至江西高等法院,1940年

---

① 龙南县长电呈周瞻锋吴文怡因贪污案经四区保安司令部拘署卷,卷宗号J018-3-01555,江西省档案馆。
② 上饶县司法处主任审判官谢士佩贪污卷,卷宗号J018-2-02712,江西省档案馆。
③ 谢士佩贪污案,卷宗号J018-2-02713,江西省档案馆。
④ 泰和审判官雷迅管狱员何时雨互控卷,卷宗号J018-3-01693,江西省档案馆。

1月4日,江西高等法院二审判决雷迅处有期徒刑一年,其他被诉部分无罪。雷迅上诉至最高法院,最高法院发回江西高等法院更审,1942年5月9日被判无罪。①

廖立三侵占案:1939年,江西会昌县各界民众抗敌后援会常务委员兼总干事吴家暄等向军政部呈控该县司法处审判官廖立三贪赃枉法、诓骗抗战军人眷属财物。6月23日,司法行政部训令江西高等法院查明核办。9月13日,江西高等法院呈报司法行政部,廖立三不无侵吞履勘费及侵占军人家属财物嫌疑,经予停职并发交赣县地方法院检察官侦办。1940年1月5日,赣县地方法院一审判决廖立三侵占证据不足,无罪。赣县地方法院检察官不服一审判决,上诉至江西高一分院,12月23日,二审判决,上诉驳回。②

廖簫声受贿案:1940年3月,湖南同乡会向江西高等法院呈控萍乡县司法处审判官廖簫声对于罗兆益等殴毙雷俊生一案,受贿700元,仅判罗兆益徒刑四个月。江西高等法院令萍乡县县长兼理县司法处检察职务缪忠谟查明具覆,同时令廖簫声将罗兆益等殴毙雷俊生一案全卷,详实具覆。7月13日,缪忠谟呈文江西高等法院,据本县湖南同乡会会长顾仁亲呈复称:本会负责人并未向江西高等法院呈控廖簫声,该项呈文亦未经本会代表人署名盖章,仅假借本会名义,本会对于举证各节,概不负责。8月20日,廖簫声呈文江西高等法院:罗兆益伤害致人于死一案,证据不足,该案系根据事实证据判决,毫无偏袒。告诉人胡怡生因另案及本案败诉,怀恨在心,仍假借湖南同乡会名义控词诬陷,请予严惩。若败诉者相率效尤,则负审判之责者皆视为危途矣。③

---

① 雷迅侵占上诉案卷,卷宗号 J018-2-05482;雷迅侵占上诉案卷,卷宗号 J018-2-06852,江西省档案馆。

② 廖立三被诉侵占案卷,卷宗号 J018-3-01664,江西省档案馆。

③ 湖南同乡会诉萍乡县司法处审判官廖簫声受贿卷,卷宗号 J018-3-01514,江西省档案馆。

李家腾贪赃枉法案：1940年9月，宜黄县民刘安仁、徐金龙呈控该县司法处审判官李家腾因循职务、枉法贪赃。同时，丁仁状诉审判官李家腾玩忽职务。江西省高等法院委派崇仁县司法处审判官郑季濂调查，指控不实，且刘安仁、徐金龙、丁仁并无其人，铺保也系虚构。① 刘、丁二人诉状互相矛盾。刘安仁诉"案悬不结者不知凡几"，丁仁诉"本县人民素不好讼，案件简单，平均每月收案不过数件。"既然"收案不过数件"，即便全部未结，又何来"案悬不结者不知凡几"。

方远扬贪污渎职案：方远扬任永新县司法处审判官期间，因渎职被判有期徒刑六月缓刑二年。1941年3月担任全南县司法处审判官。1943年4月，全南县民钟宝贤向皖赣监察使署、司法行政部呈控方远扬侵占公款、违法浮收。同时，被开缺之录事张达良等呈诉方远扬贪污渎职，两控案所诉情形大致相同。1944年11月20日，第三战区南临黎光警备司令部军法庭判决方远扬无罪。②

谢士侗贪污渎职案：上饶县司法处主任审判官谢士侗可谓控案不断：1946年7月，龚文彬呈控谢士侗枉法贿放重犯不胜枚举；9月蒋合宣、周勤生等九人联名呈控谢士侗受贿千万元以上；11月郭镜台呈控谢士侗贪污；12月纪云、林德基等五人呈控谢士侗违法殃民。上述控案经上饶县县长兼县司法处检察职务周维新及河口地方法院院长王玉琪详细澈查，龚文彬、蒋合宣、郭镜台等皆为化名，所控之事皆无证据。但谢士侗迭被当地人民呈控，人地不宜极为明显。③ 1946年12月，胡郑静呈控谢士侗利用权势逼迫奸淫，1947年4月16日，河口地方法院检察官侦查终结，胡郑静诉谢士侗

---

① 刘安仁等诉宜黄审判官李家腾因循职务卷，卷宗号J018-3-02265，江西省档案馆。
② 全南县司法官方远扬侵蚀公款案，卷宗号J008-1-00183；方远扬贪污渎职上诉案卷，卷宗号J018-2-02364；方远扬贪污渎职上诉案卷，卷宗号J018-2-02365，江西省档案馆。
③ 呈司法行政部复蒋合宣呈控上饶司法处主任审判官谢士侗渎职一案办理情形，卷宗号J018-2-02279，江西省档案馆。

强奸,证据不足,不予起诉。①

郑邦麟贪污案:1947年4月13日,瑞金县司法处主任审判官金丽生私信梁仁杰,密告该县司法处审判官郑邦麟贪污60万元,录事张树材(系郑邦麟的老部属)欺诈盗窃犯曾招辉、陈北斗五万元,书记官胡嘉德伪造复旦大学附中毕业证,不具备书记官资格,要求改派金清澜充任书记官。宁都地方法院院长罗笃志、书记官程展云报告查复:除胡嘉德毕业证有待查实外,其他所告均不属实。江西高等法院第一分院检察官刘权认为"不免迹近倾轧。"②

此类案件颇多,不一一列举。

从控告者来源看,既有民刑诉讼败诉方心怀不满,以控告手段以图泄愤,也有司法体制内部人员的明争暗斗。

江西审判官271人,涉及被控案80人次左右,实际查实者13人,占4.8%,即便将前文所述因案停职或解职者24人次全部计入,也仅占8.9%。在查实的贪污案中,以实际数额来说,贪污最高的系高齐缙668.17元,仅及其月收入(70元)的不到10倍。从数据来看,江西审判官队伍,总体来说,清廉守法者居多,应是不争的事实。

江西高等法院院长吴昆吾(1888—?)在1947年11月5日司法行政检讨会议上所作的院长报告中就指出:"化名诬告,在江西已相习成风,一经澈查,不但并无告发之人,即铺保图章,亦皆伪造,公务国帑,两受影响。"为此,江西高等法院院检两方,规定凡告发案件,应遵照下列办法:"(一)告发人真实姓名、年龄、籍贯、住址、职业、名章、或指摹;(二)被告人违法事实及证据;(三)具状人住所或居所地殷实铺保。"否则不予受理。③

---

① 谢士佩利用权势逼迫奸淫案,卷宗号J018-7-10906,江西省档案馆。
② 郑邦麟贪污、胡嘉德伪造毕业证书案卷,卷宗号J018-2-02646,江西省档案馆。
③ 江西高等法院编:《三十六年司法行政检讨会议江西高等法院暨检察处工作报告》,江西高等法院1947年,第4页。上海市图书馆近代馆藏。

县司法处审判官的任职资格要求系全国通案，江西省各县司法处审判官群体的学历与法科背景，为我们管窥民国时期精英化的法官遴选提供了视角，对于探究民国时期的法学教育，尤其是江西的法学教育也提供了注解。审判官的判案质量如何，尚须具体分析民刑审判的结案率与上诉率等情况，但是，审判官的法学素养无疑是判案质量的重要保证。

审判官的籍贯在一定程度上反映了各种势力的相互交织与盘根错节的关系，司法界并非一方净土，审判官选用的相对高标准，不可能阻遏各方势力的染指与觊觎。程期的拖沓，更调的频繁，客观上降低了各县司法处的行政效率与办案进程。审判官群体的国民党党员比例是司法"党人化"的外在表现。

# 第四章　县司法处的民刑审判

## 第一节　县司法处管辖事件与适用法律

### 一、管辖事件与适用法律

县司法处与地方法院管辖的事件完全相同,1932 年 10 月 28 日公布、1935 年 7 月 1 日施行的《法院组织法》第十条规定:"地方法院管辖事件如左(下):一、民事、刑事第一审诉讼案件。但法律别有规定者,不在此限;二、非讼事件。"①1936 年 4 月 9 日国民政府公布的《县司法处组织暂行条例》第二条规定:"县司法处受理左下列事件:一、民事、刑事第一审诉讼案件。但法律另有规定者,不在此限。二、非讼事件。"②1936 年 6 月 27 日公布的《县司法处办理诉讼补充条例》规定:"县司法处之管辖区域,与县之行政区域同。"(第三条)③

---

①　《法院组织法》,载《国民政府公报》1932 年洛字第 46 号。
②　亦有学者认为,县司法处"受理"二字,实不如地方法院"管辖"二字之优,因受理偏于审判,而县司法处于审判之外,县长尚兼检察职务。参见蒋应构著:《县司法处关系法规详释》,上海中华书局 1937 年出版,第 5—6 页。
③　《县司法处办理诉讼补充条例》,载《立法院公报》1936 年第 82 期。

《法院组织法》规定实行三级三审制,各级法院的审限与管辖事件如下:

表 4.1 各级法院审限与管辖事件

| 审级 | 机构 | 管辖事件 | 例外 |
| --- | --- | --- | --- |
| 第三审 | 最高法院 | 不服高等法院及其分院第二审判决而上诉之民事刑事诉讼案件;不服高等法院及其分院裁定而抗告之案件;非常上诉案件 | 不服高等法院及其分院第一审判决而上诉之刑事诉讼案件 |
| 第二审 | 高等法院及其分院 | 不服地方法院及其分院、县司法处第一审判决而上诉之民事刑事诉讼案件;不服地方法院及其分院、县司法处裁定而抗告之案件 | 内乱、外患及妨害国交之刑事第一审诉讼案件 |
| 第一审 | 地方法院及其分院;县司法处 | 民事、刑事第一审诉讼案件;非讼事件 | |

除特种刑事案件由军法机关审理,内乱、外患及妨害国交之刑事第一审诉讼案件由高等法院及其分院管辖外,其他民、刑事第一审由各地方法院或县司法处管辖,二审由高等法院及其分院管辖,三审由最高法院管辖。1944年1月12日颁布(同年11月12日施行)的《特种刑事案件诉讼条例》,将原归军事或军法机关管辖的特种刑事案件也划归普通法院、县司法机关管辖(除军人为被告外)。

非讼事件包括公证、不动产登记、法人登记等事项。

依照司法部命令,1927年10月17日,江西省司法厅裁撤,成立江西高等法院,同时,赣州控诉分院改为高等法院第一分院。1935年7月1日,《法院组织法》正式施行,将四级三审制改为三级三审制,江西高等法院分别在九江、吉安、河口设立第二、第三、第四分院。1944年11月,第五分院设于宜春,1947年12月,第六分院设于南城。依照司法行政部训令,1948年1月1日起,各分院改以所在地为院名,江西高等法院第一、二、三、四、五、六分院分别改称赣县、九江、吉安、河口、宜春、南城分院。①

赣北各县沦陷以前,江西高等法院及其分院管辖区域如下表:

表4.2　江西高等法院及其分院管辖区域表

| 法院名称 | 驻地 | 管辖县数 | 管　辖　县　名 |
| --- | --- | --- | --- |
| 江西高等法院 | 南昌 | 22 | 南昌　新建　丰城　清江　进贤　东乡　余江　临川　崇仁　宜黄　安义　奉新　靖安　高安　上高　万载　宜丰　宜春　萍乡　铜鼓　分宜　万年 |
| 江西高等法院第一分院 | 赣县 | 17 | 赣县　信丰　兴国　雩都　安远　大庾　崇义　南康　上犹　宁都　瑞金　石城　龙南　定南　虔南　会昌　寻邬 |
| 江西高等法院第二分院 | 九江 | 15 | 九江　湖口　彭泽　瑞昌　星子　都昌　浮梁　余干　德安　乐平　鄱阳　婺源　永修　武宁　修水 |
| 江西高等法院第三分院 | 吉安 | 14 | 吉安　吉水　安福　乐安　新干　新喻　峡江　永丰　万安　遂川　泰和　宁冈　永新　莲花 |
| 江西高等法院第四分院 | 河口 | 15 | 铅山　横峰　上饶　玉山　广丰　弋阳　南城　南丰　广昌　黎川　光泽　贵溪　资溪　金溪　德兴 |
| 总　计 |  | 83 |  |

资料来源:关于本省各级法院管辖区域及各地当事人上诉程限表　卷宗号 J018-8-00006,江西省档案馆。

抗战期间赣北沦陷,江西高等法院搬迁至兴国,高等法院及其分院管辖区域有较大调整。1947年12月高六分院设立后,管辖区域再次调整为:

表4.3　江西高等法院及其分院管辖区域表(高六分院成立之后)

| 法院名称 | 驻地 | 管辖县数 | 管　辖　县　名 |
| --- | --- | --- | --- |
| 江西高等法院 | 南昌 | 16 | 南昌　新建　丰城　清江　进贤　东乡　余江　临川　安义　奉新　靖安　高安　万年　余干　永修　新干 |

---

① 江西省法院志编纂委员会编:《江西省志·江西省法院志》,方志出版社1996年版,第13—16页。

续表

| 法院名称 | 驻地 | 管辖县数 | 管 辖 县 名 |
|---|---|---|---|
| 江西高等法院第一分院 | 赣县 | 16 | 赣县 信丰 兴国 雩都 安远 大庾 崇义 南康 上犹 宁都 瑞金 龙南 定南 虔南 会昌 寻邬 |
| 江西高等法院第二分院 | 九江 | 11 | 九江 湖口 彭泽 瑞昌 星子 都昌 浮梁 德安 鄱阳 武宁 修水 |
| 江西高等法院第三分院 | 吉安 | 12 | 吉安 吉水 安福 乐安 峡江 永丰 万安 遂川 泰和 宁冈 永新 莲花 |
| 江西高等法院第四分院 | 河口 | 9 | 铅山 横峰 上饶 玉山 广丰 弋阳 贵溪 德兴 乐平 |
| 江西高等法院第五分院 | 宜春 | 8 | 宜春 分宜 新喻 萍乡 万载 上高 宜丰 铜鼓 |
| 江西高等法院第六分院 | 南城 | 9 | 南城 南丰 广昌 金溪 资溪 黎川 宜黄 石城 崇仁 |
| 总 计 | | 81 | |

资料来源:江西省法院志编纂委员会编:《江西省志·江西省法院志》,北京:方志出版社1996年10月第1版,第16页。说明:1947年6月,婺源、光泽分别划回皖、闽管辖。

1936年6月27日公布(同日施行)的《县司法处办理诉讼补充条例》及《县司法处刑事案件覆判暂行条例》,① 是县司法处办理诉讼的两项重要法律法规。

《县司法处办理诉讼补充条例》共31条,第一条规定:"县司法处办理民事、刑事诉讼,除本条例有规定外,适用或准用民事诉讼法、刑事诉讼法及其他关于法院通用之法令。"还规定了县司法处行用文件之名义,管辖区域及移送办法,职员之回避,办理诉讼程序,刑事裁判书之应受送达人,抗告或上诉应注意事项,再审之管辖等事项。

《县司法处刑事案件覆判暂行条例》共14条,第一条规定:"县司法处之

---

① 《县司法处办理诉讼补充条例》、《县司法处刑事案件覆判暂行条例》,载《立法院公报》1936年第82期。

刑事案件,未经上诉或撤回上诉或上诉不合法未经第二审为实体上之审判者,应由该管高等法院或分院覆判。但刑法六十一条所判各罪之案件(笔者注:轻微案件可免除刑罚),不在此限。依前项规定案件之一部应覆判者,应将全案覆判。"还规定了应送覆判之期限,覆判审得令原县司法处查复,应予核准判决之条件,覆审之方法,核准、更正、覆审互见时之裁判标准,检察官、被告、自诉人对覆判审判决或更审判决,得分别提起上诉之条件等内容。

  1936年9月7日,司法行政部公布《县司法处律师执行职务办法》,①是县司法处与兼理司法县政府相比的另一个明显进步。律师制度不适用于兼理司法县政府有明确规定。早在1918年,浙江杭县律师公会咨询:兼理司法之县政府,律师能否继续执行职务,7月14日,最高法院以"解字第一二三号"复函浙江高等法院:"查国民政府司法部公布之律师章程第一条第一项及第二十三条,均载明在通常法院执行职务,应于执行职务所在地置事务所之规定,可知凡在各县未设立通常法院之诉讼事件,暂不适用律师制度。俟各地方法院筹设完全,再依现行章程办理。"②这样,未设地方法院之广大县域,律师制度被摒之于外。依据《县司法处办理诉讼补充条例》第二十九条:"律师得于县司法处执行职务,其办法由司法行政部定之",司法行政部制定了《县司法处律师执行职务办法》,该办法共7条:律师在县司法处执行职务应组织律师公会(第三条),律师在县司法处兼区时,应依律师章程第十条之规定,呈经高等法院核准(第四条),律师加入附近公会以邻县壤地相接或火车汽车能一日往返者为限(第五条),律师公费应比较省垣公会所定数额减半规定(第六条)。虽然第七条又规定:"依县司法处办理诉讼补充条例第十三条规定县长得不出庭之刑事案件,律师亦毋庸出庭。"但该法的颁布毕竟使得律师制度在县司法处推行有了法律依据,有利于保障当事人权益。

---

  ① 《县司法处律师执行职务办法》,载《司法公报》1936年第142期。
  ② 郭卫编:《最高法院解释例全文》,载殷梦霞、邓詠秋选编:《民国司法史料汇编》第三册,国家图书馆出版社2011年版,第242页。

1942年9月11日,司法行政部修正公布《县司法处律师执行职务办法》(同日施行)。

## 二、民刑诉讼程序概述

程序是指按一定的顺序、方式和手续作出决定。程序规范与程序正义是现代司法的重要体现。

### (一) 民事诉讼程序

1935年2月1日公布(7月1日施行)的《中华民国民事诉讼法》,①将民事审判程序分为第一审、上诉审、抗告、再审、督促、保全、公示催告和人事诉讼程序,其结构图如下:

图4.1 民事审判程序结构示意图

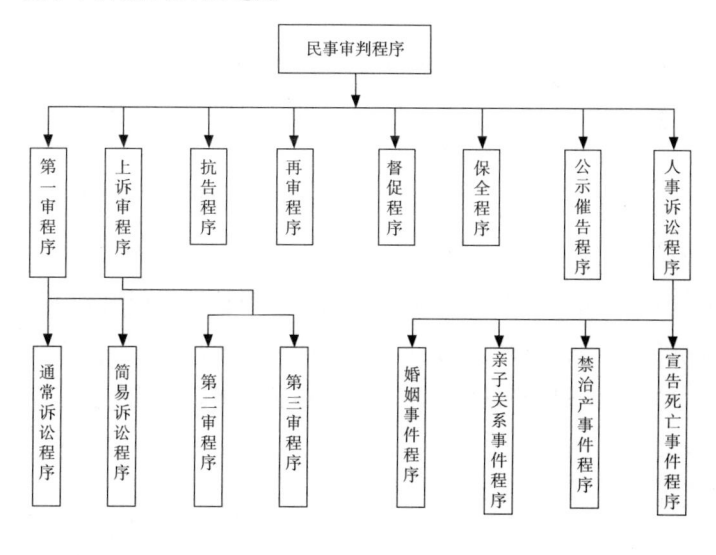

```
                          民事审判程序
    ┌─────┬─────┬─────┬─────┬─────┬─────┬─────┐
   第一  上诉  抗告  再审  督促  保全  公示  人事
   审程  审程  程序  程序  程序  程序  催告  诉讼
   序    序                            程序  程序
  ┌─┴─┐  │                      ┌──┬──┬──┬──┐
 通常 简易 第二 第三            婚姻 亲子 禁治 宣告
 诉讼 诉讼 审程 审程            事件 关系 产事 死亡
 程序 程序 序   序              程序 事件 件程 事件
                                     程序 序   程序
```

---

① 《中华民国民事诉讼法》,载《立法院公报》1935年第67期。

狭义的民事诉讼专指审判程序而言,广义的民事诉讼则包括审判程序及强制执行程序。①

第一审程序:相对于第二审、第三审而言,是指法院审理第一审民事案件所适用的程序,包括当事人的起诉、法院(或县司法处)的审查和受理、当事人言词辩论书状之准备、证据调查、鉴定勘验、法庭辩论、和解或判决等等。根据案件标的的大小、复杂程序,第一审程序又分为通常诉讼程序和简易诉讼程序。通常诉讼程序是民事案件通常适应的程序,是民事诉讼的标准程序。简易诉讼程序是指就轻微、简单之诉讼事件所适用之程序,例如"关于财产权之诉讼其标的之金额或价额在八百圆以下者适用本章所定之简易程序"。(第402条)

上诉审程序:上诉,是指当事人对于下级法院未确定(未生效)之判决,向上级法院声明不服,请求废弃或变更该裁判之行为。上诉制度是维持裁判公平,保护私权的重要救济措施。上诉审包括第二审、第三审程序。

抗告程序:"对于裁定得为抗告,但别有不许抗告之规定者不在此限"(第479条)。判决与裁定是民事审判结果的两种形式,判决一般是就实体事项作出判断,裁定一般是就程序事项作出判断。抗告与上诉同为声明不服之程序,上诉是对于判决声明不服,抗告是对于裁定声明不服。"提起抗告应向为裁定之原法院或原审判长所属法院提出抗告状为之"(第485条)。抗告得提出新事实及证据,原法院或审判长认为抗告有理由者应更正原裁定,提起抗告已逾抗告期间或系对于不得抗告之裁定而抗告者,原法院或审判长应驳回之,原法院或审判长不为前二项裁定者,应添具意见书,速将抗告事件送交抗告法院。

举民事裁定一例如下:

---

① 施霖著:《民事诉讼法通义》,上海法学编译社1946年11月(新)1版,第2页。

## 江西奉新县司法处民事裁定　三十五年度民字第五号[①]

原告:张致猷　住奉新赤岸乡二保

被告:张克家　住　同右

　　　张程氏　住　同右

上(右)当事人间因返还物品事件本处裁定如左(下):

主文

原告之诉驳回,诉讼费用由原告负担

理由

按提起民事诉讼应依民事诉讼费用法第一条,缴纳裁判费用为必须具备之程式,本件原告起诉未据缴纳裁判费用,迭经本处庭谕补正,迄今仍未补正,其诉显难认为合法。

据上论结,本件原告之诉为不合法,依民事诉讼法第二百四十九条第六款,第九十五条,第七十八条裁定如主文。

中华民国三十五年五月二十二日

　　　　　　奉新县司法处民庭　审判官　楼显康

上(右)件证明与原本无异

　　　　　书记官（名章）

如不服本裁定,得自收受送达后十日内向本处提出声明抗告书状。

中华民国三十五年五月二十三日

再审程序:是对已生效的判决不服而要求再行审理的程序,是民事判决确定后的一种补救方法。按诉讼法上一事不再理的原则,确定的判决原不得再求废弃或变更,"然确定判决,亦人为之事,不能保证绝无瑕疵,苟有重大疵累,而无匡救之方,亦非保护私权之道。"[②]再审在本质上也是纠正裁判

---

①　关于民事案件材料,卷宗号 0004-1-17,江西省奉新县档案馆。

②　施霖著:《民事诉讼法通义》,上海法学编译社 1946 年 11 月（新）1 版,第 373 页。

错误的机制。原裁判程序不合法或违背实体规定,是再审提出的前提条件。再审之诉,一般由原法院管辖。

督促程序:债权人的请求以给付金钱或其他代替物或有价证券之一定数量为标的者,法院可向债务人发支付令,督促债务人限期向债权人偿还债务。

保全程序:指为确保以债务名义所确定的私权能得以强制执行而预先采取的保全办法,分为假扣押与假处分两种,假扣押是就金钱请求而言,假处分是就金钱以外之特定物或行为,以及身份上之请求而言,如子女之扶养或监护。

公示催告程序:是指法院依照当事人的申请,以公示方法,催告不分明的利害关系人在一定期间内申报权利,如不申报,则申请人获得该权利而不分明利害关系人丧失该权利。

人事诉讼程序:即关于人之身份能力之诉讼程序,包括婚姻关系、亲子关系、禁治产、宣告死亡事件程序。婚姻关系程序包括婚姻无效、撤销婚姻、确认婚姻成立或不成立、离婚、夫妻同居之诉(第564条)。亲子关系包括收养与认子。禁治产即对于心神丧失者禁止其管理财产。宣告死亡包括宣告失踪人死亡与撤销死亡宣告。

此外,在民事审判实践中,各级法院、县司法处非常重视和解的作用。1937年2月18日、4月22日,司法行政部连续通令各省高等法院并饬属遵照,民事纠纷应切实厉行和解,并以和解案件的多寡作为考核办案成绩的重要指标。2月18日,司法行政部训令中指出:"查民事争执,本无不可解之纠纷,祇以居中乏人,遂致兴讼,倘能调处完案,既非如裁判须受法条之拘束,易于协谐,且有时并执行程序,亦同终结,不特可以减少上诉,其利便人民,尤难枚举。所赖法院督促其成,无论审判上或审判外和解,果能多方设法,示以方针,晓以利害,非甚顽梗之徒,当易就范。唯体察情形,和解一案,视之裁判一案,尤见烦劳……于一般考成外,另悬一格,即以和解成立案件之多少,课其殿最,行之日久,必当著效。"①4月22日,司法行政部重申前令,要求承办调解人员,务须恪遵各种法规及注意事项,努力奉行,依照修正办理民事案件应行注意事项,调解与讯问案件要有区别,调解不用开庭之形式,调解推事与书记官得不着制服。调解推事应询调解人之意见,就该调解事件酌拟平允办法,劝谕两造互相让步。调解推事严然居于中人之地位,对当事人双方恺切劝导,设法处理,示以方针,晓以利害,藉以多收调解成立之效果。"倘或对于调解事件,推事仍高坐法庭,一若与讯问案件时无异,又复潦草塞责,廖廖询以数语,休戚漠不关心,则殊失设立调解制度之本旨。"②

《中华民国民事诉讼法》规定,法院不问诉讼程序如何,如认为有成立和解的希望,得于言词辩论时或使受命推事或受托推事试行和解,和解时得由当事人或法定代理人本人到场,在言词辩论时和解成立者应记载于言词辩论笔录,由受命推事或受托试行和解成立者应制作和解笔录,由双方当事人签字确认。和解笔录与判决具有同等效力,和解成立者,当事人不得就该法律关系更行起诉。

**江西上饶县司法处和解笔录 二十九年度 字第 号③**

原告:吴林氏

被告:吴春瑞

上(右)列当事人因寄谷纠葛一案于民国二十九年八月十九日上午十时在本处当庭和解成立,和解内容及和解关系人如左(下):

---

① 司法行政部训令,训字第1072号,励行民事和解事项卷,卷宗号J018-3-01982,江西省档案馆。

② 司法行政部训令,训字第2452号,励行民事和解事项卷,卷宗号J018-3-01982,江西省档案馆。

③ 高等法院各院推事县司法处审判官办案成绩卷,卷宗号J018-3-00802,江西省档案馆。

甲　和解内容

一、吴林氏寄存吴春瑞仓内谷子十三石自愿全数舍弃嗣后不再诉追。

二、吴林氏与吴春瑞去年合伙诉讼共用费洋一百元亦甘愿舍弃不再诉追。

三、吴春瑞一共出洋八十元除抵销吴林氏旧欠二十元外实应出法币洋六十元交吴林氏领收（限五天过交清楚）。

四、吴林氏旧欠吴春瑞之二十元自此次抵偿后不得再向吴林氏索取。

五、诉讼费用由双方各自负担。

上(右)笔录当庭朗读，经双方认可签押，永无反异。

乙　和解关系人

　　吴林氏　指摹

　　吴春瑞　花押

中华民国二十九年八月十九日

江西上饶县司法处审判官　邱杰熹

右件证明与原本无异

代书记官邱景文

中华民国二十九年八月二十日

以丰城县司法处为例，丰城县司法处1936年度民事案件终结151件，其中和解52件，占终结案件的34.4%。审判官黄谟介在总结中言道："本处成立之初，勤稽案牍，有标的细微且当事人间关系深密者，极力设法使其和解，以释讼累。行之一年，成效颇著。旋奉部令亦以励行和解列为考成，盖和解案件，不惟无上诉之缠累，且双方顾全，嫌怨易祛。"[①]

---

[①] 丰城县司法处审判官、书记官任免卷，卷宗号J018-3-00176，江西省档案馆。

表4.4 丰城县司法处民国二十五年度民事案件收结比较表

| 月份 | 受理件数 |||  终结件数 ||||  备　考 |
|---|---|---|---|---|---|---|---|---|
|  | 旧管 | 新收 | 合计 | 判决 | 和解 | 其他 | 合计 |  |
| 7 |  | 43 | 43 |  |  |  |  | 本处于七月二十一日正式成立,故本月份无终结案件 |
| 8 | 43 | 7 | 50 | 5 | 6 | 4 | 15 |  |
| 9 | 35 | 14 | 49 | 6 | 5 | 3 | 14 |  |
| 10 | 35 | 9 | 44 | 19 |  |  | 19 |  |
| 11 | 35 | 13 | 48 | 2 | 8 | 3 | 13 |  |
| 12 | 25 | 17 | 42 | 6 | 9 | 5 | 20 |  |
| 1 | 22 | 12 | 34 | 5 | 7 | 3 | 15 |  |
| 2 | 19 | 8 | 27 | 3 | 3 | 3 | 9 |  |
| 3 | 18 | 9 | 27 | 5 | 2 | 1 | 8 |  |
| 4 | 19 | 14 | 33 | 5 | 5 | 3 | 13 |  |
| 5 | 20 | 11 | 31 | 3 | 6 | 5 | 14 |  |
| 6 | 17 | 10 | 27 | 7 | 1 | 3 | 11 |  |
| 总计 | 288 | 124 | 412 | 66 | 52 | 33 | 151 |  |

资料来源:江西丰城县司法处二十五年度工作概况　二十六年七月,丰城县司法处审判官、书记官任免卷　卷宗号 J018-3-00176,江西省档案馆。

### (二) 刑事诉讼程序

1935 年 1 月 1 日公布(7 月 1 日施行)的《中华民国刑事诉讼法》,[①]将刑事审判程序分为第一审、上诉审(含第二审、第三审)、抗告、再审、非常上

---

① 《中华民国刑事诉讼法》,载《市政公报》1935 第 66 期。

诉、简易程序、执行、附带民事诉讼程序。上诉审、抗告、再审与民事诉讼程序类似,此外不赘述。

第一审:包括侦查、起诉和审判三个阶段。起诉又分为公诉与自诉,公诉即检察官为原告向法院提起诉讼,自诉即被害人为原告向法院提起诉讼,但以有行为能力者为限,被害人的配偶或直系亲属都不得提起自诉。

非常上诉:最高法院检察长对于已确定的判决,如发现该案的判决系违背法令,可向最高法院提起非常上诉。最高法院的调查以非常上诉理由所指摘之事项为限,非常上诉之判决不经言词辩论为之。

简易程序:第一审法院依被告在侦查中的自白或其他现存证据足以认定其犯罪者,可因检察官的声请不经通常审判程序,迳以命令处刑。利于迅速结案。

附带民事诉讼:因犯罪而受损害之人,于刑事诉讼中附带提起民事诉讼,以请求恢复其所受之损害。

在审限方面,司法行政部制定并于 1935 年 4 月 6 日公布(7 月 1 日施行)的《刑事诉讼审限规则》第一条规定,除简易程序外,刑事诉讼审限分别为:(一)侦查期限 10 日,再议声请之驳回或处分亦同;(二)审判期限 22 日,其依覆判暂行条例裁判者亦同;(三)第一审第二审不经言词辩论之判决期限 10 日;(四)终结本案之裁定期限 7 日;(五)抗告再抗告裁定期限 7 日,其应调查事实者 15 日;(六)检察官提出理由书答辩书意见书之期限,关于上诉者 7 日,关于答复咨询者 3 日,关于覆判者,依覆判暂行条例第二条之规定。繁难或牵连案件,其情况不能依前项第一第二款之期限内终结者,得呈请该管长官展长一次,但不能逾原定期限。对于期限的起算与终结日都有相关规定。① 1936 年 9 月 25 日,司法行政部公布的《修正刑事诉讼审限规

---

① 《刑事诉讼审限规则》,载《云南省政府公报》1935 年第 192 期。

则第九条条文》，将原来的第九条条文"县长兼理司法之审限"字样修正为"县司法处之审限"，并增加"侦查20日"。修正条文为："县司法处之审限：第一审60日，奉覆判审发回30日，侦查20日，并准用第二条至第七条之规定。仍以与其审限及权限不相抵触者为限。前项之规定于未成立县司法处之兼理司法县政府准用之。"①

1939年5月16日，司法行政部公布（同日施行）《刑事诉讼审限暂行规则》，审判期限改由22日改为25日，其他期限相同。该规则第十条对县长兼理司法之审限规定为第一审45日，奉覆判审发回25日，侦查15日。②对县司法处审限未有规定。理论上，县司法处审限应该是参照县长兼理司法之审限。

抗战以后，社会变动剧烈，民刑诉讼程序扞格难行之处，多有修订，国民政府于1941年7月1日颁布（同日施行）《非常时期民事诉讼补充条例》共30条、《非常时期刑事诉讼补充条例》共38条，以适应变化的社会情形。1945年12月26日颁布《修正民事诉讼法条文》和《修正刑事诉讼法条文》。

## 第二节 江西各县司法处诉讼案件的量化分析

### 一、讼案规模与民刑构成

根据相关年度江西高等法院汇编并报送司法行政部的"江西省各县司法处民刑案件统计年表"，汇总如下表所示：

---

① 《修正刑事诉讼审限规则第九条条文》，载《司法公报》1936年第142期。
② 《刑事诉讼审限暂行规则》，载《国民政府公报》1938第60期。

表4.5　江西各县司法处民刑案件数(1938年下半年至1943年度)

| 序号 | 县司法处 | 1938年下半年 民事 | 1938年下半年 刑事 | 1939年度 民事 | 1939年度 刑事 | 1940年度 民事 | 1940年度 刑事 | 1941年度 民事 | 1941年度 刑事 | 1942年度 民事 | 1942年度 刑事 | 1943年度 民事 | 1943年度 刑事 |
|---|---|---|---|---|---|---|---|---|---|---|---|---|---|
| 1 | 进贤 | | | | | 71 | 107 | | | 33 | 57 | 88 | 100 |
| 2 | 信丰 | 57 | 88 | 68 | 162 | 161 | 155 | 293 | 165 | 177 | 104 | 168 | 76 |
| 3 | 南城 | | | | | | | | | 6 | 17 | 109 | 272 |
| 4 | 都昌 | 14 | 20 | 57 | 84 | | | | | 150 | 66 | 127 | 78 |
| 5 | 贵溪 | | | | | 58 | 191 | 109 | 163 | | | | |
| 6 | 乐平 | | | 75 | 114 | 94 | 152 | 160 | 190 | 118 | 152 | 111 | 165 |
| 7 | 余干 | 42 | 111 | 78 | 177 | | | | | | | | |
| 8 | 修水 | | | | | 30 | 35 | 43 | 47 | 42 | 53 | | |
| 9 | 丰城 | 55 | 41 | | | | | | | | | | |
| 10 | 于都 | 29 | 12 | 44 | 35 | 86 | 89 | | | | | | |
| 11 | 崇仁 | 23 | 48 | 26 | 35 | | | | | | | 32 | 73 |
| 12 | 崇义 | | | 30 | 46 | 60 | 90 | 89 | 88 | 76 | 62 | 65 | 26 |
| 13 | 吉水 | 18 | 23 | 22 | 30 | | | | | | | 78 | 101 |
| 14 | 萍乡 | 44 | 21 | | | 43 | 47 | 118 | 168 | 170 | 174 | 247 | 197 |
| 15 | 玉山 | | | 75 | 59 | 133 | 113 | | | | | | |
| 16 | 清江 | | | | | 29 | 19 | 38 | 73 | | | | |
| 17 | 上高 | 13 | 24 | 15 | 21 | 24 | 34 | | | 49 | 52 | | |
| 18 | 上饶 | | | | | | | | | | | 182 | 240 |
| 19 | 万载 | | | 33 | 48 | | | | | 64 | 89 | 69 | 101 |
| 20 | 永新 | | | 110 | 108 | | | 166 | 79 | 174 | 45 | 191 | 111 |
| 21 | 光泽 | 16 | 12 | | | 21 | 29 | 21 | 40 | 22 | 36 | 20 | 26 | 29 |
| 22 | 弋阳 | | | 47 | 49 | 42 | 61 | 40 | 85 | 36 | 42 | 33 | 102 |
| 23 | 大余 | 92 | 66 | 163 | 115 | 135 | 108 | 144 | 104 | 154 | 114 | 219 | 183 |

续表

| 序号 | 县司法处 | 1938年下半年 民事 | 1938年下半年 刑事 | 1939年度 民事 | 1939年度 刑事 | 1940年度 民事 | 1940年度 刑事 | 1941年度 民事 | 1941年度 刑事 | 1942年度 民事 | 1942年度 刑事 | 1943年度 民事 | 1943年度 刑事 |
|---|---|---|---|---|---|---|---|---|---|---|---|---|---|
| 24 | 广丰 | | | 194 | 145 | 314 | 164 | 453 | 199 | 294 | 137 | 408 | 169 |
| 25 | 婺源 | 23 | 9 | | | | | | | 123 | 40 | | |
| 26 | 余江 | 46 | | | | 64 | 225 | | 171 | 41 | 109 | 41 | 110 |
| 27 | 龙南 | | | | | | | | | | | | |
| 28 | 万安 | 14 | 38 | 26 | 74 | 34 | 107 | 38 | 91 | 37 | 70 | 26 | 60 |
| 29 | 广昌 | 1 | 10 | 6 | 12 | 7 | 36 | 35 | 40 | 37 | 38 | 34 | 47 |
| 30 | 瑞金 | | | 28 | 42 | 80 | 119 | 106 | 95 | 74 | 100 | 122 | 159 |
| 31 | 宜丰 | 13 | 44 | 25 | 54 | 53 | 87 | 83 | 74 | 86 | 80 | 111 | 102 |
| 32 | 会昌 | 9 | 4 | 23 | 11 | | | | | | | 39 | 23 |
| 33 | 金溪 | 33 | 31 | 56 | 93 | 75 | 75 | 81 | 126 | 54 | 57 | 71 | 121 |
| 34 | 东乡 | 39 | 99 | | | 60 | 137 | 87 | 87 | 30 | 46 | 75 | 86 |
| 35 | 永丰 | 14 | 32 | | | | | | | 61 | 90 | 48 | 115 |
| 36 | 新余 | | | 18 | 17 | | | | | 19 | 32 | 29 | 19 |
| 37 | 宁冈 | 6 | 3 | 4 | 9 | 13 | 18 | 17 | 23 | 11 | 23 | 13 | 25 |
| 38 | 新干 | | | 11 | 36 | 18 | 25 | 11 | 13 | 10 | 11 | 13 | 39 |
| 39 | 安远 | | | 29 | 17 | | | | | 66 | 36 | 53 | 31 |
| 40 | 全南 | 12 | 19 | 32 | 32 | 65 | 56 | 119 | 17 | 120 | 39 | 119 | 20 |
| 41 | 峡江 | 10 | 19 | 8 | 27 | 12 | 29 | 22 | 29 | 8 | 28 | 9 | 21 |
| 42 | 定南 | 48 | 42 | | | | | | | 88 | 50 | | 51 |
| 43 | 万年 | 11 | 45 | 33 | 44 | 36 | 30 | | | | | | |
| 44 | 铜鼓 | | | | | | | | | | | | |
| 45 | 乐安 | 18 | 12 | | | 19 | 28 | 24 | | | | | |
| 46 | 上犹 | 39 | 32 | | | | | | | 253 | 192 | 242 | 193 |

续表

| 序号 | 县司法处 | 1938年下半年 民事 | 1938年下半年 刑事 | 1939年度 民事 | 1939年度 刑事 | 1940年度 民事 | 1940年度 刑事 | 1941年度 民事 | 1941年度 刑事 | 1942年度 民事 | 1942年度 刑事 | 1943年度 民事 | 1943年度 刑事 |
|---|---|---|---|---|---|---|---|---|---|---|---|---|---|
| 47 | 德兴 | | | 12 | 14 | 11 | 24 | 20 | 16 | 15 | 17 | 14 | 27 |
| 48 | 资溪 | 14 | 11 | 31 | 28 | 63 | 41 | | | 35 | 38 | 44 | 51 |
| 49 | 南丰 | 10 | 8 | | | | | 75 | 85 | | | | |
| 50 | 遂川 | 23 | 50 | | | 44 | 52 | | | 54 | 57 | | |
| 51 | 寻乌 | 13 | 4 | | | 92 | 25 | | | 63 | 20 | 47 | 26 |
| 52 | 宜黄 | 18 | 10 | 12 | 24 | 48 | 44 | 64 | 76 | | | 37 | 73 |
| 53 | 安福 | | | 37 | 79 | | | | | 90 | 113 | 75 | 118 |
| 54 | 石城 | 14 | 14 | 38 | 26 | 42 | 12 | | | | | 36 | 36 |
| 55 | 莲花 | | | 30 | 61 | | | 90 | 159 | 118 | 127 | 64 | 116 |
| 56 | 南康 | | | | | | | | | | | | |
| 57 | 黎川 | | | | | | | | | | | | |
| 58 | 兴国 | 11 | 6 | 18 | 13 | | | | | | | | |
| 59 | 宁都 | 45 | 19 | | | 53 | | | | | | | |
| 60 | 泰和 | 13 | 11 | 25 | 50 | 47 | 117 | 73 | 224 | | | | |
| 总计 | | 900 | 1038 | 1539 | 2084 | 2201 | 2669 | 2614 | 2709 | 3072 | 2597 | 3515 | 3692 |

资料来源:汇编各县司法处二十七年下半年份民刑案件年表 卷宗号 J018-5-01550;汇编各县司法处、县政府二十八年份民刑案件年表 卷宗号 J018-4-03171;汇编各县司法处各兼理司法县政府二十九年民刑案件年报表 卷宗号 J018-4-03474;汇编三十年度民刑案件年表卷 卷宗号 J018-4-03155;汇编各县司法机关三十一三十二两年度民刑案件年报表 卷宗号 J018-4-03184,江西省档案馆。

说明:(一)1942年度原造报表数据民事总计1623件(其他相关栏目数据也有误),经笔者计算为3072件,如此简单的数学运算差距那么大,只能感叹造报者的粗心。1943年度原造报表未计算民事总计栏,数据为笔者计算所得。(二)自1939年起司法年度改为历年制,因此,1938年只有下半年数据;(三)赣北安义、奉新、靖安、高安、湖口、彭泽、武宁、永修、星子、德安、瑞昌等11县司法处1938年底1939年初先后停办;(四)1940年4月1日南康、黎川、兴国、宁都地方法院成立;1942年11月1日泰和地方法院成立。

根据各年度县司法处所数,各年度各县司法处报送情况为:1938年下半年,36县报送(其中余江县只报民事部分),24县未报;1939年度,39县报送(其中光泽、乐安、宁都三县只有刑事案件数),21县未报;1940年度,35县报送,21县未报;1941年度,28县报送(其中余江只有刑事案件数),28县未报;1942年度,38县报送,18县未报;1943年度,40县报送(其中定南只有刑事案件数),15县未报。在1938年下半度报表中,江西高等法院备注:崇义、高安、瑞金、黎川、奉新、永修、弋阳、万载、修水、湖口、永新、玉山、安义、贵溪、上饶、南城、武宁、乐平、南康、进贤、莲花、德安、广丰、龙南、新余、新干、安福、靖安、德兴、瑞昌等县司法处均经饬催未据呈报;星子、安远、彭泽县司法处呈报卷宗散佚无法填报;清江、铜鼓县司法处呈报卷宗被全部炸毁,无法填报。

表4.6 各年度县司法处民刑案件总数与平均数

| 年　度 | 民事 | 刑事 | 民刑总计 | 造报县数 | 每县平均数 | 月平均数 |
| --- | --- | --- | --- | --- | --- | --- |
| 1936年度 | 4416 | 6920 | 11336 | 49 | 231 | 19.3 |
| 1938年下半年 | 900 | 1038 | 1938 | 36 | 54(半年) | 9 |
| 1939年度 | 1539 | 2084 | 3623 | 39 | 93 | 7.8 |
| 1940年度 | 2201 | 2669 | 4870 | 35 | 139 | 11.6 |
| 1941年度 | 2614 | 2709 | 5323 | 28 | 190 | 15.8 |
| 1942年度 | 3072 | 2597 | 5669 | 38 | 149 | 12.4 |
| 1943年度 | 3515 | 3692 | 7207 | 40 | 180 | 15 |

资料来源:1936年度数据来源:《民国二十五年度司法统计》下册,载田奇、汤红霞选编:《民国时期司法统计资料汇编》,北京:国家图书馆出版社2013年6月第1版,第18册第500—501页,第19册第203页。其他各年度数据来源同前表。

除1936年度(1936年7月1日至1937年6月30日)数据为49县司法处全部案件数外,其他各年度不少县司法处并未报送相关数据,这为解读增加了困难。但现有的数据还是有规律可循:

第一，县司法处设置之初的1936年度，民刑总计11336件，每县平均231件，是一个高峰值。第一期县司法处万载、宁都等25县于1936年7月成立，该25县造报的应该是总共11个月份的数据，第二期县司法处奉新、兴国等24县于1937年2月份才成立，该24县应该造报的是4个月的数据（1937年3至6月）也即只有1/3年。1936年是南京国民政府时期经济发展的一个高峰，一般说来，在经济比较发达、人员流动频繁的时候，也是各类矛盾较多的时候，诉讼纠纷也会相应增加。

第二，受战事影响明显。1937年抗战爆发，1938年战火燃烧到江西，赣北大片国土沦陷。受战争影响，1938、1939年度，民刑案件都呈下降趋势，局势稍微稳定之后，民刑案件数从1940年度起回升，但1942年度又有一个明显的低谷。1942年5月15日至9月30日浙赣会战，进贤、东乡、都昌、余干、贵溪、弋阳、临川、崇仁、宜黄、金溪、南城、玉山、上饶、广丰、丰城、横峰等诸多县城被日军攻克，①受战争影响近半年。

第三，从月平均数可以直观地看出，县司法处大约两天才受理一个案子，讼案实在谈不上繁忙，当然，平均数掩盖了县与县之间差距极大的事实。例如，1938年下半年，宁冈民刑总计9件，广昌总计11件，平均一个月不到两个案件。同年度信丰145件，月均24件，余干153件，月均25.5件，大余158件，月均26.3件。其他各年度情况也类似。也正因为此，江西高等法院将各县受理案件分为最繁县、次繁县、简县三种情况，在改设地方法院的时候，先将最繁县改设成地方法院。

第四，除1936年度刑事案件总数比民事案件总数多2500多件，差距较大外，其他年度，差别不大，一般来说，刑事案件数只比民事案件数稍高。

---

① 廖信春、谢志民：《江西抗战十一次战役述评》，载《南昌航空工业学院学报》2005年第4期。

表 4.7 民事案件年表(一)

| 案件区别 | 年度 | 1936年度 | 1938年下半年 | 1939年度 | 1940年度 | 1941年度 | 1942年度 | 1943年度 |
|---|---|---|---|---|---|---|---|---|
| 第一审 | 已结 | 3028 | 473 | 839 | 1273 | 1541 | 1882 | 1997 |
|  | 未结 | 366 | 106 | 139 | 262 | 162 | 220 | 224 |
|  | 小计 | 3394 | 579 | 978 | 1535 | 1703 | 2102 | 2297 |
| 督促程序 | 已结 | 75 | 6 | 28 | 20 | 8 | 10 | 77 |
|  | 未结 |  | 2 | 1 | 1 |  |  | 2 |
|  | 小计 | 75 | 8 | 29 | 21 | 8 | 10 | 79 |
| 保全程序 | 已结 | 64 | 15 | 13 | 16 | 8 | 11 | 22 |
|  | 未结 |  |  | 2 |  |  |  | 1 |
|  | 小计 | 64 | 15 | 15 | 16 | 8 | 11 | 23 |
| 强制执行 | 已结 | 354 | 106 | 184 | 160 | 236 | 308 | 342 |
|  | 未结 | 142 | 61 | 41 | 21 | 25 | 51 | 26 |
|  | 小计 | 496 | 167 | 225 | 181 | 261 | 359 | 368 |
| 公示催告 | 已结 | 3 | 2 | 3 | 2 | 4 |  | 1 |
|  | 未结 | 1 |  | 1 |  |  |  |  |
|  | 小计 | 4 | 2 | 4 | 2 | 4 |  | 1 |
| 禁治产事件 | 已结 | 4 | 1 |  | 3 | 2 |  | 1 |
|  | 未结 |  |  |  | 1 |  |  |  |
|  | 小计 | 4 | 1 |  | 4 | 2 |  | 1 |
| 宣告死亡事件 | 已结 | 1 |  | 1 | 1 | 1 |  | 2 |
|  | 未结 |  |  | 1 |  |  |  | 1 |
|  | 小计 | 1 |  | 2 | 1 | 1 |  | 3 |
| 破产事件 | 已结 | 19 | 2 | 7 | 1 |  | 1 |  |
|  | 未结 | 4 |  |  |  |  |  |  |
|  | 小计 | 23 | 2 | 7 | 1 |  | 1 |  |

续表

| 案件区别 | 年度 | 1936年度 | 1938年下半年 | 1939年度 | 1940年度 | 1941年度 | 1942年度 | 1943年度 |
|---|---|---|---|---|---|---|---|---|
| 其他事件 | 已结 | 352 | 119 | 270 | 435 | 605 | 585 | 737 |
| | 未结 | 3 | 7 | 9 | 6 | 22 | 6 | 8 |
| | 小计 | 355 | 126 | 279 | 441 | 627 | 591 | 745 |
| 已 结 总 数 | | 3900 | 724 | 1345 | 1911 | 2405 | 2795 | 3247 |
| 未 结 总 数 | | 516 | 176 | 194 | 290 | 209 | 277 | 268 |
| 案 件 总 数 | | 4416 | 900 | 1539 | 2201 | 2614 | 3072 | 3515 |

资料来源:同表4.5及4.6。

从审判程序来看,经第一审程序审理者最多,其次为强制执行程序。

表4.8 民事案件年表(二) 终结件数[①]

| 年度\种类 | 金钱 | 土地 | 建筑物 | 粮食 | 物品 | 证券 | 船舶 | 人事 | 杂件 | 总计 |
|---|---|---|---|---|---|---|---|---|---|---|
| 1936年度 | 1285 | 696 | 182 | 120 | 35 | 26 | 2 | 531 | 151 | 3028 |
| 1938年下半年 | 192 | 127 | 27 | 10 | 5 | 6 | | 86 | 20 | 473 |
| 1939年度 | 289 | 245 | 48 | 28 | 14 | 5 | | 163 | 47 | 839 |
| 1940年度 | 298 | 474 | 73 | 68 | 34 | 18 | 1 | 234 | 73 | 1273 |
| 1941年度 | 279 | 756 | 88 | 56 | 19 | 8 | 2 | 252 | 81 | 1541 |
| 1942年度 | 350 | 743 | 158 | 107 | 32 | 27 | 2 | 394 | 69 | 1882 |
| 1943年度 | 326 | 698 | 204 | 127 | 60 | 24 | 1 | 464 | 141 | 2045 |
| 总 计 | 3019 | 3739 | 780 | 516 | 199 | 114 | 8 | 2124 | 582 | 11081 |

资料来源:同表4.5及4.6。

---

① 说明:1943年度数据有误,据笔者核对,寻乌县司法处造报的是第一审44件总数而非已结数3件(多报41件),余江县司法处造报的也是第一审38件总数而非已结数3件(多报35件),南城县已结数28件则未填报,增、减相抵多报48件,2045减48正好是前表中的终结件数1997件。

从上表数据中可见,江西各县司法处民事一审案件中有,土地纠纷案件比例非常高。1936年度,江西各县司法处民事一审终结案件中,占比例最高的是金钱,1285件,占42.43%;其次是土地696件,占22.98%。当年全国的民事一审终结案件中,金钱、土地所占比例分别为52.22%、16.2%,①江西各县司法处的土地案件比全国高6.78个百分点,金钱案件比全国低9.79个百分点。

从1940年度起,土地案件开始超过金钱案件,高居各类民事案件的首位,1940—1943年度,土地案件占全部终结案件的比例分别为37.23%、49.06%、39.48%和34.13%,都超过1/3,而1941年度土地案件所占比例几乎接近全部终结案件的1/2。上表统计的各年份总计土地案件3739件,占终结案件的33.74%,即1/3强。分析其原因,大致有四:

第一,乡村社会中,土地是人们赖以生存的最重要的生产资料,举凡耕地、地基、山林及土地之所有权、地上权、永佃权、地役权、典权、抵押权都有产生纠纷的可能,也是传统中国乡村社会中极易导致"打官司"的导火索。

第二,政策因素。1936年3月1日《土地法》正式施行,②这是南京国民政府时期处理土地问题的根本法规。该法规定:所有公私土地的所有权、地上权、永佃权、地役权、典权、抵押权等土地权利之取得、设定、移转、变更或消减,均需依该法登记(第三十三条)。土地的重新登记使原先隐藏的纠纷浮出了水面。

第三,城乡差别。城市中商业发达,交易频繁,涉及金钱纠纷显然更多。而县司法处主要处理乡村地区的民刑案件,土地是最重要的生产资料与生

---

① 《民国二十五年度司法统计》下册,载田奇、汤红霞选编:《民国时期司法统计资料汇编》第18册,国家图书馆出版社2013年版,第506页。

② 《土地法》,载《盐务公报》1930年第19期。

活资料,也特别容易引起纠纷。

第四,战争影响。苏区土地革命造成土地的流转与产权的纠纷是不争之事实;抗战期间由于战乱的影响,大量乡民逃难,土地被占仍为常事,再返家乡之后,土地纷争必起;抗战胜利后,1945年8月28日,行政院公布(同日施行)《收复区土地权利清理办法》,第11条规定,①对于敌伪组织对公私土地所为之处分及其所发给之土地权证件,一律不予承认,纠葛再起。

国民政府为摸清土地利用状况,1934年8月至1935年7月阅时一载,在陈立夫(1900—2001)主持下,中央土地委员会动员三千多人,调查全国21省909县1745344户,对土地利用状况进行调查。总报告有重要统计报表20余种。

根据对苏、浙、皖、赣、湘、鄂、冀、鲁、豫、晋、陕、察、绥、闽、粤、桂16省163县调查,两项相关数据如下:

表4.9 全国土地分配百分率

| 土地面积 | 占户数百分比(%) | 占人数百分比(%) | 占总面积百分比(%) |
| --- | --- | --- | --- |
| 5亩以下 | 35.61 | 28.64 | 6.21 |
| 5—9.9亩 | 23.99 | 22.06 | 11.42 |
| 10—19.9亩 | 21.16 | 22.43 | 19.80 |
| 20—29.9亩 | 8.22 | 10.05 | 13.17 |
| 30—49.9亩 | 6.20 | 8.67 | 15.54 |
| 50—99.9亩 | 3.30 | 5.66 | 15.54 |
| 100亩以上 | 1.34 | 2.49 | 18.32 |
| 总　　计 | 100 | 100 | 100 |

资料来源:《全国土地调查报告纲要》,载《中国农村》1937年第3卷第4期。

---

① 《收复区土地权利清理办法》,载《法令周刊》1945年复刊后特刊第2号。

表4.10 地主、自耕农、佃农、雇农占人口百分率

| 身份 | 占人口百分比（%） | 身份 | 占人口百分比（%） |
| --- | --- | --- | --- |
| 地主 | 1.67 | 自耕农兼佃农 | 22.79 |
| 地主兼自耕农 | 3.50 | 佃农 | 15.25 |
| 地主兼自耕农兼佃农 | 0.62 | 佃农兼雇农 | 0.01 |
| 地主兼佃农 | 0.13 | 雇农 | 1.18 |
| 自耕农 | 48.97 | 其他 | 5.88 |

资料来源：《全国农民土地调查》，载《农业建设》1937年第1卷第1期。

内政部原拟在最高法院设中央土地裁判所，地方法院（或兼理司法县政府）设立市县土地裁判所，以便在《土地法》施行后，处理土地纠纷案件。①1930年6月30日，国民政府公布、1936年3月1日施行《土地法》，②是南京国民政府时期处理土地问题的根本法规，该法规定："关于土地权利在登记程序进行中发生之争议由土地裁判所裁判之"（第34条），"土地裁判所，接受权利关系人提出之异议，应于公告期满后开始审理。"（第104条）

但事实上，南京国民政府时期，土地裁判所并未设立，因此，处理土地纠纷的，仍是各级司法机关。1936年9月25日，行政院训令各省市政府："关于土地权利，在登记程序进行中发生之争议，在土地裁判所未成立以前，应由地政机关令于一定期限内，向司法机关声请处理，逾期不声请者，得由地政机关予以调处。不服其调处者，仍应向司法机关声请处理。"③

1938年5月4日，经司法院统一解释法令会议决议："声请登记之土地，经公告期满已予登记，并发给权状后，始发生声请朦冒虚伪之争执，在土地裁判所成立前，应由权利关系人，向该土地登记地之法院，提起确认产权

---

① 《各级法院将附设土地裁判所》，载《中华法学杂志》1933第4卷第9—10期。
② 《土地法》，载《盐务公报》1930年第19期。
③ 行政院二十五年九月二十五日第5631号训令，载《内政公报》1936年第9卷第10期。

之诉,一俟判决确定,即由该管地政机关,依照判决旨趣办理。"①

关于土地纠纷案件,试举一例如下:

**江西高等法院第一分院民事判决 民国三十五年(1946年)度上字第 196 号**②

上诉人:刘维星,住全南文化乡江坪。

诉讼代理人:刘文英,同右。

徐声烈律师。

被上诉人:廖光贵,住全南文化乡九堡。

上(右)当事人间,确认田产所有权,及回赎典田事件,上诉人对于江西全南县司法处中华民国三十五年五月十七日第一审判决,提起上诉,本院判决如左(下):

主文

原判决废弃。

确认系争田十六担,为上诉人所有。

被上诉人在第一审之反诉驳回。

第一、二两审诉讼费用,由被上诉人负担。

事实

上诉人代理人声明,求为如主文之判决,其陈述之上诉意旨略称:本诉确认业权部分,讼争田亩,计谷田十六担,坐落江坪村岗子上、牛角圳、莲塘角、长圳等处,系上诉人之父民国四年及民国七年向廖元昌买来,有买契可据。嗣廖元昌之子廖光全、廖光富,于民国二十八年及民国二十九年,先后凑价三百元及谷一百斤,经中在场,立凑价字三纸,廖光贵亦为在场中人,上诉人取得讼争谷田之所有权,委无疑义。至于被

---

① 司法院咨,院字第 1724 号,民国二十七年五月四日,载《司法公报》第 246、247 号合刊。
② 江西高等法院第一分院民事判决,卷宗号 6-7-274,江西省宁都县档案馆。

上诉人之兄弟廖光全、光富,立不敷凑价字后,亦已不能买回或回赎,尤所当然,自无影响于上诉人之所有权云云。反诉赎典部分,被上诉人在原审状称:讼争谷田于民国六年由乃父廖元昌卖与上诉人之父刘春辉,契内批明,随年取赎,银到契还,依其效力,谓为买回,逾期已久,谓为赎典,亦已不能。盖民国六年(系四年及七年之误)成立之典权,应适用清理不动产典当办法第八条,其回赎期限,以十年为限,故计至民国十六年(系十七年之误),亦已届满,上诉人纵依时效取得所有权,亦将二十年矣。故被上诉人纵有权利关系,亦不能回赎云云。

被上诉人受合法传唤,无正当理由不到场,亦未提出答辩状,其声明及答辩,无从记载。

理由

本件上诉人,对于系争田十六担,是否取得所有权,当以被上诉人之父廖元昌所立之契约,究为何种性质,及其子廖光全、廖光富所立凑价字,其意思如何,为解决本案重要之关键。本系争之田十六担,廖元昌原分两契书立,一为民国四年十二月立,一为民国七年二月立,核其内容,两契均载有"立卖田契字人廖元昌,(中略)要行出卖,请中送与刘春辉向前承买为业,(中略)非是贪图谋买,又无债货准折,自卖之后,其田买主掌管,卖主不得异言生端,恐口无凭,立卖田契字为用。当日批明,随年赎回,银到契出,买主不可刁勒(下略)"等语。一望而知为买卖契约,毫无疑义。其末尾所书之批明,即属出卖人于买卖契约,保留买回权利之条件,亦甚为明了。此项买卖契约,一经双方同意成立,自应绝对有效,不因其子孙是否凑价,而影响其毫末。该项契约,即系买卖契约,则其因所附买回之条件发生之争执,应适用民法债编买卖之规定,以为解决,其理尤明。查买回契约,在民法债编施行前设定,未定期限者,自民法债编施行日起,不得逾五年,民法债编施行法第十二条末段,已有明文规定。本件买卖契约批明随年赎回,显系未定期限,依照上述法律规定,应自民法债编施行之民国十九年五月五日起算,计至民国二十四年五月五日,届满五年,逾此期限,被上诉人买回之权利,即回时效完成而销灭,无再行主张之余地,上诉人即已完全取得其所有权,亦属灼然无疑。况廖元昌之子廖光富对于民国四年一契,于民国二十八年,向上诉人凑价毫券一百毫,又其子廖光全对于民国七年一契,于民国二十八年,向上诉人凑价银二百毫,又于二十九年,向上诉人凑谷一百斤,被上诉人亦为在场中人之一,三次各别立有凑价字据,各载有先年卖去某处田若干,并载有自凑之后,卖主永远不敢生端等字样,此本为民间出卖不动产之人,于出卖完毕以后,索找不敷之恶例,即原契未附有买回之条件者,亦屡见而不见,可知被上诉人兄弟不过表示卖价不足,而请求凑找,非可认为出典后之加价,此于上诉人所有权之得丧,并无若何之影响,被上诉人对于上述契约,并无争执,惟主张该项契约为典权契约,应无期限,可以照价赎回。姑退步言之,即认该两契为典权契约,而其一成立于民国四年,其一成立于民国七年,其时民法尚未颁行,正在清理不动产典当办法施行之时,该办法第八条载,如系典业,务须注明回赎年限,就定典当期间,以不过十年为限,违者,一届十年限满,应准业主即时收赎,业主届限不赎,听凭典主过户报税。则依此规定,被上诉人亦只能于民国十四年或民国十七年向上诉人回赎,兹即届限不赎,其回赎时效十年,已于民法颁行前完成,依司法院院字第2135号,及2558号(三)首段解释,上诉人显可因时效而取得所有权,被上诉人亦无主张回赎之余地。原审见不及此,弃置上诉人提出之有利书证,不为阐述,而以传唤凑约之中见人李石、廖书香均未到庭,率认为上诉人所提出之证据,并不能证明其主张为真实,遽将上诉人之诉,判予驳回,反准被上诉人反诉之请求,备还原典价,向上诉人回赎系争之田,未免是非倒置,何足以昭折服,上诉人就此攻击原判不当,提起上诉,洵有理由。

至被告上诉人受本院合法传唤，无正当理由不到场，查无民事诉讼法第386条所列各款之情形，依到场当事人之声请，由其一造辩论而为判决。

据上事实论结，本件上诉为有理由，依民事诉讼法第447条，第460条，第385条第1项，第78条，判决如主文。

中华民国三十五年九月十六日

江西高等法院第一分院民庭

审判长　推事　邓呈详

推事　吴复

推事　赵伯杞

本件证明与原本无异

书记官　甘莘富

中华民国三十五年　　月　　日

表4.11　刑事案件年表（一）

| 刑法犯 | 1938年下半年 | 1939年度 | 1940年度 | 1941年度 | 1942年度 | 1943年度 | 总计 |
| --- | --- | --- | --- | --- | --- | --- | --- |
| 伤害 | 208 | 336 | 408 | 428 | 432 | 597 | 2409 |
| 窃盗 | 57 | 124 | 174 | 182 | 165 | 247 | 949 |
| 妨害自由 | 24 | 65 | 83 | 100 | 110 | 103 | 485 |
| 杀人 | 44 | 59 | 78 | 83 | 70 | 121 | 455 |
| 妨害婚姻及家庭 | 38 | 75 | 80 | 57 | 19 | 87 | 356 |
| 侵占 | 25 | 49 | 64 | 51 | 35 | 56 | 280 |
| 抢夺强盗 | 19 | 26 | 22 | 29 | 34 | 103 | 233 |
| 赌博 | 9 | 56 | 75 | 17 | 42 | 28 | 227 |
| 诈欺背信及重利 | 15 | 19 | 53 | 36 | 37 | 60 | 220 |
| 毁弃损坏 | 17 | 22 | 31 | 37 | 38 | 70 | 215 |

续表

| 刑法犯 | 1938年下半年 | 1939年度 | 1940年度 | 1941年度 | 1942年度 | 1943年度 | 总计 |
|---|---|---|---|---|---|---|---|
| 脱逃 | 12 | 17 | 41 | 41 | 19 | 35 | 165 |
| 妨害风化 | 4 | 18 | 10 | 16 | 73 | 14 | 135 |
| 渎职 | 7 | 15 | 36 | 35 | 8 | 11 | 112 |
| 赃物 | 9 | 17 | 26 | 23 | 8 | 14 | 97 |
| 伪造文书印文 | 9 | 11 | 13 | 9 | 17 | 21 | 80 |
| 伪证及诬告 | 6 | 13 | 23 | 8 | 10 | 18 | 78 |
| 妨害公务 | 13 | 4 | 20 | 16 | 7 | 7 | 67 |
| 公共危险 | 5 | 5 | 6 | 6 | 7 | 26 | 55 |
| 遗弃 | 4 | 3 | 6 | 6 | 11 | 20 | 50 |
| 妨害名誉及信用 | 2 | 9 | 10 | 9 | 12 | 6 | 48 |
| 妨害秩序 | 3 | 4 | 3 | 22 | 2 | 12 | 46 |
| 侵害坟墓尸体 | 13 | 7 | 7 | 2 | 3 | 12 | 44 |
| 伪造货币 | 2 | 9 | 8 | 4 |  | 3 | 26 |
| 恐赫 | 2 | 10 | 14 |  |  |  | 26 |
| 藏匿犯人及湮灭证据 | 1 | 1 | 1 |  | 4 |  | 7 |
| 伪造度量衡 |  |  |  |  | 1 | 4 | 5 |
| 伪造有价证券 |  |  |  | 2 |  |  | 2 |
| 堕胎 | 1 |  | 1 |  |  |  | 2 |
| 妨害农工商 |  |  |  |  |  | 1 | 1 |
| 妨害秘密 |  |  |  |  |  |  |  |
| 共计 | 549 | 974 | 1293 | 1219 | 1160 | 1680 | 6875 |

资料来源：同表4.5

说明：1936年度数据载田奇、汤红霞选编：《民国时期司法统计资料汇编》，国家图书出版社2013年版，第19册第205页。因该页模糊，数据不清，勉强辨认，各栏数据相加与总计数据也核对不上，因此未计入。

各年度总计,排前两位的刑事案件是:伤害案 2409 件,占 35%,窃盗 949 件,占 13.8%,伤害、窃盗共占 48.8%,将近一半。排第三至十位的是妨害自由 485 件,杀人 455 件,妨害婚姻及家庭 356 件,侵占 280,抢夺强盗 233 件,赌博 227 件,诈欺背信及重利 220 件,毁弃损坏 215 件。

按年度计,每年度排第一位的也是伤害案件,伤害案一般占案件总数的 1/3 以上,第二位是窃盗案件,所占比例 1/7 左右。

表 4.12 伤害、窃盗案件所占比重一览表

| 刑法犯 | 年度 | 1936年度 | 1938年下半年 | 1939年度 | 1940年度 | 1941年度 | 1942年度 | 1943年度 |
|---|---|---|---|---|---|---|---|---|
| 伤害 | 案件数 | 671 | 208 | 336 | 408 | 428 | 432 | 597 |
|  | 百分比 | 20.4 | 37.9 | 34.5 | 31.6 | 35.1 | 37.2 | 35.5 |
| 窃盗 | 案件数 | 561 | 57 | 124 | 174 | 182 | 165 | 247 |
|  | 百分比 | 17.0 | 10.4 | 12.7 | 13.5 | 14.9 | 14.2 | 14.7 |
| 案件总数 |  | 3296 | 549 | 974 | 1293 | 1219 | 1160 | 1680 |

从江西各年度刑事案件统计来看,与全国情况基本是一致的。1936 年度全国各县刑事案件中,伤害罪最多,占 18.28%,窃盗罪次之,占 16.21%。[1] 1946 年度,全国高地两院及县司法处、兼理司法县政府终结的刑事案件,除犯特种刑事法规之案件外,共计 245244 件。窃盗案 51469 件排第一,占 20.98%,伤害案件排第二 50243 件,占 20.48%,两种案件共占 41.47%,占 2/5 强。排第三至八位的分别为妨害自由、妨害婚姻及家庭、诈欺背信及重利、侵占、抢夺强盗及海盗、杀人,都在 10000 件以上。上述八种犯罪共 189426 件,占总数的 77.24%。[2]

---

[1] 《民国二十五年度司法统计》下册,载田奇、汤红霞选编:《民国时期司法统计资料汇编》,国家图书馆出版社 2013 年版,第 19 册,第 205 页。

[2] 《司法小统计》,载《法声》1947 年第 17 期。

1935年1月1日颁布（同年7月1日）施行的《中华民国刑法》，①第二十三章为"伤害罪"（第277—287条），可分一般伤害罪（轻伤罪、重伤罪、加重伤害罪、义愤伤害罪）、强暴罪，聚众斗殴罪，特别伤害罪（传染病毒罪、妨害发育罪），自伤罪，过失伤害罪。

伤害罪，是侵害人的身体或健康之安全之罪，对伤害罪的刑罚与惩治是为保护人的身体或安全。根据犯罪之故意或过失，造成的后果之轻重，其量刑轻重也不一，最高刑为重伤罪之十年以下有期徒刑。

从表4.12中也可以看出，县司法处刑事案件中伤害罪比率占刑事案件的1/3左右，远高于窃盗罪，同样体现了乡村社会的特点。乡村基本上是聚族而居，熟人社会之间，窃盗事件较少，再者贫困者居多，盗无可盗。但是，田间地头，水源晒场，寸土纠纷，细故小事，加以教育的不普及和法制观念的薄弱，极易发生争斗，这与民事案件中土地纠纷案件的高居榜首是相辅相成的。宗族之间的械斗所造成的死、伤更烈。

江西定南县鹅公墟民风强悍，彭叶两姓聚族而居，自清季以迄民国，每遇赌博细故，一般流痞，动辄三五成群，寻仇斗杀，成为恶习。民国二年，叶族被彭姓连杀九人，怨毒由此深种人心，1936年8月，再酿惨剧。②

1946年7、8月间，分宜县不断发生械斗事件：西茶乡五保袁姓与同乡第一、二保械斗，湖泽、收村两乡王、刘、蓝、袁、谢等姓与介桥严姓械斗，桑林乡张、黄、林等姓械斗，洙塘乡钱、黄、袁等姓械斗，后蔓延扩大至全县19乡，即全县三分之二卷入械斗旋涡。同一时期，尚有余干县洪瑞镇西岗村与梅溪各村之大械斗，雩都、会昌各县大族之间的械斗。分宜械斗案中，袁宜地方法院检察处起诉严兆龙、刘作三、黄华翰、谢惠民等22人。③

---

① 《中华民国刑法》，载《交通公报》1935年第632期。
② 《定南彭叶二姓发生械斗》，载《江西民国日报》1936年11月23日第七版。
③ 余干分宜两县械斗案，卷宗号 J018-7-13302；制止械斗纷葛卷，卷宗号 J017-1-00539，江西省档案馆。

1947年2、3月间，南昌县属武溪乡南沙岗熊姓与高田胡姓，因码头权纠纷，连续发生械斗，熊姓有熊塘婆、熊和弟二人殒命，熊狗肝、熊张氏、熊财宝、熊焕祝等四人受伤。经江西省保安队及县府警队前往弹压，才将械斗制止，并缉拿案犯胡式先、胡木水等13人，由南昌地方法院检察处讯办。①

1948年春，鄱阳潼滩乡万、吴二姓因出谱微故发生大规模械斗。鄱阳民性强悍，常因渔权水利之争发生械斗，1948年4月，报验命案达五起。②

关于伤害案件，试举一例如下：

**江西彭泽县司法处刑事判决，三十五年（1946年）度自字第　号**③

自诉人及反诉被告：王存学，男，年23岁，业农，住彭泽马当乡

被告：欧阳启周，男，年35岁，业农，住彭泽马当乡

　　　欧阳海荣，男，年31岁，业农，住彭泽马当乡

　　　欧阳的腊，男，年21岁，业农，住彭泽马当乡

反诉人：卓祝如，男，年51岁，业农，太湖，住彭泽马当乡

被告：王存学，男，年23岁，业农，住彭泽马当乡

　　　王世荫，男，年50岁，业农，住彭泽马当乡

　　　王桃初，男，年48岁，业农，住彭泽马当乡

　　　欧阳浩山，男，年47岁，业农，住彭泽马当乡

右（上）列被告等因互诉伤害案件经自诉人提起自诉及被告并提起反诉，本处判决如左（下）。

主文

欧阳启周、欧阳海荣、欧阳的腊共同伤害人之身体，各处罚金叁仟元，如易服劳役，以一百元折算一日。

王存学、王世荫共同伤害人之身体，各处罚金叁仟元，如易服劳役，

---

① 南昌县武溪乡熊胡两姓械斗案，卷宗号J008－1－00052，江西省档案馆。
② 鄱阳潼滩乡万吴二姓发生械斗案，卷宗号J018－7－15373，江西省档案馆。
③ 彭泽县司法处刑事判决，卷宗号1－1－476，江西省彭泽县档案馆。

以一百元折算一日。

欧阳浩山、王桃初均无罪。

事实

缘被告王存学等有祖遗湖地一片,坐落该村后一带,东北方面与五甲阳村湖地毗连,于废历三月十一日上午与王世荫在该湖地看守□草,适欧阳启周等亦于是日至该湖地接壤洲地,越界刈草,比经王存学等禁止,被告等不听,双方口角,遂起冲突,互相殴打,欧阳启周等见势不佳,预先逃走,致适去拚草之卓祝如未及避开,仍被王世荫等殴伤。经自诉人等由本处提起自诉,□被告亦提起反诉。

理由

本件分两部分说明之。

(一)王存学伤害部分。废历三月十一日上午,王存学与王世荫在该地毗连看守,适欧阳启周等亦至该湖地毗连地方,越界刈草,乃不听王存学等之禁止,双方口角,互相殴打,结果王存学为被告欧阳启周等所殴伤,经验得王存学左额角伤口长三分,铁器伤;左大腿青约二指,木棍伤;右腰部青约二分,木棍伤(填单附卷)。则欧阳启周等之犯罪行为,至为明显,自不能任其空言狡赖以报卸罪责。

(二)卓祝如伤害部分。废历三月十一日上午,因拚草关系,与欧阳启周等同至该□地,旋因欧阳启周等越界刈草,与王存学等互相殴打之下,该欧阳启周等见来势稍凶,先行逃走,卓祝如未及避开,遂被王世荫等所殴伤。经验得左额角铁器伤口长四分;右脚□盖红肿约二指大,木棍打伤;左肩青肿约一指大,木棍伤;左肋下皮面红一寸宽、二寸长,木棍打伤;左手脉□铁器伤长九分;左脚□下左边青,指□大,木棍伤;左脚□湾青一点,木棍伤。亦经填单附卷。是被告王世荫等伤害卓祝如自无可□要,不能不负罪刑之责。姑念双方伤势非重,□愚无知,从轻科以罚金以示薄惩。至王桃初、欧阳浩山等方面,讯据该被告等坚决否认有伤害卓祝如情事,并奉以肇事之日确不在场,则被告等犯罪行为不能证明,应谕知无罪。再关于两造确认□地界址部分系属民事问题,应另案办理,特此说明。

基上论结,合依刑法第277条第1项同法第28条第42条第2项,罚金罚锾提高标准条例第1条第2条,刑事诉讼法第293条第1项同法第291条前段,判决如主文。

中华民国三十五年六月二十六日

江西彭泽县司法处民事庭<br>审判官　缪仕濬

右(上)件证明与原件无异

如不服本判决得于收受裁决正本后十日内向本处提出上诉状,上诉于江西高等法院第二分院。

书记官　邱钦祖

中华民国三十五年六月二十七日

## 二、结案率与上诉率

结案率、上诉率在一定程序上反映了审判工作的效率与质量。司法行政部门对于迅速结案往往非常重视,1936年年初,司法行政部曾迭令各级法院迅速清理积案,认为各地法院,审理案件往往不能迅速判决,导致积案累累,有碍司法之进行,训令各省高院饬属限期办结。① 审判官往往亦以案件"随讯随结,并无积压"作为自己的一项成绩。②

---

① 《法部令高院饬属限期清理积案》,载《江西民国日报》1936年3月26日第六版;《高法院饬属清理积案》1936年4月4日第六版。

② 参见:江西上高、崇仁、金溪、万载等县司法处人员考绩表,卷宗号 J018-1-01885,江西省档案馆。

从表 4.13 中可以看到,县司法处各年度民刑一审结案率基本上为 90% 左右;从表 4.14 中可见,各年度刑事案件,终结案件之经过期间,总计一月未满者 8621 件,占全部 13230 件的 65.2%,三个月内结案 11956 件,占 90.4%,六个月内结案 12825 件占 96.9%,一年以上才能终结的案件共 97 件,占 0.7%。整体来说,结案率较高,结案时间也比较迅速。

表 4.13　县司法处各年度民刑一审结案率

| 类别<br>年度 | 民刑总计 | | | | 民事 | | | 刑事 | | |
| --- | --- | --- | --- | --- | --- | --- | --- | --- | --- | --- |
| | 总数 | 已结 | 结案率% | 未结 | 总数 | 已结 | 未结 | 总数 | 已结 | 未结 |
| 1936 年度 | 11336 | 10324 | 91.07 | 1012 | 4416 | 3900 | 516 | 6920 | 6424 | 496 |
| 1938 年下半年 | 1938 | 1610 | 83.08 | 328 | 900 | 724 | 176 | 1038 | 886 | 152 |
| 1939 年度 | 3623 | 3220 | 88.88 | 403 | 1539 | 1345 | 194 | 2084 | 1875 | 209 |
| 1940 年度 | 4870 | 4306 | 88.42 | 564 | 2201 | 1911 | 290 | 2669 | 2395 | 274 |
| 1941 年度 | 5323 | 4912 | 92.27 | 411 | 2614 | 2405 | 209 | 2709 | 2507 | 202 |
| 1942 年度 | 5669 | 5136 | 90.60 | 533 | 3072 | 2795 | 277 | 2597 | 2341 | 256 |
| 1943 年度 | 7207 | 6473 | 89.82 | 734 | 3515 | 3247 | 268 | 3692 | 3226 | 466 |

资料来源:同表 4.5 及 4.6

民事案件上诉率:以 1941 年度为例,1941 年度民事案件已结 2405 件(见表 4.13),从江西高等法院造报的民事第二审案件表(见表 4.15)中可见,57 个县司法处上诉于第二审的民事案件新收为 813 件,则上诉率为 33.8%。其中驳回上诉 431 件占终结件数 803 件的 53.7%,变更或废弃原判 248 件,占 30.9%,和解 29 件,占 3.6%,撤回 41 件,占 5.1%,其他 54 件,占 6.7%。

刑事案件上诉率:以 1941 年度为例,1941 年度刑事案件已结 2507 件(见表 4.13),从江西高等法院造报的刑事第二审案件表(见表 4.16 和表 4.17)中可见,各县司法处上诉于第二审的刑事案件新收部分共 567 件(自

第四章　县司法处的民刑审判　213

表4.14　刑事案件年表(二)

| 年度 | 受理件数 共计 | 旧受 | 新收 | 终结 共计 | 科刑 | 无罪 | 免诉 | 不受理 | 管辖错误 | 命令处刑 | 其他 | 未终结件数 | 终结案件经过之期间 一月未满 | 一月以上 | 三月以上 | 六月以上 | 九月以上 | 一年以上 | 一年半以上 | 二年以上 | 备考 |
|---|---|---|---|---|---|---|---|---|---|---|---|---|---|---|---|---|---|---|---|---|---|
| 1936年度 | 6920 | 778 | 6142 | 6424 | 1732 | 1297 | 99 | 558 | 27 | 42 | 2669 | 496 | 632 | 179 | 51 | 14 | 5 | 4 | 1 | | 未填具 |
| 1938年下半年 | 1038 | 153 | 885 | 886 | 418 | 121 | 58 | 89 | 8 | 2 | 190 | 152 | 1298 | 411 | 117 | 22 | 15 | 8 | 4 | | |
| 1939年度 | 2084 | 160 | 1924 | 1875 | 839 | 269 | 94 | 256 | 8 | 13 | 396 | 209 | 1585 | 585 | 144 | 38 | 11 | 9 | 3 | 20 | |
| 1940年度 | 2669 | 222 | 2447 | 2395 | 1060 | 359 | 13 | 287 | 6 | 2 | 668 | 274 | 1620 | 667 | 162 | 34 | 6 | 8 | 1 | 9 | |
| 1941年度 | 2709 | 210 | 2499 | 2507 | 1028 | 336 | 19 | 291 | 8 | 6 | 819 | 202 | 1563 | 580 | 137 | 39 | 18 | 4 | | | |
| 1942年度 | 2597 | 279 | 2318 | 2341 | 914 | 362 | 23 | 290 | 11 | 5 | 736 | 256 | 1923 | 913 | 258 | 71 | 35 | 19 | 4 | 3 | |
| 1943年度 | 3692 | 519 | 3173 | 3226 | 1339 | 528 | 25 | 329 | 16 | 5 | 984 | 466 | | | | | | | 13 | | |
| 总计 | 21709 | 2321 | 19388 | 19654 | 7330 | 3272 | 331 | 2100 | 84 | 75 | 6462 | 2055 | 8621 | 3335 | 869 | 218 | 90 | 52 | 13 | 32 | |

资料来源：同表4.5及4.6

表 4.15 民事第二审案件（1941 年度）

造报机关：江西高等法院

| 第二审法院 | 原审判院（县）数目 | 受理件数 旧受 | 受理件数 新收 | 受理件数 计 | 已结 驳回上诉 | 已结 变更或废弃原判 | 已结 和解 | 已结 撤回 | 已结 其他 | 终结案件内不能再上诉于第三审者 | 未结 |
|---|---|---|---|---|---|---|---|---|---|---|---|
| 高等法院 | 地方法院(5院) | 15 | 237 | 252 | 138 | 48 | 3 | 21 | 16 | 134 | 29 |
| | 县司法处(15处) | 15 | 148 | 163 | 75 | 41 | 1 | 6 | 14 | 126 | 23 |
| | 计 | 30 | 385 | 415 | 213 | 89 | 4 | 27 | 30 | 260 | 52 |
| 高等法院第一分院 | 地方法院(2院) | 11 | 131 | 142 | 62 | 33 | 3 | 7 | 13 | 96 | 24 |
| | 县司法处(12处) | 29 | 273 | 302 | 141 | 87 | 3 | 10 | 30 | 190 | 31 |
| | 计 | 40 | 404 | 444 | 203 | 120 | 6 | 17 | 43 | 286 | 55 |
| 高等法院第二分院 | 地方法院(3院) | 10 | 30 | 40 | 17 | 5 | | 5 | | 14 | 13 |
| | 县司法处(10处) | 14 | 77 | 91 | 46 | 24 | | 11 | | 61 | 10 |
| | 计 | 24 | 107 | 131 | 63 | 29 | | 16 | | 75 | 23 |
| 高等法院第三分院 | 地方法院(1院) | | 70 | 70 | 34 | 15 | 9 | 6 | 1 | 58 | 5 |
| | 县司法处(13处) | 10 | 196 | 206 | 104 | 60 | 12 | 6 | 10 | 151 | 14 |
| | 计 | 10 | 266 | 276 | 138 | 75 | 21 | 12 | 11 | 209 | 19 |
| 高等法院第四分院 | 地方法院(1院) | 2 | 32 | 34 | 12 | 13 | 1 | 6 | | 31 | 2 |
| | 县司法处(6处) | 11 | 119 | 130 | 65 | 36 | 13 | 8 | | 119 | 8 |
| | 计 | 13 | 151 | 164 | 77 | 49 | 14 | 14 | | 150 | 10 |
| 总计 | 地方法院(12院) | 38 | 500 | 538 | 263 | 114 | 16 | 45 | 30 | 333 | 73 |
| | 县司法处(57处) | 79 | 813 | 892 | 431 | 248 | 29 | 41 | 54 | 647 | 86 |
| | 计 | 117 | 1313 | 1430 | 694 | 362 | 45 | 86 | 84 | 980 | 159 |

资料来源：汇编三十年度民刑案件年表卷 卷宗号 J018-4-03155，江西省档案馆。

第四章 县司法处的民刑审判 215

表 4.16 刑事第二审案件（自诉部分 1941 年度）

刑事第二审案件 自诉部分 1941 年度　　造报机关：江西高等法院

| 第二审法院 | 原审判院县数目 | 受理件数 共计 | 旧受 | 新收 | 终结件数 计 | 撤回上诉 | 驳回上诉 | 上诉有理由 计 | 撤销原判决 原审判决知管错误系不当 | 原判决 原审判决知免诉系不当 | 原审判决知不受理系不当 | 原审判决知管错误系不当 | 其他 | 未终结件数 | 终结案件内不能再上诉于第三审者 |
|---|---|---|---|---|---|---|---|---|---|---|---|---|---|---|---|
| 高等法院 | 地方法院(5院) | 69 | 12 | 57 | 73 | 5 | 28 | 39 | 37 | | | 2 | 1 | 13 | 45 |
| | 县司法处(11处) | 45 | 3 | 42 | 22 | 1 | 9 | 12 | 12 | | | | | 6 | 11 |
| | 计 | 114 | 15 | 99 | 95 | 6 | 37 | 51 | 49 | | | 2 | 1 | 19 | 56 |
| 高等法院第一分院 | 地方法院(2院) | 70 | | 70 | 63 | 4 | 45 | 10 | 10 | | | | 4 | 7 | 38 |
| | 县司法处(12处) | 43 | | 43 | 38 | 7 | 20 | 7 | 7 | | | | 4 | 5 | 19 |
| | 计 | 113 | | 113 | 101 | 11 | 65 | 17 | 17 | | | | 8 | 12 | 57 |
| 高等法院第二分院 | 地方法院(3院) | 12 | 1 | 11 | 11 | 2 | 5 | 4 | 4 | | | | | 1 | 10 |
| | 县司法处(7处) | 15 | | 15 | 15 | 2 | 9 | 4 | 2 | | | 2 | | | 12 |
| | 计 | 27 | 1 | 26 | 26 | 4 | 14 | 8 | 6 | | | 2 | | 1 | 22 |
| 高等法院第三分院 | 地方法院(1院) | 23 | | 23 | 21 | 1 | 16 | 4 | 3 | | | | 1 | 2 | 10 |
| | 县司法处(12处) | 70 | 3 | 67 | 67 | 6 | 26 | 34 | 34 | | | | 1 | 3 | 37 |
| | 计 | 93 | 3 | 90 | 88 | 7 | 42 | 37 | 37 | | | | 2 | 5 | 47 |
| 高等法院第四分院 | 地方法院(1院) | 13 | 2 | 11 | 13 | 1 | 8 | 4 | 4 | | | | | | 6 |
| | 县司法处(4处) | 11 | | 11 | 11 | 1 | 5 | 5 | 5 | | | | | | 8 |
| | 计 | 24 | 2 | 22 | 24 | 2 | 13 | 9 | 9 | | | | | | 14 |
| 总计 | 地方法院(12院) | 187 | 15 | 172 | 181 | 13 | 102 | 60 | 58 | | | 2 | 6 | 23 | 109 |
| | 县司法处(46处) | 184 | 6 | 178 | 153 | 17 | 69 | 62 | 60 | | | 2 | 5 | 14 | 87 |
| | 计 | 371 | 21 | 350 | 334 | 30 | 171 | 122 | 118 | | | 4 | 11 | 37 | 196 |

资料来源：汇编三十年度民刑案件年表卷　卷宗号 J018-4-03155，江西省档案馆。

## 表4.17 刑事第二审案件（公诉部分 1941年度）

报造机关：江西高等法院

| 第二审法院 | 原审判院县数目 | 受理件数 共计 | 旧受 | 新收 | 计 | 终结 撤回上诉 | 驳回上诉 | 计 | 上诉有理由 | 撤销原判决论管辖错误系不当 | 原审判决论免诉系不当 | 原审判决论不受理系不当 | 原判决论知错误系不当 | 原审判决论管辖错误系不当 | 其他 | 未终结件数 | 终结案件内不能再上诉于第三审者 |
|---|---|---|---|---|---|---|---|---|---|---|---|---|---|---|---|---|---|
| 高等法院 | 地方法院(6院) | 393 | 102 | 291 | 270 | 14 | 111 | 139 | 139 | | | | | | 6 | 123 | 112 |
| | 县司法处(18处) | 179 | 25 | 154 | 132 | 5 | 54 | 71 | 71 | | | | | | 2 | 47 | 57 |
| | 计 | 572 | 127 | 445 | 402 | 19 | 165 | 210 | 210 | | | | | | 8 | 170 | 169 |
| 高等法院第一分院 | 地方法院(2院) | 107 | 7 | 100 | 94 | 2 | 46 | 40 | 40 | | | | | | 6 | 13 | 15 |
| | 县司法处(12处) | 90 | 5 | 85 | 78 | 6 | 29 | 32 | 31 | | | | 1 | | 11 | 12 | 23 |
| | 计 | 197 | 12 | 185 | 172 | 8 | 75 | 72 | 71 | | | | 1 | | 17 | 25 | 38 |
| 高等法院第二分院 | 地方法院(3院) | 71 | 12 | 59 | 63 | | 24 | 39 | 39 | | | | | | | 8 | 33 |
| | 县司法处(12处) | 56 | 20 | 36 | 36 | 2 | 11 | 23 | 23 | | | | | | | 20 | 20 |
| | 计 | 127 | 32 | 95 | 99 | 2 | 35 | 62 | 62 | | | | | | | 28 | 53 |
| 高等法院第三分院 | 地方法院(1院) | 69 | 1 | 68 | 66 | | 42 | 22 | 21 | | | | | 2 | 2 | 3 | 32 |
| | 县司法处(13处) | 51 | 3 | 48 | 47 | | 17 | 29 | 26 | 1 | | | | 2 | 1 | 4 | 19 |
| | 计 | 120 | 4 | 116 | 113 | | 59 | 51 | 47 | 2 | | | | 2 | 3 | 7 | 51 |
| 高等法院第四分院 | 地方法院(1院) | 53 | 10 | 43 | 38 | 5 | 14 | 15 | 15 | | | | | | 4 | 15 | 38 |
| | 县司法处(6处) | 77 | 11 | 66 | 65 | 3 | 19 | 40 | 40 | | | | | | 3 | 12 | 56 |
| | 计 | 130 | 21 | 109 | 103 | 8 | 33 | 55 | 55 | | | | | | 7 | 27 | 94 |
| 总计 | 地方法院(13院) | 693 | 132 | 561 | 531 | 21 | 237 | 255 | 254 | 1 | | | 1 | | 18 | 162 | 230 |
| | 县司法处(61处) | 453 | 64 | 389 | 358 | 16 | 130 | 195 | 191 | 1 | | | 1 | 3 | 17 | 95 | 175 |
| | 计 | 1146 | 196 | 950 | 889 | 37 | 367 | 450 | 445 | 2 | | | 2 | 3 | 35 | 257 | 405 |

资料来源：汇编三十年度民刑案件年表卷 卷宗号J018-4-03155，江西省档案馆。

诉178件、公诉389件),上诉率为22.6%。上诉案件终结511件(自诉153件、公诉358件),其中撤销原判决257件(自诉62件、公诉195件),占终结件数的50.3%,驳回上诉199件(自诉69件、公诉130件),占38.9%,撤回上诉33件(自诉17件、公诉16件),占6.5%,其他22件(自诉5件、公诉17件),占4.3%。

民事案件的上诉率要高于刑事案件的上诉率。

1936年6月27日,国民政府公布(同日施行)的《县司法处刑事案件覆判暂行条例》第一条规定:"县司法处之刑事案件,未经上诉或撤回上诉或上诉不合法未经第二审为实体上之审判者,应由该管高等法院或分院覆判。"

表4.18 刑事覆判案件报告表(1941年度和1944年度)

| 覆判法院 | 原审判机关 | 受理件数 共计 | 受理件数 旧受 | 受理件数 新收 | 终结件数 共计 | 终结件数 核准 | 覆判裁定 发回原审覆审 | 覆判裁定 提审 | 覆判裁定 指定推事莅审 | 更正 | 其他 | 未终结件数 |
|---|---|---|---|---|---|---|---|---|---|---|---|---|
| 高等法院 | 修水县司法处 | 1 |  | 1 | 1 | 1 |  |  |  |  |  |  |
| | 广昌县司法处 | 5 |  | 5 | 3 |  | 2 |  |  |  | 1 | 2 |
| | 崇仁县司法处 | 3 |  | 3 | 3 |  | 2 |  |  |  | 1 |  |
| | 石城县司法处 | 3 |  | 3 | 2 |  |  |  |  | 1 | 1 | 1 |
| | 进贤县司法处 | 9 |  | 9 | 8 | 5 | 1 |  |  |  | 2 | 1 |
| | 南城县司法处 | 5 |  | 5 | 4 | 3 | 1 |  |  |  |  | 1 |
| | 萍乡县司法处 | 7 |  | 7 | 6 | 4 |  |  |  | 1 | 1 | 1 |
| | 资溪县司法处 | 2 |  | 2 | 2 |  | 1 |  |  | 1 |  |  |
| | 宜黄县司法处 | 4 |  | 4 | 4 | 2 |  |  |  |  |  |  |
| | 南丰县司法处 | 5 | 1 | 4 | 5 |  | 4 |  |  |  | 1 |  |
| | 万载县司法处 | 6 |  | 6 | 5 | 4 |  |  |  |  | 1 | 1 |
| | 铜鼓县司法处 | 1 |  | 1 | 1 |  | 1 |  |  |  |  |  |
| | 计 | 51 | 1 | 50 | 44 | 19 | 12 |  |  | 4 | 9 | 7 |

续表

| 覆判法院 | 原审判机关 | 受理件数 共计 | 受理件数 旧受 | 受理件数 新收 | 终结件数 共计 | 核准 | 覆判裁定 发回原审覆审 | 覆判裁定 提审 | 覆判裁定 指定推事莅审 | 更正 | 其他 | 未终结件数 |
|---|---|---|---|---|---|---|---|---|---|---|---|---|
| 高等法院第一分院 | 信丰县司法处 | 20 | | 20 | 20 | 12 | 6 | | | 2 | | |
| | 龙南县司法处 | 4 | | 4 | 4 | 2 | 2 | | | | | |
| | 大余县司法处 | 4 | | 4 | 4 | 3 | 1 | | | | | |
| | 上犹县司法处 | 3 | | 3 | 3 | 2 | 1 | | | | | |
| | 崇义县司法处 | 6 | | 6 | 6 | 4 | 2 | | | | | |
| | 于都县司法处 | 3 | | 3 | 3 | | 2 | | | | 1 | |
| | 寻乌县司法处 | 1 | | 1 | 1 | 1 | | | | | | |
| | 会昌县司法处 | 7 | | 7 | 7 | 3 | 2 | | | 2 | | |
| | 瑞金县司法处 | 14 | | 14 | 14 | 2 | 6 | | | 5 | 1 | |
| | 计 | 62 | | 62 | 62 | 29 | 22 | | | 9 | 2 | |
| 高等法院第二分院 | 金溪县司法处 | 6 | | 6 | 6 | 4 | 2 | | | | | |
| | 余江县司法处 | 1 | | 1 | 1 | | | | | 1 | | |
| | 余干县司法处 | 6 | | 6 | 6 | 3 | 1 | | | 2 | | |
| | 万年县司法处 | 5 | | 5 | 4 | 2 | 2 | | | | | 1 |
| | 乐平县司法处 | 16 | | 16 | 16 | 9 | 3 | 1 | | 2 | 1 | |
| | 都昌县司法处 | 1 | | 1 | 1 | 1 | | | | | | |
| | 计 | 35 | | 35 | 34 | 19 | 8 | 1 | | 5 | 1 | 1 |
| 高等法院第三分院 | 吉水县司法处 | 1 | | 1 | 1 | 1 | | | | | | |
| | 安福县司法处 | 12 | | 12 | 12 | 8 | 2 | | | 2 | | |
| | 新干县司法处 | 1 | | 1 | 1 | | 1 | | | | | |
| | 峡江县司法处 | 1 | | 1 | 1 | 1 | | | | | | |
| | 永丰县司法处 | 3 | | 3 | 3 | 1 | | | | 2 | | |
| | 万安县司法处 | 5 | | 5 | 5 | 2 | 1 | | | 2 | | |
| | 遂川县司法处 | 5 | | 5 | 5 | 3 | 2 | | | | | |
| | 泰和县司法处 | 5 | | 5 | 5 | 3 | 2 | | | | | |
| | 永新县司法处 | 4 | | 4 | 4 | 2 | 1 | | | 1 | | |
| | 莲花县司法处 | 2 | | 2 | 2 | 2 | | | | | | |
| | 宁冈县司法处 | 2 | | 2 | 2 | 1 | | | | 1 | | |
| | 乐安县司法处 | 2 | | 2 | 1 | | | | | 1 | | 1 |
| | 计 | 43 | | 43 | 42 | 24 | 9 | | | 9 | | 1 |

续表

| 覆判法院 | 原审判机关 | 受理件数 共计 | 受理件数 旧受 | 受理件数 新收 | 终结件数 共计 | 核准 | 覆判裁定 发回原审覆审 | 覆判裁定 提审 | 覆判裁定 指定推事莅审 | 更正 | 其他 | 未终结件数 |
|---|---|---|---|---|---|---|---|---|---|---|---|---|
| 高等法院第四分院 | 广丰县司法处 | 31 | | 31 | 31 | 21 | 4 | | | 6 | | |
| | 上饶县司法处 | 11 | | 11 | 10 | 6 | 2 | | | 2 | | 1 |
| | 贵溪县司法处 | 9 | | 9 | 9 | 5 | 2 | | | 2 | | |
| | 光泽县司法处 | 3 | | 3 | 3 | 1 | 1 | | | 1 | | |
| | 弋阳县司法处 | 12 | | 12 | 12 | 5 | 3 | 1 | | 2 | 1 | |
| | 计 | 66 | | 66 | 65 | 38 | 12 | 1 | | 13 | 1 | 1 |
| （1941年度）总　　计 | | 257 | 1 | 256 | 247 | 129 | 63 | 2 | | 40 | 13 | 10 |
| （1944年度）总　　计 | | 247 | 6 | 241 | 244 | 130 | 73 | 1 | | 35 | 5 | 3 |
| 造报机关：江西高等法院 | | | | | | | | | | | | |

资料来源：汇编三十年度民刑案件年表卷　卷宗号 J018-4-03155，本院汇编三十三年度民刑案件各项年报表　卷宗号 J018-4-03175，江西省档案馆。说明：1944年度只列入总数，包括宜丰、崇仁等41县司法处。

覆判核准之判决包括："（一）法律事实相符者；（二）事实明了，仅系援用法律错误，不影响于科刑者；（三）诉讼程序虽系违背法令而显然于判决无影响者"（第四条）；更正之判决包括："（一）事实明了，援用法律错误，致罪有失入者；（二）主刑之量刑失当者；（三）从刑或保安处分失当者；（四）缓刑不合法定条件者。前项第二款情形，如认为应加重至处无期徒刑或死刑者，应为覆审之裁定"（第五条）。[①] 1941年度、1944年度，覆判终结件数分别为247、244件，其中核准129、130件，分别占52.2%、53.3%；更正40、35件，分别占16.2%、14.3%；发回原审覆审63、73件，分别占25.5%、29.9%。

---

[①] 《县司法处刑事案件覆判暂行条例》，载《立法院公报》第82期（1936年）。

# 第五章　县司法处评析

从 1936 年全国第一期改设县司法处 384 所,至 1946 年除新疆外,1318 所完全取代县知事(县长)兼理司法之旧制,再至 1949 年由于政权更迭,该机构在大陆分崩离析,县司法处由微微小草成长为参天大树,走过了毁誉参半的十三年。

## 第一节　创　制

### 一、司法机关独立的环节

司法独立原则源于政治分权理论,该理论经亚里士多德(Aristotle,前 384—322)、洛克(John Locke,1632—1704)等学者提出、发展,到孟德斯鸠集其大成,孟德斯鸠(Montesquieu,1689—1755)在《论法的精神》中提出了三权分立理论,认为每一个国家都有三种权力:立法权、行政权和司法权,三种权力应由三个不同的国家机关管辖,既保持各自的权限,又相互制约,维持平衡。"司法权如果不与立法权和行政权分置,自由也就不复存在。司法权如果与立法权合并,公民的生命和自由就将由专断的权力处置,因为法官就是立法者。司法权如果与行政权合并,法官就将拥有压迫者的力量。""如果由同一个人,或由权贵、贵族或平民组成的同一个机构行使这三种权力,即制定法律的权力、执行国家决议的权力以及裁决罪行或个人争端的权力，那就一切都完了。"①

"司法独立是指司法机关独立于其他机关、团体和个人；司法机关行使其职权时，只服从法律，不受任何其他机关、团体和个人的干涉。"②

目前学界多将审检所制度、司法公署制度、县司法处制度与县知事兼理司法统统视之为"兼理司法制度"，③四种制度名称不一，又有专门的法规界定，不会是文字游戏，其隐含的原意，必定有所区别，若统称为"兼理司法制度"，恐非妥当。实际上，审检所制度、司法公署制度、县司法处制度的创制与实践，正是为了打破司法行政合一的传统结构，向新式的、独立的司法机构（法院）迈进的重要措施。

如果说审检所制度之下帮审员与县长之间地位是否对等还存在疑问的话，④司法公署制度下的审判官（司法委员）由高等审判厅长呈由司法部任命，且"关于审判事务概由审判官完全负责，县知事不得干涉"；县司法处制度之下的审判官由高等法院院长呈请司法行政部核派，且审判官"独立行使审判职务"，与县知事兼理司法制度下的承审员"受县知事之监督"之助理地位，完全不可同日而语。《县司法处组织暂行条例草案及理由书》中指出："查本草案精神在使行政与司法不分之锢习渐次蜕化，藉为将来各县遍设法

---

① ［法］孟德斯鸠著：《论法的精神》上卷，许明龙译，商务印书馆2012年版，第187页。
② 龙宗智、李常青：《论司法独立与司法受制》，载《法学》1998年第12期。该文论及中国司法独立的状况时指出，中国的司法独立系官署独立而非官员独立，系技术独立而非政治独立，系有限独立而非充分独立。这对于考察民国时期司法独立状况也不无参照意义。
③ 韩秀桃认为，兼理司法制度先后出现四种组织形式，即审检所制度、县知事兼理司法制度、司法公署制度和县司法处制度，参见韩秀桃著：《司法独立与近代中国》，清华大学出版社2003年版，第239页。公丕祥认为，北洋时期先后出现过三种兼理司法形式：审检所制度、县知事兼理司法制度、司法公署制度，参见公丕祥主编：《近代中国的司法发展》，法律出版社2014年版，第259—262页。
④ 各省司法筹备处对于帮审员与县知事权力配置之疑义与司法部之解释，详参浙江、江苏、苏州、杭州、南昌司法筹备处与司法部电文来往，见《司法公报》1913年第8期，《政府公报分类汇编》1915年第16期。

院之初基,自宜避免县长兼理司法之名称,庶足以新社会之耳目而立司法独立之基础。且本案特点系审判官独立行使审判职权,显与现行援用之县知事兼理司法事务暂行条例内容不同,若犹用县长兼理字样,未免名实不符。"①

　　司法公署与县司法处,起码属于半独立的司法机关,应该是毫无疑义的,即便以当时各界人士的观感,也可以说明这一问题,江西丰城县司法处审判官黄谟介在 1937 年的《江西丰城县司法处二十五年度工作概况》中总结道:"本县司法委员公署于十六年十二月十三日成立,至十八年五月一日奉令裁撤,仍复兼理制之旧,每县仍设置承审员一人,办理民刑诉讼事件,计本县司法委员公署之成立共二年又二月十一天,县法之独立,此为昙花一现。"②显然,将司法公署作为独立的司法机关。长期担任司法行政部部长的谢冠生(1897—1971)认为:"县长兼理司法,有背司法独立精神,亦经分年改设为县司法处,置审判官独立行使审判职权,三十五年全国除新疆外,县长兼理司法制度已一律废止。"③也是将县司法处与兼理司法制度区别开来。陈之迈则直言:"司法处成立后,县长无权过问审判,司法处形成半独立的状况。"④

　　司法机关的独立只是司法独立的外在形式,司法权的独立才是司法独立的内在价值。⑤ 但是,南京国民政府时期,"在党治的理论框架下,中国的权力实践使政党政治、以党建国、以党治国的政治构想变成了以党代政的制度设计,进而使得当时的中国国民党不仅享有最高立法权,也享有最高司法权,即司法事务必须受制于国民党的组织制度和制度框架……司法权的独立最终在一党专制和一党独裁的制度中成为了一种空壳化的制度……因

---

　　① 《县司法处组织暂行条例草案及理由书》,载《法令周刊》1935 年第 283 期。
　　② 《江西丰城县司法处二十五年度工作概况》之"丰城县司法沿革"二十六年七月,丰城县司法处审判官、书记官任免卷,卷宗号 J018-3-00176,江西省档案馆。
　　③ 谢冠生编:《战时司法纪要》,台北"司法院秘书处",1971 年 6 月重印,第 3 页。
　　④ 陈之迈著:《中国政府》,上海人民出版社 2012 年版,第 350 页。
　　⑤ 对近代中国司法独立发展历程与评价,参见韩秀桃著:《司法独立与近代中国》,清华大学出版社 2003 年版,第 411—457 页。

此，对于传统的中国来说，独立的并且有国家强制力在背后作保障的司法制度，始终不可能形成。"①事实上，"我国司法号称独立，国人皆知，且为法律所明定，就事实上考之，司法权久已被外力所摧残，如行政机关之侵夺，军人之干涉，土劣之蹂躏，领事之强割等，无一不是司法独立之致命伤。"②

民国时期县级基层司法体制的反复变化，县级司法权与行政权的剥离及其艰辛历程，是中国传统司法与西方近代司法对峙、碰撞与融合的集中体现，是司法独立的制度理想与行政兼理司法的历史惯性既斗争又妥协的生动写照，也是古老中国步履蹒跚走向近代的缩影。

## 二、司法人才成长的摇篮

近代司法制度，尤其是地方法院的普设，必然是以才、财为后盾。据1936年统计，全国22省（新疆未报，西康尚未建省，东北四省未列入）一、二审法院共有推事1647人，检察官861人，计2508人。如果将24省（暂不计东北）县司法处与兼理司法之县全部改设成地方法院，共约1300多所，假定每所地方法院平均置推事、检察官5人，计尚须第一审法官约6500人，书记官等尚不在内。③ 可见，各类司法人才的缺口非常大。

法官资格比行政官严格得多，须经考试合格为原则，"司法官的资格限制颇严，初毕业的同学，通常都无问津的希望。"④即便通过了司法官、审判官考试，要成长为一名合格的推事、检察官，也是其路漫漫，需要受相当时间的训练和学习，才能取得候补推、检资格，候补推、检成为正缺推、检，又需一

---

① 程春明著：《司法权及其配置：理论语境、中英法式样及国际趋势》，中国法制出版社2009年版，第184页、230页。
② 邝健夫：《中国司法改良问题》，载《民钟季刊》1936年第2卷第2期。
③ 吴学义著：《司法建设与司法人才》，重庆国民图书出版社1941年5月初版，第38—39页。
④ 思培：《法科毕业生的出路问题》，载《震旦法律经济杂志》1945年第2卷第9期。

定年限。

县司法处既为改设地方法院的过渡机关,也就为各类司法人才的成长提供了极佳的锻炼舞台,一方面,优秀的审判官被拔擢为地方法院推事、检察官,另一方面,也为高分院或地方法院的书记官到县司法处任职历练,然后任职推检提供了条件。同时,在县司法处内部,也有部分符合条件的录事被委任为书记官,或书记官被提拔为审判官。

《县司法处组织暂行条例》规定,审判官任职满两年(以部派之日起算),成绩优良者,由高等法院院长胪列成绩,呈报司法行政部,得以推事或检察官任用。《县司法处司法官任用规则》规定的书记官任格资格,第二条第七款为,"现任或曾任法院或司法行政机关录事服务三年以上而成绩优良者",书记官任职满两年,成绩优良者,由高等法院院长呈报司法行政部以法院书记官任用。

随着部分县司法处改设为地方法院,部分符合条件的审判官也逐步被提拔为推事、检察官。江西历任审判官276人,先后拔擢为推、检或高院、高分院书记官长者共94人,占34%,即1/3强。

表5.1　审判官提拔为推事、检察官一览表

| 姓名 | 任职推检时间 | 姓名 | 任职推检时间 |
| --- | --- | --- | --- |
| 蔡启麟 | 1948年11月20日院派代信丰地院推事 | 舒政铎 | 1947年7月任袁宜地院检察处检察官 |
| 曾嵩 | 1944年3月7日院派代鄱阳地院推事 | 谭仁勇 | 1948年1月8日院派代宁都地院推事 |
| 曾岐祥 | 1948年8月26日院派代大余地院推事 | 陶球 | 1946年7月8日院派代袁宜地院推事1946年8月到职 |
| 曾震寰 | 1947年7月12日江西高等法院检察处派代宁都地院检察官,同年10月任赣县地院推事 | 万兢 | 1936年9月7日奉司法行政部派充江西各地方法院候补检察官调在南昌地院办事 |

续表

| 姓名 | 任职推检时间 | 姓名 | 任职推检时间 |
| --- | --- | --- | --- |
| 陈瑛 | 1947年6月27日院派暂代宁都地院推事 | 王安 | 1947年11月5日院派代南昌地院推事 |
| 程德瑞 | 1948年11月20日院派代玉山地院推事 | 王阶平 | 1946年7月4日院派代泰和地院推事1946年10月到职 |
| 邓纪 | 1945年12月17日院派代吉安地院推事1946年2月到职 | 王冕 | 1945年3月任江西高等法院宜春分院检察处书记官长 |
| 邓绍端 | 1948年2月院派代九江地院推事旋改派南城地院推事 | 王绍珪 | 1947年10月任吉安地院推事 |
| 丁从周 | 1945年10月12日院派代临川地院推事 | 王仰曾 | 1945年12月17日院派代黎川地院推事1946年2月12日到职 |
| 杜鄂 | 1944年7月任兴国地院检察处首席检察官 | 王振谱 | 1948年11月20日江西高等法院检察处调用 |
| 樊甲 | 1946年10月26日院派代浮梁地院推事 | 魏炳翰 | 1948年8月19日院派暂代清江地院推事 |
| 方远扬 | 1946年7月13日院派代南康地院推事8月26日到职 | 温树荣 | 1948年11月20日江西高等法院检察处令派代信丰地院检察官 |
| 邰骧 | 1948年4月17日江西高等法院检察处令派代浮梁地院检察官 | 吴镜明 | 1948年10月16日江西高等法院检察处令派代南昌地院检察官 |
| 郭超群 | 1945年10月9日院派代袁宜地院推事，1945年11月到职 | 吴运鸿 | 1946年1月7日院派代泰和地院推事 |
| 胡㝢 | 1944年10月9日院派代萍乡地院推事 | 伍家玉 | 1948年1月任江西高等法院南城分院书记官长 |
| 佘世荣 | 后任南康地院推事、江西高一分院推事等职 | 席秋芳 | 1947年12月任南城地院推事 |

续表

| 姓名 | 任职推检时间 | 姓名 | 任职推检时间 |
| --- | --- | --- | --- |
| 胡以谦 | 1948年1月任吉安地院检察处检察官 | 谢龚 | 1945年12月27日院派代金溪地院推事1946年2月到职 |
| 黄谟介 | 1944年11月24日院派代袁宜地院推事暂调金溪地院办事 | 熊可人 | 1944年11月任金溪地院检察处检察官 |
| 胡屏广 | 1945年10月11日江西高等法院检察处令派代河口地院检察官，1947年5月任河口地院推事 | 熊人叙 | 1948年5月29日院令调代清江地院推事。同年被司法行政部派代江苏高等法院书记官长。 |
| 江文福 | 1946年12月28日院派代河口地院推事 | 熊益三 | 1945年6月任临川地院推事 |
| 江宗汉 | 1946年12月28日院派代九江地院推事1948年1月任宁都地院推事 | 徐日明 | 1948年11月20日院派代信丰地院推事，11月30日改派南昌地院推事 |
| 蒋秉衡 | 1948年11月20日院派代广丰地院推事 | 杨清 | 1937年奉部令派充江苏各地方法院候补推事 |
| 金宝光 | 1948年1月任丰城地院推事 | 喻遂生 | 1939年1月23日院派代南昌地院推事派在江西高等法院临川临时庭办事 |
| 金干 | 1947年10月23日院派代浮梁地院书记官调高二分院办事 | 张北藩 | 1948年11月20日院派代广丰地院推事 |
| 康曜 | 1948年11月20日江西高等法院检察处令派代玉山地院检察官 | 张国幹 | 1946年7月8日院派代南昌地院推事 |
| 雷迅 | 1948年1月任南昌地院推事 | 张垕民 | 1947年9月任江西高等法院书记官长 |
| 李家腾 | 1945年12月17日院派代黎川地院推事 | 张受益 | 调兴国地院检察官派南昌地院办事1947年10月到职 |

续表

| 姓名 | 任职推检时间 | 姓名 | 任职推检时间 |
|---|---|---|---|
| 李景稷 | 1945年12月27日院派代临川地院推事 | 张维熙 | 1947年9月18日院派代萍乡地院推事10月到职 |
| 李景伊 | 1947年12月任清江地院检察处检察官 | 张文源 | 1946年4月8日院派代临川地院推事同年7月到职 |
| 廖吉斋 | 1946年12月16日院派代黎川地院推事,1947年11月任南康地院推事 | 张先恭 | 1946年9月23日院派代鄱阳地院推事同年11月到职 |
| 廖簪声 | 1940年8月代理赣县地院检察处候补检察官 | 张燮 | 1947年11月任河口地院检察处首席检察官 |
| 廖绵钰 | 1947年11月任南昌地院推事 | 张夷 | 1946年4月8日院派代泰和地院推事5月到职 |
| 林文洸 | 1948年3月2日江西高等法院检察处派暂代南城地院检察处检察官 | 章思严 | 1946年8月13日院派代浮梁地院检察处检察官 |
| 刘和春 | 1945年12月24日院派代吉安地院推事1946年2月到职 | 赵伯杞 | 1946年7月12日院派代赣县地院推事 |
| 刘金麟 | 1946年9月4日院派代萍乡地院推事 | 钟皓 | 1946年3月21日院派代宁都地院推事 |
| 刘绍基 | 1948年1月任大余地院推事 | 周邦杰 | 1946年7月26日院派代宁都地院推事8月到职 |
| 刘兆德 | 1944年10月9日院派代大余地院推事 | 周澈 | 1942年10月21日院派代泰和地院推事 |
| 鲁炳雯 | 1948年6月23日院派代宁都地院推事 | 周道熙 | 1946年9月4日院派代南昌地院推事,1947年12月任丰城地院推事 |
| 缪仕潘 | 1948年2月21日江西高等法院检察处令派代赣县地院检察官 | 周景苏 | 1946年1月7日院派代南昌地院推事 |

续表

| 姓名 | 任职推检时间 | 姓名 | 任职推检时间 |
|---|---|---|---|
| 聂赓飏 | 1948年2月任九江地院推事调南昌地院办事 | 周雍余 | 1946年4月19日江西高等法院检察处派代南昌地院检察官 |
| 彭相正 | 1948年11月24日院派代永新地院推事 | 周瞻锋 | 1947年12月9日院派代清江地院推事同月到职 |
| 彭兆薰 | 1945年11月任兴国地院检察处检察官 | 朱梅春 | 1946年7月26日院派代南康地院推事9月21日到职 |
| 丘凤唐 | 1945年10月任江西高等法院吉安分院推事 | 朱汝琏 | 1947年12月任上饶地院推事 |
| 邱荣祖 | 1944年10月9日院派代萍乡地院推事 | 朱友良 | 1947年12月任贵溪地院推事 |
| 饶兆拯 | 1945年12月17日院派代泰和地院推事 | 邹文煊 | 1940年3月20日院令另有调用，后任黎川地院推事 |
| 任继武 | 1946年2月21日院派代赣县地院推事 | 左邦直 | 1947年6月4日院派代泰和地院推事8月18日到职 |
| 黄钟 | 1948年11月20日院派代永新地院推事 | 杨正襄 | 后任南昌地院推事 |

有些审判官也是从普通职员升迁上来，比如姜鸿蓍，历任江西万年、清江、广昌、乐平等县看守所管狱员兼所长，乐平县司法处主任书记官，永新县政府军法承审员，浙江慈溪、景宁县司法处审判官、主任审判官。1948年3月被派为江西广昌县司法处审判官。

## 三、民刑初审的重要机关

地方法院为数较少，县司法处是县级审判机关的主流。1937年8月江西省第三期县司法处成立时，有71所县司法处，地方法院仅9所（管辖12县），县司法处管辖的县份占江西省83县的85.5%，至1948年底，县司法处

52所,管辖县份占江西省81县的64.2%。

在那动荡的年代,县司法处广大职员默默坚守,为平亭狱讼,稳定社会起了一定的作用。据江西省防空司令部统计,仅自1937年8月起至1939年4月止,敌机侵袭本省40多县市共348次2275架次,南昌市炸死市民548人,伤766人,各县炸死平民1723人,伤1746人,死伤共计4783人。① 在抗战期间,江西省各县司法处殉难殉职者不乏其人,例如:上高县司法处录事徐仕明,1938年11月在处办公,被炸殉难。② 东乡县司法处法警郑紫贵,1939年4月7日敌机轰炸县城,该员驻守值日,躲避不及被炸殉难。新干县司法处看守所所长段寿增,1940年8月4日敌机轰炸县城,该员恪尽职守,临危不退被炸殉难。新干县司法处看守所所长熊绍衣,1945年8月3日县城失陷,在县属神政乡曾村被敌杀害。③

## 第二节　变异

### 一、县长兼理检察之积弊

县司法处最为世所诟病者,仍县长兼理检察职务。自县司法处成立伊始,该问题就成为各界,尤其是法界关注的焦点之一,批评之声,贯穿始终。综而论之,县长兼理检察职务之弊大致有四:

#### (一) 妨碍司法独立

1940年9月12日,南城县司法处审判官周澈呈文江西高等法院,其揭

---

① 《抗战两年来敌机空袭本省统计》,载《江西民国日报》1939年7月6日第2版。
② 奉令抄发司法人员殉难事件简表卷,卷宗号J018-3-02582,江西省档案馆。
③ 部令查殉难殉职司法人员简略事迹卷,卷宗号J018-3-02344,江西省档案馆。

示的县长兼理检察之弊端颇具代表性:"窃以各县司法处,原为改设地方法院之基础,关系至为重要,本省各县司法处成立以来,尚有相当成效,惟县长兼理司法行政事务暨检察职务,仍觉有欠完善,若欲求组织之健全,似有改进之必要……县长以地方行政官而兼理检察职务与司法行政事务,形式上既有司法未能独立之消,实际上亦沿旧弊,不免为世诟病。盖各县县长多由政界或军界出身,知法者鲜,颐指气使,黑白难分,甚至以司法为其擅作威福或应酬士绅之具,保民制度适反足害民。不宁惟是,审判官稍不遂其意,即尽其挑拨排击之能事,唆使书记官与审判官不和,或抑留经费或扣发囚粮以相掣肘,使整个司法成为怨府,意见于是纷歧,办事甚为棘手。重于县长兼司法行政事务,一般县长多视审判官等于旧日之承审员,人民观瞻亦复如是,名曰审判独立,实则仍不啻为县长椽属耳。遇有觟法之县长,较昔日之县公署尚不及远矣。抑尤有进者,自抗战军兴,各县县长身兼数十职,本身职务尚恐难尽,何能兼顾繁重之司法,即勉强为兼任,亦意存敷衍,多属派人代行,不惟违背规定,而且弊端百出,此种徒有其名、未切实际之畸形组织,岂设立县司法处之本意乎?"①

1941年8月16日,江西高等法院呈文司法行政部,指出:"本省各县司法处,自民国二十五年度起,分期成立,迄今已逾五年,体察实际情形,在审判方面,确能一反承审旧制,革除仰承鼻息之风气,实行独立审判者,固居多数,而以行政职权操之县长,每以员役进退,经费支给,发生争执,或因误解权限,视审判官为属僚,致启倾轧者,时有所闻,其藉此以为要协,甚至干涉审判者,更非蔑有。至就检察职务而言,以纯粹行政人员,使任检举犯罪,实施侦查,实行公诉,及指挥执行裁判之责,确能勉励厥职不至贻误者,在平时已不多睹,际此抗战军兴,县政颇繁,兼职孔多,日不暇给,委系事实,于是以

---

① 南城县司法处呈,处字第765号,民国二十九年九月十二日,南城县司法处审判官、书记官任免卷,卷宗号J018-3-00321,江西省档案馆。

检察一职,无关重要,或则假手他人,或则任意搁置,或视侦查为零设,不问罪嫌如何,有告必诉,或以裁判等具文,无论罪刑重轻,不为执行,职务废弛,层见迭出。检举纠弹,终鲜效果,其能重视检政,躬自处理者,几至百不得一,坐是县检制度,为世诟病,审判之基础未固,司法之威信遂堕,究为人谋不臧,抑亦政制可议,改进之图,似未可缓。"建议以审判官掌理县司法处行政事务,另设检察官一员,专办检察职务。"庶几行政司法,不复混淆,审判检察,责有专司,社会之观听为之一新,司法之基础赖以确立,其有助于将来普设法院者,为效更多。"①

### (二) 兼职繁多,调动频仍

据学者1941年统计,各省县长兼职,四川28种,湖南24种,浙江19种,江西约20种,江西兼职最多的临川、进贤两县各达33种,诸如县动员委员会主任委员、县抗敌后援会常务委员、军法官、兵役协会或征兵协会主任委员、国民兵团团长、人民自卫大队队长、县土地登记处处长、县农村合作委员会主任委员、县司法处行政事务及检察职务等等,名目多达90种,②

民国时期县政府人员编制比较紧,每县只设县长一人,县政府下辖秘书室、民政科、财政科、教育科、建设科、军事科、地政科、社会科、户政室、合作指导室、会计室、统计室12个科室,按县等不同,人员编制如下:

表5.2 县政府人员编制

| 县等级 | 一等 || 二等 || 三等 ||
| --- | --- | --- | --- | --- | --- | --- |
|  | 一级 | 二级 | 一级 | 二级 | 一级 | 二级 |
| 编制人数 | 73 | 62 | 56 | 50 | 44 | 41 |

资料来源:《江西民政统计》之"江西省各县县政府组织",南昌戊子牌兴盛祥承印,1947年3月,第7页。

---

① 江西高等法院呈,发文字第899号,民国三十年八月十六日,呈部拟请修改县司法处组织暂行条例卷,卷宗号J018-3-01122,江西省档案馆。

② 李德培:《江西县长之分析研究》,载《地方建设》1941年第1卷第4—5期。

每县只设县长一人,与现行的各县县委书记一人、副书记若干,县长一人,副县长若干相比较,可以设想当时县长之繁忙。

由于县长自身职务及兼职过多,根本无暇办理检察事务,往往委诸于县政府秘书或科长,一则于法不合,二则导致秘书或科长假借权力谋取私利。1942年7月,王祖德充任光泽县政府秘书,因县长名章由其掌握,遂假借县长权力,擅自派公丁万彝柳至县司法处任职,且该公丁只是挂职领薪,却在王祖德私邸服务。光泽县司法处审判官王仰曾拒绝接受,并将情形呈报江西高等法院。江西高等法院训令光泽县县长齐振兴:"该秘书王祖德假借权力蔑视法规,殊属不合……令仰该县长嗣后对检察职务暨行政事务,务各亲自处理,并属遵法令规定办理,毋违。"①

1943年12月司法院法规委员会《关于解除县司法处县长兼职问题研究报告书》中指出:"(关于检察事务)县长以本身职务已感繁忙,大多委托审判官或秘书科长代办,绝鲜亲自处理者,流弊所及,不可胜言。"②

自1926年1月至1938年12月,江西省县长1113名,任期半年以下者249人,占22.4%,半年至一年者328人,占29.5%,两者合计577人,占51.8%。③ 1926年至1946年,江西省历年县长平均任期8—12个月的有39县,全省历年各县县长平均任期13个月。④ 案件的侦查需要一定的时间,才能搞清来龙去脉与事实真相,县长频繁更调,且一个县长任内又有可能更换几任秘书,检察事务容易脱节、中断,频繁的移交徒耗时间,整个县司法处的工作也难免受到影响。

此外,县长作为一县行政长官,与地方人士交往密切,工作息息相关,比

---

① 光泽县司法处审判官、书记官任免卷,卷宗号J018-1-00425,江西省档案馆。
② 《司法院法规委员会关于解除县司法处县长兼职问题研究报告书》,载《中华法学杂志》1947年第6卷第6期。
③ 李德培:《江西县长之分析研究》,载《地方建设》1941年第1卷第4—5期。
④ 《江西民政统计》,南昌戊子牌兴盛祥承印,1947年3月,第18—20页。

如征兵征粮，就多需仰赖乡镇长、保甲长。而特种刑事贪污案件，多为县府直接或间接所属职员，难免情感作用，县长行使检察职权时畏首畏尾，甚至于为涉案人员曲为开脱，不予追究，以致民怨啧啧，有损司法威信。

### （三）兼理欠缺法律知识

依据《法院组织法》规定，检察官任职资格，最基本的要求是在公立或经立案之大学、独立学院、专门学校修习法律学科三年以上，得有毕业证书者。县长兼理检察职务则完全避开了这一规定。事实上，县长来源十分复杂，中学毕业、吏治训练班、军官学校毕业仍至科举出身等都有。自1926年1月至1938年12月，江西省县长1113名，专科以上学校毕业人数为513人，占46.1%，其中法专毕业180人，占16.2%，①1939年至1940年江西省县长107人，法专毕业19人，占17.8%，②与审判官接近100%的法专毕业，差距甚大。

《江西各县司法处暂行处务规程》第十条规定："县长因事故不能执行职务时，得以县政府曾习法律学科三年以上之秘书或科长代行其检察职务，并呈报高等法院备查。"③这条规定，指的是县长因事、暂时性的委托秘书或科长代行检察职务，且需呈报高等法院备查。但事实上，不少县长是长期委托秘书或科长代行，且不呈报高等法院，姑且不论于法不合，事实上，是否每县都有"曾习法律学科三年以上之秘书或科长"，固成问题，即便是有，其操守才能，也无从考核。县长委派承办检察事务之人员，"熟习法律者事实上十无二三。"④以不懂法律者承办检察事件，其办理成绩如何，实可堪忧。时人

---

① 江西省政府建设厅编印：《江西省县长研究》，1938年12月，第1页。
② 李德培：《江西县长之分析研究》，载《地方建设》1941年第1卷第4—5期。
③ 《江西各县司法处暂行处务规程》，江西省政府拟发抄发的县司法处组织条例、办事细则、审判规程，卷宗号J016-3-03546，江西省档案馆。
④ 江西资溪县司法处呈，屏文字第668号，民国三十六年十月二十九日，各属条陈改进司法事项卷，卷宗号J018-3-02737，江西省档案馆。

指出:"司法处之组织,于审判官特慎重其人选,诚为得当,于检察方面,似嫌忽略。"①

**(四) 人事安排,独断专行**

《县司法处组织暂行条例》、《江西各县司法处处务规程》规定,县司法处之执达员、录事、法警、庭丁、公丁之雇用、奖惩及训练事宜由县长会同主任审判官或审判官行之,兼检察职务县长并无迳派员警、扩大编制之权限。县长亦非审判官长官,而是各自受直接上级长官之监督。但由于县知事(县长)兼理司法制度日久,直至1946年以后,县知事(县长)兼理司法制度才在新疆以外的省份成为历史陈迹,县长习惯性地视审判官如旧日之承审员为其下属,对于县司法处雇员安排,往往不与审判官商量,迳行安插员属,导致矛盾频发。

熊庭树于1947年3月29日接任莲花县县长,扈从众多,到任之初,就将县政府员警全部更动,被裁人员为此张贴标语、严重抗议。30日,熊庭树又向县司法处迳派书记官熊有美和法警两名。熊有美表示,依县长之意,仅在县司法处领薪水而不办公。主任审判官康曜以本处员警无一空缺,且坐领干薪,依法不合,予以拒绝。31日下午,熊庭树即派警士至县司法处,传唤康曜前往县府,见面时,熊庭树情态倨傲,气势凌人,俨如长官训示部属,对其所派人员似有非用不可之势。康曜于4月3日将此事向江西高等法院院长梁仁杰、首席检察官楼观光汇报,呈请如何办理。4月17日,梁仁杰、楼观光指令:"依照江西各县司法处处务规程第十三条规定,妥为商洽办理。"②

"县司法处员役,县长既有荐委之权,举不避亲,尽堪设法位置,故一遇新旧交替,辄不免有强迫原有员役辞职,及要求审判官勉强同意情事。为审

---

① 志岩:《县长兼理检察职务之商讨》,载《江西民国日报》1937年6月25日第一版。
② 莲花县司法处审判官书记官任免卷,卷宗号 J018-1-00682,江西省档案馆。

判官者,谁无故旧?县长既有所私,审判官亦何尝不思有所安插。驯至僧多粥少,自有一方向隅,在利益不能均沾之下,遂不免发生恶感。"①

鉴于县长兼理检察职务之弊,1946年江西省参议会第二次大会上,参议员余国珍等提出:"建议中央取销县长兼理检察职务另设专任检察官,俾一事权以杜流弊而彰法治精神案",由江西省政府转函江西高等法院呈司法行政部:"查县长为一县行政长官,综理全县事务并指挥监督所属机关,其本身事务之繁剧,责任之重,已极感应付之为难,乃者县地方机关首长仍多规定由县长兼任者,虽云加强县长权责,撙节公帑,然一考实际,不仅精力不继,兼顾难周,且县长又非万能之身,顾此失彼,成绩更难期表现,并有因事务繁琐,蝟集一身,疏于处理,反致贻误事功,尤以县长兼理检察职务,更属弊端百出,每有因小怨微嫌即凭籍兼检察官地位滥用职权,非法逮捕,拘禁人民,滥施刑讯,以图报复,兹有违法枉纪,纵任承审人员收受贿赂,不任事实,歪曲判断,结果所致,曲者固曲,直者亦曲,非者固非,是者亦非,架祸诬陷无辜,冤沉海底无法昭雪,似此县长兼检察职务若不迅予取销,普通一律成立县地方法院处理民刑事件,殊有失国家保障人权厉行法治之本旨。办法:建议中央通令全国各县迅予取销县长兼检察职务,普通于县地方司法机关设置专任检察官受理民刑案件,以彰法治而重人权。"②

江西高等法院对于县长滥扣滥押、积压案件,也曾大力整治,1947年度,江西高等法院函准江西省政府并报司法行政部,将高安等61县兼检察职务县长一律予以警告处分:"县长曾习法律熊知泾重法治向非多数,更以政务纷繁未能自理,所有侦讯事件类,皆委于助理秘书或科长、科员等佐理人员代办。以现时县级待遇低微,贤能者不易罗致,不肖者则假借职权从中

---

① 陈祖信编:《县司法行政讲义》,广西省地方行政干部训练委员会印,1941年6月,第66页。

② 江西省政府公函,发文秘字第0958号,民国三十五年十二月十八日,呈请增设县司法处检察官卷,卷宗号J018-3-02645,江西省档案馆。

舞弊,而县长每亦利用此项职权,为推行政令或徇情之工具,与地方土劣及乡镇长勾结一气,不但不行使检举职权,反而滥扣滥押,害国病民,莫此为甚。"①处罚面之广,倒也令人瞠目,但制度之弊仍在,警告亦于事无补。

1947年11月召开的全国司法行政检讨会议上,关于县司法处提案有14件,废除县长兼理检察职务成为提案的中心问题之一。大会决议:(1)请司法行政部于三年内将县司法处一律改为法院;(2)在未改设法院以前,县长不兼理检察职务;(3)办理县司法处检察职务人员之名称由司法行政部酌定。② 但在争夺天下的关键时刻,战场上的胜败才是核心问题,该决议并未实施,又成具文。

## 二、司法职员的任人唯亲

民国时期,江西司法界的任人唯亲可谓是一顽疾。1933年2月21日,江西省政府主席熊式辉(1893—1974)在高等法院院长鲁师曾宣誓监誓致词上,毫不讳言地痛击江西司法界的通病,概括为四个字:"富贵寿考"。"富",即以金钱为目的,有钱必定能胜诉;"贵",就是任用亲贵,"大凡有势力荐来的人就用,有亲友关系者就用,不管是人是鬼";"寿考",意为打官司拖得七死八活,非寿年长不能胜诉。并开出诊治"富贵寿考"病症的良方:一是"实做、硬做、快做",二是"慎重人选",三是"法穷时用力来扫除官愿德贼"。③ 只可惜,终民国时代,该固疾一如其旧。

如前章所述,江西司法界上层形成了相对凝固的利益圈子,梁仁杰担任

---

① 江西高等法院代电(致司法行政部)检纪仁字第27号 民国三十七年六月五日,关于改进县长兼检察职务的指令,呈 卷宗号J018-8-00530,江西省档案馆。
② 谢冠生编:《全国司法行政检讨会议汇编》,1947年12月,"议案"第6—18页。
③ 《司法界的"富贵寿考":二十二年二月二十一日对高等法院鲁院长宣誓监誓致词》,Ms. Coll Hsiung, Shih‐hui, Columbia University Libraries New York Microfilmed 2006.

江西高等法院院长十多年,临川籍人士在江西司法界独占鳌头。审判官、书记官的任免,交织着各种利益关系,1938 年婺源县司法处审判官程德瑞的任命,即是江西省第五区专员邓景福向梁仁杰所推荐。

林盛灿系永修县县长林盛梧之弟,1947 年 9 月 23 日,林盛梧致信江西高等法院首席检察官张毓泉,"教示敬悉。舍弟盛灿承介新余司法处书记官职务……恳祈转洽即赐发表,俾得追随,时聆训诲。委令祈交寄永修,以便此间成行,专此奉复,并致谢忱。"9 月 27 日,江西高等法院令派林盛灿代理新余县司法处书记官,并注明"林盛灿派令:寄永修县政府林盛梧县长收转。"①

1948 年 6 月 1 日,萍乡地方法院周日光致信吴昆吾:"兹有李君家学乃职省立法专同学,曾任本省第七区保安司令部军法官及永新县政府军法承审员多年,品端学粹,经验宏富,兹据来函以己检证呈请转任司法人员,经蒙审核及格,行见钧座爱才之诚,敬乞免试以审判官任用,定能胜任愉快也,耑肃,敬叩崇安。职周日光谨上。"6 月 8 日,李家学被任命为进贤县司法处审判官。②

1948 年 6 月 2 日,江西高等法院任命易凤鸣为信丰县司法处审判官,14 日,吴凤书致信吴昆吾,"昆叔:膝下敞友易凤鸣已在甘肃任审判官,不克来赣,函请辞职。所有信丰县司法处审判官一席,乞赐委项燊锋代理。项君系法政学校毕业,曾任纪录书记官四年以上,现在南城分院供职,人极老成,办事稳练,务希吾叔予以提携,感同身受……侄吴凤书谨上。"21 日,江西高等法院院令项燊锋代理信丰县司法处审判官。③ 吴凤书称吴昆吾为"昆叔",自称"侄",以吴昆吾的地位,这种称呼,若非确属亲近,一般的人也不敢随意套近乎吧。

---

① 新余县司法处审判官书记官任免卷,卷宗号 J018-1-00761,江西省档案馆。
② 进贤县司法处审判官书记官任免卷,卷宗号 J018-1-00858,江西省档案馆。
③ 信丰县司法处审判官书记官任免卷,卷宗号 J018-1-00773,江西省档案馆。

最基层的县司法处，同样是一朝天子一朝臣，审判官任用私人、同乡、亲朋，大行其道，一位审判官调动，往往牵涉到书记官及雇员等一系列的变动。1948年8月1日，宜丰县司法处审判官陈欣然向江西高等法院汇报："查本处主任审判官甘棠业经奉令赴调，所有录事、执达员、法警等亦经随同前往新余，而新任主任审判官李集之又未到任，并闻已告辞职，兹因本处缮写事宜及送达民刑事传票事务均乏人办理，为维持处务及进行诉讼案件起见，本处录事及执达员、法警等均经由职代派任用。"①1948年9月23日，江西高等法院将铜鼓县司法处主任审判官熊植谋与峡江县司法处主任审判官刘兆燊对调，铜彭县司法处书记官许居蒚与峡江县司法处书记官张士梁随即也呈请对调："职等各以旧属关系，倏尔迁离，对于工作困难诸多，且不谙口音，尤为笔录上之窒碍，经征得双方同意，愿意互调俾利工作。"同年11月17日，江西高等法院院令许居蒚、张士梁对调。②

查阅各县司法处职员题名录，任用亲朋现象，俯拾皆是，试举两例。

表5.3　江西省南康县司法处丁警、录事等一览表（1936年8月）

| 职别 | 姓名 | 年龄 | 籍贯 | 备考 |
| --- | --- | --- | --- | --- |
| 录事 | 李仲南 | 23 | 南康 | |
| 录事 | 刘聚昌 | 24 | 宜丰 | |
| 执达员 | 李名标 | 54 | 赣县 | |
| 执达员 | 刘修业 | 32 | 宜丰 | |
| 检验员 | 赖英林 | 54 | 南康 | 现未奉钧院另派到处，暂派应用。 |
| 庭丁 | 钟辑五 | 40 | 南康 | |
| 庭丁 | 刘晓元 | 36 | 宜丰 | |

---

①　宜丰县司法处呈，寰审第359号，民国三十七年八月一日，宜丰县司法处审判官、书记官任免卷，卷宗号J018-1-00787，江西省档案馆。

②　铜鼓县司法处审判官、书记官任免卷，卷宗号J018-1-00833，江西省档案馆。

续表

| 职别 | 姓名 | 年龄 | 籍贯 | 备考 |
|---|---|---|---|---|
| 法警 | 刘执魁 | 26 | 宜丰 | |
| 法警 | 郭清泉 | 36 | 南康 | |
| 法警 | 卢春山 | 28 | 南康 | |
| 法警 | 卢嘉猷 | 38 | 南康 | |

资料来源:南康县司法处呈 文字第713号 民国二十五年八月十八日,南康县司法处审判官、书记官任免卷 卷宗号J018-3-00076,江西省档案馆。

时任南康县司法处审判官为刘兆德,江西宜丰人,雇员11人,宜丰籍4人,占36.4%,超过1/3。录事刘聚昌、执达员刘修业、庭丁刘晓元、法警刘执魁,都是宜丰人,且都是刘姓,谁能相信其中没有猫腻。

表5.4 江西省武宁县司法处员警异动清册(1948年7月□日)

| 职别 | 姓名 | 年龄 | 籍贯 | 到差年月日 | 略 历 |
|---|---|---|---|---|---|
| 主任审判官 | 吴镜明 | 50 | 永新 | 三十五年三月十六日 | 三十年高等司法官考试及格曾任莲花安福等县审判官 |
| 审判官 | 王云衢 | 44 | 江苏 | 三十五年四月一日 | 上海法政学院法律科毕业曾任同少校军法承审员 |
| 主任书记官 | 李志宏 | 27 | 九江 | 三十七年四月一日 | 江西省立赣县中学高毕业曾任军法书记员三年 |
| 人事管理员兼书记官 | 尹克泉 | 35 | 永新 | 三十五年三月十六日 | 私立华南中学毕业曾任录事三年以上 |
| 检验员 | 柯德先 | 39 | 武宁 | 三十五年九月廿九日 | 武宁城北镇小学毕业曾任学习检验员 |
| 代会计员 | 吴文蔚 | 21 | 永新 | 三十六年十二月一日 | 江西私立心远中学高中毕业 |

续表

| 职别 | 姓名 | 年龄 | 籍贯 | 到差年月日 | 略历 |
|---|---|---|---|---|---|
| 录事 | 尹涤凡 | 29 | 永新 | 三十五年三月十六日 | 江西私立禾川中学高中部肄业曾任录事二年以上 |
| 录事 | 吴坚如 | 33 | 永新 | 三十六年二月廿日 | 湖南私立岳云中学毕业曾任财政部江西直接税局助理员三年以上 |
| 录事 | 龙中杰 | 29 | 永新 | 三十五年三月十六日 | 南京市华南中学毕业曾任录事二年 |
| 执达员 | 吴金兴 | 22 | 永新 | 三十七年七月一日 | 江西私立禾川中学高中肄业 |
| 执达员 | 刘厚祺 | 31 | 永新 | 三十七年七月一日 | 江西私立禾川中学毕业曾任武宁县司法处看守所主任看守 |
| 法警 | 王金山 | 47 | 武宁 | 三十五年三月十六日 | |
| 法警 | 尹贵生 | 31 | 永新 | 三十六年二月廿日 | |
| 法警 | 吴瑞轩 | 30 | 永新 | 三十五年三月十六日 | |
| 法警 | 李蕞汉 | 30 | 九江 | 三十五年十二月廿七日 | |
| 法警 | 吴芝光 | 29 | 永新 | 三十五年三月十六日 | |
| 庭丁 | 阮彬林 | 35 | 武宁 | 三十五年三月十六日 | |
| 庭丁 | 陈本海 | 30 | 武宁 | 三十五年十月十一日 | |
| 公丁 | 闵寿生 | 61 | 南昌 | 三十五年五月一日 | |

资料来源：江西武宁县司法处呈，发文镜政人字第2317号，民国三十七年七月二十八日，黎川县司法处及萍乡、河口、武宁等司法处所属现有员额调查表卷 卷宗号J018-1-01441，江西省档案馆。

主任审判官吴镜明系江西永新人，除吴镜明外，该处共有职员18人，其中永新籍10人，占55.6%，超过一半，与吴镜明同籍同姓5人，与吴镜明同一天(1946年3月16日)到职的有7人,且重要岗位如人事管理员(兼书记官)、会计员显然是吴镜明的亲信。1946年3月8日,吴镜明赴任武宁途中,即向江西高等法院推荐追随自己多年的尹克泉担任书记官:"职为事择人计,查有追随职在司法处多年之录事尹克泉,由永新而莲花而安福历时五载,对于纪录、统计、造报等事宜均有相当熟练,成绩颇优,而其出身又系南京华南中学毕业,似与县司法处书记官任用规则第二条五、七两款所定相符,故不揣冒昧,拟请钧长鉴核准以该员派充本处书记官。"①3月21日,江西高等法院训令准以尹克泉派代武宁县司法处书记官。② 录事尹涤凡、法警尹贵生与尹克泉是否亲属？会计员吴文蔚、录事吴坚如、执达员吴金兴、法警吴瑞轩、吴芝光,与吴镜明是否子(女)侄关系？一份名单,颇多让人揣测之处。

1936年梁仁杰上任之初,各界寄望于梁仁杰:"其一为用人惟才,尤重廉洁之士……故必择用有才而廉洁之士,俾先以身作则,树立廉洁之风,乃能收司法行政之在效。其二为广求民隐,铲除恶劣势力……懦弱者受冤,必依法昭雪之,强项者犯法,更必依法痛惩之。"③可以说,梁仁杰在用人方面,与各界的期望只怕是南辕北辙。江西司法界的任人惟亲,积重难返,作为江西司法界大佬,梁仁杰难辞其咎。

## 三、制度理想与实践失范

### (一) 普设地方法院,终成镜花水月

县司法处设置初衷,原为设立地方法院的过渡机构,1936年3月26日

---

① 吴镜明签呈,民国三十五年三月八日于南昌旅次,武宁县司法处审判官、书记官任免卷,卷宗号J018-1-00568,江西省档案馆。
② 江西高等法院指令,人字第3063号,民国三十五年三月二十一日,武宁县司法处审判官、书记官任免卷,卷宗号J018-1-00568,江西省档案馆。
③ 《社评:所望于梁院长者》,载《江西民国日报》1936年7月27日第1版。

立法院法制委员会会委员长吴经熊(1899—1986)在《县司法处组织暂行条例草案审查报告》中称:"法院组织法既经公布施行,各县自应设立法院始为合法,虽以事实上之困难一时未能遍设,暂行组织司法处以审判官独立审判,固亦未为不可,然究属暂时过渡之办法,仍须由司法院切实商同行政院妥筹司法经费,于最短期内成立正式法院,以期法院组织早日统一。"①

1936年4月9日公布的《县司法处组织暂行条例》明定"本条例施行期间为以三年为限"(第十三条)。4月18日,司法院令司法行政部部长王用宾(1881—1944):"查立法院议决于最短期内,各县成立正式法院一节,合行令仰该部拟具方案呈核,以便咨商行政院办理。"②司法行政部拟制的《司法行政部中心工作计划草案》中陈明,已通令各省高等法院,自1936年7月1日起至1937年12月底,将所有兼理司法各县分期改设县司法处;从1938年1月1日起,仍分三期将县司法处改设成正式法院,每一期不得逾半年,最迟截止到1939年6月末为止,一律改设就绪。"预计该条例施行期间届满之日,亦即全国未设正式法院各县一律改设就绪之时。"③

抗战的爆发,战争经费的猛增必然影响到司法经费的投入,沦陷区法院关闭,游击区恢复备受责疑的县长兼理司法之制度,比如江西省赣北星子、湖口等11县司法处停办,恢复为县长兼理司法模式,后方改设县司法处及正式法院的进程也大受影响,进展缓慢。1941年2月,司法院再次制订5年普设全国法院计划,除东北四省外,全国尚有未设法院共1354县,预定自1942年起5年筹设完毕,第一年(1942年)筹设135所约1/10,第二至第四年各筹设2/10,第五年筹设其余3/10,④至截止的1946年,该计划又未

---

① 《县司法处组织暂行条例草案审查报告》,载《立法院公报》1936年第79期。
② 司法院训令,训字第301号,载《司法公报》1936年第109期。
③ 《司法行政部中心工作计划草案》,载《中华法学杂志》1936年新编第1卷第2期。
④ 居正:《抗战四年来之司法》,载范忠信、尤陈俊、龚先砦选编:《为什么要重建中国法系:居正法政文选》,中国政法大学出版社2009年版,第384页。

完成。

1947年11月在全国司法行政检讨会议宣言上,再次提出:"普设法院为健全司法之要图,司法行政部早有五年普设计划,唯以时际迍邅,囿于人力财力,骤难实施。此次本会议热烈讨论,一致决议:请司法行政部于三年内将县司法处一律改为法院,俾畸形组织一举廓清,全国人民受同等之司法保障。"①

国民政府改设县司法处与设置地方法院同时进行,也取得一定的成效,地方法院从抗战前的302所,增加到1947年的748所,②1948年为778所,③但远未达到"普设"的目标。

早在1939年就有学者指出:"顾司法改革之困难,其实在才财二难,至今似亦未变其性质。惟才财二者之困难为相对的,非绝对的。新法律教育之推行迄今三十年,'才难'当已不若民初之严重。至于财政,地方法院之设,负担虽较重大,设一承审员或审判官,每月支出不过百元上下,合中央地方之力以赴,宜非决不可能。"④或许,理念问题,才是根本吧。

### (二) 内部矛盾重重,影响行政效率

有些县司法处内部矛盾重重:审判官与县长、主任审判官与审判官、审判官与书记官、审判官与员役等诸多矛盾交织,影响了司法效率。

1938年7月,曾国屏任南丰县司法处审判官,到差之初,因更易行为不检之执达员及拒绝批阅代状等事,与县长李屏山意见相左。此后,曾国屏、李屏山关系一直处于僵局。1939年3月17日,曾国屏呈请另调。10月21

---

① 谢冠生编:《全国司法行政检讨会议汇编》,1947年12月。
② 《中华年鉴》(上册),中华年鉴社发行,1948年版,第463页。
③ 欧阳湘著:《近代中国法院普设研究:以广东为个案的历史考察》,知识产权出版社2007年版,第358页。
④ 蔡枢衡著:《建国与司法近代化》,原刊1939年8月20日《云南日报·星期论文》,载《中国法理自觉的发展》,清华大学出版社2005年版,第152页。

日院令调石城。①

　　1944年,崇义县县长沈知方因刑事侦查案件久押被告萧流熹等一案,经江西高等法院检察处转函江西省政府予以记过处分,沈知方接阅是项令文后,大为愤怒,认为系审判官彭兆薰故意玩弄使其受过,意图报复。彭兆薰于4月16日离县,5月21日返处27日又离县,并于28日代电致江西高等法院呈请辞职。6月24日江西高等法院指令彭兆薰"该员未经请假核准,擅行离职,殊属不合……迅即回处任事,以重职守。"7月7日,江西高等法院派张受益代理崇义县司法处审判官,②9月24日,张受益到任。受此影响,崇义县司法处审判事务5个多月无人负责。

　　1946年1月11日、15日,张垩民、邹康先后到任广丰,分别担任主任审判官、审判官。之后,两人缠斗不休。江西高等法院只好将两人分别调离。9月23日,江西高等法院院令张垩民调任乐平县司法处主任审判官,邹康调任弋阳县司法处审判官。③

　　1948年3月11日,万年县司法处审判官吴瑞徵致信吴昆吾,诉该处主任审判官王言纶"身为主管,对于所作判词有时间性者,应即速核阅发送,乃生之判词囤积伊处都甚多,不予核发,致告诉人莫明真相,继续上告,此种情形,生颇苦之,即历任审判官如黄(钟)、樊(应丰)诸人不数月而速求去者,均因该主管神经十足,遇事不办,一味应酬党派,夫妇二人常有整日夜在外竹战不返,遇有要公竟无法找人,此种行动,万年妇孺皆知,诚司法人员之羞耻也。"呈请另调他县。信中吴瑞徵自称"学生"。4月6日,王言纶以"万年县城全体士绅"之名,代电呈吴昆吾:"新任审判官吴瑞徵任事将近半载,一批未出,一案未判,委因学验缺乏,办案无从着手,讼民受累,痛苦难堪。王主

---

① 南丰县司法处审判官、书记官任免卷,卷宗号 J018-3-00214,江西省档案馆。
② 崇义县司法处审判官、书记官任免卷,卷宗号 J018-1-00511,江西省档案馆。
③ 广丰县司法处审判官、书记官任免卷,卷宗号 J018-1-00681,江西省档案馆。

任睹此情形,稍加催促,即恶声厉色相向,遂致不敢与言,并不敢行使指挥监督之权,此种性情暴戾,不学无术之劣员,长此滥尸要职,殊为钧座盛名之累……"6月10日王言纶再次代电致吴昆吾:"查吴审判官积压民刑案件62起,职固有督催速判之责,惟本年一月间曾向其催判一次,不意反触其怒,此后对职即绝无过从,并不接谈,自无从行使指挥监督之权……现吴审判官未经请假,已于本月五日携眷擅自离职……"吴昆吾令鄱阳地方法院院长黄迪庆调查王言纶所称各节是否属实,迅速查明具复,以凭核办。黄迪庆将调查情形呈报江西高等法院,据此,6月30日,江西高等法院训令:"查该处一月份民刑月表所载该员未结民刑案件亦共仅16起,何得谓为积压62起?何以所称与统计月报表不符?关于擅自离职一节,并据吴瑞徽呈验该主任所给六月五日之请假证明书,何谓为未经请假擅自离职?以上两点,仰即声复。此令。"王言纶无言以对。7月15日,江西高等法院训令:"查该主任审判官排挤同僚蒙蔽长官,着即免职。此令。"①

1945年,永丰县司法处审判官朱梅春欲以自己的亲信、录事朱佑臣为书记官,为此,暗使朱佑臣在外唆使,诬控书记官邱冠群行为不检,但经县长派人密查或侦查,又毫无佐证。邱冠群为前途计,被迫呈请江西高等法院准予另调他县工作或解职。6月15日,邱冠群将历年民刑已未结卷证及行政卷宗等件,分别开具清册移交,由录事朱佑臣、陈福行、吕祖光以及检验员艾永青等四员清点无误,6月16日离职。②

1946年5月24日,武瀛洲到任余干县主任审判官。武瀛洲被控贪污,欲将罪责嫁祸于书记官彭伯麟,威逼其交出经手登记账簿,并呈请江西高等法院改派彭伯良(与武瀛洲系高安同乡)接充余干县司法处书记官。彭伯麟于8月4日离处,携带有关簿据前赴高院,述明责任。8月26日,江西高等

---

① 万年县司法处审判官、书记官任免卷,卷宗号J018-1-00845,江西省档案馆。
② 永丰县司法处审判官、书记官任免卷,卷宗号J018-1-00594,江西省档案馆。

法院院令武瀛洲暂予停职。①

1946年11月间,永丰县司法处审判官王安迫使检验员艾永青辞职,而以无检验学识之录事吕祖光接替检验员一职。②

诸多的内部矛盾,一定程度影响到审判工作的正常进行,甚至导致积案的产生。

### (三) 违法乱纪人员,再三重新起用

张夷,曾任河南新乡县司法处主任审判官,未经请假,于1937年11月21日晚潜逃无踪,"值此全面抗战工作紧张之际,本县秩序如常,该员竟敢撤离职守,殊堪痛恨,自应予以通缉,以肃官常。"③从抄发的张夷年貌书中所载姓名、年龄、别号、籍贯来看,自是后来在江西信丰任职的张夷莫属,该员1943年1月起任江西信丰县司法处审判官、主任审判官,1946年5月起调任泰和地方法院推事,其履历表中也明明白白地填写曾任"河南新乡县司法处审判官"。

孙崐于1946年7月任会昌县司法处审判官,同年11月升任主任审判官。1948年7月15日,会昌县司法处看守所所长戴鸿恩控告孙崐贪赃枉法,1942年任广东英德地方法院书记官时擅改判决主文,通缉有案。9月,司法行政部训令江西高等法院,令孙崐停职赴粤受审。9月10日孙崐赶赴广东乐昌地方法院检察处投案,9月15日,乐昌地方法院检察处侦查终结并处分不起诉,"免予追诉"。9月25日,江西高等法院令派孙崐代理雩都县司法处主任审判官。④

---

① 余干县司法处审判官、书记官任免卷,卷宗号 J018-1-00542,江西省档案馆。
② 永丰县司法处审判官、书记官任免卷,卷宗号 J018-1-00738,江西省档案馆。
③ 准河南省政府咨为新乡县司法处主任审判官张夷撤离职守潜逃无踪请饬属协辑等情令仰一体协辑,载《江西省政府公报》1937年第975期。
④ 会昌县司法处主任审判官孙崐贪赃枉法卷,卷宗号 J018-5-00374;审判官呈部请派卷,卷宗号 J018-1-01703,江西省档案馆。

前章所述詹逸，一边负案在身，一边继续出任奉新县政府承审员，且任职多年。张夷、孙崐、詹逸等是如何通过重重审核，实在让人百思不解。

县司法处为司法人才的成长提供了实践基地，其承载的民刑一审是讼案昭彰的基础环节。而县长兼理检察事务、司法职员的任人唯亲，深为世所诟病。该制度设计的原旨，是作为一种过渡性的机构，即为普设地方法院奠定基础。考其理念与实践，县司法处制度是司法权与行政权分离、司法独立的理想与兼理司法的惰性既斗争又妥协的平衡点，县司法处作为半独立的司法机关，在历史深处奏响的绕梁乐章，余音犹存。

# 结　语

　　县司法处是清末法制变革以来,中国司法变革尤其是县级司法体制革新的重要成果。从审检所、司法公署的短暂试行,到兼理司法县政府的独占鳌头,再至县司法处逐步取而代之,未设地方法院的县级基层司法机构的变化,体现出清末民初以来中国司法体制革新不断探索的历史轨迹。"县者,国之小影也,其机括之构造,轮轴之运行,不无大小广狭之殊,然亦具体而微,故觇一县之敷施,而省与国之规模从可知矣……县之所有即省之所有,而亦国之所有,有健全之县府始有健全之县治,国与省亦犹是也。"①南京国民政府成立十周年之际,居正总结了司法建设八方面的成就,其中之一即为新式法院之普设:1926 年,县长兼理司法者占全国 92%,至 1937 年,新式法院由 139 所增至 406 所,"其余未设法院地方,亦多设'独立审判'之县司法处以为过渡。"②同时代的学者也认为:"国民政府成立后,司法当局鉴于以往司法方法的种种缺点,曾努力地筹划改进之方,尤其是前岁随着新民刑诉讼法和法院组织法的颁布,对于法院的增设,以及其他许多事项的整理,可说中国的司法,已是由萎靡不振的现象,渐渐的改换了新兴的局面,这是可为我中国司法前途额手称庆的。"③

---

① 《宁冈县志(后志)》卷四,司法述,1931 年铅印本,第 152 页。
② 居正:《十年来之司法建设》,载《中华法学杂志》新编第一卷第 5、6 号全刊,1937 年 2 月。
③ 张知本:《中国司法制度的几个问题》,载《中华法学杂志》新编第一卷第 5、6 号合刊,1937 年 2 月。

1952年1月,中国台湾公布新的所谓"县司法处组织条例",县司法处检察事务,置检察官处理(检察官之资格与审判官相同),或由县长兼理,但以具有县司法处检察官之资格为限。审判官、检察官均荐任或荐任待遇。并删除县司法处设于县政府之规定,至此,县司法处几具正式法院规模。①

　　在大陆,县司法处随着新政权的建立而成为历史的陈迹,沉淀于历史的河流。但民国时期县司法处的价值内核,对于当下中国的司法改革仍具有一定的借鉴意义:

　　首先,以法官为重心的制度设计原则。审判官的任免权掌握在高等法院和司法行政部,为审判官的独立审判、免受行政权的制约,奠定了人事管理上的基础;县司法处少则11人,多则17人,仅设审判官1人(或2人),法官与司法辅助人员之比率为1:11至1:8.5之间,书记官、检验员、录事、执达员、法警、庭丁等司法辅助人员皆受审判官之节制,为审判工作服务;审判官的收入数倍甚至数十倍于司法辅助人员。专业化、精英化的审判官遴选,必然需要与之相匹配的责、权、利的统一。

　　其次,司法经费的中央统一管理。从1941年起,县司法处及各级法院的经费由司法行政部统一编制预算、中央统一拨付与管辖,既为县司法处和各级法院的司法经费提供了稳定的保障,也为司法权不受行政权和地方各种势力的干预,提供了坚实的经济基础。

　　第三,对法官办案质量的监督与考核。如前章所述,这种监督与考核贯穿始终,包括审判官的任命阶段与任职阶段,并由相关法规作了详细的考核规定,如《考核推检暨审判官办案成绩办法》及《江西高等法院调核所属推检审判官办案稿件暂行办法》等。司法公正、司法威信与案件审理的质量息息相关,对审判官办案质量的监督,其本质正是对司法公正的追求与对司法威信的维护。

---

①　汪楫宝著:《民国司法志》,商务印书馆2013年版,第17页。

第四,法律应当成为解决社会矛盾的最后手段。历史的波谲云诡让人无法预测未来命运,新政权建立后,多少有功之臣尚且无法看清人生未来的道路,何况乎旧政权遗留下的携带"原罪"的旧司法人员。

表6.1 新政权建立后江西各县司法处审判官的结局

| 结 局 | 姓 名 | 备 注 |
| --- | --- | --- |
| 自杀 | 文柄(大庾);吴瑞徵(1952年);谢绎(1952年);李家腾(被判刑,1965年) | 括号内为自杀时间或地点 |
| 枪决 | 杨独清(1950年);张维熙 焦景清 朱玠(1951年);邹伟才(1951年上高);邹荣祖(1951年);吴镜明(1951年4月);甘棠(1952年丰城);吴文怡(1952年);施生(1953年);刘金麟 邵云樵 蔡恂 张寿熙 廖立三 王绍珪 | 括号内为枪决时间或地点 |
| 判刑 | 廖吉斋(在赣州劳改中病死);王言纶(释放后在家病亡);王振谱(1961年劳改中病死);王公孚(两次判刑劳改);何显徵(1953年判刑十年);朱炽昌(无期徒刑);吴俊(拘留);吴运鸿(1958年劳改中病死);彭兆薰(1953年判无期徒刑1957年在南昌劳改病死);彭熙骏(1953年判刑8年,在劳改中病死);樊应丰(1956年释放,后病亡);杜国琛(1950年劳改中病死);陈虞卿(一年);曾岐祥(1953年判刑五年1959年冬病死);胡以谦 李集之 谢应悌 | |
| 管制劳动 | 方平 聂赓飑 张受益 尹志恢 熊植谋 朱汾颐 彭相正 黄景文 龙行燮 钟皓 | |
| 被揪斗 | 王安 陈位源 陈赞枢 | |
| 病死 | 谢癸 王大猷 吴品元 程德瑞 刘兆德 曾国屏(1951年);张汉(1952年);喻遂生 刘兆燊(1953年);易凤鸣(1955年);邱荣祖 曾仑(1956年);胡敬舆(1958年);陈瑛(1959年4月);周景苏 袁兴仕 钟举正(1960年);孙青云 李世标(1961年);李景稷 涂步青 郑享宾 赵舫(1962年);王世昌(1964年);周邦杰(1965年);熊人叙 李景伊 江文福(1966年);佘世荣(1967年);黄钟(1968年);胡国平(1969年);周瞻锋(1962年因病瘫痪);张步吕 缪家兴 徐日明 李秉刚 熊可人 胡屏广 万增 | 括号内为病亡时间 |

续表

| 结　局 | 姓　　名 | 备　注 |
|---|---|---|
| 下落不明 | 郜骧 | |
| 逃往台湾 | 胡道辉（1949年） | 括号内为逃走时间 |

资料来源：一、江西省宁都县革命委员会清查敌伪档案办公室编：《敌伪江西省各级司法人员资料汇编》，1970年10月，内部资料。二、江西省奉新县革命委员会保卫部清查敌伪档案办公室编《敌伪人员汇编》，1970年11月，内部资料。

说明：张步吕，另一说1952年外逃（奉新编）；李家腾，另一说枪决（奉新编）。

能够熬过一季又一季的寒冬，而依然能在来年春天怒放生命之花者，如王安、陈位源、陈赞枢、王崇云、雷迅、张德溥、朱梅春、缪仕濬、温树荣、彭年、黄振华、刘夔飓、周雍余、周蔚文等，多在各自的乡间劳作。郑绍康则在浙江省温州市二中任教，[①]已是非常不错的晚年。当然，这些人大多还戴着一个共同的帽子：历史反革命。

一个不尊重每一个国民个体生命的国度，是不可能真正耸立于世界。我们民族千百年来有太多的暴力与死亡，悲剧是暴力与死亡只是轮回，而并未在尸骨累累中产生出解决争端、限制暴力的规则，涅槃出一条让生者远离恐惧与伤害、活出自由与尊严的救赎之路。诚如学者所言："这个国家的长治久安其实和每个人都息息相关，只有用法治而不是人治的方式，才能最终降伏这个千百年来充满悲剧宿命的庞大国家。"[②]中共十八届四中全会通过的《中共中央关于全面推进依法治国若干重大问题的决定》指出："依法治国，是坚持和发展中国特色社会主义的本质要求和重要保障，是实现国家治理体系和治理能力现代化的必然要求，事关我们党执政兴国，事关人民幸福

---

[①] 参见江西省宁都县革命委员会清查敌伪档案办公室编：《敌伪江西省各级司法人员资料汇编》，1970年10月，内部资料。

[②] 周大伟：《新中国"依法治国"理念的吊诡和嬗变》，载香港《二十一世纪》2015年4月号总第148期。

安康,事关党和国家长治久安。"全面依法治国的号角声声,我们有理由相信,法治的道路虽然可能还有曲折,但终将不可逆转。

当暴力远去,而法律或司法真正成为解决矛盾的最后手段,我们民族才能走出野蛮时代,走出丛林规则,走出"历史三峡"。①

依法治国的根基是依法治县,所谓郡县治则天下安。民国时期县司法处的实践与运行,为当下中国正在进行的司法改革提供了很好的参照,如司法人员分类管理、法官员额制、省以下人财物统管等措施,都可以从中听见历史的回音与回响。

---

① "历史三峡"是唐德刚关于中国社会政治制度转型的理论。

# 附 录

## 一、江西各县司法处审判官任期一览表

### 1. 万载县司法处

| 序号 | 姓名 | 职别 | 院派、部派日期 | 到职日期 | 卸职日期 | 程期（天） | 任期 | 备注 |
|---|---|---|---|---|---|---|---|---|
| 1 | 邹启明 | 审判官 | 1936年7月10日院派 1936年10月20日部派署 | 1936年7月20日 1936年11月2日 | 1937年2月17日 | 10 | 七个月 | 1937年1月27日因病呈辞，2月6日院令准辞 |
| 2 | 薛聿骧 | 审判官 | 1937年2月6日院派 1938年5月20日部派署 | 1937年2月17日 1938年6月13日 | 1939年3月24日 | 11 | 两年一个月 | 1939年2月7日院令调南康（与余瑾互调），3月31日院令原互调撤销，各留原职，4月14日院令改调龙南 |
| 3 | 谢焭 | 审判官 | 1939年4月14日院派 | 未到职 | | | 未到职 | 赴职途中遇劫，受伤患病，呈请辞职。1939年6月2日院令原案撤销 |
| 4 | 刘家琪 | 审判官 | 1939年6月2日院派 | 未到职 | | | 未到职 | 因病呈辞。1939年6月22日院令原案撤销 |
| 5 | 龙会云 | 审判官 | 1939年6月22日院派 | 1939年7月3日 | | 11 | 一年七个月 | 1942年1月20日院令因案停职，移付侦查 |
| 6 | 邓纪 | 审判官 | 1942年1月20日院派 1943年8月17日部派署 | 1942年2月1日 1943年9月27日 | | 11 | 四年 | 1945年12月17日院令调代吉安地院推事（1946年2月到职） |
| 7 | 黄振华 | 主任审判官 | 1945年12月17日院派审判官 主任审判官 1948年5月21日部派署 1948年11月10日部派署 | 1946年2月1日 | | 45 | 一年十个月 | 1948年11月1日院令另有调用 |
| 8 | 文世荣 | 审判官 | 1946年1月5日院派 | 1946年2月1日 | | 26 | 两个半月 | 1946年4月中旬病故 |
| 9 | 邹伟才 | 审判官 | 1946年7月4日院派 1948年11月1日院令兼代主任审判官 | 1946年9月1日 1948年11月11日兼代主任 | | 57 | 两年五个月 | 1949年1月26日院令候任用 |

续表

| 序号 | 姓名 | 职别 | 院派、部派日期 | 到职日期 | 卸职日期 | 程期（天） | 任期 | 备 注 |
|---|---|---|---|---|---|---|---|---|
| 10 | 王言纶 | 主任审判官 | 1948年11月17日院派 | 1948年12月1日 | | 14 | 五个月 | （1949年3月21日呈，署名） |
| 11 | 黄河清 | 审判官 | 1949年1月26日院派 | 1949年2月15日 | | 19 | 两个半月 | |
| 2.宁都县司法处(1940年4月1日 宁都地方法院成立) |
| 12 | 聂烈光 | 审判官 | 1936年7月10日院派 1937年4月28日部派署 | 1936年7月21日 1937年5月11日 | 1937年7月27日 | 11 | 一年 | 1937年7月27日请假，至另调未再返处。1937年9月9日院令调兴国 |
| 13 | 王阶平 | 审判官 | 1937年9月9日院派 1939年5月1日部调署 | 1937年10月3日 1939年6月10日 | | 24 | 两年四个半月 | 1940年2月16日院令调会昌 |
| 14 | 聂辉扬 | 审判官 | 1940年2月16日院派 | 1940年3月15日 | | 27 | 半个月 | |
| 3.丰城县司法处(1947年12月1日 丰城地方法院成立) |
| 15 | 黄谟介 | 审判官 | 1936年7月10日院派 1936年10月20日部派署 | 1936年7月21日 1936年11月2日 | | 11 | 四年八个月 | 1940年12月14日院令调上饶 |
| 16 | 杨租震 | 审判官 | 1940年12月14日院派 1941年9月3日院派 | 1941年1月1日 1941年9月11日 | | 17 | 一年八个半月 | 1942年8月19日病故 |
| 17 | 毛益鸿 | 主任审判官 | 1941年9月3日院派 1942年2月28日部派署 | 1941年9月11日 1942年4月6日 | | 8 | 四年七个月 | 1946年4月16日院令退休 |
| 18 | 魏炳翰 | 主任审判官 | 1942年10月1日院派 1943年8月13日部派署 | 1942年12月24日 1943年9月20日 | | 83 | 四年十一个月 | 1948年1月28日院令调安福 |
| 19 | 陈沛霖 | 审判官 | 1946年1月12日院派 | 未到职 | | | 未到职 | 呈称迫于家务不能赴职。1946年2月15日院令原派案撤销 |
| 20 | 龙行燮 | 审判官 | 1946年2月18日部派代 1947年6月7日部派署 1948年 | 1946年3月1日 1947年8月16日 | | 11 | 一年九个月 | 1948年1月28日院令调进贤 |

续表

| 序号 | 姓名 | 职别 | 院派、部派日期 | 到职日期 | 卸职日期 | 程期（天） | 任期 | 备注 |
|---|---|---|---|---|---|---|---|---|
| 21 | 熊同禄 | 审判官 | 1946年5月28日院派 | 1946年6月5日 | | 8 | 四个月 | 因病呈辞，1946年9月30日院令照准 |
| 22 | 杨清正 | 审判官 | 1946年9月30日院派 | 1946年10月11日 | | 11 | 一年一个半月 | 1947年12月17日院令调瑞昌 |
| 4.萍乡县司法处（1944年11月1日萍乡地方法院成立） |
| 23 | 王冕 | 审判官 | 1936年7月10日院派 | 1936年7月21日 | | 11 | 四个月 | 1936年11月5日院令：奉部令该员学历不合，应予免职 |
| 24 | 杨清 | 审判官 | 1936年11月5日院派<br>1937年6月18日部派署 | 1936年11月26日 | 1937年4月1日 | 21 | 四个月 | 奉部派充江苏各地方法院候补推事，1937年3月11日呈请辞职，18日院令准辞 |
| 25 | 詹逸 | 审判官 | 1937年3月18日院派<br>1938年5月20日部派署 | 1937年4月1日<br>1938年6月14日 | | 13 | 一年五个月 | 1938年9月7日院令停职（有收受贿赂及吸食鸦片嫌疑在扣留检验侦讯中） |
| 26 | 高寿祺 | 审判官 | 1938年9月7日院派 | 未到职 | | | 未到职 | 1938年9月10日呈不赴任。9月18日院令原派案撤销 |
| 27 | 廖馨声 | 审判官 | 1938年9月18日院派 | 1938年10月1日 | | 13 | 一年十一个月 | 1940年8月8日院令另有任用（代理赣县地院检察处候补检察官） |
| 28 | 黄学余 | 审判官<br>主任审判官 | 1940年8月8日院派<br>1941年1月24日院派暂代 | 1940年9月11日<br>1941年2月24日 | | 34 | 九个月 | 1941年5月27日院令"考取法官，赴渝受训" |
| 29 | 胡鹭 | 主任审判官 | 1941年5月24日院派<br>1942年2月28日部派署 | 1941年7月30日<br>1942年4月4日 | | 66 | 三年三个月 | 1944年10月9日院令调代萍乡地院推事 |
| 30 | 王崇云 | 审判官 | 1941年1月24日院派<br>1942年2月28日部派署 | 1941年4月10日<br>1942年4月4日 | | 76 | 三年六个半月 | 1944年10月5日院令调永新 |
| 5.贵溪县司法处（1947年12月1日贵溪地方法院成立） |
| 31 | 周澈 | 审判官 | 1936年7月10日院派<br>1937年5月11日部派署 | 1936年7月21日<br>1937年5月22日 | 1938年11月30日 | 11 | 两年四个半月 | 1938年11月19日院令调南城 |

续表

| 序号 | 姓名 | 职别 | 院派、部派日期 | 到职日期 | 卸职日期 | 程期(天) | 任期 | 备注 |
|---|---|---|---|---|---|---|---|---|
| 32 | 陈继曾 | 审判官 | 1938年11月19日院派 | 未到职 | | 未到职 | | 以羸弱之躯不能胜任请辞。1938年11月30日院令原派案撤销 |
| 33 | 周雍余 | 审判官<br>主任审判官 | 1938年11月30日部派署<br>1942年5月部派署<br>1941年6月5日院派<br>1946年3月26日部派代 | 1938年12月14日 | 1946年5月5日 | 14 | 七年四个半月 | 1946年4月19日江西高等法院检察处派代南昌地院检察官 |
| 34 | 朱希文 | 审判官 | 1941年6月5日院派 | 1941年7月21日 | | 46 | 四个半月 | 1941年11月3日院令该员赴上饶县司法处清理积案,25日因病呈请暂缓赴上饶。12月3日院令因病呈三个月内赴上饶,12月16日浏达。1942年1月30日院令调上饶(与曾国屏对调) |
| 35 | 曾国屏 | 审判官 | 1942年1月30日院派 | 1942年4月1日 | | 61 | 一年半个月 | 1943年4月19日院令调资溪 |
| 36 | 雷迅 | 审判官 | 1943年4月19日院派 | 未到职 | | 未到职 | | 呈称因病不能到职。1943年6月16日院令原派案撤销 |
| 37 | 陈赞枢 | 审判官 | 1943年6月16日院派 | 1944年1月11日 | | 205 | 一年 | 1944年3月7日调院派代都昌审判官;呈因要病沉重,准留原职。1944年5月19日院令要撤销,1945年12月20日院令:教育部复函司法行政部,陈赞枢学历无案可稽,奉1945年6月5日部令不以任用 |
| 38 | 张步昌 | 审判官 | 1946年2月14日院派 | 1946年3月27日 | 1946年9月11日 | 43 | 五个半月 | 1946年8月13日院令调玉山 |
| 39 | 曾祥海 | 主任审判官 | 1946年4月19日院派 | 1946年5月5日 | | 16 | 一年七个月 | |

附录 257

续表

| 序号 | 姓名 | 职别 | 院派、部派日期 | 到职日期 | 卸职日期 | 程期（天） | 任期 | 备 注 |
|---|---|---|---|---|---|---|---|---|
| 40 | 李景伊 | 审判官 | 1946年11月2日院派 | 1946年11月22日 | | 20 | 一年 | 1947年12月任清江地院检察处检察官 |

6. 上高县司法处

| 序号 | 姓名 | 职别 | 院派、部派日期 | 到职日期 | 卸职日期 | 程期（天） | 任期 | 备 注 |
|---|---|---|---|---|---|---|---|---|
| 41 | 胡鹫 | 审判官 | 1936年7月10日院派<br>1937年4月28日部派署 | 1936年7月21日<br>1937年5月10日 | 1941年7月22日 | 11 | 五年 | 1937年7月31日代电因病请假一月，8月5日院令准假，派樊甲暂代。9月6日呈请续假半月，14日院令准假，22日呈请销假，25日院令照准，28日返处任事。1941年5月24日院令调萍乡 |
| 42 | 樊甲 | 审判官 | 1937年8月5日院派暂代 | 1937年8月7日 | 1937年9月28日 | 2 | 一年半月 | 调信丰 |
| 43 | 李世标 | 审判官 | 1941年5月24日院派<br>1943年3月20日部派署 | 1941年7月22日<br>1943年4月26日 | 1946年2月12日 | 58 | 四年六个月 | 1945年12月27日院令另有任用 |
| 44 | 彭熙骏 | 主任审判官 | 1946年2月11日院派<br>1947年7月28日部派代<br>1948年11月18日部派署 | 1946年2月16日<br>1947年8月14日 | | 46 | 三年两个半月 | 1949年4月13日院令另有任用 |
| 45 | 杜坦生 | 审判官 | 1946年1月31日院派 | 1946年2月12日 | | 12 | 一年两个月 | 1947年4月11日呈该员与地方人士赌博业经查明属实，应予免职 |
| 46 | 邹盛召 | 审判官 | 1947年4月21日院派 | 未到职 | | 未到职 | 未到职 | 1947年6月3日呈称因事不能即时到职。6月14日院令原派案撤销 |
| 47 | 李秉刚 | 审判官 | 1947年6月14日院派 | 1947年7月 | | 约20 | 一年十个半月 | （1948年12月机关表） |
| 48 | 熊继轩 | 主任审判官 | 1949年4月13日院派 | | | | 不确定 | |

7. 南城县司法处（1947年12月1日 南城地方法院成立）

续表

| 序号 | 姓名 | 职别 | 院派、部派日期 | 到职日期 | 卸职日期 | 程期（天） | 任期 | 备 注 |
|---|---|---|---|---|---|---|---|---|
| 49 | 张维熙 | 审判官 | 1936年7月10日派 1936年10月20日部派署 | 1936年7月21日 1936年11月2日 | | 11 | 一年四个半月 | 1938年11月19日院令调乐安 |
| 50 | 周澈 | 审判官 主任审判官 | 1938年11月19日院派 1941年1月24日院派 1942年6月11日部派署 | 1938年12月1日 1941年1月29日 1942年7月26日 | 1942年11月20日 | 12 | 四年 | 1942年10月21日院令调崇和地院推事 |
| 51 | 程孝毅 | 审判官 | 1941年1月24日院派 | 1941年2月21日 | 1941年7月15日 | 27 | 五个月 | 1941年6月14日，因病呈辞，7月2日院令准辞 |
| 52 | 张国絛 | 审判官 | 1942年1月6日院派 | 1942年1月22日 | 1943年6月30日 | 15 | 一年五个月 | 1943年5月26日院令调崇仁 |
| 53 | 周道熙 | 主任审判官 | 1942年11月4日院派 | 1942年12月15日 | 1943年3月31日 | 41 | 三个半月 | 1943年3月15日院令调南丰 |
| 54 | 丁从周 | 主任审判官 | 1943年3月15日院派 | 1943年5月11日 | 1945年11月12日 | 56 | 两年六个月 | 1945年10月12日院令调代临川地院推事 |
| 55 | 严俊驹 | 审判官 | 1943年12月27日院派 | 1944年1月9日 | | 13 | 一年 | 1945年1月4日院令严俊驹因案停职 |
| 56 | 邓伯亮 | 审判官 | 1945年1月4日院派 | 未到职 | | | 未到职 | 1945年3月20日院令另有调用（调余江） |
| 57 | 孙青云 | 审判官 | 1945年3月20日院派 1945年10月30日部派署 | 1945年4月19日 1946年1月11日 | 1946年7月26日 | 29 | 一年三个月 | 1946年7月8日院令调崇仁 |
| 58 | 涂步青 | 主任审判官 | 1945年10月11日院 | 1945年10月26日 | 1947年7月21日 | 14 | 一年九个月 | 1947年7月16日院令调南丰 |
| 59 | 曾岂凡 | 审判官 | 1946年3月14日院派 | 未到职 | | | 未到职 | 现服务丰城县政府，未能到职。1946年4月18日院令原派案撤销 |

续表

| 序号 | 姓名 | 职别 | 院派、部派日期 | 到职日期 | 卸职日期 | 程期（天） | 任期 | 备注 |
|---|---|---|---|---|---|---|---|---|
| 60 | 刘绍基 | 审判官 | 1946年6月13日院派 | 1946年7月3日 | | 20 | 一年四个月 | （1948年1月任大庾地院推事） |
| 61 | 吴品元 | 审判官 | 1946年7月12日院派 | 1946年8月16日 | 1947年6月3日 | 34 | 九个半月 | 1947年5月28日院令调省另候任用 |
| 62 | 许璧 | 审判官 | 1947年5月28日院派 | 未到职 | | | 未到职 | 1947年6月3日呈称因事未能赴职。月14日院令原派案撤销 |
| 63 | 席秋芳 | 审判官 | 1947年6月19日院派暂代 | 1947年7月7日 | | 18 | 五个月 | （1947年12月任南城地院推事） |
| 64 | 杨正襄 | 主任审判官 | 1947年7月14日院派 | 1947年8月1日 | | 17 | 四个月 | |

8.高安县司法处

| 序号 | 姓名 | 职别 | 院派、部派日期 | 到职日期 | 卸职日期 | 程期（天） | 任期 | 备注 |
|---|---|---|---|---|---|---|---|---|
| 65 | 黄绍香 | 审判官 | 1936年7月10日院派 1936年10月20日部派署 | 1936年7月21日 1936年11月3日 | | 11 | 两年九个月 | 1939年5月1日县司法处停办 |
| 66 | 聂燨随 | 主任审判官 | 1945年12月29日院派 1948年11月29日部派署 | 1946年1月29日 | | 30 | 两年 | 1948年1月8日院令有任用（1948年2月任九江地院推事调南昌地院办事） |
| 67 | 陈镇华 | 审判官 | 1946年4月15日院派 | 1946年6月1日 | 1947年6月12日 | 46 | 一年 | 1947年6月4日院令调安义 |
| 68 | 杨独清 | 审判官 | 1947年6月4日院派 | 1947年6月12日 | | 8 | 一年四个月 | 1947年10月16日院令调崇仁 |
| 69 | 谭仁勇 | 审判官 | 1947年10月16日院派 | | 1948年1月15日 | 5 | 四个月 | 1948年1月8日院令调代宁都地院推事 |
| 70 | 陈焕 | 主任审判官 | 1948年1月8日院派 1948年8月3日部派代理 1949年3月14日部派署 | 1948年2月1日 1948年8月21日 | | 23 | 九个月 | 1948年10月29日院令调代南昌县司法处审判官调南昌地院办事 |
| 71 | 万增 | 审判官 | 1948年1月28日院派 | 1948年3月1日 | 1948年4月11日 | 33 | 一个半月 | 1948年3月呈请辞职，4月5日院令准辞 |

附录 261

续表

| 序号 | 姓名 | 职别 | 院派、部派日期 | 到职日期 | 卸职日期 | 程期（天） | 任期 | 备注 |
|---|---|---|---|---|---|---|---|---|
| 72 | 曾鲁 | 审判官 | 1948年4月3日院派 | 1948年4月11日 | | 8 | 一年一个月 | （1948年12月23日机关表） |
| 73 | 胡道辉 | 主任审判官 | 1948年10月29日院派 | 1948年11月18日 | | 19 | 六个月 | （1949年4月11日呈、署名） |
| 9. 崇仁县司法处 |
| 74 | 丘凤唐 | 审判官 | 1936年7月10日院派 1936年10月20日部派署 | 1936年7月21日 1936年11月3日 | | 11 | 九个月 | 1937年4月12日起程赴京司法官再试，请假一月。1937年5月22日院令另有任用 |
| 75 | 郑季濂 | 审判官 | 1937年4月17日院派暂代 1937年5月22日院派代理 1938年5月20日部派署 | 1937年4月28日 1938年6月15日 | 1943年5月14日病故 | 11 | 五年半个月 | |
| 76 | 张国馀 | 审判官 主任审判官 | 1943年5月26日院派 1944年5月部派署 | 1943年7月8日 1946年1月9日 | | 42 | 三年 | 1946年7月8日院令调代南昌地院推事 |
| 77 | 郑邦麟 | 审判官 | 1946年1月5日院派 | 未到职 | | | 未到职 | 因久未到职，1946年3月14日院令原派案撤销 |
| 78 | 徐日明 | 审判官 | 1946年3月14日院派 | 1946年4月1日 | 1947年5月11日 | 17 | 一年一个月 | 1947年4月23日院令准与永丰审判官王安互调 |
| 79 | 孙青云 | 主任审判官 | 1946年7月8日院派 1947年2月1日部派署 | 1946年8月1日 1947年2月25日 | | 23 | 两年九个月 | 1947年10月16日院令调黎川地院推事，11月11日院令孙青云仍供原职，原派案撤销。（1949年3月19日呈、署名） |
| 80 | 王安 | 审判官 | 1947年4月23日院派 1947年9月18日部派代 | 1947年5月16日 1947年10月7日 | 1947年11月15日 | 23 | 六个月 | 1947年11月5日院令派代南昌地院推事 |
| 81 | 杨独清 | 主任审判官 | 1947年10月16日院派 | 未到职 | | | 未到职 | 1947年11月11日院令调永修，原派案撤销 |

续表

| 序号 | 姓名 | 职别 | 院派、部派日期 | 到职日期 | 卸职日期 | 程期（天） | 任期 | 备 注 |
|---|---|---|---|---|---|---|---|---|
| 82 | 涂 穗 | 审判官 | 1947年11月24日院派 | 未到职 | | | 未到职 | 1947年11月26日呈称不便前往就职，请准予另调。12月15日院令原派案撤销 |
| 83 | 焦泉清 | 审判官 | 1947年12月15日院派 | 1948年1月6日 | | 21 | 一年三个月 | 1949年3月19日院令调德兴 |
| 84 | 廖 铨 | 审判官 | 1949年3月19日院派 | | | 不确定 | 不确定 | |
| 10. 进贤县司法处 ||||||||
| 85 | 张 燮 | 审判官 | 1936年7月10日院派 | 1936年7月21日 | 1936年11月16日 | 11 | 三个半月 | 1936年11月5日院令：奉部令该员学历不合，应予免职 |
| 86 | 周瞻锋 | 审判官 | 1936年11月5日院派 1937年6月18日部派署 | 1936年11月16日 1937年6月28日 | 1939年2月7日离县就医 | 11 | 两年两个半月 | 1939年1月24日因病呈辞，1月30日院令准辞 |
| 87 | 余 绎 | 审判官 | 1939年1月30日院派 | 1939年2月9日 | 1940年4月3日 | 9 | 一年两个月 | 以妻母相继亡故，子女四人年幼需要照顾，1940年3月1日呈请辞职。3月8日院令准辞 |
| 88 | 张文源 | 审判官 主任审判官 | 1940年3月8日院派 1943年3月20日部派署 1945年12月20日部调代 1946年3月26日部调代 | 1940年4月3日 1943年5月1日 1946年1月1日 | | 25 | 六年三个月 | 1946年4月8日院令调代临川地院推事（1946年7月到职） |
| 89 | 胡德铨 | 审判官 | 1945年12月20日院派 | 未到职 | | | 未到职 | 籍隶进贤，1945年12月25日令原派案撤销 |
| 90 | 万 增 | 审判官 主任审判官 | 1945年12月25日院派 1946年9月4日院派 | 1946年1月4日 | | 9 | 两年两个月 | 1946年9月4日周道熙调南昌地院后，院派万增代理主任审判官。1948年1月28日院令峰调高安审判官 |

续表

附录　263

| 序号 | 姓名 | 职别 | 院、部派日期 | 到职日期 | 卸职日期 | 程期（天） | 任期 | 备注 |
|---|---|---|---|---|---|---|---|---|
| 91 | 周道熙 | 主任审判官 | 1946年4月8日院派 | 1946年7月17日 | | 99 | 两个月 | 1946年9月4日院令调代南昌地院推事 |
| 92 | 熊璧邦 | 审判官 | 1946年10月6日院派 | 1946年11月16日 | | 20 | 一年七个月 | 1948年6月8日任处长 |
| 93 | 龙行燮 | 主任审判官 | 1948年1月28日派 1948年9月8日部派署 | 1948年2月 1948年9月16日 | | 10 | 一年三个月 | （1949年1月20日呈署名） |
| 94 | 李家学 | 审判官 | 1948年6月8日院派 | 1948年6月11日 | 1949年1月11日 | 3 | 七个月 | 1949年1月3日院令调安福 |
| 95 | 涂莘如 | 审判官 | 1949年1月3日院派 | 1949年1月11日 | | 8 | 四个月 | |
| 11. 都昌县司法处 | | | | | | | | |
| 96 | 曾蕾 | 审判官 | 1936年7月10日院派 1937年4月28日部派署 | 1936年7月21日 1937年5月10日 | | 11 | 七年十一个月 | 久假不归，1938年10月7日院令停职（9月30日已返处任事）。10月12日院令准予回复原职。1944年3月7日院令调代鄱阳地院推事 |
| 97 | 张燮 | 审判官 | 1938年10月7日院派 | 未到职 | | | 未到职 | 曾蕾回处任事，张燮另候任用。1938年10月13日院令原派案撤销 |
| 98 | 陈赞欧 | 审判官 | 1944年3月7日院派 | 未到职 | | | 未到职 | 妻病，呈辞。1944年5月19日院令原派案撤销 |
| 99 | 金绍曾 | 主任审判官 | 1944年5月19日院派 1946年1月9日院派 | 1944年7月4日 1946年1月18日 | 1946年7月11日离处 | 45 | 三年三个月 | 1947年9月22日离处 |
| 100 | 冯品高 | 审判官 | 1946年1月5日院派 | 1946年3月16日 | | 70 | 四个月 | 1946年7月11日离处，先以父病垂危，后以本人患拒袭剧坚请辞职，8月12日院令准辞 |
| 101 | 蒋思训 | 审判官 | 1947年9月22日院派 | 1947年10月11日 | | 19 | 八个月 | 1948年5月29日院令调乐平 |

264　民国时期江西县司法处研究

续表

| 序号 | 姓名 | 职别 | 院、部派日期 | 到职日期 | 卸职日期 | 程期（天） | 任期 | 备注 |
|---|---|---|---|---|---|---|---|---|
| 102 | 武瀛洲 | 主任审判官 | 1947年9月24日派 | 1947年11月1日 | | 37 | 七个半月 | 1948年6月14日院令免职 |
| 103 | 曾镛 | 审判官 | 1948年5月29日院派 | 1948年6月15日 | | 16 | 十一个月 | |
| 104 | 熊燮邦 | 主任审判官 | 1948年6月14日院派 | 1948年6月22日 | | 8 | 十一个月 | |

12. 安义县司法处

| 序号 | 姓名 | 职别 | 院、部派日期 | 到职日期 | 卸职日期 | 程期（天） | 任期 | 备注 |
|---|---|---|---|---|---|---|---|---|
| 105 | 王仰曾 | 审判官 | 1936年7月10日院派 | 1936年7月21日 | 1938年10月10日抵省缴医 | 11 | 两年两个半月 | 因病呈辞。1938年10月21日院令准辞 |
| 106 | 张燮 | 审判官 | 1936年10月20日部派署 | 1936年11月2日 | | | 未到职 | 因病呈辞。1938年11月22日院令撤销 |
| 107 | 谢棱 | 审判官 | 1938年10月21日院派 | 未到职 | | | | 案撤销 |
| 108 | 熊人叙 | 主任审判官 | 1938年11月22日院派 | 1938年12月16日 | | 24 | 四个月 | 1939年5月院令该县司法处停办 |
| 109 | 陈镇华 | 审判官 | 1945年12月29日院派 | 1946年2月1日 | | 32 | 两年四个月 | 1948年5月29日院令调代清江地院推事 |
| 110 | 万笃明 | 审判官 | 1947年6月4日院派 | 1947年6月13日 | | 9 | 一个月 | 1947年7月9日院令调德兴 |
| 111 | 朱炽昌 | 主任审判官 | 1947年7月9日院派 1948年6月17日部派代 | 1947年7月18日 | | 9 | 一年十个月 | 1949年4月13日院令调广昌 |
| 112 | 乔增桂 | 审判官 | 1948年5月29日院派 | 1948年9月1日 | | 92 | 八个月 | |
| | | | 1949年4月13日院派 | | | 3 | 半个月 | |

13. 清江县司法处（1947年12月1日 清江地方法院成立）

续表

| 序号 | 姓名 | 职别 | 院派、部派日期 | 到职日期 | 卸职日期 | 程期（天） | 任期 | 备注 |
|---|---|---|---|---|---|---|---|---|
| 113 | 刘金麟 | 审判官<br>主任审判官 | 1936年7月10日院派<br>1937年4月28日部派署<br>1941年1月24日院派<br>1942年2月28日部派署 | 1936年7月22日<br>1937年5月10日<br>1941年2月1日<br>1942年4月4日 | 1944年10月 | 12 | 八年三个月 | 1944年11月6日院令因案停职 |
| 114 | 邓纪 | 审判官 | 1941年1月26日院派代 | 1941年2月10日 | | 15 | 十一个月 | 1941年2月8日院令赴万载清理积案。3月中旬赴万载4月20日到达。1942年1月20日院令调万载 |
| 115 | 曾震寰 | 审判官 | 1942年10月1日院派 | 未到职 | | | 未到职 | 1942年11月20日院令另有调用（新干） |
| 116 | 朱希文 | 审判官<br>主任审判官 | 1943年1月8日院派<br>1945年3月6日部派署<br>1944年11月6日院派代<br>1945年1月4日院派代理<br>1947年2月7日部派署 | 1943年2月16日<br>1944年11月21日<br>1945年1月15日<br>1947年2月28日 | | 38 | 四年九个半月 | 1947年12月1日清江地院成立 |
| 117 | 万增 | 审判官 | 1945年1月4日院派 | 1945年10月23日 | | | 不计数 | 1945年10月11日院令原派案撤销。12月31指令原派案已撤销,万增另甫到职 |
| 118 | 舒政铎 | 审判官 | 1945年10月11日院派 | 1945年11月1日 | | 20 | 一年八年月 | （1947年7月任袁宜地院检察处检察官） |
| 119 | 王汉光 | 审判官 | 1946年5月18日院派 | 未到职 | | | 未到职 | 1946年9月28日院令原派案撤销 |
| 120 | 尹志恢 | 审判官 | 1946年9月26日院派 | 1946年10月7日 | | 11 | 七个月 | 1947年4月23日院令调新干 |
| 121 | 刘爕飏 | 审判官 | 1947年4月23日院派 | 1947年5月18日 | | 25 | 六个半月 | 1947年12月12日调吉水 |
| 122 | 陈欣然 | 审判官 | 1947年6月28日院派代 | 1947年7月22日 | | 24 | 四个半月 | 1948年1月6日院令调宜丰 |

附录 265

续表

| 序号 | 姓名 | 职别 | 院派、部派日期 | 到职日期 | 卸职日期 | 程期（天） | 任期 | 备注 |
|---|---|---|---|---|---|---|---|---|
| 14. 玉山县司法处（1948年12月1日 玉山地方法院成立） |||||||||
| 123 | 丁从周 | 审判官 | 1936年7月10日院派<br>1936年10月20日部派署 | 1936年7月22日<br>1936年11月2日 | | 11 | 四年八个月 | 1940年11月20日院令调上饶，继任纪云章辞不赴任。12月14日院令从周仍留原职。1941年2月3日院令调上饶派案撤销 |
| 124 | 纪云章 | 审判官 | 1940年11月20日院派 | 未到职 | | | 未到职 | 辞不赴任。12月14日院令原派撤销 |
| 125 | 刘家瑾 | 审判官 | 1941年2月3日院派 | 未到职 | | | 未到职 | 供职江西省政府民政厅，辞职未准。1941年2月27日院令原派案撤销 |
| 126 | 黄谟介 | 审判官 | 1941年2月27日院派<br>1941年11月4日部派署 | 1941年3月18日<br>1941年12月6日 | | 21 | 三年九个月 | 1944年11月24日院令派代袁宜地院推事暂调金溪地院办事 |
| 127 | 章思严 | 主任审判官 | 1944年11月23日院派<br>1946年3月26日部调署 | 1945年1月1日<br>奉部令 | 1946年9月16日 | 38 | 一年八个月 | 1946年8月13日院令另有任用 |
| 128 | 邵云樵 | 审判官 | 1946年1月5日院派 | 1946年2月21日 | | 16 | 九个月 | 1946年11月15日院令调整源 |
| 129 | 张步吕 | 主任审判官 | 1946年8月13日院派 | 1946年9月16日 | | 33 | 两年两个月 | 1948年11月15日院令调弋阳 |
| 130 | 汪志先 | 审判官 | 1946年11月15日院派<br>1948年6月17日部派代 | 1946年11月23日 | | 8 | 两年 | 1948年11月22日院令调余干 |
| 15. 上饶县司法处（1947年12月1日 上饶地方法院成立） |||||||||
| 131 | 丁德高 | 审判官 | 1936年7月10日院派<br>1937年4月28日部派署 | 1936年7月23日<br>1937年5月11日 | | 13 | 两年一个月 | 奉第三战区军法执行监调用，恳请辞职。1939年8月3日院令准辞 |
| 132 | 王主瀛 | 审判官 | 1939年8月3日院派 | 1939年8月19日 | 1940年7月26日 | 16 | 十一个月 | 1940年7月9日呈"奉委横峰县长，呈请辞去审判官职务"。7月18日院令准辞 |
| 133 | 邱杰熹 | 审判官 | 1940年7月18日院派 | 1940年7月26日 | | 8 | 六个月 | 母病重，辞职。1940年11月20日院令准辞 |

续表

| 序号 | 姓名 | 职别 | 院、部派派日期 | 到职日期 | 卸职日期 | 程期（天） | 任期 | 备注 |
|---|---|---|---|---|---|---|---|---|
| 134 | 丁从周 | 审判官 | 1940年11月20日院派 | 未到职 | | 未到职 | | 1940年12月14日院令仍留玉山原任。原派案撤销。遗缺派派黄诰介代理 |
| 135 | 黄诰介 | 审判官 | 1940年12月14日院派 | 1941年1月21日 | | 37 | 一个半月 | 1941年2月27日院令调玉山 |
| 136 | 丁从周 | 主任审判官 | 1941年2月3日院派<br>1942年6月11日部派署 | 1941年3月21日<br>1942年12月10日 | | 47 | 两年一个半月 | 1943年3月15日院令调南城 |
| 137 | 曾国屏 | 审判官 | 1941年3月26日院派 | 1941年7月8日 | | 102 | 八个月 | 1942年1月30日院令调贵溪（与朱希文互调） |
| 138 | 朱希文 | 审判官 | 1942年1月30日院派 | 1942年3月1日 | | 29 | 十一个月 | 1943年1月8日院令调清江 |
| 139 | 熊益三 | 审判官<br>主任审判官 | 1943年1月8日院派<br>1943年3月15日院派<br>1944年2月18日部派署 | 1943年3月1日<br>1943年5月4日<br>1944年4月1日 | | 51 | 两年三个月 | （1945年6月任临川地院推事） |
| 140 | 过德刚 | 审判官 | 1943年3月25日院派 | 未到职 | | 未到职 | | 呈称交通不便，辞不赴任。1943年6月28日院令原派案撤销 |
| 141 | 章思严 | 审判官 | 1943年6月28日院派暂代<br>1944年8月8日部派署 | 1943年10月1日<br>1944年10月1日 | 1944年12月30日 | 93 | 一年三个月 | 1944年11月23日院令调玉山 |
| 142 | 谢士儁 | 主任审判官 | 1945年3月20日院派 | 1945年5月8日 | | 48 | 两年五个半月 | 1947年10月18日院令停职（因案交付侦查） |
| 143 | 伍家玉 | 审判官 | 1944年12月11日院派 | 1945年3月16日 | 1946年1月9日 | 95 | 九个半月 | 1945年12月17日院令调光泽 |
| 144 | 朱汝琏 | 审判官 | 1946年1月12日院派<br>1947年7月28日部派代 | 1946年1月25日<br>1947年8月14日 | | 13 | 一年十个半月 | 1947年10月18日院令兼代主任审判官（1947年12月18日任上饶地院推事） |

268　民国时期江西县司法处研究

续表

| 序号 | 姓名 | 职别 | 院、部派日期 | 到职日期 | 卸职日期 | 程期（天） | 任期 | 备注 |
|---|---|---|---|---|---|---|---|---|
| 145 | 彭相正 | 审判官 | 1945年12月25日派 | 1946年2月22日 | | 57 | 九个半月 | |
| 16. 修水县司法处 |
| 146 | 陈政 | 审判官 | 1936年7月10日院派 | 1936年7月24日 | 1936年11月10日 | 14 | 三个半月 | 1936年11月4日院令：奉部令该员资历不足应予免职 |
| 147 | 贾化鹏 | 审判官 | 1936年11月4日院派 1937年6月18日部派署 | 1936年11月10日 1937年7月1日 | 1944年11月21日 | 6 | 八年半个月 | 因病呈辞。1944年10月12日院令准予辞职 |
| 148 | 左邦直 | 审判官 主任审判官代 | 1944年10月12日院派 1946年12月14日部派署 1946年4月15日院派 1947年2月1日部派代 | 1944年11月21日 1946年4月22日 | 1947年7月11日 | 39 | 两年七个半月 | 1947年6月4日院令泰和地院推事（8月18日到职） |
| 149 | 陈庆之 | 审判官 | 1946年4月15日院派 | 1946年7月24日 | | 99 | 一年五个半月 | 1947年12月22日院令调安远 |
| 150 | 吴俊 | 主任审判官 | 1947年6月4日院派 | 1947年7月11日 | | 37 | 一年十个月 | （1948年12月机关） |
| 151 | 杜国琛 | 审判官 | 1947年12月26日院派 | 1948年1月 1948年9月10日 | | 15 | 十一个月 | 1948年12月17日院令调瑞昌（与朱汾颐互调） |
| 152 | 朱汾颐 | 审判官 | 1948年12月17日院派 | | | | 不确定 | |
| 17. 武宁县司法处 |
| 153 | 武谰洲 | 审判官 | 1936年7月10日院派 | 1936年7月24日 | 1937年1月21日 | 14 | 六个月 | 1936年12月16日院令；12月10部令该员学历经审查认为有疑义，应予免职 |
| 154 | 吴镜明 | 审判官 | 1936年12月28日院派 1937年4月30日部派署 | 1937年1月21日 1937年5月8日 | | 3 | 一年两个月 | 1938年12月23日院令停办 1939年3月20日与县府移交 |

附录 269

续表

| 序号 | 姓名 | 职别 | 院、部派日期 | 到职日期 | 卸职日期 | 程期（天） | 任期 | 备注 |
|---|---|---|---|---|---|---|---|---|
| 155 | 吴镜明 | 主任审判官 | 1945年12月29日院派<br>1946年12月18日部派署 | 1946年3月16日<br>1947年1月23日 | 1948年11月16日 | 66 | 两年八个月 | 1948年10月16日江西高等法院检察处令派代南昌地院检察官 |
| 156 | 王云衢 | 审判官<br>主任审判官 | 1946年3月14日部派<br>1948年10月21日院令兼代<br>11月26日院派代理 | 1946年4月1日<br>1948年11月16日<br>兼代12月1日代理 | | 17 | 三年一个月 | （1948年12月13日机关概况调查表） |
| 157 | 蒋远源 | 审判官 | 1948年11月26日院派 | 1949年1月1日 | | 35 | 四个月 | |

18. 湖口县司法处

| 序号 | 姓名 | 职别 | 院、部派日期 | 到职日期 | 卸职日期 | 程期（天） | 任期 | 备注 |
|---|---|---|---|---|---|---|---|---|
| 158 | 朱织昌 | 审判官 | 1936年7月10日院派<br>1937年4月28日部派署 | 1936年7月25日<br>1937年5月10日 | | 15 | 一年七个月 | 因父丧请假三月，1938年1月17日院照准。1938年5月15日呈请续假二月，5月27日指令照准 |
| 159 | 金宝光 | 审判官 | 1938年1月17日院派 | 1938年2月17日 | | 30 | 十一个月 | （1938年12月23日院令停办）1939年1月31日县司法处停办 |
| 160 | 朱织昌 | 主任审判官 | 1945年12月29日院派<br>1947年3月19日部派代<br>1949年3月9日部派署 | 1946年4月17日<br>1947年4月8日 | | 110 | 两年两个月 | 1946年4月28日县司法处恢复办公<br>1948年5月29日院令调安义 |
| 161 | 李耀唐 | 审判官 | 1947年3月3日院派 | 1947年4月10日 | 1947年9月22日离职 | 37 | 五个半月 | 呈为家务待理请准长假 |
| 162 | 陈庆之 | 审判官 | 1948年1月6日院派（前派该员代理安远审判官原案撤销） | 1948年3月1日就任主任审判官 | | 55 | 一年两个半月 | 1949年3月19日院令升任该处主任审判官 |
| 163 | 谢 绎 | 主任审判官 | 1948年6月2日院派 | 1948年6月18日 | | 16 | 九个月 | 1949年3月2日代电，家被抢劫，妻受伤命危，恳请辞职。3月19日院令准辞 |
| 164 | 徐 庆 | 审判官 | 1949年3月19日院派 | | | | 不确定 | |

续表

| 序号 | 姓名 | 职别 | 院派、部派日期 | 到职日期 | 卸职日期 | 程期(天) | 任期 | 备注 |
|---|---|---|---|---|---|---|---|---|
| 19. 乐平县司法处 |
| 165 | 熊益三 | 审判官 | 1936年7月10日院派 1936年10月20日部派署 | 1936年7月25日 1936年11月2日 | | 15 | 六年六个半月 | 1943年1月8日院令调上饶 |
| 166 | 张先恭 | 审判官 | 1943年1月8日院派 | 1943年2月2日 1944年3月30日奉部令继续任事 | | 25 | 三年九个月 | 1946年9月23日院令调代鄱阳地院推事(1946年11月到职) |
| 167 | 张扆民 | 主任审判官 | 1946年9月23日院派 | 1946年10月26日 | | 33 | 十个月 | 调江西高等法院办事(1947年9月到职),江西高等法院书记官长 |
| 168 | 喻之梅 | 审判官 | 1946年12月28日院派 | 1947年2月15日 | | 48 | 一年九个半月 | 1948年11月24日院令调安福 |
| 169 | 涂崇汉 | 主任审判官 | 1947年7月9日院派 | 1947年9月1日 | | 52 | 十个月 | 1948年5月29日院令调案调省另候任用 |
| 170 | 蒋思训 | | 1948年5月29日院派 | 1948年6月27日 | | 28 | 十个月 | (1949年2月5日呈,署名) |
| 171 | 王世昌 | 审判官 | 1948年11月26日院派 | 1949年1月16日 | | 50 | 三个半月 | (1949年2月22日机关概况调查表) |
| 20. 吉水县司法处 |
| 172 | 黄学余 | 审判官 | 1936年7月10日院派 | 1936年7月26日 | 1936年11月18日 | 16 | 四个月 | 1936年11月5日院令:奉部令该员资历不足应予免职 |
| 173 | 杜鹗 | 审判官 | 1936年11月5日院派 1937年6月18日部派署 | 1936年11月18日 1937年7月3日 | 1940年4月25日 | 13 | 三年五个月 | 1940年3月20日院令另有任用 |
| 174 | 聂烈光 | 审判官 | 1940年3月20日院派 | 1940年4月25日 | 1941年8月9日离职 | 35 | 一年三个半月 | 1941年8月14日呈请病假两周,28日令照准,9月2日续假一周,中旬病故 |

续表

| 序号 | 姓名 | 职别 | 院派、部派日期 | 到职日期 | 卸职日期 | 程期（天） | 任期 | 备 注 |
|---|---|---|---|---|---|---|---|---|
| 175 | 张遵祺 | 审判官 | 1941年9月27日院派 | 1941年10月3日 | 1941年10月23日病故 | 6 | 半个月 | 1941年10月13日代电请病假，22日院令照准，23日病故 |
| 176 | 彭兆蕙 | 审判官 | 1941年11月4日院派 | 1941年11月27日 | 1941年12月12日 | 23 | 半个月 | 1941年11月14日院令调义，原派案撤销 |
| 177 | 刘和春 | 审判官 | 1941年11月14日院派<br>1942年7月16日部派署 | 1941年12月12日<br>1942年8月16日 | | 28 | 四年一个月 | 1945年12月24日院令调吉安地方法院推事（1946年2月到职） |
| 178 | 杨独清 | 审判官<br>主任审判官 | 1945年12月25日院派<br>1946年12月28日院派 | 1946年2月1日<br>1947年1月1日 | | 7 | 一年三个月 | 1947年4月5日因病辞职，23日院令准辞 |
| 179 | 周瞻锋 | 审判官<br>主任审判官 | 1946年12月28日部派署<br>1947年6月26日部派<br>1947年7月21日院发<br>1947年11月14日部派署 | 1947年1月25日<br>1947年7月12日 | 1947年12月21日 | 27 | 十一个月 | 1947年12月9日院令代清江地院推事（1947年12月到职） |
| 180 | 曾震襄 | 主任审判官 | 1947年4月23日院派 | 1947年5月21日 | | 28 | 两个月 | 1947年7月12日江西高等法院检察处派代宁都地院检察官 |
| 181 | 谢应倬 | 审判官 | 1947年8月19日院派<br>1948年8月28日部派署<br>1947年12月9日院令兼代<br>12月16日院派代理 | 1947年10月2日<br>1948年9月13日 | | 43 | 两年七个月 | （1948年12月10日机关表） |
| 182 | 刘夔飓 | 主任审判官 | 1947年12月12日院派<br>1948年8月21日部派代 | 1947年12月20日<br>1948年9月13日 | | 8 | 一年五个月 | （1948年12月10日机关表） |

21. 于都县司法处

| 序号 | 姓名 | 职别 | 院派、部派日期 | 到职日期 | 卸职日期 | 程期（天） | 任期 | 备 注 |
|---|---|---|---|---|---|---|---|---|
| 183 | 佘世荣 | 审判官 | 1936年7月10日院派<br>1936年10月20日部派署 | 1936年7月29日<br>1936年11月4日 | 1939年11月1日 | 19 | 三年三个月 | 1939年9月22日院令调南康，与镇互调） |

续表

| 序号 | 姓名 | 职别 | 院派、部派日期 | 到职日期 | 卸职日期 | 程期(天) | 任期 | 备注 |
|---|---|---|---|---|---|---|---|---|
| 184 | 余 瑋 | 审判官 | 1939年9月22日院派<br>1943年9月16日部派署 | 1939年11月8日<br>1943年10月29日 | 1945年4月22日病故 | 48 | 五年五个月 | 1942年2月4日部令"办案疏忽计过一次" |
| 185 | 罗其泽 | 审判官 | 1945年5月12日院派 | 1945年5月19日 | | 7 | 两年半个月 | 1947年5月9日代电因肺病呈辞,6月4日院令准辞 |
| 186 | 焦景清 | 主任审判官<br>审判官 | 1946年2月18日院派<br>1946年2月18日院派 | 1946年2月24日<br>1946年4月8日 | 1947年3月21日 | 50 | 十一个月半月 | 1947年3月3日院令调万安 |
| 187 | 王嵩生 | 审判官 | 1947年3月3日院派<br>1948年9月21日院令兼代主任审判官 | 1947年3月21日<br>1948年10月5日就任兼代职务 | | 18 | 两年 | 1948年9月28日院令已派孙崐代理主任审判官,该员毋庸兼代。1949年3月23日院令调彭泽 |
| 188 | 黄 钟 | 主任审判官 | 1947年6月4日院派 | 1947年7月14日 | 1948年10月5日 | 40 | 一年两个月 | 1948年9月21日院令调会昌 |
| 189 | 孙 崐 | 审判官 | 1948年9月25日院派 | 1948年10月27日 | | 32 | 六个半月 | (1948年12月机关概况调查表) |
| 190 | 方 平 | 主任审判官 | 1949年3月23日院派 | | | 不确定 | | |

22. 余干县司法处

| 序号 | 姓名 | 职别 | 院派、部派日期 | 到职日期 | 卸职日期 | 程期(天) | 任期 | 备注 |
|---|---|---|---|---|---|---|---|---|
| 191 | 张先恭 | 审判官 | 1936年7月10日院派<br>1937年4月28日部派署 | 1936年8月1日<br>1937年5月13日 | 1939年9月13日 | 21 | 两年一个月 | 1939年8月18日院令调余江(与彭年互调) |
| 192 | 彭 年 | 审判官 | 1939年8月18日院派<br>1943年4月21日部派署 | 1939年9月10日 | | 22 | 六年五个月 | 1945年12月20日院令另有调用 |
| 193 | 张炳南 | 审判官 | 1945年12月20日院派 | 未到职 | | 未到职 | | 张炳南系1944年1月部令发交查缺派用,未载通讯地点,院令无从寄发。1945年12月26日院令原派案撤销 |

附录 273

续表

| 序号 | 姓名 | 职别 | 院、部派日期 | 到职日期 | 卸职日期 | 程期（天） | 任期 | 备注 |
|---|---|---|---|---|---|---|---|---|
| 194 | 王镇南 | 审判官 | 1945年12月31日院派 | 未到职 | | | 未到职 | 1945年12月1日就任南昌地院检察处主任书记官 |
| 195 | 王镇南 | 主任审判官 | 1946年2月14日院派 | 未到职 | | | 未到职 | 1946年3月14日院令调宜黄，原派案撤销 |
| 196 | 陈淀生 | 审判官 | 1946年2月14日院派 | 未到职 | | | 未到职 | 1946年5月15日代电重病。5月30日呈报暂难赴职。1946年5月1日院令原派案撤销 |
| 197 | 刘祖汉 | 主任审判官 | 1946年3月18日院派 | 未到职 | | | 未到职 | |
| 198 | 武瀛洲 | 主任审判官 | 1946年4月30日院派 | 1946年5月24日 | | 24 | 三个月 | 1946年8月26日院令因案暂予停职 |
| 199 | 丘道万 | 主任审判官 | 1946年8月26日院派 | 1946年9月3日 | | 7 | 十个月半 | 1947年7月2日院令调崇义 |
| 200 | 甘棠 | 审判官 | 1946年10月18日院派 | 1946年11月16日 | | 28 | 十个月 | 1947年8月28日院令调宜丰 |
| 201 | 武瀛洲 | 主任审判官 | 1947年7月2日院令复职 | 1947年7月21日 | | 19 | 三个月 | 系前主任审判官，因案停职，该案业经终结，武瀛洲应准复职。1947年10月8日院令调都昌 |
| 202 | 刘昕旦 | 审判官 | 1947年9月24日院派 | 1947年10月31日 | | 37 | 一年 | 1948年6月8日院令调大过一次。1948年10月9日院令调新余 |
| 203 | 李世标 | 主任审判官 | 1947年10月8日院派 | 1947年10月 | 1948年12月25日 | 10 | 一年两个月 | 1948年11月24日院令调宜黄 |
| 204 | 汪志先 | 审判官 | 1948年11月22日院派 | 1948年12月9日 | | 17 | 五个月 | |
| 205 | 王镇南 | 主任审判官 | 1948年11月24日院派 | 1948年12月31日 | | 37 | 四个月 | |

23. 崇义县司法处

| 序号 | 姓名 | 职别 | 院、部派日期 | 到职日期 | 卸职日期 | 程期（天） | 任期 | 备注 |
|---|---|---|---|---|---|---|---|---|
| 206 | 刘和春 | 审判官 | 1936年7月10日院派 1936年10月20日部派署 | 1936年8月1日 1936年11月5日 | | 21 | 五年四个月 | 1941年11月14日院令调吉水 |

续表

| 序号 | 姓名 | 职别 | 院派、部派日期 | 到职日期 | 卸职日期 | 程期（天） | 任期 | 备注 |
|---|---|---|---|---|---|---|---|---|
| 207 | 彭兆薰 | 审判官 | 1941年11月14日院派 1943年4月22日部派署 | 1941年12月25日 1943年5月25日 | | 41 | 两年五个月 | 因与县长兼检察职务沈知方矛盾冲突，1944年5月27日离处 |
| 208 | 张受益 | 审判官 | 1944年7月7日院派 1945年10月30日部派署 | 1944年9月24日 1946年2月16日 | 1947年10月6日 | 77 | 三年半 | 调兴国地方法院检察官派南昌地院办事（1947年10月到职） |
| 209 | 丘道万 | 主任审判官 | 1947年7月2日院派 1948年6月17日部派代 | 1947年9月11日 | | 69 | 两年八个月 | 1948年10月22日院令以原缺调任赣县地方法院办事（清理积案），1949年1月22日院令回本任 |
| 210 | 魏凤樨 | 审判官 | 1948年1月21日院派 | | | 10 | 五个月 | （计至1948年6月21日） |
| 211 | 刘廷杰 | 审判官 | 1948年6月10日院派 | 1948年6月21日 1948年11月1日兼代主任审判官 | | 11 | 十个月 | 1948年10月22日院令暂代主任审判官 |

24. 南康县司法处（1940年4月1日南康地方法院成立）

| 212 | 刘兆德 | 审判官 | 1936年7月10日院派 | 1936年8月6日 | 1937年2月16日 | 26 | 六个半月 | 1937年2月6日院令调大余 |
| 213 | 黎启麟 | 审判官 | 1937年2月6日院派 | 1937年2月16日 | 1938年6月29日 | 10 | 一年四个半月 | 1938年6月9日院令免职（部令资历不足） |
| 214 | 余琿 | 审判官 | 1938年6月9日院派 | 1938年7月1日 | | 22 | 一年四个月 | 1939年2月7日院令留原任，原派案撤销。1939年3月31日院令仿留原任。1939年9月22日院令调于都（与余世荣互调） |
| 215 | 余世荣 | 审判官 | 1939年9月22日院派 | 1939年11月5日 | | 43 | 五个月 | |

25. 永新县司法处（1948年12月1日永新地方法院成立）

| 216 | 万兢 | 审判官 | 1936年7月10日院派 | 1936年8月8日 | 1936年9月23日 | 28 | 一个半月 | 1936年9月7日奉司法行政部令派补检察官调在南昌地院办理各地方法院官调在南昌地院办事 |

续表

| 序号 | 姓名 | 职别 | 院派、部派日期 | 到职日期 | 卸职日期 | 程期（天） | 任期 | 备注 |
|---|---|---|---|---|---|---|---|---|
| 217 | 方远扬 | 审判官 | 1936年9月15日院派<br>1937年4月28日部派署 | 1936年9月23日<br>1937年5月11日 | 1938年12月6日 | 8 | 两年两个半月 | 1938年11月1日院令因案停职 |
| 218 | 刘权 | 审判官 | 1938年11月1日院派 | 未到职 | | | 未到职 | 称病呈辞。1938年11月25日令原派案撤销 |
| 219 | 聂辉扬 | 审判官 | 1938年11月25日院派 | 1938年12月6日 | 1940年3月9日 | 11 | 一年三个月 | 1940年2月12日院令调宁都 |
| 220 | 金宝光 | 审判官 | 1940年2月16日院派 | 1940年3月9日 | 1941年5月20日 | 22 | 一年两个月 | 1941年4月21日院令调乐安（与张维熙互调） |
| 221 | 张维熙 | 审判官 | 1941年4月21日院派<br>1942年3月11日部派署 | 1941年5月30日<br>1942年4月10日 | | 39 | 一年七个半月 | 1942年12月10日电"因病危急，不能任事，请速派员接替"1943年1月23日院令准予辞职 |
| 222 | 廖吉斋 | 审判官 | 1942年12月20日院派 | 1943年1月9日 | 1944年11月 | 19 | 一年十个月 | 1944年10月5日院令调上犹 |
| 223 | 王崇云 | 审判官 | 1944年10月5日院派 | 未到职 | | | 未到职 | 呈称因病不能赴调。1945年1月4日院令派案撤销 |
| 224 | 刘兆椠 | 审判官<br>主任审判官 | 1944年12月27日院派<br>1946年1月5日院派<br>1947年1月10日部派代 | 1945年2月1日<br>1946年1月18日<br>1947年2月1日 | 1947年8月17日 | 5 | 一年九个月 | 呈称因案宣丰。因该员籍隶宜丰，9月22日院令原派案撤销，仍供原职。1947年10月3日院令调峡江 |
| 225 | 李集之 | 审判官 | 1946年1月5日院派 | 1947年10月11日 | | 10 | 一年七个月 | 1947年7月21日院令调新余 |
| 226 | 涂祥如 | 审判官 | 1947年10月3日院派 | 1947年10月 | | 8 | 一年一个月 | 1948年11月23日院令调彭泽 |
| 227 | 樊应丰 | 主任审判官 | 1947年10月18日院派<br>1948年5月24日部派代 | | | 10 | 八个半月 | 1948年7月13日院令调万年 |

附录　275

276　民国时期江西县司法处研究

续表

| 序号 | 姓名 | 职别 | 院、部派派日期 | 到职日期 | 卸职日期 | 程期（天） | 任期 | 备注 |
|---|---|---|---|---|---|---|---|---|
| 228 | 温树荣 | 主任审判官 | 1948年7月13日院派 | 1948年7月17日 | | 4 | 四个半月 | 1948年11月20日江西高等法院检察处令调代信丰地院检察官 |

26. 奉新县司法处

| 序号 | 姓名 | 职别 | 院、部派派日期 | 到职日期 | 卸职日期 | 程期（天） | 任期 | 备注 |
|---|---|---|---|---|---|---|---|---|
| 229 | 朱贤裔 | 审判官 | 1937年2月6日院派 1938年12月17日部派署 | 1937年2月15日 1939年2月19日 | | 9 | 两年一个月 | 县司法处于1939年3月23日停办 |
| 230 | 楼显康 | 主任审判官 | 1945年12月29日院派 | 1946年1月21日 | | 22 | 一年四个月 | 1947年4月10日因病呈辞。4月23日院令准辞 |
| 231 | 林文洗 | 审判官 | 1946年6月12日院派 | 1946年6月17日 | | 5 | 一年九个月 | 1948年3月2日江西高等法院检察处派暂代南城地院检察官 |
| 232 | 钟santos正 | 主任审判官 | 1947年4月23日院派 | 1947年6月1日 | | 38 | 一年一个月 | （1948年2月江西司法人员录） |
| 233 | 赵舫 | 审判官 | 1948年3月4日院派 | 1948年3月26日 | | 22 | 一年一个月 | |

27. 永修县司法处

| 序号 | 姓名 | 职别 | 院、部派派日期 | 到职日期 | 卸职日期 | 程期（天） | 任期 | 备注 |
|---|---|---|---|---|---|---|---|---|
| 234 | 吴运鸿 | 审判官 | 1937年2月6日院派 1938年5月20日部派署 | 1937年2月15日 1938年6月14日 | | 9 | 一年十个月 | 1938年12月1日县司法处停办（1938年12月23日院令停办） |
| 235 | 金干 | 主任审判官 | 1945年12月29日院派 | 1946年1月27日 | 1947年11月11日 | 28 | 一年九个月 | 1947年10月23日院令代浮梁地方法院书记官调高二分院办事 |
| 236 | 费子诚 | 审判官 | 1946年7月4日院派 | 1946年9月5日 | | 61 | 一年一个月 | 1947年10月13日院令安远 |
| 237 | 郑绍康 | 审判官 | 1947年10月13日院派 1948年7月28日部派署 | 1947年10月16日 1948年8月12日 | | 3 | 一年六个月 | （1948年12月25日机关概况调查表） |
| 238 | 王大猷 | 主任审判官 | 1947年10月23日院派 | 未到职 | | | 未到职 | 代电呈辞。1947年10月28日院令原派案撤销 |

续表

| 序号 | 姓名 | 职别 | 院、部派派日期 | 到职日期 | 卸职日期 | 程期（天） | 任期 | 备 注 |
|---|---|---|---|---|---|---|---|---|
| 239 | 杨独清 | 主任审判官 | 1947年11月10日院派 | 1947年11月12日 |  | 2 | 一年四个月 | 1949年4月14日院令调乐安 |
| 28. 德安县司法处 |
| 240 | 史美文 | 审判官 | 1937年2月6日院派 | 1937年2月15日 | 1938年6月10日离职 | 9 | 一年四个月 | 1938年6月9日院令免职（奉部令资历不足） |
| 241 | 刘耀南 | 审判官 | 1938年6月9日院派 | 1938年7月1日 |  | 22 | 六个月 | 1938年12月23日院令县司法处停办 |
| 242 | 熊世珍 | 主任审判官 | 1945年12月29日院派<br>1947年12月19日部派代<br>1948年4月6日部派署 | 1946年2月27日<br>1948年1月10日 |  | 58 | 三年两个半月 | 抗战后德安县司法处恢复办（1949年1月17日呈、署名） |
| 243 | 曹锡阶 | 审判官 | 1946年3月16日院派 | 未到职 |  |  | 未到职 | 1946年7月11日呈因病不能赴职。8月1日呈原派案撤销 |
| 244 | 陈瘦卿 | 审判官 | 1946年8月20日院派 | 1946年9月8日 |  | 18 | 两年两个月 | （1948年12月机关表） |
| 29. 泰和县司法处（1942年11月1日 泰和地方法院成立） |
| 245 | 雷迅 | 审判官 | 1937年2月6日院派 | 1937年2月15日 | 1938年2月16日赴吉安地院投案 | 9 | 一年 | 1938年2月10日院令因案停职 |
| 246 | 彭兆熹 | 审判官 | 1938年2月10日院派暂代<br>1938年2月27日院派代理 | 1938年3月14日 | 1940年5月16日 | 24 | 两年两个月 | 身患疾病，1940年4月15日入院治疗并呈请辞职。4月22日院令准辞 |
| 247 | 王崇云 | 审判官 | 1940年4月22日院派 | 1940年5月16日 |  | 24 | 九个月 | 1941年1月24日院令调萍乡 |
| 248 | 周景苏 | 审判官 | 1941年1月24日院派 | 1941年2月23日 | 1942年11月1日 | 29 | 一年八个月 | 1942年10月1日院令调新干，并候泰和地院成立再赴新任 |

续表

| 序号 | 姓名 | 职别 | 院派、部派日期 | 到职日期 | 卸职日期 | 程期（天） | 任期 | 备注 |
|---|---|---|---|---|---|---|---|---|
| 30. 黎川县司法处（1940年4月1日黎川地方法院成立） |||||||||
| 249 | 高齐镕 | 审判官 | 1937年2月6日院派 | 1937年2月15日 | | 9 | 一年两个半月 | 有侵占法收嫌疑,1938年4月27日院令停职 |
| 250 | 陈 政 | 审判官 | 1938年4月27日院派 | 1938年5月11日 | | 14 | 一年十一个半月 | 1940年3月20日院令调南丰 |
| 31. 永丰县司法处 |||||||||
| 251 | 杨宝森 | 审判官 | 1937年2月6日院派 | 1937年2月15日 | 1937年8月2日 | 9 | 五个半月 | 1937年7月31日院令因案撤职（有伪造证件嫌疑） |
| 252 | 魏炳翰 | 审判官 | 1937年7月31日院派 1938年12月17日部派署 | 1937年8月2日 1939年2月1日 | 1941年9月26日 | 2 | 四年一个半月 | 1941年8月26日院令调新干（与邱荣祖互调） |
| 253 | 邱荣祖 | 审判官 | 1941年8月26日院派 1943年8月13日部派署 | 1941年10月5日 1943年9月17日 | 1944年11月21日 | 9 | 三年一个月 | 1944年10月9日院令调代萍乡地院推事 |
| 254 | 朱梅春 | 主任审判官 | 1944年10月5日院派 1946年1月22日院派 | 1944年11月21日 | 1946年9月1日 | 46 | 一年九个半月 | 1946年7月26日院令调代南康地院推事（9月21日到职） |
| 255 | 王 安 | 审判官 | 1946年1月22日院派 1947年5月12日部派代 | 1946年2月16日 | 1947年5月13日 | 4 | 一年三个月 | 1947年4月23日院令调崇仁（与徐日明互调） |
| 256 | 陈立鹏 | 主任审判官 | 1946年7月26日院派 | 1946年9月1日 | | 35 | 两年八个月 | （1949年3月机关概况调查表） |
| 257 | 徐日明 | 审判官 | 1947年4月23日院派 1948年5月24日部派代 | 1947年5月13日 | 1948年12月7日 | 20 | 一年七个月 | 1948年11月20日院令调代信丰地院推事,11月30日改派代南昌地院推事 |
| 258 | 项燊锋 | 审判官 | 1948年11月22日院派 | 1948年12月11日 | | 19 | 四个半月 | （1949年3月机关概况调查表） |

附录 279

续表

| 序号 | 姓名 | 职别 | 院派、部派日期 | 到职日期 | 卸职日期 | 程期（天） | 任期 | 备注 |
|---|---|---|---|---|---|---|---|---|
| 32. 弋阳县司法处 |||||||||
| 259 | 胡屏广 | 审判官 | 1937年2月6日院派 1938年6月29日部派署 | 1937年2月15日 1938年7月28日奉部令任事 | | 9 | 七年九个月 | 1945年10月11日江西高等法院检察处令派代河口地院检察官 |
| 260 | 张寿熙 | 审判官 | 1945年10月16日院派 | 1945年11月21日 | 1946年10月1日 | 35 | 十个半月 | 1946年9月23日调广丰 |
| 261 | 邹 康 | 审判官 主任审判官 | 1946年9月23日院派 1947年6月14日部派署 1948年11月2日部派署 | 1946年10月1日 1947年6月19日 | 1948年10月7日赴京受训 | 8 | 两年 | |
| 262 | 缪家兴 | 审判官 | 1947年6月14日院派 1948年5月31日院派 | 1947年7月1日 1948年10月7日兼代主任审判官 | | 17 | 一年十个半月 | 1948年9月17日院令暂行兼代主任审判官（邹康调京受训）。1948年11月15日院令仍供原职 |
| 263 | 张步吕 | 主任审判官 | 1948年11月15日院派 | 1948年12月11日 | | 26 | 五个月 | |
| 33. 光泽县司法处 |||||||||
| 264 | 秦 镜 | 审判官 | 1937年2月6日院派 1938年5月20日部派署 | 1937年2月15日 1938年6月14日 | 1940年8月1日暂时移交11月1日交卸 | 9 | 三年五个半月 | 三年五个半月吐血，1940年7月7日请假两月，21日院令准假。10月9日呈辞22日院令准辞 |
| 265 | 王仰曾 | 审判官 | 1940年7月21日院暂代 1940年10月22日院派 1942年2月28日部派署 | 1940年8月1日 1942年4月4日奉部令继续任事 | | 11 | 五年五个月 | 1945年12月17日院令调代黎川地院推事（1946年2月12日到职） |
| 266 | 伍家玉 | 主任审判官 | 1945年12月17日院派 1947年6月13日院派 | 1946年1月 1947年6月18日 | | 12 | 一年七个月 | 1947年8月1日福建高等法院派员接替 |

续表

| 序号 | 姓名 | 职别 | 院派、部派日期 | 到职日期 | 卸职日期 | 程期（天） | 任期 | 备注 |
|---|---|---|---|---|---|---|---|---|
| 267 | 董济 | 审判官 | 1947年6月13日院派 | 1947年6月18日 | | 5 | 一个半月 | |
| 34. 兴国县司法处（1940年4月1日兴国地方法院成立） |
| 268 | 王阶平 | 审判官 | 1937年2月6日院派 1938年12月17日部派署 | 1937年2月15日 | | 9 | 七个半月 | 1937年9月7日院令调宁都（与聂烈光互调） |
| 269 | 聂烈光 | 审判官 | 1937年9月7日院派 1939年5月1日部派署 | 1937年10月10日 | 1940年3月31日 | 33 | 两年五个半月 | 1940年3月20日院令调吉水 |
| 35. 宜丰县司法处 |
| 270 | 陶球 | 审判官 | 1937年2月6日院派 1938年5月20日部派署 | 1937年2月16日 1938年6月14日 | | 10 | 九个五个半月 | 1946年7月8日院令代袁宜地院推事（1946年8月到职） |
| 271 | 杜国琛 | 主任审判官 | 1946年2月14日院派 1947年7月28日部派代 | 1946年2月19日 | | | | |
| 272 | 刘金麟 | 审判官 | 1946年2月14日院派 1947年7月28日部派代 | 1946年4月1日 1947年9月1日 | | 45 | 一年九个半月 | 1947年12月26日院令调修水 |
| 273 | 谢应传 | 主任审判官 | 1946年9月4日院派 1946年12月23日部派 | 1946年8月1日 | | 24 | 两年一个月 | 1946年9月4日院令代萍乡地院推事 |
| 274 | 刘兆棐 | 主任审判官 | 1947年8月28日院派 | 1946年10月7日 1947年1月21日 | 1947年10月1日 | 33 | 十一个半月 | 1947年8月19日院令调吉水 |
| 275 | 甘棠 | 主任审判官 | 1947年9月22日院改派代审任审判官 | 1947年9月19日 1947年10月1日 | 1948年7月11日 | 20 | 半个月 | 1947年9月22日院派原案撤销（因篇幅宜丰，仍承乏新原职（主任审判官） |
| 276 | 陈欣然 | 审判官 | 1948年1月6日院派 | 1948年1月16日 | | 4 | 九个半月 | 1948年6月30日院应即查办 |
| | | | | | | 10 | 十个月半 | 代杜国琛之职。因承办刘海清杀人一案采证疏误,1948年11月24日院应即免职查办 |

附录 281

续表

| 序号 | 姓名 | 职别 | 院派、部派日期 | 到职日期 | 卸职日期 | 程期（天） | 任期 | 备注 |
|---|---|---|---|---|---|---|---|---|
| 277 | 李集之 | 主任审判官 | 1948年6月30日院派 | 1948年8月 | | 31 | 九个月 | （1948年12月机关概况调查表） |
| 278 | 王彰 | 审判官 | 1948年11月16日院派 | 1949年1月1日 | | 15 | 四个月 | 1949年4月13日院令另有任用 |
| 279 | 钟伟贤 | 审判官 | 1949年4月13日院派 | | | 不确定 | | |
| 36. 龙南县司法处 |
| 280 | 刘妆霖 | 审判官 | 1937年2月6日院派 | 1937年2月16日 | | 10 | 一年四个月 | 因办案发生重大错误，1938年6月3日院令免职 |
| 281 | 江宗汉 | 审判官 | 1938年6月3日院派 | 1938年6月22日 | | 19 | 十个月 | 1939年4月14日院令调宁冈 |
| 282 | 薛津骧 | 审判官 | 1939年4月14日院派 | 1939年4月26日 | 1940年3月1日 | 12 | 十个月 | 1940年4月17日院令另有调用（奉调保安处军法官） |
| 283 | 周瞻锋 | 审判官 | 1940年4月17日院派 | 1940年4月30日 | | 13 | 十个月 | 因案经第四区保安司令部拘提候讯，1941年3月2日院令停职 |
| 284 | 尚志 | 审判官 | 1941年3月2日院派暂代 1943年3月20日部派署 | 1941年3月20日 1943年5月1日 | 1945年12月8日病故 | 18 | 三年八个月 | |
| 285 | 萧乐康 | 审判官 | 1945年12月20日院派 1946年2月18日部派代理主任审判官 | 未到职 | | | 未到职 | 因病呈辞。1946年4月5日院令原派案撤销 |
| 286 | 鲁萠雯 | 审判官 | 1946年2月18日院派 | 1946年5月1日 | 1948年7月31日 | 73 | 两年三个月 | 1948年6月23日院令代宁都地院推事 |
| 287 | 方远扬 | 主任审判官 | 1946年4月5日院派 | 1946年6月1日 | | 56 | 两个半月 | 1946年7月13日院令代南康地院推事（8月26日到职） |
| 288 | 施生 | 主任审判官 | 1946年7月15日院派 1949年3月12日部派署 | 1946年8月16日 | | 31 | 两年九个月 | （1948年12月12日机关概况调查表） |

282　民国时期江西县司法处研究

续表

| 序号 | 姓名 | 职别 | 院派、部派日期 | 到职日期 | 卸职日期 | 程期（天） | 任期 | 备注 |
|---|---|---|---|---|---|---|---|---|
| 289 | 樊永言 | 审判官 | 1948年6月23日院派 | 1948年8月1日 | | 38 | 九个半月 | （1948年12月12日机关概况表） |
| 37. 大余县司法处（1944年10月15日大庾地方法院成立） | | | | | | | | |
| 290 | 刘兆德 | 审判官 | 1937年2月6日院派<br>1937年5月28日部派署 | 1937年2月17日<br>1937年6月8日 | 1944年10月15日 | 11 | 七年八个月 | 1944年10月9日院令调代大余地院推事 |
| 38. 东乡县司法处 | | | | | | | | |
| 291 | 廖吉斋 | 审判官 | 1937年2月6日院派 | 1937年2月18日 | 1938年6月16日 | 12 | 一年四个月 | 1938年6月9日院令该员资历不合，应予免职 |
| 292 | 过德刚 | 审判官 | 1938年6月9日院派 | 1938年6月16日 | 1938年7月21日 | 7 | 一个月 | 因重婚罪，1938年4月5日被判处有期徒刑一年缓刑二年。7月7日院令撤职 |
| 293 | 李世标 | 审判官 | 1938年7月7日院派 | 1938年7月21日 | 1940年5月1日 | 14 | 一年九个半月 | 1940年3月18日呈请辞职，4月12日院令准辞 |
| 294 | 谢葵 | 审判官 | 1940年4月12日院派<br>1943年4月21日部派署 | 1940年5月1日<br>1943年6月11日 | | 19 | 五年九个半月 | 1945年12月27日院令调代金溪地院推事（1946年2月到职） |
| 295 | 潘弘毅 | 主任审判官 | 1945年12月25日院派<br>1946年2月22日院派<br>1948年11月23日部派署 | 1946年2月13日 | | 49 | 三年三个月 | （1948年2月江西司法人员录） |
| 296 | 涂世莘 | 审判官 | 1946年2月22日院派 | 未到职 | | | 未到职 | 因病呈辞。1946年5月23日令原派案撤销 |
| 297 | 胡敬舆 | 审判官 | 1946年6月13日院派 | 1946年7月2日 | 1947年7月23日 | 19 | 一年一个月 | 1947年7月14日院令调万安 |
| 298 | 焦景清 | 审判官 | 1947年7月14日院派 | 1947年8月 | | 17 | 五个半月 | 1947年12月15日院令调崇仁 |

附录 283

续表

| 序号 | 姓名 | 职别 | 院派、部派日期 | 到职日期 | 卸职日期 | 程期(天) | 任期 | 备 注 |
|---|---|---|---|---|---|---|---|---|
| 299 | 彭相正 | 审判官 | 1947年12月16日院派 | 1948年1月1日 | 1948年12月10日 | 15 | 十一个月半 | 1948年11月24日院令调代永新地院推事 |
| 300 | 苏圣权 | 审判官 | 1948年8月21日部派署 | 1948年9月7日 | | 27 | 五个月 | |
| 39. 金溪县司法处(1944年10月20日 金溪地方法院成立) | | | | | | | | |
| 301 | 辛信 | 审判官 | 1937年2月6日院派 | 1937年2月18日 | 1944年11月23日病故 | 12 | 七年八个月 | 1944年10月14日院令调广昌,未及赴职,病故 |
| | | | 1938年5月20日部派署 | 1938年6月14日 | | | | |
| 40. 广昌县司法处 | | | | | | | | |
| 302 | 熊可人 | 审判官 | 1937年2月6日院派 | 1937年2月18日 | | 12 | 七年八个月半 | 1944年10月14日院令另有任用(1944年11月任金溪地院检察处检察官) |
| | | | 1938年6月29日部派署 | 1938年7月24日 | | | | |
| 303 | 廖吉斋 | 审判官 | 1944年11月29日院派暂代 | 1944年12月19日奉部令继续任事 | | 30 | 两年两个月 | 1944年10月14日院派辛信为代理广昌县司法处审判官,辛信到职之前,改派廖吉斋暂代。因辛信病故,廖吉斋代理。1946年12月16日院令调代黎川地院推事 |
| | | | 1944年12月27日院派代理 | 1946年1月9日 | | | | |
| | | | 1945年10月29日部派署 | | | | | |
| 304 | 徐祥麟 | 审判官 | 1946年12月16日院派 | 1947年1月5日 | | 20 | 一年一个月 | 1948年1月8日院令另有任用 |
| | | 主任审判官 | 1947年4月21日院派 | 1947年4月24日 | | | | |
| 305 | 周成章 | 审判官 | 1947年4月21日院派 | 1947年5月11日 | | 20 | 十个月 | 1948年3月4日院令调广丰 |
| 306 | 熊继轩 | 主任审判官 | 1948年1月8日院派 | 1948年2月 | | 22 | 一年两个月 | 1949年4月13日院令调上高 |
| 307 | 姜鸿謩 | 审判官 | 1948年3月13日院派 | 1948年4月1日 | | 18 | 一年一个月半 | |
| 308 | 万笃明 | 主任审判官 | 1949年4月13日院派 | | | 不确定 | | (1948年12月7日机关概况调查表) |

续表

| 序号 | 姓名 | 职别 | 院派、部派日期 | 到职日期 | 卸职日期 | 程期（天） | 任期 | 备注 |
|---|---|---|---|---|---|---|---|---|
| 41. 万安县司法处 | | | | | | | | |
| 309 | 郭超群 | 审判官 | 1937年2月6日院派 1938年5月20日部派署 | 1937年2月18日 1938年6月13日 | 1941年4月9日 | 12 | 四年一个月半月 | 1941年2月22日院令调莲花 |
| 310 | 赵伯纪 | 审判官 | 1941年2月22日院派 1943年3月20日部派署 | 1941年4月9日 | | 47 | 五年四个月 | 1946年7月12日院令调代赣县地院推事 |
| 311 | 陈淦生 | 审判官 主任审判官 | 1946年7月12日院派 1947年3月3日院派 1948年10月27日部派代 | 1946年8月16日 1947年3月14日 | | 34 | 两年两个月 | 1948年9月2日院令调星子（与刘舫互调） |
| 312 | 焦景清 | 审判官 | 1947年3月3日院派 | 1947年4月7日 | 1947年7月31日 | 34 | 四个月 | 1947年7月14日院令调东乡 |
| 313 | 胡敬奭 | 审判官 | 1947年7月14日院派 | 未到职 | | | 未到职 | 久未到职,1947年10月16日令原派案撤销 |
| 314 | 陈声甫 | 审判官 | 1947年10月16日院派 | 1947年11月25日 | | 39 | 四个月 | 1948年3月22日院令暂调江西高等法院办理书记官事务。6月4日院令改调九江地院办事（仍在万安司法支领薪津） |
| 315 | 刘 舫 | 主任审判官 | 1948年9月2日院派 | 1948年10月18日 | | 46 | 七个月 | 陈声甫调京受训遗缺调派周藩代理（1949年3月1日呈,署名） |
| 316 | 周 藩 | | 1948年11月30日院派 | 1948年12月21日 | | 21 | 五个月 | |
| 42. 余江县司法处 | | | | | | | | |
| 317 | 邱荣祖 | 审判官 | 1937年2月6日院派 | 1937年2月18日 | 1938年1月 | 12 | 十一个月半月 | 1937年12月16日院令调万年（与彭年互调） |
| 318 | 彭 年 | 审判官 | 1937年12月16日院派 | 1938年1月28日 | | 42 | 一年七个月 | 1939年8月18日院令调余干 |
| 319 | 张先恭 | 审判官 | 1939年8月18日院派 1941年11月4日部派署 | 1939年9月12日 1941年12月8日 | 1943年1月 | 24 | 三年四个月半月 | 1943年1月8日院令调乐平 |

附录 285

续表

| 序号 | 姓名 | 职别 | 院、部派日期 | 到职日期 | 卸职日期 | 程期（天） | 任期 | 备注 |
|---|---|---|---|---|---|---|---|---|
| 320 | 纪云章 | 审判官 | 1943年1月8日院派 1945年3月6日部派署 | 1943年2月20日 | 1945年2月25日病故 | 42 | 两年 | 病故，部令缴销，证件发还 |
| 321 | 邓伯亮 | 审判官 | 1945年3月20日院派 | 1945年6月1日 | 1948年9月28日离职赴京 | 71 | 三年四个月 | 调第四期法官训练班1948年9月24日报到,10月1日开始受训 |
| 322 | 彭长启 | 主任审判官 | 1945年12月29日院派 | 1946年1月5日 | 1947年12月25日病故 | 52 | 一年十个月 | |
| 323 | 陈燮枢 | 审判官 | 1948年1月10日院派 | 1948年1月16日 | | 6 | 一年四个月 | 邓伯亮赴京受训期间兼代主任审判官。1948年11月15日院令仍供原职 |
| 324 | 曾国屏 | 主任审判官 | 1948年11月15日院派 | 1948年12月12日 | | 27 | 五个月 | |
| 43. 星子县司法处 | | | | | | | | |
| 325 | 王崇云 | 审判官 | 1937年2月6日院派 1938年5月20日部派署 | 1937年2月19日 1938年6月12日 | | 13 | 一年十个月 | 1938年12月23日院令停办 |
| 326 | 刘　舫 | 主任审判官 | 1945年12月29日院派 | 1946年2月19日 | | 50 | 两年七个月半 | 1948年9月2日院令调方安（与陈淦生互调） |
| 327 | 李秉刚 | 审判官 | 1946年12月16日院派 | 1947年1月1日 | 1947年6月30日 | 15 | 六个月 | 1947年6月13日院令调上商 |
| 328 | 黄荣文 | 审判官 | 1947年10月6日院派 | 未到职 | | 未到职 | 未到职 | 1948年1月9日院令另有调用 |
| 329 | 王振谱 | 审判官 | 1948年1月9日院派 | 1948年1月14日 | | 5 | 十个月半 | 1948年11月20日江西高等法院检察处调用 |
| 330 | 陈淦生 | 主任审判官 | 1948年9月2日院派 | 1948年10月25日 | | 53 | 六个月半 | |

续表

| 序号 | 姓名 | 职别 | 院派、部派日期 | 到职日期 | 卸职日期 | 程期（天） | 任期 | 备注 |
|---|---|---|---|---|---|---|---|---|
| 331 | 许继昌 | 审判官 | 1948年11月20日院派 | 1948年12月14日 | | 24 | 五个月 | |
| 44. 信丰县司法处（1948年12月1日，信丰地院成立） |
| 332 | 车光汉 | 审判官 | 1937年2月6日院派 | 1937年2月19日 | | 13 | 七个月 | 1938年2月8日院令"因案判处罪刑，应予撤职" |
| 333 | 樊甲 | 审判官 | 1937年9月24日院派暂代 1938年2月8日院派代理 | 1937年10月12日 | 1938年9月1日 | 28 | 十个半月 | 1938年8月12日院令调鄱（与罗允怀互调） |
| 334 | 罗允怀 | 审判官 | 1938年8月12日院派 | 1938年9月1日 | | 19 | 两年一个月 | 1940年7月23日部令准记两次，10月9日院令"该员经江西省第四区保安司令部提讯，应予停职"（被诉贪污渎职），18日院令免职 |
| 335 | 胡俊 | 审判官 | 1940年10月9日院派暂代 | 1940年11月4日 | 1942年12月8日 | 25 | 两年一个月 | 1942年一再呈请辞职，1942年11月20日院令准辞 |
| 336 | 廖杏斋 | 审判官 | 1942年11月20日院派 | 未到职 | | 未到职 | | 1942年12月20日院令另有调用原派案撤销 |
| 337 | 张夷 | 审判官 主任审判官 | 1942年12月20日院派 1943年3月19日部派署 | 1943年1月12日 1943年4月22日 | 1946年5月15日 | 23 | 三年四个月 | 1946年4月8日院令调代表和地院推事（1946年5月到职） |
| 338 | 熊继轩 | 审判官 | 1946年2月14日院派 | 1946年2月21日 | 1946年4月2日 | 48 | 一年十个月 | 1948年1月8日院令调广昌 |
| 339 | 张德溥 | 主任审判官 | 1946年4月8日院派 | 1946年6月15日 | | 67 | 两年五个半月 | 1948年11月19日调莲花 |
| 340 | 黄景文 | 审判官 | 1948年1月9日院派 | 未到职 | | 未到职 | | 1948年8月19日院令久未到职，着即开缺 |

附录 287

续表

| 序号 | 姓名 | 职别 | 院派、部派日期 | 到职日期 | 卸职日期 | 程期（天） | 任期 | 备注 |
|---|---|---|---|---|---|---|---|---|
| 341 | 易凤鸣 | 审判官 | 1948年6月2日院派 | 未到职 | | | 未到职 | （已任甘肃审判官）1948年6月23日院令原派案撤销 |
| 342 | 项象锋 | 审判官 | 1948年6月21日院派 | 1948年7月1日 | | 10 | 五个月 | 1948年11月22日院令调永丰 |
| 343 | 萧伟民 | 审判官 | 1948年8月19日院派 | 挂职 | | | | 1948年9—11月信丰县司法处审判官（调南城地院处理积案），因信丰县司法处裁撤改院，12月院令调金县审判官，仍在南城地院清理积案 |
| 45.婺源县司法处 |
| 344 | 刘祖汉 | 审判官 | 1937年2月6日院派 1938年5月20日部派署 | 1937年2月20日 | 1938年7月底返籍为父治丧 | 14 | 一年五个月 | 久假未归，有亏职守，1938年12月14日院令免职 |
| 345 | 程德瑞 | 审判官 | 1938年12月14日院暂代 | 1938年12月23日 | | 9 | 八年 | 1946年9月30日院令调广丰，未就职，原派广丰案撤销 1946年11月29日院令调遂川 |
| 346 | 朱友良 | 主任审判官 | 1946年2月22日院派 | 1946年3月19日 | | 25 | 一年八个月 | （1947年12月任贵溪地院推事） |
| 347 | 邵云樵 | 审判官 | 1946年11月15日院派 | 1946年12月16日 | | 31 | 十一个月 | 安徽高院派员于1947年11月14日接收。邵云樵15日离职 |
| 46.瑞金县司法处 |
| 348 | 钟 皓 | 审判官 | 1937年2月6日院派 1938年6月29日部派署 | 1937年2月21日 1938年7月25日 | | 15 | 九年四个月 | 1946年3月21日院令调代宁都地院推事 |
| 349 | 郑邦麟 | 审判官 | 1946年3月21日院派 | 1946年6月18日 | 1948年2月5日离职 | 87 | 一年七个半月 | 因录事张树材贪污案，1948年1月29日院令开缺，另候任用 |
| 350 | 金丽生 | 主任审判官 | 1946年6月24日院派 | 1946年7月18日 | | 24 | 两年十个月 | （1948年12月机关概况调查表） |

288　民国时期江西县司法处研究

续表

| 序号 | 姓名 | 职别 | 院派、部派日期 | 到职日期 | 卸职日期 | 程期(天) | 任期 | 备注 |
|---|---|---|---|---|---|---|---|---|
| 351 | 周潘 | 审判官 | 1648年3月10日院派 | 1948年4月20日 | | 40 | 一个月 | 1948年11月30日院令调万安 |
| 47. 广丰县司法处(1948年12月1日 广丰地方法院成立) |
| 352 | 李景樱 | 审判官 | 1937年2月6日院派 | 1937年2月21日 | 1946年1月11日 | 15 | 八年十一个月 | 1945年12月27日院令派代临川地院推事 |
| | | | 1938年5月20日部派署 | 1938年6月13日 | | | | |
| 353 | 张厔民 | 主任审判官 | 1945年12月25日院派 | 1946年1月11日 | 1946年10月3日 | 26 | 九个月 | 1946年9月23日院令调乐平 |
| | | | 1947年2月12日部派署 | | | | | |
| 354 | 邹康 | 审判官 | 1945年12月25日院派 | 1946年1月16日 | | 21 | 八个月 | 1946年9月23日院令调弋阳 |
| 355 | 张寿熙 | 主任审判官 | 1946年9月23日院派 | 1946年10月4日 | | 11 | 两年两个月 | 1948年11月22日院令调德兴 |
| 356 | 黄钟 | 审判官 | 1946年11月29日院派 | 1946年12月20日 | 1947年6月12日 | 21 | 六个月 | 1947年6月4日院令调于都 |
| 357 | 赵舫 | 审判官 | 1947年6月14日院派 | 1947年6月27日 | 1948年3月23日 | 13 | 九个月 | 1948年3月4日院令调奉新 |
| 358 | 周成章 | 审判官 | 1948年3月4日院派 | 1948年4月1日 | | 28 | 八个月 | 1948年11月22日院令调资溪 |
| 359 | 苏圣权 | 审判官 | 1948年8月20日院派 | 1948年9月21日 | | 31 | 两个半月 | 1948年11月22日院令调东乡 |
| 48. 会昌县司法处 |
| 360 | 廖立三 | 审判官 | 1937年2月6日院派 | 1937年2月25日 | | 19 | 两年两个半月 | 1939年6月7日院令"该员因案撤职，移送侦查" |
| | | | 1938年6月17日部派署 | 1938年7月17日 | | | | |
| 361 | 朱贤裔 | 审判官 | 1939年6月7日院派 | 1939年6月17日 | 1940年2月29日 | 10 | 八个月 | 1940年2月3日呈辞，2月18日院令准辞 |
| 362 | 王阶平 | 审判官 | 1940年2月18日院派 | 1940年2月29日 | | 11 | 六年五个月 | 1946年7月4日院令代泰和地院推事(1946年10月到职) |
| | | | 1941年6月12日部派署 | 1941年7月19日 | | | | |

附录　289

续表

| 序号 | 姓名 | 职别 | 院派、部派日期 | 到职日期 | 卸职日期 | 程期（天） | 任期 | 备 注 |
|---|---|---|---|---|---|---|---|---|
| 363 | 孙　崐 | 审判官 | 1946年7月3日院派 | 1946年7月23日 | 1948年8月26日 | 20 | 两年一个月 | 在粤任内有擅改判决主文之嫌，通辑有案，被揭发，院令停职赴粤受审 |
| 364 | 苏立文 | 主任审判官 | 1946年11月15日院派 | 1946年11月28日 | | 未到职 | 未到职 | 苏铳裙冒用苏立文之名 |
| 365 | 陈　瑛 | 审判官 | 1947年9月20日院派 | 挂职（仍代宁都地院推事） | | | 挂职 | 1948年1月28日院令寄宁都地院） |
| 366 | 郑享宾 | 主任审判官 | 1948年1月28日院派1948年9月2日院派兼代11月26日院派代理 | 1948年2月13日1948年12月3日 | | 25 | 一年三个月 | （1948年12月机关概况调查表） |
| 367 | 黄　钟 | 主任审判官 | 1948年9月21日院派 | 1948年10月11日 | 1948年11月30日 | 20 | 一个半月 | 1948年11月20日院令调永新地院推事 |
| 368 | 文　柄 | 审判官 | 1948年11月26日院派 | 1948年12月25日 | | 29 | 四个半月 | |
| 49. 莲花县司法处 |||||||||
| 369 | 余　璋 | 审判官 | 1937年2月6日院派 | 未到职 | | | 未到职 | 1937年2月22日因家事呈请辞职，3月1日院令准辞 |
| 370 | 胡邦黎 | 审判官 | 1937年2月27日院派1938年6月29日部派署 | 1937年3月13日（司法处成立） | | 16 | 一年 | 1938年3月10日院令调宁冈 |
| 371 | 朱梅春 | 审判官 | 1938年3月10日院派 | 1938年4月1日 | | 22 | 一年七个月 | 母亲病故，抚柩回籍，呈请辞职。1939年11月1日院令准辞 |
| 372 | 蓝功廷 | 审判官 | 1939年11月1日院派暂代 | 未到职 | | | 未到职 | 代电称患足疾，行动不便，无法赴任。1939年11月17日院令原派案撤销 |
| 373 | 金宝光 | 审判官 | 1939年11月17日院派 | 1940年1月15日 | | 58 | 一个半月 | 久未到差，1940年1月6日院令"姑准接事"。1940年2月16日院令原派案撤销。1月17日院令调永新 |

续表

| 序号 | 姓名 | 职别 | 院、部派派日期 | 到职日期 | 卸职日期 | 程期（天） | 任期 | 备注 |
|---|---|---|---|---|---|---|---|---|
| 374 | 吴镜明 | 审判官 | 1940年1月8日院派 | 1940年3月7日 | 1941年4月24日 | 59 | 一年一个月 | 1940年1月17日院令候任用,2月16日院派代理。1941年2月22日院令另有调用(虔南),3月25日改调安福 |
| 375 | 郭超群 | 审判官 | 1941年2月22日院派<br>1941年11月4日部派署 | 1941年4月24日<br>1941年12月5日 | 1945年10月26日 | 62 | 四年六个月 | 1945年10月9日院令调代袁宜地院推事(1945年11月到职) |
| 376 | 康曜 | 审判官<br>主任审判官 | 1945年10月8日院派<br>1946年11月29日院派<br>1947年7月28日部派代<br>1948年12月28日部派署 | 1945年10月26日<br>1946年12月7日<br>1947年8月18日 |  | 18 | 一年一个半月 | 1948年2月24日院令调宁冈,3月11日院令原调案撤销仍供原职。1948年10月13日院令调安福 |
| 377 | 游云峰 | 审判官 | 1946年11月29日院派<br>1948年10月13日院令暂行兼代主任审判官 | 1946年12月9日<br>1948年10月26日 |  | 10 | 两年五个月 | (1948年12月9日机关概况调查表) |
| 378 | 张德博 | 主任审判官 | 1948年11月19日院派 | 1948年12月21日 |  | 32 | 五个月 |  |
| 50. 新余县司法处 |
| 379 | 陈沛霖 | 审判官 | 1937年7月8日院派 | 1937年8月1日 | 1938年5月5日 | 14 | 九个月 | 1938年4月8日呈因神经衰弱请假两月,12日院令准假。1938年6月15日因病未愈呈请辞职,29日院令推辞 |
| 380 | 方国鎏 | 审判官 | 1938年4月12日院派代<br>6月29日院派署<br>1945年6月8日部派署 | 1938年5月5日暂代<br>1938年7月1日代理 |  | 23 | 九年两个半月 | 1947年7月21日院令该员因被控贪污业经侦查终结提起公诉,应即停职 |
| 381 | 谢应炳 | 主任审判官 | 1945年12月26日院派 | 1946年1月8日 |  | 24 | 八个月 | 1946年9月4日院令调宜丰 |
| 382 | 曾岐祥 | 审判官 | 1946年8月31日院派 | 1946年9月11日 | 1948年9月19日 | 11 | 两年 | 1948年8月26日院令派代大余地院推事 |

附录 291

续表

| 序号 | 姓名 | 职别 | 院派、部派日期 | 到职日期 | 卸职日期 | 程期(天) | 任期 | 备注 |
|---|---|---|---|---|---|---|---|---|
| 383 | 李集之 | 主任审判官 | 1947年7月21日院派 | 1947年8月22日 | | 31 | 十一个月 | 1948年6月30日院令调宜丰 |
| 384 | 甘棠 | 主任审判官 | 1948年6月30日院派 | 1948年7月22日 | | 22 | 十个月 | (1948年12月15日机关概况调查表) |
| 385 | 刘师旦 | 审判官 | 1948年10月9日院派 | 1948年11月1日 | | 22 | 六个半月 | (1948年12月15日机关概况调查表) |
| 51. 峡江县司法处 |||||||||
| 386 | 饶兆瑢 | 审判官 | 1937年7月8日院派 | 1937年8月1日 | | 23 | 八年五个半月 | 1945年12月17日院令调代泰和地院推事 |
| 387 | 张维熙 | 审判官 | 1942年5月2日部派署 | 1942年6月6日 | | | | |
| | | | 1945年12月17日部派 | 1946年1月14日 | | 27 | 一年八个半月 | 1947年9月18日院令调代萍乡地院推事(1947年10月到职) |
| | | 主任审判官 | 1946年7月12日部派代 | 1946年8月14日 | | | | |
| 388 | 谢绛 | 审判官 | 1947年6月13日院派 | 1947年6月22日 | | 18 | 十一个半月 | 1948年6月2日院令调湖口 |
| | | | 1947年8月18日部派代 | 1947年9月5日 | | | | |
| 389 | 刘兆燊 | 主任审判官 | 1947年10月3日院派 | 1947年7月1日 | | 5 | 一年 | 1948年9月23日院令调铜鼓 |
| | | | | 1947年10月1日奉部令继续任事 | | | | |
| | | | 1948年9月23日院派 | 1948年9月1日 | | | | |
| 390 | 熊植谋 | 主任审判官 | 1948年9月23日院派 | 1948年11月1日 | | 38 | 六个半月 | |
| 52. 乐安县司法处 |||||||||
| 391 | 危遇昌 | 审判官 | 1937年7月8日院派 | 1937年8月1日 | 1938年12月1日 | 23 | 一年四个月 | 1938年11月19日院令调资溪 |
| 392 | 张维熙 | 审判官 | 1938年11月19日院派 | 1938年12月1日 | | 12 | 两年五个半月 | 1941年4月21日院令调永新 |

续表

| 序号 | 姓名 | 职别 | 院派、部派日期 | 到职日期 | 卸职日期 | 程期（天） | 任期 | 备注 |
|---|---|---|---|---|---|---|---|---|
| 393 | 金宝光 | 审判官 | 1941年4月21日院派<br>1942年5月2日部派署 | 1941年6月1日<br>1942年6月6日 | | 40 | 六年七个月 | 1947年12月9日院另有调用（1948年1月任丰城地院推事） |
| 394 | 何显徽 | 主任审判官 | 1947年1月27日院派<br>1947年4月24日部派代 | 1947年2月1日<br>1947年5月15日 | | 34 | 两年两个月 | （1948年12月机关概况调查表） |
| 395 | 费子诚 | 审判官 | 1947年1月27日院派 | 1947年3月9日 | | 8 | 一年三个月 | 1949年4月14日调省察看 |
| 396 | 杨独清 | 主任审判官 | 1947年12月26日院派 | 1948年1月 | | | 一年半个月 | |
| | | 主任审判官 | 1949年4月14日院派 | | | 不确定 | | |

53. 万年县司法处

| 序号 | 姓名 | 职别 | 院派、部派日期 | 到职日期 | 卸职日期 | 程期（天） | 任期 | 备注 |
|---|---|---|---|---|---|---|---|---|
| 397 | 彭年 | 审判官 | 1937年7月8日院派 | 1937年8月1日 | 1938年1月27日 | 23 | 六个月 | 1937年12月16日院令调余江（与邱荣祖互调） |
| 398 | 邱荣祖 | 审判官 | 1937年12月16日院派 | 1938年1月29日 | 1938年7月 | 43 | 五个月 | 1938年6月11日院令：奉部令该员资历不合，应予免职 |
| 399 | 王含纶 | 审判官<br>主任审判官 | 1938年6月11日院派<br>1943年3月20日部派署<br>1945年12月25日院派<br>1946年3月26日部调署 | 1938年7月1日<br>1943年4月29日<br>1946年1月1日<br>1946年4月23日 | | 20 | 十年一个月 | 1948年7月15日院"查该主任审判官排挤同僚，蒙蔽长官，着即免职。" |
| 400 | 胡德铨 | 审判官 | 1945年12月25日院派 | 1946年1月1日 | 1946年7月13日 | 6 | 六个半月 | 1946年7月8日院令：该员自到职以来分受民刑案件48起，未曾判结一案。实属废驰职务，应予免职 |
| 401 | 黄钟 | 审判官 | 1946年7月15日院派 | 1946年8月12日 | | 27 | 四个月 | 1946年11月29日院令调广丰 |
| 402 | 樊应丰 | 审判官 | 1946年11月29日院派 | 1947年1月6日 | | 37 | 九个半月 | 1947年10月18日院令调永新 |

续表

附录 293

| 序号 | 姓名 | 职别 | 院、派、部派日期 | 到职日期 | 卸职日期 | 程期(天) | 任期 | 备注 |
|---|---|---|---|---|---|---|---|---|
| 403 | 吴瑞徵 | 审判官 | 1947年10月25日院派 | 1947年10月29日 | | 4 | 一年六个半月 | (1949年1月3日填表) |
| 404 | 樊应丰 | 主任审判官 | 1948年7月13日院派 | 1948年8月5日 | | 22 | 九个半月 | (1949年3月10日机关概况调查表) |
| 54. 定南司法处 |
| 405 | 胡以谦 | 审判官 | 1937年7月8日院派 | 1937年8月1日 | | 23 | 八年八个月 | 1946年2月院令另有调用 |
| 406 | 丘开桂 | 审判官 | 1942年5月2日部派署 | 1942年6月11日 | | | | |
| | | 主任审判官 | 1946年2月22日院派 | 1946年4月3日 | | 39 | 三年三个月 | 1949年2月3日,4月12日因病一再呈辞。4月20日院令准辞 |
| 407 | 戴 明 | 审判官 | 1947年8月7日院派 | 未到职 | | | 未到职 | 1947年9月20日令另有调用,原派案撤销 |
| 408 | 胡国平 | 审判官 | 1947年9月18日院派、暂调高院办事 | 1947年9月21日到职(系抵补戴明原缺) | | | 挂职 | 1948年6月4日院令另有调用 |
| 409 | 刘 锐 | 审判官 | 1948年5月31日院代理、暂调高院办事 | 1948年6月2日到高院办事 | | | 挂职 | (1949年1月8日机关概况调查表。仍在高院办事) |
| 410 | 王步谦 | 主任审判官 | 1949年4月16日院派 | | | | 不确定 | |
| 55. 新干县司法处 |
| 411 | 纪云章 | 审判官 | 1937年7月8日院派 | 1937年8月1日 | | 23 | 一年 | 1938年7月11日呈请辞职,7月20日院令准辞 |
| 412 | 喻遂生 | 审判官 | 1938年7月20日院派 | 1938年8月9日 | 1939年2月7日 | 19 | 六个月 | 1939年1月23日院令调代南昌地院推事派在江西高等法院临川临时庭办事 |
| 413 | 邱荣祖 | 审判官 | 1939年1月23日院派 | 1939年2月11日 | 1941年10月1日 | 19 | 一年七个半月 | 1941年8月26日院令调永丰 |
| | | 审判官 | 1939年3月10日部派署 | 1939年4月6日 | | | | |

续表

| 序号 | 姓名 | 职别 | 院、部派日期 | 到职日期 | 卸职日期 | 程期（天） | 任期 | 备注 |
|---|---|---|---|---|---|---|---|---|
| 414 | 魏炳翰 | 审判官 | 1941年8月26日院派 | 1941年10月2日 | 1942年12月13日 | 36 | 一年两个半月 | 1942年10月1日院令调丰城 |
| 415 | 周聚苏 | 审判官 | 1942年10月1日院派 | 未到职 | | | 未到职 | 1942年11月20日院令调安福 |
| 416 | 曾震襄 | 审判官 | 1942年11月20日院派 1943年8月13日部派署 | 1942年12月13日 1943年9月18日 | | 23 | 四年五个月 | 1947年4月23日院令调吉水 |
| 417 | 尹志恢 | 主任审判官 | 1947年4月23日院派 | 1947年5月 | | 20 | 两年 | 1948年2月江西司法人员录 |
| 418 | 王大猷 | 审判官 | 1947年10月院派 | 1947年10月 | 1948年5月1日 | 5 | 六个月 | 1948年4月24日院令调彭泽 |
| 419 | 熊 芳 | 审判官 | 1948年4月15日部派署（4月24日院派） | | | 5 | 四个月 | 1948年8月12日院令调宜黄 |

56. 宜黄县司法处

| 序号 | 姓名 | 职别 | 院、部派日期 | 到职日期 | 卸职日期 | 程期（天） | 任期 | 备注 |
|---|---|---|---|---|---|---|---|---|
| 420 | 李家腾 | 审判官 | 1937年7月8日院派 1942年5月2日部派署 | 1937年8月1日 1942年6月1日 | | 23 | 八年四个月 | 1945年12月17日院代黎川地院推事 |
| 421 | 方远扬 | 审判官 | 1945年12月17日院派 | 未到职 | | | 未到职 | 赴职途中车覆，返赣医治。1946年3月14日院令原派案撤销 |
| 422 | 王镇南 | 主任审判官 | 1946年3月14日院派 | 1946年4月1日 | 1948年12月21日 | 17 | 两年八个月 | 1948年11月24日院令调余干 |
| 423 | 廖绵钰 | 审判官 | 1946年6月13日院派 | 1946年7月31日 | 1947年11月10日 | 48 | 一年三个半月 | 1947年10月23日院令另有任用（1947年11月任南昌地院推事） |
| 424 | 胡敬舆 | 审判官 | 1947年10月27日院派 1948年8月3日部派代理 | 1947年11月11日 | 1948年8月28日 | 14 | 九个月 | 1948年7月2日因母病请辞. 8月14日院令准辞 |

附录　295

续表

| 序号 | 姓名 | 职别 | 院派、部派日期 | 到职日期 | 卸职日期 | 程期（天） | 任期 | 备注 |
|---|---|---|---|---|---|---|---|---|
| 425 | 熊芳 | 审判官 | 1948年8月12日院派 | 1948年8月28日 | | 16 | 八个半月 | （1948年12月15日机关表） |
| 426 | 李世标 | 主任审判官 | 1948年11月24日院派 | 1949年1月23日 | | 60 | 四个月 | |
| 57.彭泽县司法处 | | | | | | | | |
| 427 | 蔡子法 | 审判官 | 1937年7月8日院派 | 1937年8月1日 | | 23 | 十个月 | 1938年7月5日呈称：彭泽于6月28日失守，职携印信及重要案卷随县政府迁奔抵省，8月19日院令蔡子法遗缺暂由县长兼代 |
| 428 | 王兴汉 | 审判官 | 1938年10月27日院令暂代 | | | 1 | 两个月 | 蔡子法于1938年7月间卸职并将铃记缴院。10月间据该县县长以司法处负责无人，已派王兴汉代理审判官。1938年12月23日院令该县司法处停办 |
| 429 | 邵骥 | 主任审判官 | 1945年12月29日院派<br>1947年5月12日部派代 | 1946年2月24日<br>1947年6月15日 | | 55 | 两年三个月 | 1948年4月17日江西高等法院检察处令调代浮梁地院检察官 |
| 430 | 缪仕潜 | 审判官 | 1946年5月1日院派 | 1946年6月10日 | 1948年3月31日 | 39 | 一年九个半月 | 1948年2月21日江西高等法院检察处令调代赣县地院检察官 |
| 431 | 张北藩 | 审判官 | 1948年3月17日院派 | 1948年4月7日 | 1948年12月6日 | 20 | 八个月 | 1948年11月20日院令调代广丰地院推事 |
| 432 | 王大猷 | 主任审判官 | 1948年4月23日院派<br>1948年7月31日部派署 | 1948年5月24日<br>1948年8月14日 | | 31 | 一年 | （1948年12月机关概况调查表） |
| 433 | 涂举如 | 审判官 | 1948年11月23日院派 | 未到职 | | | 未到职 | 1949年1月3日院令调进贤 |
| 434 | 方平 | 审判官 | 1949年2月4日院派代理并调在赣县地院办事 | | | | 挂职 | |
| 435 | 王禹生 | 审判官 | 1949年3月23日院派 | | | | 不确定 | |

续表

| 序号 | 姓名 | 职别 | 院派、部派日期 | 到职日期 | 卸职日期 | 程期（天） | 任期 | 备注 |
|---|---|---|---|---|---|---|---|---|
| 58. 寻乌县司法处 | | | | | | | | |
| 436 | 周邦杰 | 审判官 | 1937年7月8日院派 | 1937年8月18日 | 1941年6月11日 | 40 | 两年十个月 | 1941年5月3日院令调石城 |
| 437 | 廖立三 | 审判官 | 1941年5月3日院派 | 1941年6月11日 | | 38 | 七年十一个月 | （1949年2月26日机关概况调查表） |
| | | 主任审判官 | 1942年2月28日部派署 1946年11月2日部派署 1947年4月24日部派署 | 1942年4月17日 1947年5月20日奉部令继续任事 | | | | |
| 438 | 谭仁勇 | 审判官 | 1946年11月2日院派暂代 | 1946年11月16日 | 1947年1月15日请假回籍 | 14 | 两个月 | 1947年1月15日请假回籍省亲，未返处。3月11日呈辞。4月23日院令调上犹 |
| 439 | 朱玠 | 审判官 | 1947年8月7日院派 | 1947年9月11日 | | 34 | 一年五个月 | 1948年12月17日院令批（与曾子敬互调） |
| 440 | 曾子敬 | 审判官 | 1948年12月17日院派 | 1949年3月6日 | | 77 | 两个半月 | |
| 59. 安福县司法处 | | | | | | | | |
| 441 | 胡烱杰 | 审判官 | 1937年7月8日院派 | 1937年8月1日 | | 23 | 三年 | 1940年7月22日因病呈辞，8月8日院令准辞 |
| 442 | 张璧 | 审判官 | 1940年8月1日院派 | 1940年8月13日 | | 12 | 九个月 | 家有要事1941年3月9日呈请辞职，26日院令准辞 |
| 443 | 吴镜明 | 审判官 | 1941年3月25日院派 | 1941年5月15日 | | 50 | 九个月 | 1942年1月6日院令"高考及格分发学习应予免职" |
| 444 | 廖吉斋 | 审判官 | 1942年1月6日院派 | 1942年3月1日 | | 54 | 十个月 | 1942年12月20日院令调永新 |
| 445 | 周晏苏 | 审判官 | 1942年11月20日院派 1943年8月16日部派署 | 1943年1月1日 1943年9月20日 | | 41 | 三年一个月 | 1946年1月7日院令调代南昌地院推事 |
| | | 主任审判官 | 1945年12月17日院派 | 1946年1月1日 | | | | |

续表

| 序号 | 姓名 | 职别 | 院派、部派日期 | 到职日期 | 卸职日期 | 程期（天） | 任期 | 备注 |
|---|---|---|---|---|---|---|---|---|
| 446 | 袁兴仕 | 审判官 | 1945年12月17日院派 1948年1月21日院令兼代主任审判官 | 1946年1月1日 | | 14 | 三年 | 1947年10月27日院令警告处分。1948年12月2日院令调安远 |
| 447 | 邓绍端 | 主任审判官 | 1946年1月5日院派 1946年8月20日部派代 1947年5月29日部派署 | 1946年2月1日 1946年9月21日 1947年6月25日 | 1948年3月3日 | 26 | 两年一个月 | 调九江地推事旋改派南城地院推事 |
| 448 | 魏炳翰 | 主任审判官 | 1948年1月28日部派 1948年8月26日部派署 | 1948年3月3日 | 1948年9月5日 | 33 | 六个月 | 1948年8月19日院令暂代清江地院院事 |
| 449 | 康曜 | 主任审判官 | 1948年10月13日院派 | 1948年11月1日 | | 18 | 一年半一个月 | 1948年11月20日江西高等法院检察处令派代玉山地院检察官 |
| 450 | 喻之梅 | 主任审判官 | 1948年11月24日院派 | 1948年12月10日 | | 16 | 四个月 | |
| 451 | 李家学 | 审判官 | 1949年1月3日院派 | 1949年1月21日 | | 18 | 四个月 | |
| 60. 靖安县司法处 | | | | | | | | |
| 452 | 任继武 | 审判官 | 1937年7月8日院派 | 1937年8月1日 | | 23 | 一年九个月 | 1939年5月1日县司法处停办 |
| 453 | 张汉 | 主任审判官 | 1945年12月29日院派 | 1946年1月21日 | | 22 | 三年四个月 | （1949年3月31日呈，署名） |
| 454 | 王炳炎 | 审判官 | 1946年5月18日院派 | 1946年6月17日 | | 29 | 两年十一个月 | （1948年12月12日机关表） |
| 61. 德兴县司法处 | | | | | | | | |
| 455 | 陈政 | 审判官 | 1937年7月8日院派 | 1937年8月1日 | | 23 | 九个月 | 1938年4月7日院令调安远（与江文福互调） |

续表

| 序号 | 姓名 | 职别 | 院、部派日期 | 到职日期 | 卸职日期 | 程期（天） | 任期 | 备注 |
|---|---|---|---|---|---|---|---|---|
| 456 | 江文福 | 审判官 | 1938年4月7日院派<br>1943年3月20日部派署 | 1938年5月11日<br>1943年5月16日 | 1947年3月4日 | 24 | 八年十个月 | 1946年12月28日院令调代河口地院推事 |
| 457 | 吴楚英 | 主任审判官 | 1946年2月3日部派署<br>1946年7月8日院派 | 1946年7月27日 | 1947年1月11日 | 19 | 五个半月 | 1947年1月11日请假离处未再返处。1947年7月21日院令免职 |
| 458 | 涂崇汉 | 主任审判官 | 1946年12月28日院派 | 1947年3月4日 | 1947年8月1日 | 64 | 五个月 | 1947年7月9日院令调乐平 |
| 459 | 陈镇华 | 主任审判官 | 1947年7月9日院派 | 1947年8月1日 | 1947年12月1日 | 22 | 四个月 | 1947年11月8日院令调遂川（与程德瑞对调） |
| 460 | 程德瑞 | 主任审判官 | 1947年11月8日院派<br>1948年11月29日部派署 | 1947年12月1日<br>1948年9月13日 | | 23 | 一年 | 1948年11月20日院令调代玉山地院推事 |
| 461 | 周蔚文 | 审判官 | 1947年7月21日院派<br>1948年6月17日部派代 | 1947年8月16日<br>1948年7月18日 | | 25 | 一年八个半月 | 1949年4月12日以年老体衰病仍未愈乞准辞职，23日院令准辞 |
| 462 | 张寿熙 | 主任审判官 | 1948年11月22日院派 | 1948年12月22日 | | 30 | 四个月 | 1949年2月15日因病呈辞，3月19日院令准辞，4月13日代电高院，催新任速到院便移交 |
| 463 | 焦聚清 | 主任审判官 | 1949年3月19日院派 | | | | 不确定 | 1949年4月23日院令速往德兴任职 |

**62．宁冈县司法处**

| 464 | 朱梅春 | 审判官 | 1937年7月8日院派 | 1937年8月1日 | 1938年4月1日 | 23 | 八个月 | 1938年3月10日院令调莲花 |
| 465 | 胡邦蔡 | 审判官 | 1938年3月10日院派 | 1938年4月1日 | 1939年2月21日 | 22 | 十个半月 | 1939年2月21日以久病未愈请假，未经准假离处，擅离离守，4月14日院令停职 |

续表

| 序号 | 姓名 | 职别 | 院、部派日期 | 到职日期 | 卸职日期 | 程期（天） | 任期 | 备注 |
|---|---|---|---|---|---|---|---|---|
| 466 | 江宗汉 | 审判官 | 1939年4月14日院派<br>1942年5月2日部派署 | 1939年5月2日<br>1942年6月8日 | | 18 | 七年九个月 | 1946年12月28日院令调代九江地院推事 |
| 467 | 温树荣 | 审判官 | 1946年12月28日院派 | 1947年2月1日 | | 4 | 一年五个半月 | 1948年6月3日院令改派广丰，7月13日派永新 |
| 468 | 王公孚 | 主任审判官 | 1947年7月5日院派 | 1947年7月26日 | | 21 | 一年半 | 1948年2月24日院令调莲花。3月11日院令原调案撤销仍供原职 |
| 469 | 吴品元 | 主任审判官 | 1948年6月29日院派 | 1948年8月6日 | | 38 | 九个半月 | 1949年4月1日呈辞，署名 |

63. 安远县司法处

| 序号 | 姓名 | 职别 | 院、部派日期 | 到职日期 | 卸职日期 | 程期（天） | 任期 | 备注 |
|---|---|---|---|---|---|---|---|---|
| 470 | 江文福 | 审判官 | 1937年7月8日院派 | 1937年8月1日 | 1938年4月23日 | 23 | 九个月 | 1938年4月7日院令调德兴（与陈政互调） |
| 471 | 陈政 | 审判官 | 1938年4月7日院派 | 未到职 | | | 未到职 | 1938年4月27日院令另有任用 |
| 472 | 龙会云 | 审判官 | 1938年4月27日院派 | 1938年5月13日 | 1939年4月1日 | 16 | 十个半月 | 1939年2月26日呈请辞职，3月3日院令准辞 |
| 473 | 吴运鸿 | 审判官 | 1939年3月3日院派署<br>1941年11月4日部派署 | 1939年4月1日<br>1941年12月9日 | | 28 | 六个十月 | 1946年1月7日院令调代泰和地院推事 |
| 474 | 谢铎 | 审判官 | 1946年1月7日院派 | 1946年2月12日 | 1946年12月21日 | 35 | 十个月 | 1946年10月21日因事呈辞，11月15日院令准辞 |
| 475 | 蔡启麟 | 审判官<br>主任审判官 | 1946年11月15日院派<br>1947年7月31日院派<br>1948年11月23日部派署 | 1946年12月21日 | | 36 | 两年半个月 | 1948年11月20日呈院令代信丰地院推事，12月18日呈院催管速来，以便交接 |
| 476 | 谭仁勇 | 审判官 | 1947年7月31日院派 | 未到职 | | | 未到职 | 呈称因故不便前任，辞职。1947年10月13日院令准辞 |

续表

| 序号 | 姓名 | 职别 | 院、部派日期 | 到职日期 | 卸职日期 | 程期（天） | 任期 | 备注 |
|---|---|---|---|---|---|---|---|---|
| 477 | 费子诚 | 审判官 | 1947年10月13日院派 | 未到职 | | 未到职 | | 呈称无力前往,悬准给长假。1947年10月28日院令准辞 |
| 478 | 陈庆之 | 审判官 | 1947年12月22日院派 | 未到职 | | 未到职 | | 1948年1月7日院令另有调用,原派案撤销 |
| 479 | 易凤鸣 | 审判官 | 1948年2月18日院派 | | | 不确定 | | 上半年预算裁减。1948年6月2日院令调信丰 |
| 480 | 黄为志 | 主任审判官 | 1948年11月24日院派 | 未到职 | | 未到职 | | 1948年12月2日院令"黄为志踪迹不明,原派案撤销" |
| 481 | 袁兴仕 | 主任审判官 | 1948年12月2日院派 | 1949年1月6日 | | 34 | 四个半月 | |

64. 南丰县司法处

| 序号 | 姓名 | 职别 | 院、部派日期 | 到职日期 | 卸职日期 | 程期（天） | 任期 | 备注 |
|---|---|---|---|---|---|---|---|---|
| 482 | 李世标 | 审判官 | 1937年7月8日院派 | 1937年8月1日 | | 23 | 十一个月半 | 1938年7月7日院令调东乡 |
| 483 | 曾国屏 | 审判官 | 1938年7月7日院派 | 1938年7月19日 | 1939年11月18日 | 2 | 一年四个月 | 1939年10月21日院令调石城 |
| 484 | 邹文篁 | 审判官 | 1939年10月21日院派 | 1939年11月18日 | | 27 | 五个月 | 1940年3月20日院令另有调用 |
| 485 | 陈政 | 审判官 | 1940年3月20日院派 | 1940年4月11日 | 1943年3月7日病故 | 21 | 两年十一个月 | |
| 486 | 周道熙 | 审判官 | 1943年3月15日院派；1945年3月6日部派署 | 1943年4月1日；1945年11月15日 | | 16 | 三年两个半月 | 1946年4月8日院令调进贤 |
| 487 | 陈瑛 | 主任审判官 审判官 | 1946年1月12日院派 | 1946年2月5日 | | 23 | 一年五个月 | 1947年6月27日院派暂代宁都地院推事 |

续表

| 序号 | 姓名 | 职别 | 院派、部派日期 | 到职日期 | 卸职日期 | 程期（天） | 任期 | 备注 |
|---|---|---|---|---|---|---|---|---|
| 488 | 樊甲 | 主任审判官 | 1946年4月8日院派 | 1946年6月14日 | | 66 | 五个月 | 1946年10月26日院令调代浮梁地院推事 |
| 489 | 杨正襄 | 主任审判官 | 1947年2月1日部派署 | 1946年11月17日 | | 15 | 八个月 | 1947年7月14日院令调南城 |
| 490 | 涂步青 | 主任审判官 | 1946年11月2日院派 | 1947年7月21日 | | 7 | 一年十个月 | 1948年7月12日院令嘉奖（1949年4月12日呈，署名） |
| 491 | 蔡荀 | 审判官 | 1947年7月14日院派 | 1947年8月1日 | | 15 | 一年九个月 | 1949年4月18日院令停职另候任用 |
| 65. 瑞昌县司法处 |
| 492 | 周雍余 | 审判官 | 1947年7月16日院派 | 1937年8月1日 | | 23 | 一年一个月 | 1938年9月沦陷，县司法处解散（1938年12月23日院令停办） |
| 493 | 朱汾颐 | 主任审判官 | 1937年7月8日院派 | 1946年2月1日 | | 33 | 三年 | 1948年12月17日院令调修水（与杜国琛互调） |
| 494 | 熊植谟 | 审判官 | 1945年12月29日院派 1947年2月12日部派代 | 1947年3月1日 | | 11 | 一年一个月 | 1947年9月22日院令另有任用 |
| 495 | 杨清正 | 审判官 | 1946年8月20日院派 | 1946年9月1日 | | 14 | 十一个月 | 1948年11月24日院令另有任用 |
| 496 | 徐豫之 | 审判官 | 1947年12月17日院派 | 1948年1月1日 | | 7 | 五个月半 | |
| 497 | 杜国琛 | 主任审判官 | 1948年11月24日院派 | 1948年12月1日 | | 62 | 三个月 | |
| 66. 全南县司法处 |
| 498 | 赵伯杞 | 审判官 | 1948年12月17日院派 | 1949年2月19日 | | 23 | 三年八个月 | 1941年2月22日院令调万安 |
| 499 | 方远扬 | 审判官 | 1937年7月8日院派 | 1937年8月1日 | 1941年3月31日 | 16 | 两年两个月 | 1943年6月因案停职 |
| | | | 1941年3月25日院派 | 1941年4月11日 | | | | |

附录 301

续表

| 序号 | 姓名 | 职别 | 院派、部派日期 | 到职日期 | 卸职日期 | 程期（天） | 任期 | 备注 |
|---|---|---|---|---|---|---|---|---|
| 500 | 黄服畴 | 审判官 | 1943年6月28日院派 | 1943年8月1日 | 1947年8月10日病故 | 33 | 四年 | |
| 501 | 郑亨宾 | 主任审判官 | 1945年3月6日部派署 | 1945年11月10日 | | 42 | 六个月 | 1948年1月28日院令调会昌 |
| 502 | 戴明 | 主任审判官 | 1947年6月19日院派 1947年9月17日院派 1948年6月17日部派代 | 1947年7月1日 1947年8月1日 1947年10月8日 | | 21 | 一年七个月 | 1949年3月31日呈请速调员来工作 |
| 503 | 胡道辉 | 审判官 | 1948年2月9日院派代理并调南昌地院办事 | 1948年2月23日到职南昌地院 | | | 挂职 | （一直未到全南）1948年10月29日院令该员另有调用 |
| 504 | 陈 瓒 | 审判官 | 1948年10月29日院派代理并调南昌法院办事 | 挂职 | | | 挂职 | 未到全南 |

67. 遂川县司法处

| 序号 | 姓名 | 职别 | 院派、部派日期 | 到职日期 | 卸职日期 | 程期（天） | 任期 | 备注 |
|---|---|---|---|---|---|---|---|---|
| 505 | 吴道中 | 审判官 | 1937年7月8日院派 | 1937年8月1日 | 1939年9月4日病故 | 23 | 两年一个月 | |
| 506 | 任继武 | 审判官 | 1939年9月20日院派 1942年5月2日部派署 | 1939年10月9日 1942年6月4日 | | 19 | 六年五个半月 | 1946年2月21日院令派代赣县地院推事 |
| 507 | 吴文怡 | 主任审判官 | 1946年1月5日院派 1946年2月12日部派代 1947年4月21日部派署 | 1946年1月18日 1946年1月28日 1947年3月15日奉部令继续任事 | | 23 | 三年三个半月 | 1948年12月机关概况表 |
| 508 | 汤焕城 | 主任审判官 | 1946年2月22日院派 | 1946年4月1日 | 1946年7月16日擅离 | 37 | 三个半月 | 擅离职守，1946年10月16日院令撤职 |
| 509 | 刘祖汉 | 主任审判官 | 1946年10月11日院派 | 未到职 | | | 未到职 | 呈称无法赴职。1946年11月26日院令原派案撤销 |

续表

| 序号 | 姓名 | 职别 | 院派、部派日期 | 到职日期 | 卸职日期 | 程期(天) | 任期 | 备注 |
|---|---|---|---|---|---|---|---|---|
| 510 | 程德瑞 | 主任审判官 | 1946年11月29日院派 1947年4月14日部派代 | 1947年1月20日 1947年5月15日 | | 51 | 十个月 | 1947年11月8日院令调德兴(与陈镇华互调) |
| 511 | 陈镇华 | 主任审判官 | 1947年11月8日院派 | 1947年12月 | | 23 | 一年五个月 | 1948年12月机关概况表 |

68. 铜鼓县司法处

| 序号 | 姓名 | 职别 | 院派、部派日期 | 到职日期 | 卸职日期 | 程期(天) | 任期 | 备注 |
|---|---|---|---|---|---|---|---|---|
| 512 | 罗允怀 | 审判官 | 1937年7月8日院派 | 1937年8月1日 | | 23 | 一年一个月 | 1938年8月12日院令调信丰(与樊甲互调) |
| 513 | 樊甲 | 审判官 | 1938年8月12日院派 1939年4月27日部派署 | 1938年9月16日 1939年6月10日 | 1943年12月31日 | 34 | 五年三个半月 | 1942年10月至1943年3月病假。1943年11月11日因病呈辞。1943年12月2日院令准辞 |
| 514 | 雷迅 | 审判官 | 1942年10月7日院令暂代 | 1942年11月16日 | 1943年4月1日交卸(樊甲销假) | 39 | 四个半月 | |
| 515 | 雷迅 | 审判官 主任审判官 | 1943年12月2日院令暂代 1946年9月23日院派 1946年12月23日部派署 | 1944年1月1日 1946年10月1日 1947年1月22日 | | 29 | 三年十个半月 | 1947年4月23日院令调派代袁宜地院推事。1947年7月21日院令暂缓赴袁宜就职 |
| 516 | 陈声甫 | 审判官 | 1946年9月23日院派 | 1946年10月24日 | 1947年7月25日离职 | 31 | 九个月 | 1947年7月21日院令调省候用 |
| 517 | 颜森干 | 主任审判官 | 1947年4月23日院派 | 未到职 | | 未到职 | | 呈称赴职途中遇匪受伤 |
| 518 | 邓景勋 | 审判官 | 1947年7月21日院派 | 未到职 | | 未到职 | | 因事不能到职,1947年8月14日院令原派案撤销 |

附录　303

304　民国时期江西县司法处研究

续表

| 序号 | 姓名 | 职别 | 院、派、部派日期 | 到职日期 | 卸职日期 | 程期（天） | 任期 | 备注 |
|---|---|---|---|---|---|---|---|---|
| 519 | 熊植谋 | 主任审判官 | 1947年9月22日院派 | 1947年10月17日 | 1948年10月12日 | 25 | 一年 | 勤慎供职，整饬有方。1948年3月25日院令嘉奖。1948年9月23日院令调峡江 |
| 520 | 陈邦淑 | 审判官 | 1948年3月31日院派 | 1948年4月21日 | | 20 | 一年一个月 | （1948年12月机关概况调查表） |
| 521 | 刘兆粱 | 主任审判官 | 1948年9月23日院派 | 1948年10月24日 | | 31 | 七个月 | （1948年12月机关概况调查表） |

69. 上犹县司法处

| 序号 | 姓名 | 职别 | 院、派、部派日期 | 到职日期 | 卸职日期 | 程期（天） | 任期 | 备注 |
|---|---|---|---|---|---|---|---|---|
| 522 | 周景苏 | 审判官 | 1937年7月8日院派 | 1937年8月1日 | 1941年2月16日 | 23 | 三年六个半月 | 1941年1月24日院令调泰和 |
| 523 | 朱梅春 | 审判官 | 1941年1月24日院派 | 1941年2月16日 | | 22 | 三年九个月 | 1944年10月5日院令调永丰 |
| 524 | 廖吉斋 | 审判官 | 1944年10月5日院派 | 未到职 | | | 未到职 | 1944年11月23日院令暂代广昌县司法处审判官（广昌辛信尚未到职）1944年12月27日院令另有调用 |
| 525 | 蒋秉衡 | 审判官主任审判官 | 1944年11月23日院派暂代1944年12月27日院派代理1946年12月14日部令继署1947年4月23日院派1948年9月11日部派 | 1945年1月6日奉部令继续任事1947年5月5日1948年9月26日 | 1948年12月13日 | 38 | 三年十一个月 | |
| 526 | 谭仁勇 | 审判官 | 1947年4月23日院派 | 1947年5月1日 | | 8 | 三个半月 | 1947年7月31日院令调安远 |
| 527 | 周肃 | 审判官 | 1947年7月31日院派 | 未到职 | | 未到职 | | 呈称路途遥远、川资难筹、未能到职。9月6日院令原案撤销 |
| 528 | 董霖 | 审判官 | 1947年9月18日院派代理暂调高院办事 | 挂职 | | 挂职 | | 1948年3月22日院令另有任用自3月15日起停止在该处支薪 |

续表

| 序号 | 姓名 | 职别 | 院、部派日期 | 到职日期 | 卸职日期 | 程期（天） | 任期 | 备注 |
|---|---|---|---|---|---|---|---|---|
| 529 | 王材固 | 主任审判官 | 1948年11月24日院派 | 1948年12月16日 | | 22 | 五个月 | |
| 530 | 曾子敬 | 审判官 | 1948年5月29日院派 | 1948年7月13日 | 1949年2月28日 | 44 | 七个半月 | 1948年12月17日令调寻乌（与朱玠互调） |
| 531 | 朱 玠 | 审判官 | 1948年12月17日院派 | 1949年2月17日 | | 60 | 三个月 | |
| 70.石城县司法处 |
| 532 | 王绍桂 | 审判官 | 1937年7月8日院派 | 1937年8月1日 | 1939年11月24日 | 23 | 两年四个月 | 1939年9月30日院令"该员办理宁张氏与李宗祥求偿欠款涉讼一案，瘝累甚多，实属有亏职责，应予免职" |
| 533 | 邹文煊 | 审判官 | 1939年9月30日部署 | 未到职 | | 未到职 | | 1939年10月21日院令调南丰 |
| 534 | 曾国屏 | 审判官 | 1939年10月21日院派 | 1939年11月24日 | 1941年6月25日 | 33 | 一年七个月 | 1941年3月26日院令调上饶 |
| 535 | 廖立三 | 审判官 | 1941年3月25日院派 | 未到职 | | | 未到职 | 呈称与该县防军江西保安第十三团团长欧阳江有旧怨，1941年5月3日院令原派案撤销，另派寻邬 |
| 536 | 周邦杰 | 审判官 | 1941年5月3日院派 | 1941年6月25日 | | 52 | 五年两个月 | 1946年7月26日院令调代宁都地院推事(1946年8月到职) |
| 537 | 邹荣祖 | 审判官 | 1943年3月20日部署 | 1943年4月23日 | | | 两年三个月 | 1948年6月2日院令邹荣祖学历不合另有任用。1948年11月18日院令暂供原职 |
| | | 主任审判官 | 1946年7月24日院派 | 1946年8月18日 | | 24 | 两年半 | |
| 538 | 吴品元 | 审判官 | 1947年6月19日院派 | 1947年6月28日 | | | | |
| | | | | 1947年7月5日 | | 27 | 一年半个月 | 1948年6月29日令调宁冈 |
| 539 | 林 英 | 主任审判官 | 1948年6月2日院派 | 未到职 | | 未到职 | | 奉委格迟未载迄未到职，1948年11月18日院令原派案撤销 |

306　民国时期江西县司法处研究

续表

| 序号 | 姓名 | 职别 | 院派、部派日期 | 到职日期 | 卸职日期 | 程期（天） | 任期 | 备注 |
|---|---|---|---|---|---|---|---|---|
| 540 | 李树峰 | 审判官 | 1948年7月10日派 | 1948年8月13日 | | 33 | 九个月 | 1949年4月9日呈请另调，23日院令"所请应毋庸议" |
| 541 | 郑士良 | 主任审判官 | 1948年11月24日院派 | 1948年12月1日 | | | 五个半月 | |
| | | 审判官 | 1948年11月24日院派 | 1948年12月2日 | | 8 | | |
| 71. 资溪县司法处 |
| 542 | 张步昌 | 审判官 | 1937年7月8日派 | 1937年8月1日 | 1938年12月12日离职 | | 一年零四个月 | 1938年11月19日院令"行为失检，应予免职" |
| 543 | 危遇昌 | 审判官 | 1938年11月19日院派 | 1938年12月14日 | | 23 | 四年零三个月 | 1943年3月25日病故 |
| 544 | 曾国屏 | 审判官 | 1943年4月19日院派 | 1943年5月4日 | | 25 | | |
| | | | 1943年3月20日部派署 | 1944年3月27日 | | | | |
| | | 主任审判官 | 1947年5月1日院派 | 1947年5月5日 | 1948年12月13日 | 15 | 五年零七个月 | 1948年11月15日院令调余江 |
| | | | 1947年7月15日部派署 | 1947年7月28日 | | | | |
| 545 | 伍家玉 | 审判官 | 1947年9月2日院派 | 1947年9月18日 | | 16 | 三个半月 | 1947年12月15日院令另有调用（江西高等法院南城分院书记官长1948年1月到职） |
| 546 | 邵云樵 | 审判官 | 1948年1月27日院派 | 未到职 | | | 未到职 | 已奉派为（安徽）婺源审判官，呈辞。1948年4月20日院令准辞，原派案撤销 |
| 547 | 吴伟 | 审判官 | 1948年4月24日院派 | 未到职 | | | 未到职 | 久未到职。1948年11月26日院令原派案撤销 |
| 548 | 周成章 | 主任审判官 | 1948年11月22日院派 | 1948年12月18日 | | 26 | 四个半月 | |

续表

| 序号 | 姓名 | 职别 | 院派、部派日期 | 到职日期 | 程期（天） | 任期 | 备注 |
|---|---|---|---|---|---|---|---|
| 549 | 刘大康 | 审判官 | 1948年11月26日院派 | 1948年12月13日 | 17 | 四个半月 | |

资料来源：

笔者梳理了江西省档案馆馆藏的"某某县司法处审判官、书记官任免卷"及"审判官呈司法部请派卷"，共736卷，依据其中的审判官任免令和审判官铨叙履历表，并与其他相关案卷进行比对，整理成此表。为避免冗长，此处不一一例出，详见参考文献1—24。

说明：

程期与任期的计算：

1. 派令下达日期至"到职日期"为"程期"；"到职日期"与"卸职日期"为"任期"。"卸职日期"多有缺失，计算时参照下一任的到职日期，也即上一任的交卸日期。

2. 按规定，审判官到职的"卸职日期"都需报江西高等法院备案，表中所列时间，都是档案中记载的时间。"到职日期"大多齐全，但因资料缺失或其他原因，"卸职日期"多有缺失，计算时参照下一任的到职日期，以及该员另调他县时的到达日期，因为审判官的交卸有严格规定，一般情况下，下一任的到职日期，也即上一任的交卸日期。

## 二、江西各县司法处审判官名录

| 序号 | 姓名 | 别号 | 性别 | 出生年月 | 入党时地 | 籍贯 | 学 历 | 资 历 |
|---|---|---|---|---|---|---|---|---|
| 1 | 蔡启麟 | 蓬孙 | 男 | 1894年6月5日 | 1926年10月江西赣县 | 江西上犹 | 江西豫章法政专门学校法律别科三年毕业 | 曾任江西南康、兴国、崇义县承审员 |
| 2 | 蔡恂 | 性存 | 男 | 1901年11月4日 | 1928年4月江西德安 | 江西德安 | 江西省立法政专门学校法律科毕业 | 曾任南昌地方审判厅候补书记官、德安县承审员、万安县公安局局长、遂川县政府军法承审员、德安县政府承审员等职 |
| 3 | 蔡子法 | 姜吾 | 男 | 1907年 | 1935年南京 | 浙江东阳 | 司法院院官训练所 | 曾任江西乐平、广昌、彭泽县承审员 |
| 4 | 曾国屏 |  | 男 | 1895年 | 1921年北平 | 江西余干 | 北平中国大学法律专科修业三年毕业 | 曾任江西东乡、广丰、安远、南城等县承审员 |
| 5 | 曾鲁 | 钝庵 | 男 | 1901年 | 安字08338号 | 江西崇仁 | 上海震旦大学法学系毕业、法国巴黎大学政治经济系肄业 | 曾任江苏高淳县承审员、安徽郎溪县司法科长、江苏省政府江南行署主任军法官、第三战区总指挥部同中校军法处处长、江苏溧水县司法处审判官等职 |
| 6 | 曾斎 | 海峰 | 男 | 1901年 | 1927年北平 | 江西宁都 | 北平朝阳大学本部法律科修业三年毕业 | 曾任江西横峰县承审员、弋阳县临时法庭司法官、峡江、龙南、都昌县承审员 |
| 7 | 曾岐祥 | 始郊 | 男 | 1907年 | 1928年11月南昌市 | 江西宁都 | 江西章江法政专门学校法律本科毕业 | 曾任江西崇仁、安福、弋阳等县警狱员、会昌县政府秘书暨军法承审员等职 |
| 8 | 曾详海 | 述诚 | 男 | 1896年1月15日 | 贛字37251号 | 湖北广济 | 武昌中华大学法律科四年毕业 | 曾任广西邕宁地院候补检察官、苍梧地院候补推事、安徽桐城地院检察官、江西九江地院承审官等职 |
| 9 | 曾镛 | 莘友 | 男 | 1897年7月3日 | 贛字37251号 | 江西余干 | 江西豫章法政专门学校法律专科毕业 | 曾任江西崇仁县政府承审员、九江、峡江、上高县政府承审官、上饶、高安县司法委员、安福县政府承审员 |
| 10 | 曾震襄 | 虚怀 | 男 | 1898年 | 1926年12月江西南昌 | 江西永新 | 私立江西法政专门学校法律科三年毕业 | 曾任江西龙南、湖口、清江、瑞金、余江、星子县司法处审判官新、应山、秭归等县司法委员、五峰县地院书记官、湖北警丁训练班教官等职 |
| 11 | 曾子敬 |  | 男 | 1915年4月4日 |  | 广东梅县 | 私立南华学院法律系四年毕业 | 曾任广东梅县地院书记官、广东高八分院警判官 |

续表

| 序号 | 姓名 | 别号 | 性别 | 出生年月 | 入党时地 | 籍贯 | 学历 | 资历 |
|---|---|---|---|---|---|---|---|---|
| 12 | 车光汉 | 漱湄 | 男 | 1895年 | 1932年补发党员证 | 江西武宁 | 私立江西法政专门学校法律本科毕业 | 曾任江西法分院、广昌县承审官、山东泰安地院检察官、江西崇义县承审员等职 |
| 13 | 陈邦淑 | 迪民 | 男 | 1899年6月9日 | | 湖北鄂城 | 湖北公立法政专门学校法律本科毕业 | 曾任湖北夏口地方检察厅书记官、宜昌县法院书记官、武昌县法院检察处书记官等职 |
| 14 | 陈逢生 | 庆之 | 男 | 1899年2月17日 | 1940年6月江西省党部 | 江西鄱阳 | 江西豫章法政专门学校法律本科毕业 | 曾任南昌地院检察处书记官、彭泽县政府承审员、湖口县政府承审员、少校军法承审员等职 |
| 15 | 陈璊 | 洁如 | 男 | 1910年4月30日 | 临川县党部 | 江西临川 | 江西章江法政专门学校法律本科毕业 | 曾任江西黎颂、石城县司法处主任书记官、高二分院书记官、宜黄县政府承审官、崇仁县政府军法承审员、临川地院书记官等职 |
| 16 | 陈立鹏 | | 男 | 1908年 | 1926年5月 | 江西南康 | 江西省立法政专门学校法律科毕业 | 曾任江西乌乌县政府承审员、陆军第44师少校主任军法官等职 |
| 17 | 陈沛霖 | 凌清 | 男 | 1898年 | | 江西进贤 | | 曾任临川、浮梁地方法院书记官、宜黄县承审员 |
| 18 | 陈庆之 | 熙群 | 男 | 1899年8月2日 | | 江西鄱阳 | 私立江西法政专门学校法律别科毕业 | 曾任余干县司法处书记官、进贤地院检察处书记官等职 |
| 19 | 陈声甫 | 颂三 | 男 | 1902年 | 赣字第02414号 | 江西高安 | 江西豫章法政专门学校法律本科毕业 | 曾任江西上高县承审员、鄱阳地院看守所所长、鄱阳地院经湖地区经湖指挥部同少校军法官、第十集团军副总司令部同中校军法承审员、永新县政府军法承审员、九江地方法院书记官长等职 |
| 20 | 陈欣然 | | 男 | 1910年1月 | | 江西高安 | | 历充湖北南群地院检察处学习书记官、江西黎川地院候补书记官、江西南康地院检察处候补书记官等职 |
| 21 | 陈夔卿 | 维猷 | 男 | 1912年5月21日 | | 江西崇仁 | 私立持志学院法律系毕业 法学士 | 曾任陆军第五师军法官、第三战区荣管军人管理处军法员 |

续表

| 序号 | 姓名 | 别号 | 性别 | 出生年月 | 入党时地 | 籍贯 | 学历 | 资历 |
|---|---|---|---|---|---|---|---|---|
| 22 | 陈肇枢 | 伯襄 | 男 | 1906年2月7日 | 1923年5月上海 | 广西桂林 | 上海群治大学部法科第一届大学部法科法律系本科四年毕业 | 曾任东省特别区域高等法院候补书记官、江西省特别区域地方法院候补书记官、江南昌地院检察处候补书记官、代理临川地院检察处书记官等职 |
| 23 | 陈镇华 | 安汉 | 男 | 1902年2月5日 | 1926年11月江西永丰 | 江西永丰 | 私立江西法政专门学校法律本科毕业 | 曾任大庾、安福县承审员、永新县政府同少校军法承审员、江西全省保安司令部少校军法书记官等职 |
| 24 | 陈政 | 蕴徽 | 男 | 1902年 | 1928年2月南昌市 | 江西临川 | 江西豫章法政专门学校法律本科毕业 | 曾任湖北沔水、宜昌地方法院书记官、江西余干、贵溪、修水等县承审员等职 |
| 25 | 程德瑞 | 振之 | 男 | 1899年 | 1927年南昌 | 江西南昌 | 江西省立法政专门学校法律本科毕业 | 曾任江西九江地方审判厅主任书记官、九江地方法院书记官、南昌律师公会正会长等职 |
| 26 | 程孝毅 | 仲强 | 男 | 1890年 | | 江西宜黄 | 江西省立法政专门学校法律本科毕业 | 曾任浙江永康县承审员、江苏江都县承审员、安徽亳县承审员等职 |
| 27 | 戴明 | 哲士 | 男 | 1902年8月24日 | 1926年10月江西泰和 | 江西泰和 | 私立江西法政专门学校法律本科毕业 | 曾任山东济南地惠民分庭检察处书记官、威海地院办事、广东广州地院、南雄地院、仁化、乳源地院、广东高四三分院书记官、江西高三分院书记官等职 |
| 28 | 邓伯亮 | | 男 | 1906年2月7日 | 1928年上海 | 江西临川 | 上海中国公学大学部法科法律系本科四年毕业法学士 | 曾任江西金溪县司法处书记官兼主任书记官、书记官长、临川地院书记官长、保安处少校军法官等职 |
| 29 | 邓纪 | 香谷 | 男 | 1903年 | 1928年江西新建 | 江西新建 | 江西豫章法政专门学校法律本科毕业 | 曾任江西浮梁县法院检察处书记官、执行律师职务八年 |
| 30 | 邓绍端 | 离士 | 男 | 1900年6月26日 | | 江西黎川 | 私立江西法政专门学校政治经济科毕业 | 曾任江西南安、资溪、光泽县承审员 |
| 31 | 丁从周 | 郁文 | 男 | 1891年12月 | 1939年江西玉山 | 江西金溪 | 私立江西法政专门学校法科毕业 | 曾任江西商安、德安县承审员 |

续表

| 序号 | 姓名 | 别号 | 性别 | 出生年月 | 入党时地 | 籍贯 | 学 历 | 资 历 |
|---|---|---|---|---|---|---|---|---|
| 32 | 丁德高 | 仰山 | 男 | 1891年 | | 福建建宁 | 福建法政专门学校专科三年毕业 | 曾任福建闽侯第一初级审判厅书记官,德化县上洋厅帮审员,上杭县承审员,江西修水、泰和、宣黄、星子县承审员,龙南县司法委员,横峰县县长,南康县法院推事,乐乡、丰城、宜丰、南城、贵溪等县承审员 |
| 33 | 杜鹗 | 荐秋 | 男 | 1882年 | | 江西新建 | 江西省立法政专门学校法律专科毕业 | 曾任江西九江初级审判厅推事,九江地方审判厅监督推事,地方审判厅推事,吉林高等法院推事,湖北汉口地院候补推事,武昌、恩施地院推事等职 |
| 34 | 杜国珠 | 俊修 | 男 | 1898年 | 1927年江西武宁 | 江西武宁 | 江西省立法政专门学校法律专科毕业 | 曾任广东普宁、江西东乡县承审员,江西宣丰地院候补书记官,武宁县政府军法承审、少校军法承审员 |
| 35 | 杜田生 | | 男 | 1901年3月14日 | 1938年2月湖南长沙 | 湖南临湘 | 湖南公立法政专门学校毕业 | 曾任第一集团军少将军法官,江西宜丰县政府军法承审 |
| 36 | 樊甲 | 蔚东 | 男 | 1893年7月21日 | 1929年7月江西九江 | 江西修水 | 江西豫章法政专门学校法律本科毕业 | 曾任江西南昌地方法院审判厅书记官,书记官,南昌地院检察处检察处补书记录科办事,江西商河口地院检察处候补书记官,江西商河口地院分院检察处书记官等职 |
| 37 | 樊应丰 | 慰农 | 男 | 1901年8月22日 | | 江西进贤 | 私立江西法政大学法律本科毕业 | 曾任江西新干县县长,浙江永康县清理积案委员,浙江杭县地院书记官,江西金溪、峡江、上高、新余县曾狱员,丰城县司法处审判官 |
| 38 | 樊永言 | 孝思 | 男 | 1906年3月1日 | 1943年2月江西乐安 | 江西进贤 | 私立江西法政大学法律本科毕业 | 曾任江西金溪、崇仁县政府军法承审员 |
| 39 | 方国鉴 | 韶甫 | 男 | 1879年 | | 江西南昌 | 江西省立法政专门学校法律专科毕业 | 曾任江西黎川、分宜、修水、金溪、余江等县承审员、新余县司法处审判官 |
| 40 | 方远扬 | 奉仁 | 男 | 1902年 | 1930年6月江西吉安 | 江西寻乌 | 江西省立法政专门学校法律本科毕业 | 曾任私立赣南法政专门学校法学教授,江西永修、武宁、永平、南城、铅山、大余等县承审员,吉安县军法承审员 |
| 41 | 费子诚 | | 男 | 1905年 | | 江西奉新 | 北平民大学法律系毕业 | 曾任国训所教育、专员公署秘书科长、民政厅视察员股长,军法谷官等职 |

续表

| 序号 | 姓名 | 别号 | 性别 | 出生年月 | 入党时地 | 籍贯 | 学历 | 资历 |
|---|---|---|---|---|---|---|---|---|
| 42 | 冯品高 | | 男 | 1901年 | | 江西瑞金 | 江西省立法政专门学校法律本科毕业 | 曾任江西高一分院书记官及代理候朴推事、临川、南昌等地院检察处书记官、瑞昌县承审员、九江县政府军法承审员、江西高等法院等职 |
| 43 | 甘棠 | 启襄 | 男 | 1906年2月28日 | 1943年11月江西广昌 | 江西丰城 | 江西豫章法政专门学校法律本科毕业 | 曾任江西清江县承审员、新余县政府秘书兼主科书记官主任承审员、江西高等法院第五分院主科书记官等职 |
| 44 | 高齐缙 | 仲恒 | 男 | 1895年 | 1927年入党 | 浙江绍兴 | 江西豫章法政专门学校法律本科毕业 | 曾任乐平、遂川、黎川、崇仁、永新、新余、石城等县承审员 |
| 45 | 邵骥 | 龙伯 | 男 | 1894年4月17日 | 1941年2月江西宁都 | 安徽五河 | 江苏公立法政专门学校法律本科毕业 | 曾任江苏丹徒地方审判厅审判官、邵县承审员、江宁地院书记官、安徽怀宁地院代理书记官长、靖江县政府承审员、合肥县法院学习推事、合肥地院代理书记官长、宁都地院代理书记官长、江西高二分院书记官长等职 |
| 46 | 郭绍群 | 峻亭 | 男 | 1891年 | 1926年江西吉水 | 江西吉水 | 江西豫章法政专门学校法律本科毕业 | 曾任江西高等法院检察处书记官、吉安地院检察处主任书记官、代理南昌、赣县各地院检察官等职 |
| 47 | 过德刚 | 健庵 | 男 | 1900年 | 1933年10月江西分宜 | 江西临川 | 国立北平法政大学法科毕业 | 曾任南昌地方法院学习推事、分宜、弋阳、资溪、广丰等县承审员 |
| 48 | 何显微 | 贵生 | 男 | 1909年2月21日 | 1944年9月江西宜黄 | 江西临川 | 私立江西法政专门学校法律本科毕业 | 曾任湖北宜昌地检处暂代书记官、江西玉山县司法处书记官、主任书记官、玉山、宜黄县政府同少校军法承审员等职 |
| 49 | 胡邦察 | 裕子 | 男 | 1883年 | 1926年12月入党 | 江西南昌 | 私立江西法政专门学校法律本科毕业 | 曾任江西寻乌县承审员、江西高等检察厅监狱视察员、萍乡县司法委员、信丰、吉水、铜鼓县承审员、代理宁都县司法处审官、莲花县司法处审判官 |
| 50 | 胡道辉 | 子超 | 男 | 1909年 | | 江西进贤 | 江西章江法政专门学校法律本科毕业 | 曾任江西婺源、大余等县司法承审官 |
| 51 | 胡德铨 | 仲谐 | 男 | 1908年10月18日 | | 江西进贤 | 江西豫章法政专门学校法律本科毕业 | 执行律师职务十年以上,曾任江西龙南、弋阳、资溪等司法处主任书记官等职 |

续表

| 序号 | 姓名 | 别号 | 性别 | 出生年月 | 入党时地 | 籍贯 | 学 历 | 资 历 |
|---|---|---|---|---|---|---|---|---|
| 52 | 胡国平 | 可均 | 男 | 1910年 | | 江西临川 | 上海私立法政学院法律系本科毕业 | 曾任江西高等法院书记官等职 |
| 53 | 胡敬夔 | 承权 | 男 | 1897年9月15日 | 1927年6月江西临川 | 江西临川 | 江西省立法政专门学校法律本科毕业 | 曾任江西永修、清江县管狱员,宁都司法委员公署主任书记,临川,进贤县军法承审员等职 |
| 54 | 胡 俊 | 重华 | 男 | 1892年 | 1929年南昌市 | 江西高安 | 北京国立法政专门学校法律本科四年毕业 | 曾任江西高等法院学习检察官,九江地院候补推事,江苏南汇、太仓、邳县,淮阴县军法承审员等职 |
| 55 | 胡 蔚 | 渔孙 | 男 | 1895年 | 1926年12月南昌市 | 浙江吴兴 | 江西省立法政专门学校法律本科毕业 | 曾任江西上犹、弋阳,乐平、分宜,铅山,瑞昌,南丰等县承审员 |
| 56 | 胡屏广 | 志远 | 男 | 1898年 | | 江西南昌 | 江西豫章法政专门学校法律本科毕业 | 曾任江西分宜、龙南永修,奉新,高安等县承审员,陆军第12师少校军法官,信丰粤赣口捐局局长,弋阳县司法处审判官 |
| 57 | 胡偶杰 | 柳孙 | 男 | 1907年 | | 浙江绍兴 | 私立福建法政专门学校法律本科四年毕业 | 曾任湖口,上高,黎川等县承审员 |
| 58 | 胡以谦 | 季宜 | 男 | 1895年 | 1926年12月江西安义 | 江西安义 | 江西省立法政专门学校法律专科四年毕业 | 曾任江西铅山,南丰,安福,德兴,永新,龙南等县承审员 |
| 59 | 黄服畴 | 锡天 | 男 | 1909年7月1日 | 1928年11月江西赣县 | 江西上犹 | 江西省立法政专门学校暨武昌华中大学法学院毕业 | 曾任江西水吉军法承审员,吉安县政府科长兼军法官,赣南师管区司令部少校军法官,乐平,兴国县政府秘书兼军法承审员等职 |
| 60 | 黄河清 | 浪平 | 男 | 1902年10月27日 | 赣字01776号 | 江西中国大学法科毕业 | 北平中国大学法科毕业 | 曾任江西上犹,资溪县承审员,临川县公安局长,第一集团军总司令部军法官等职 |
| 61 | 黄谟介 | 党新 | 男 | 1894年 | | 江西临川 | 江西豫章法政专门学校法律本科毕业 | 曾任江西金溪,资溪,铜鼓,万载县承审员 |
| 62 | 黄绍香 | 继生 | 男 | 1887年 | | 江西乐安 | 私立江西法政专门学校法律本科三年毕业 | 曾任江西万安,宁都,新干,资溪,南康、星子县承审员 |
| 63 | 黄学余 | 足三 | 男 | 1906年 | 1926年江西赣州 | 江西上犹 | 江西省立法政专门学校法律本科毕业 | 曾任江西九江地院书记官,吉水县承审员等职 |

续表

| 序号 | 姓名 | 别号 | 性别 | 出生年月 | 入党时地 | 籍贯 | 学历 | 资历 |
|---|---|---|---|---|---|---|---|---|
| 64 | 黄振华 | 利五 | 男 | 1899年2月30日 | 1940年6月江西修水 | 江西修水 | 江西像章法政专门学校法律专科毕业 | 曾任江西崇仁县承审员,陆军78军中校军法官,上校军法处长等职 |
| 65 | 黄 钟 | 伯吕 | 男 | 1907年8月13日 | 1927年6月上海 | 江西玉山 | 上海江南学院大学部法律系毕业 | 曾任河南淮阳、安阳、洛阳等行政督察专员公署兼办司法检察审务等职军法官,江西玉山县政府行政承审员兼办司法检察审务等职 |
| 66 | 纪云章 | 卓人 | 男 | 1907年 | 1940年江西上饶 | 江西上饶 | 北平朝阳学院专门部法律本科毕业 | 曾任定南、弋阳县承审员,江西第六区保安司令部军法官等职 |
| 67 | 贾化鹏 | 觉非 | 男 | 1903年 | | 湖北阳新 | 北京中大学专门部法律本科毕业 | 曾任北平、九江法院书记官、江西都昌、进贤、瑞昌等县承审员 |
| 68 | 江文福 | 梅轩 | 男 | 1898年10月4日 | 1939年5月江西婺源 | 江西婺源 | 江西省立法政专门学校法律本科毕业 | 曾任江西崇义、东乡、鄱泽、乐平、高安、丰城、信丰等县承审员 |
| 69 | 江宗汉 | 演成 | 男 | 1898年 | 1940年6月江西宁冈县党部 | 江西光泽 | 福建公立法政专门学校法律本科四年毕业 | 曾任江西干部、清江、广昌、瑞金、兴国等县军法官 |
| 70 | 姜鸿鲁 | 颖谱 | 男 | 1910年12月10日 | 1939年12月江西乐平 | 江西新建 | 私立章立法政专门学校法律本科毕业 | 曾任江西万年、清江、广昌、乐平等县监狱署警狱员兼所长、乐平县司法处主任书记官、永新县政府军法承审员、第三战区兵站总监部军法官等职 |
| 71 | 蒋秉衡 | 树棠 | 男 | 1892年3月8日 | 1927年1月南昌市 | 江西南昌 | 私立章立法政专门学校法律本科毕业 | 曾任江西万年、吉安地院书记官暨书记长等职 |
| 72 | 蒋思训 | 志方 | 男 | 1911年4月23日 | 1934年1月江西修水 | 江西清江 | 江西第三区保安司令部司令部部少校军法官 | 曾任陆军第50师司令部少校军法官、江西第三区保安司令部部 |
| 73 | 焦景清 | 镜溪 | 男 | 1903年 | 赣字第5237号 | 江西进贤 | 私立江西法政专门学校法律本科毕业 | 曾任江西会昌、万年等县司法处书记官、余江县督狱员、会昌、金溪、黎川等县军法承审员 |
| 74 | 金宝光 | 民衡 | 男 | 1891年 | 1939年5月江西湖口 | 江西浮梁 | 江西像章法政专门学校法律本科毕业 | 曾任吉安地院候补推事、鄱阳县法院候补检察官、龙南、万年、吉水、石城等县承审员 |
| 75 | 金 千 | 国桢 | 男 | 1901年 | | 江西新建 | 私立江西法政专门学校法律本科毕业 | 曾任中央教导总队秘书并在南昌区执行律师十余年 |

续表

| 序号 | 姓名 | 别号 | 性别 | 出生年月 | 入党时地 | 籍贯 | 学历 | 资历 |
|---|---|---|---|---|---|---|---|---|
| 76 | 金丽生 | 利森 | 男 | 1908年 |  | 江西新建 | 江西省立法政专门学校法律本科毕业 | 曾任陆军第87、88师少校军法官,江西新建、丰城、永丰等县承审员 |
| 77 | 金绍曾 | 贤之 | 男 | 1907年11月25日 | 1939年9月福建福清 | 浙江绍兴 | 上海法政学院法科法律系毕业 | 曾任陆军第14师军法官,赣粤闽湘鄂边区剿军中路军总指挥部少校军法官,军委会委员长宜昌行辕少校军法官,福建龙溪、上杭、诏安、福清、霞浦县政府军法承审员等职 |
| 78 | 康曜 | 晚村 | 男 | 1907年5月12日 | 1940年7月江西七阳 | 江西兴国 | 江西豫章法政专门学校法律本科毕业 | 曾任江西余江、弋阳县政府军法承审员,兴国县政府少校军法承审员 |
| 79 | 雷迅 | 捷三 | 男 | 1905年 |  | 江西修水 | 江西豫章法政专门学校法律本科毕业 | 曾任江西南康地方法院书记官,南康、分宜等县承审员兼临时法庭司法官 |
| 80 | 李秉刚 | 石坚 | 男 | 1895年12月1日 | 1940年7月湖南湘潭 | 湖南平江 | 私立江西法政专门学校特别科毕业 | 曾任江西南昌地方审判厅书记官,上犹县承审员,陆军第200师司令部,陆军第五军军法官,湖南湘潭县政府军法承审员;江西万载县政府军法承审员等职 |
| 81 | 李集之 | 秀中 | 男 | 1909年 | 国民党党员 | 江西莲花 | 江西豫章法政专门学校法律本科毕业 | 曾任山东夹汶、费县、嘉祥县法院检察官,嘉祥、桓台、蒲台县政府承审员,平度县司法处审判官,陆军第7军司令部中校军政官,第三战区南临紧光警备司令部军法官 |
| 82 | 李家腾 | 云霄 | 男 | 1904年 | 1924年北平 | 江西吉水 | 北平朝阳大学大学部法科法律系六年毕业 | 曾任江西省第五区专江地方法专、私立章江地院法专讲师、乐安、崇仁、德安等县承审员等职 |
| 83 | 李家学 | 少夕 | 男 | 1903年5月26日 |  | 江西吉安 | 江西省立法政专门学校法律本科毕业 | 曾任江西省第七区保安司令部少将秘书兼承审员,南城县政府秘书兼承永新县政府军法承审员等职 |
| 84 | 李聚夔 | 艺之 | 男 | 1902年 |  | 江西南昌 | 私立江西法政专门学校法律本科毕业 | 曾任江西新干县承审员,九江地院检察处候朴检察官,临川地院书记官,萍乡县法院检察官等职 |
| 85 | 李聚伊 | 任之 | 男 | 1899年10月11日 | 1945年7月南昌县 | 江西南昌 | 私立江西法政专门学校法律本科毕业 | 曾任江西德兴县承审员,四川巴县地院代理书记官,浙江杭县、鄞县地方法院书记官等职 |
| 86 | 李世标 | 馆丞 | 男 | 1903年 | 1929年南昌市 | 江西临川 | 江西省立法政专门学校法律本科毕业 | 曾任江西德兴县承审员,南康县临时法庭司法官,大余县承审员等职,武宁、南康 |

附录　315

续表

| 序号 | 姓名 | 别号 | 性别 | 出生年月 | 入党时地 | 籍贯 | 学 历 | 资 历 |
|---|---|---|---|---|---|---|---|---|
| 87 | 李树峰 | 朴云 | | 1911年 | | 江西余干 | 上海法政学院法律系本科毕业 | 曾任余江县政府少校军法审员 |
| 88 | 李耀唐 | 德新 | | 1912年 | | 江西南昌 | 私立江西法政专门学校法律本科毕业 | 执行律师十年以上 |
| 89 | 廖吉杏 | 牧谦 | 男 | 1907年2月19日 | 1928年江西宁都 | 江西宁都 | 江西省立法政专门学校法律科三年毕业 | 曾任江西万安县政府帮审员，江西高等法院暂代学习书记官，江西找桥特别区政治局承审员，代理江西高等法院学习书记官等职 |
| 90 | 廖立三 | 北光 | 男 | 1887年10月10日 | 1934年6月江西赣县 | 江西雩都 | 江西燎章法政专门学校法律科毕业 | 曾任江西高一分院检察处书记官，南康县承审员兼临时法庭司法官，安远县承审员等职 |
| 91 | 廖锡钰 | 质坚 | 男 | 1912年 | 1930年江西奉新 | 江西奉新 | 江西章江法政专门学校法律科三年毕业 | 曾任省龙溪县地方法院及地方法院书记官，江西高等法院书记官等职 |
| 92 | 林文洸 | 一我 | 男 | 1902年4月4日 | 1926年5月福建福州 | 福建林森 | 福建私立大学法律科毕业 | 曾任福建省龙溪县法院及地方法院书记官，南靖、安溪、松溪、金门、海澄、福鼎、宁德，南安等县承审员，调代南平、同安两县审判官，晋江、永春、邵武三县同少校军法审员，江西上饶县政府同少校军法承审员等职 |
| 93 | 刘舫 | 方舟 | 男 | 1910年 | | 江西吉安 | 北平中国大学法律系本科毕业 | 曾任贵州第一区保安司令部少校军法官，贵州铜仁地方法院书记官长等职 |
| 94 | 刘和春 | 若仙 | 男 | 1899年 | 1928年12月江西铜鼓 | 江西萍乡 | 湖南群治大学法律科四年毕业 | 曾任江西控诉法院赣县分院书记官，江西高一分院，吉安地院候补推事等职 |
| 95 | 刘金麟 | 玉书 | 男 | 1906年1月11日 | 1934年10月江西湖口 | 江西高安 | 北平朝阳大学法律专科四年毕业 日本明治大学研究科肄业三学期 | 曾任江西湖口，清江等县承审员 |
| 96 | 刘燮陞 | 读樵 | 男 | 1898年 | 贡宁第06017号 | 江西安福 | 江西燎章法政专门学校法律本科毕业 | 曾任江西萍乡县法院检察处主任书记官，候补检察官，江西高一分院检察处候补书记官，鄱阳县法院检察处主任书记官，江西高一分院检察处候补书记官，宜丰、资溪县政府承审员等职 |

续表

| 序号 | 姓名 | 别号 | 性别 | 出生年月 | 入党时地 | 籍贯 | 学历 | 资历 |
|---|---|---|---|---|---|---|---|---|
| 97 | 刘汝霖 | 铁哉 | 男 | 1900年 | | 江西永新 | 私立江西法政专门学校法律本科毕业 | 曾任江西法政专门学校法律本科毕业，宜黄县承审员等职 |
| 98 | 刘绍基 | 怀明 | 男 | 1902年3月28日 | 1940年11月江西丰城 | 江西丰城 | 私立江西法政专门学校法律本科毕业 | 曾在南昌地方法院区域内执行职务，兼区审判官存记备用以县司法处审判官存记备用 |
| 99 | 刘师旦 | 伦五 | 男 | 1912年8月27日 | 国民党党员 | 江西宜丰 | 江西法政专门学校法律预科毕业 | 曾任司法行政部录事，江西袁宜地方法院书记官等职 |
| 100 | 刘廷杰 | 挺生 | 男 | 1901年9月17日 | 赣字236号 | 江西贵溪 | 北京朝阳大学专门部法律系毕业学士学位 | 曾任江西万年、大庾县政府承审员，第三战区鹰邓戒严司令部中校军法承审官等职 |
| 101 | 刘钪 | 治公 | 男 | 1901年 | | 江西南昌 | 江西豫章法政专门学校法律本科毕业 | 曾任军法承审员 |
| 102 | 刘耀南 | 干丞 | 男 | 1899年 | 1933年3月江西吉安 | 江西宜春 | 私立江西法政专门学校法律本科毕业 | 曾在江西吉安地院候补书记官，书记官，信丰、安福、莲花、永新等县承审员 |
| 103 | 刘兆懿 | 育民 | 男 | 1899年 | 1926年12月江西宜丰 | 江西宜丰 | 江西省立法政专门学校法律本科毕业 | 曾任江西第一高等判分厅书记官，江西瑞金县县长、奉新、吉水、永丰、余江、南城、丰城、安福等县承审员 |
| 104 | 刘兆粲 | 理之 | 男 | 1900年12月3日 | 1928年9月江西宜丰 | 江西宜丰 | 江西省立法政专门学校法律本科毕业 | 曾任宜丰县政府军法承审员兼秘书并代理宜丰县司法处承审职务、新干县政府军法承审员兼秘书并代理新干县司法处检察职务 |
| 105 | 刘祖汉 | 伯友 | 男 | 1892年 | 1928年南昌市 | 江西宜丰 | 江西豫章法政别科毕业 | 曾任靖安、峡江、东乡等县承审员 |
| 106 | 龙行雯 | 中平 | 男 | 1902年 | | 江西永新 | 私立江西法政专门学校法律本科毕业 | 曾任吉安警备司令部军法官 |
| 107 | 龙会云 | 南生 | 男 | 1891年 | 1912年高安 | 江西高安 | 私立江西法政专门学校法律本科毕业 | 曾任江西慈化特别区，寻乌、于都、广昌、星子、瑞金等县审员 |

续表

| 序号 | 姓名 | 别号 | 性别 | 出生年月 | 入党时地 | 籍贯 | 学历 | 资历 |
|---|---|---|---|---|---|---|---|---|
| 108 | 鲁炳雯 | 陆如 | 男 | 1912年4月3日 | 龙南县党部 | 江西新建 | 私立江西法政专门学校法律本科毕业 | 曾任峡江县政府军法承审员,安福县司法处主任书记官,安福县政府军法承审员,分县政府同少校军法承审员,南昌县政府军法承审员 |
| 109 | 罗其泽 | 光祖 | 男 | 1905年4月20日 | 1924年4月江西九江 | 江西九江 | 北平朝阳大学法律科毕业 | 曾任江西余江、武宁、资溪、宜春县承审员,贵溪、余江、武宁县临时法庭司法官,江西省安处第二科少校军法股少校军法官,江西军管区司令部同少校军法官。1943年4月起执行律师职务两年 |
| 110 | 罗允怀 | 崇溪 | 男 | 1895年 | 1929年江西乐安 | 江西南丰 | 江西豫章法专门学校法律本科毕业 | 曾任江西南丰县县长,乐安、瑞金、定南、宜春、广丰、宁都、德兴、鄱源等县承审员 |
| 111 | 毛宝鸿 | 晴高 | 男 | 1886年 | 1941年2月江西新建 | 江西新建 | 江西省立法官养成所毕业,江西豫章法政补习科毕业 | 曾任江西奉新县审检所帮审员,南城县承审员,安徽宿松县承审员,江西广昌、武宁、安远县承审员,永新县审判官,贵州三穗县审判官,贵州高一分院服务 |
| 112 | 缪家兴 | 星侠 | 男 | 1909年6月 | 1927年12月江西星子 | 江西星子 | 私立江西法政专门学校法律本科毕业 | 曾任江西高等法院宜春分院用庭主科书记官 |
| 113 | 缪仕潜 | 凤逸 | 男 | 1906年 | 1929年江西星子 | 江西星子 | 江西法政专门学校预科一年本科三年毕业 | 曾任安徽全德县政府司法科科员,江西承审员,江西高等法院检察处候补书记官,书记官 |
| 114 | 聂康畅 | 重新 | 男 | 1906年5月16日 | 1927年7月江西南昌 | 江西永丰 | 江西法政专门学校法律本科四年毕业 | 曾任江西省第七区保安司令部军法官,主任书记官,江西省候补法官,江西赣县地院司法处军法官 |
| 115 | 聂辉扬 | 醒民 | 男 | 1908年 | 1926年5月江西新干 | 江西新干 | 安徽大学法律系四年毕业 | 曾任九江地方检察厅检察官,浮梁地院检察官派怀宁地院办事,江苏禁烟总局执法官,奉天法库选举事务所所长兼高二分院检察官事务 |
| 116 | 聂烈光 | 仲毅 | 男 | 1882年 | 1927年南昌市党部 | 江西丰城 | 北平国立法政专门学校三年毕业 | 曾任九江地方检察厅检察官、黎树、宽甸县承审员,江西省法处少校军法官,宁都县剿匪司令部军法官,宁都三省剿匪司令部军法股长 |
| 117 | 潘弘毅 | 纽岳 | 男 | 1910年 | | 江西新建 | 私立江西法政专门学校法律本科毕业 | 四川第九等行政督察专员公署军法承审员,陆军96师司令部少校军法官,江西省政府保安少校军法官及中校主任军法官中校股长 |

续表

| 序号 | 姓名 | 别号 | 性别 | 出生年月 | 入党时地 | 籍贯 | 学 历 | 资 历 |
|---|---|---|---|---|---|---|---|---|
| 118 | 彭 年 | 慰祖 | 男 | 1903年 | | 江西鄱阳 | 江西省立法政专门学校法治经济本科毕业 | 曾任江西东乡、吉水、永丰等县承审员 |
| 119 | 彭熙坡 | 武城 | 男 | 1903年10月23日 | 1940年4月江西泰和 | 江西吉水 | 江西省立法政专门学校法律本科毕业 | 曾任代理南昌地院检察处学习书记官,九江地院检察候补书记官、书记官,江西高二分院检察处书记官,江西高三分院书记官 |
| 120 | 彭相正 | 直斋 | 男 | 1903年11月27日 | 1940年10月江西宜春 | 江西宜春 | 私立江西法政专门学校法律本科毕业 | 曾任宜春、峡江县政府承审员 |
| 121 | 彭长启 | 东明 | 男 | 1909年7月12日 | 1939年12月江西湖口 | 江西湖口 | 江西章江法政专门学校法律本科毕业 | 曾任江西会昌、武宁县司法处主任书记官,万年县司法书记官、泰和地院候补书记官、书记官 |
| 122 | 彭兆薰 | 詠和 | 男 | 1904年 | 1940年江西省党部 | 江西于都 | 江西章江法政专门学校法律本科毕业 | 曾任江西安远、永丰、会昌等县承审员 |
| 123 | 秦 镜 | 鉴吾 | 男 | 1892年 | | 江西南康 | 江西省立法政专门学校法律本科毕业 | 曾任江西泰和县知事、南康、泰和、崇仁、峡江等县承审员 |
| 124 | 丘道万 | 搏鹏 | 男 | 1912年10月29日 | 1926年11月 | 广东大余 | 国立中山大学广东法科学院法律系本科毕业法学士 | 曾任广东兴宁地院检察处书记官、广东中区绥靖委员公署同少校军法官,广东德庆地院检委员,陆军暂编第二军同少校军法官,军法官兼军法处处长,第九战区军法执行监部同中校军法官 |
| 125 | 丘凤唐 | 勋初 | 男 | 1901年 | | 福建上杭 | 北平朝阳大学专门部法律科四年毕业 | 曾任江西院学习推检,上高县审员、江西高二分院候补书记官,南昌地方法院书记官、崇仁县司法处书记官 |
| 126 | 丘开桂 | 馨山 | 男 | 1890年7月11日 | 1931年2月江西大余 | 江西大余 | 江西豫章法政专门学校法律特别科三年毕业 | 曾任江西第一高等审判分厅书记官、书记官长,江西瑞金县司法委员,全南县承审员,南昌一分院书记官长,大余地方法院书记官等职 |
| 127 | 邱杰薰 | 绶荣 | 男 | 1891年 | 1925年8月广州市 | 湖南安化 | 湖南第一法政学校法政经济科毕业 日本明治大学法律科毕业 | 曾任湖南常德地方检察厅检察官,地方审判厅推事,山东昌乐、平度、邹县、昌邑四县司法院首席检察官,江西第六保安司令军法等职 |

续表

| 序号 | 姓名 | 别号 | 性别 | 出生年月 | 入党时地 | 籍贯 | 学历 | 资历 |
|---|---|---|---|---|---|---|---|---|
| 128 | 邱荣祖 | 仲安 | 男 | 1895年 | 1928年南昌市 | 江西临川 | 江西章江法政专门学校法律本科毕业 | 曾任江西宁都县政府秘书、赣县、大余县政府第一科科长、金溪县县长、南昌、进贤县政府秘书、江苏吴江县政府第一科科长等职 |
| 129 | 饶兆拯 | 蓁茹 | 男 | 1906年 | 1940年5月江西峡江 | 江西南城 | 江西章江法政专门学校法律本科毕业 | 曾充南昌地方法院检察处候补书记官等职 |
| 130 | 任继武 | 绳孙 | 男 | 1900年9月18日 | 1940年8月江西遂川 | 江西丰城 | 北平朝阳大学法律系毕业 | 曾任江西全南、兴国、乐安、宜丰县承审员等职 |
| 131 | 尚志 | 竞成 | 男 | 1898年 | 1927年2月江西南昌 | 江西南昌 | 江西省立法政专门学校法律本科三年毕业 | 曾任江西乐平、贵溪、新干等县承审员 |
| 132 | 邵云樵 | 莲仙 | 男 | 1908年3月15日 | 1930年6月江西德兴 | 江西德兴 | 山东法政专门学校法律科毕业 | 曾任江西德兴县政府司法书记官、江西高二分院学习书记官、安远县司法书记官兼县政府军法承审员、德兴县政府军法承审员等职 |
| 133 | 余世荣 | 森华 | 男 | 1908年 | | 安徽铜陵 | 安徽大学法学士 | 曾任甘肃秦兰地方法院候补推事、甘谷县司法公署审判官、地方法院候补推事、甘肃高五分院附设地方庭推事、永登地方法院候补承审员等职 |
| 134 | 施生 | 敦化 | 男 | 1902年9月3日 | 1942年4月江西信丰 | 江西信丰 | 私立上海法政学院法律系毕业 | 曾任江西定南县政府承审员等职 |
| 135 | 史美文 | 成锦 | 男 | 1905年 | 1935年南京 | 江西九江 | 北平朝阳大学法门部 | 曾任江西九江、南昌、袁宜地方法院书记官等职 |
| 136 | 舒政铎 | 淑义 | 男 | 1909年8月 | 1940年5月江西吉安 | 江西南昌 | 私立江西法政专门学校法律本科毕业 | 曾任江西弋阳县司法处主任书记官、吉水县司法处书记官、候补书记官、江西高三分院检察处候补书记官、书记官等职 |
| 137 | 苏圣权 | 行父 | 男 | 1907年 | | 江西弋阳 | 江西豫章法政专门学校毕业 | 曾任江西南丰、贵溪县政府秘书 |
| 138 | 孙崿 | 伯磐 | 男 | 1906年3月23日 | 1938年3月广东曲江 | 浙江富阳 | 北京朝阳大学专门部法律系毕业 | 曾任福建晋江、莆田、仙游、福建高一分院学习书记官、广东英德地院候补书记官、书记官、从化地院候补推事、江西赣县地方法院会计员、赣县地方法院书记官长等职 |

续表

| 序号 | 姓名 | 别号 | 性别 | 出生年月 | 入党时地 | 籍贯 | 学 历 | 资 历 |
|---|---|---|---|---|---|---|---|---|
| 139 | 孙菁云 | 梯超 | 男 | 1900年6月4日 | 1935年北平 | 山东招远 | 北平朝阳大学专门部法律本科毕业 | 曾任承审员七年以上，中校军法处处长，江西高等法院主科书记官等职 |
| 140 | 谭仁勇 | 定江 | 男 | 1907年9月22日 | 1929年2月南昌市 | 江西九江 | 江西省立法政专门学校法律本科四年毕业 | 曾任江西高等法院学习书记官，临川地院书记官，河南确山县承审员，南阳地院二分院书记官，湖北高三分院，浙江一分院检察处书记官，奉派江西高等法院，高三分院，泰和地方法院办事等职 |
| 141 | 汤焕城 | 向林 | 男 | 1907年11月26日 |  | 湖北广济 | 武昌中华大学文学院法律学本科毕业 | 曾任江西高二分院检察处学习书记官，广丰县司法处书记官，虔南县司法处主任书记官，赣县地院候补书记官，任律师多年 |
| 142 | 陶 球 | 淑民 | 男 | 1903年4月27日 | 1926年12月南昌县 | 江西南昌 | 江西省立法政专门学校法律本科四年毕业 | 曾任江西新余、崇仁、宜黄等县承审员 |
| 143 | 涂步青 | 殊吉 | 男 | 1892年7月20日 | 1940年11月江西临川 | 江西临川 | 江西法政专门学校三年毕业 | 曾任江西铜鼓县司法科科员兼科长、豫章监狱专门学校教员，瑞金县承审员，军法员，安福、新干、会昌、萍乡、庐江、无为、六安县承审员，清江县承审员；阜阳县法院推事，涡阳，江西临川县政府军法员，江西第八区行政督察专员兼保安司令公署少校军法官，第三战区宁广石宁警备司令部中校军法官等职 |
| 144 | 涂举如 |  | 男 | 1919年9月10日 |  | 江西新建 | 私立上海法学院司法组肄业一年 | 曾任贵州贵阳地院检察处书记官，铜仁县政府军法承审员，石阡县司法处兼审判官，贵阳地院公证人，娄阳司法处承审判官等职 |
| 145 | 涂崇汉 | 文澜 | 男 | 1899年 |  | 江西南昌 | 江西省立法政专门学校法科毕业 | 历任赣南师范司令部少校军法官，吉安专员公署少校军法助理员，永新、永丰县府秘书兼军法承审员等职 |
| 146 | 万笃明 |  | 男 | 1904年11月2日 | 1926年10月江西南昌 | 江西丰城 | 北平民国大学法律科毕业 | 曾任江西崇义，进贤，铅山，大余，全南，广昌县承审员，江西高一分院看守所所长，鄱阳县政府军法承审员等职 |
| 147 | 万 兢 | 亚伯 | 男 | 1904年 |  | 江西都昌 | 江西省立法政专门学校法律本科毕业 | 历充江西各地方法院学习推检，分发南昌地方法院候补检察官，候补推事等职 |
| 148 | 万 增 | 益其 | 男 | 1900年10月27日 | 1944年11月江西南昌 | 江西南昌 | 江西省立法政专门学校法律本科毕业 | 曾任江西奉新县县长，河南民政厅视察员，河南渑池县长，江西第一区保安司令部军法官等职 |

附录 321

续表

| 序号 | 姓名 | 别号 | 性别 | 出生年月 | 入党时地 | 籍贯 | 学历 | 资历 |
|---|---|---|---|---|---|---|---|---|
| 149 | 汪志先 | 受祥 | 男 | 1909年4月14日 | 1930年9月江西寻乌 | 江西新建 | 江西章江法政专门学校法律本科毕业 | 曾任奉新、寻乌县司法承审员、会昌、大余县政府军法承审员等职 |
| 150 | 王安 | 秋谷 | 男 | 1909年 | | 江西吉水 | 国立北平大学法学院俄文法科毕业 | 曾任湖南高等法院、邵阳地方法院书记官等职 |
| 151 | 王炳炎 | 云衢 | 男 | 1897年8月20日 | | 江西奉新 | 日本明治大学法律专科毕业 | 曾任江西宜春、泰和、定南县承审员、吉安、泰和临时法庭司法官 |
| 152 | 王材固 | 千生 | 男 | 1909年 | | 福建永定 | 北京朝阳大学法律专门部本科四年毕业 | 曾任福建建瓯、闽口地院候补推事、龙溪、思明地院推事、律人学校教员、莆田地院仙游分庭代行庭长职务、福建法等法院清理积案庭庭推事、合浦地院推事、广东高等法院防城分院推事、鹤山地院、大浦地院、普宁地院任职 |
| 153 | 王崇云 | 岳生 | 男 | 1898年 | 1940年5月江西泰和 | 江西万载 | 江西省立法政专门学校法律本科毕业 | 曾任江西湖口、广昌、泰和、余江县承审员 |
| 154 | 王大献 | 赞元 | 男 | 1890年 | | 江西南昌 | 国立北平大学法学院法律系毕业 | 曾任山西商南分厅及天津保定、广州各地院推事检察官等职 |
| 155 | 王公孚 | 怀谷 | 男 | 1907年11月21日 | | 江西吉水 | 国立北平大学法学院法律系毕业 | 曾任河南新乡、巩县司法处审判官、湖北保康县司法处主任审判官等职 |
| 156 | 王阶平 | | 男 | 1895年 | 1926年11月南昌市 | 江西新建 | 江西法政专门学校法科律本科毕业（1911年至1915年） | 曾任江西南安、广丰、分宜、横峰、上高、峡江、乐安、兴国、瑞金等县承审员 |
| 157 | 王冕 | 涤泉 | 男 | 1896年 | 1928年8月南京 | 湖南湘潭 | 湖南会通法政专门学校法律本科毕业 | 曾任湖北高审厅书记官、湖南醴陵初级审判厅推事、湘乡初级检察厅书记官、衢州地方检察厅候补检察官、湖北云梦、大冶县司法公署书记官、江西奉新、进贤、高安、修水、宜春、萍乡县承审员 |
| 158 | 王绍珪 | 佩璋 | 男 | 1898年 | | 江西安福 | 私立江西法政专门学校法律本科毕业 | 曾任江西安福、莲花、宁冈等县县长 |

续表

| 序号 | 姓名 | 别号 | 性别 | 出生年月 | 入党时地 | 籍贯 | 学历 | 资历 |
|---|---|---|---|---|---|---|---|---|
| 159 | 王士瀛 | | 男 | 1905年 | 1925年9月 北平 | 江苏盐城 | 北平朝阳大学法科四年毕业 | 曾任河南汜水、中牟、鹿邑县承审员、鹿邑县县长兼豫鄂院三省剿匪总司令署军法官、汜水、新乡县承审员、河南第四区行政督察专员公署军法官、鲁山县承审员、潢川县司法处审判官、湖南岳阳县司法处审判官等职 |
| 160 | 王世昌 | 仲槐 | 男 | 1900年1月20日 | 国民党党员 | 江西永新 | 武昌私立中华大学法律系肄业二学年 | 曾任江西控诉法院候补书记官、江西高等法院检察处候补书记官、江西高一分院、赣县、萍乡地院检察官等职 |
| 161 | 王嵩生 | | 男 | 1899年12月7日 | 1940年1月江西省政府 | 江西余干 | 北京私立中国大学大学部法律本科毕业 | 从1927年起,一直从事军法审判官,1947年3月代理于都县司法处主任审判官 |
| 162 | 王兴汉 | | 男 | 1904年 | | 江西鄱阳 | 私立江西法政专门学校法律本科毕业 | 曾任南新县法院书记官、南昌地院检察处主任书记官、民庭刑庭主任书记官、书记官长、福建思明地院执行律师职务三年以上八年,在鄱阳执行律师职务三年以上 |
| 163 | 王言纶 | 拜昌 | 男 | 1896年6月 | 1929年1月江西铅山 | 江西临川 | 江西法律专门学校法律本科四年毕业 | 曾任南昌、九江地方审判厅书记官、宜黄、玉山、都昌、瑞金、鄱城、南丰、乐安、金溪等县承审员、万年县、铅山等县司法委员 |
| 164 | 王仰曾 | 偶如 | 男 | 1901年 | 1935年5月南京 | 江西南昌市 | 江西省立法政专门学校法律本科毕业 | 曾任江西玉山县承审员、浙江常山县承审员 |
| 165 | 王云衢 | 兆龙 | 男 | 1904年7月15日 | 1942年3月江西于都 | 江苏盐城 | 上海法政学院法律学科四年毕业,法学学士 | 曾任江西于都县政府少校军法审判官兼办司法处检察职务 |
| 166 | 王彰 | 岳五 | 男 | 1892年7月26日 | | 江西鄱阳 | 江西省立法政专门学校法律本科毕业 | 曾任江西乐平、南康县政府承审员、万年县政府军法审判员 |
| 167 | 王振谱 | 述文 | 男 | [未填] | 1928年8月湖北沂春 | 湖北广济 | 湖北公立法政专门学校毕业 | 曾任安徽朗溪县承审员、江西第二监狱教诲师、湖北高等法院书记官、保康、云梦县司法处审判官兼九江地院检察处检察官 |

附录 323

续表

| 序号 | 姓名 | 别号 | 性别 | 出生年月 | 入党时地 | 籍贯 | 学历 | 资历 |
|---|---|---|---|---|---|---|---|---|
| 168 | 王镇南 | 公衡 | 男 | 1901年9月26日 | | 江西上饶 | 私立江西法政专门学校法律本科毕业 | 曾任江西临川地院书记官,吉安地院书记官,江西高四分院检察处主任书记官,人事管理员,南昌地院检察处主任书记官、乐安县 |
| 169 | 危遇昌 | 詠湘 | 男 | 1892年 | 1927年8月江西临川 | 江西南丰 | 江西省立法政专门学校法律别科毕业 | 曾任江西进贤县管狱员、临川法院书记官、主任书记官、乐安县承审员等职 |
| 170 | 魏炳翰 | 莹清 | 男 | 1887年 | 1926年10月南昌市 | 江西新建 | 江西省立法政专门学校法律本科毕业 | 曾任江西上饶、乐平、婺源、光泽等县承审员、修水县司法委员 |
| 171 | 魏凤桦 | 静卿 | 男 | 1893年 | 1926年9月南昌市 | 江西广昌 | 江西像章法政专门学校法律本科毕业 | 曾任江西龙南、丰城、广昌、清江、星子、莲花县承审员,南城县政府军法承审员、余干,万年县司法主任书记官、吉安、泽乡地院书记官长等职 |
| 172 | 温树荣 | 华宇 | 男 | 1907年6月12日 | 1940年8月江西分宜 | 江西宜春 | 江西像章法政专门学校法律本科三年毕业 | 曾任江西临川地院检察处学习书记官、都昌县公署科员及代理莲花县承审员 |
| 173 | 文 柄 | 海如 | 男 | 1907年 | 贛宇02340号 | 江西永新 | 上海中国公学大学部法律学系四年毕业 | 曾任贵州高等法院检察处书记官 |
| 174 | 文世荣 | 华国 | 男 | 1910年10月12日 | 1934年9月上海 | 江西丰城 | 上海特志大学法科律系毕业 | |
| 175 | 吴楚英 | | 男 | 1898年4月9日 | 1941年4月江西浮梁 | 江西都昌 | 江西省立法政专门学校法律本科毕业 | 曾任江西星子、进贤、清江、峡江县承审员、鄱阳县司法委员、鄱阳检察处候补书记官、书记官等职 |
| 176 | 吴道中 | 辛畲 | 男 | 1895年 | 1925年五月北平 | 江西余江 | 北平朝阳学院法律科四年毕业 | 曾任江西临川、南昌地院书记官、德安、彭泽、广昌等县承审员 |
| 177 | 吴镜明 | 季朗 | 男 | 1896年8月9日 | 1928年6月江西省党部 | 江西永新 | 私立江西法政专门学校法律本科毕业、北京警官高等学校指纹科毕业 | 曾任江西余干、分宜、修水、黎源县承审员、籐田特别区政治局承审员等职 |
| 178 | 吴 俊 | 子英 | 男 | 1899年9月1日 | 贛字24843号 | 浙江浦江 | 南京法政专门学校法律别科毕业 | 曾任浙江浙警备司令部军法官、浙江长兴法院书记官、景宁县政府承审员;江西全省保安司令部军法官等职 |

续表

| 序号 | 姓名 | 别号 | 性别 | 出生年月 | 入党时地 | 籍贯 | 学历 | 资历 |
|---|---|---|---|---|---|---|---|---|
| 179 | 吴品元 | 性诚 | 男 | 1909年11月13日 | 1928年12月湖北武昌 | 江西宜丰 | 北平朝阳学院大学部法科法律学系毕业 | 曾充任江西崇仁县司法处主任书记官、星子、安义县政府承审员、宜丰县政府第四科科长兼代司法处检察职务 |
| 180 | 吴瑞徵 | 献青 | 男 | 1904年8月25日 | 军名字第25584号 | 江西兴国 | 北京朝阳大学法科本科毕业法学士 | 曾任江西瑞昌县政府军法承审员、赣北师管区司令部军法官等职 |
| 181 | 吴文怡 | 宽明 | 男 | 1908年6月28日 | | 江西赣县 | 江西省立法政专门学校法律本科毕业 | 曾任江西黎川县政府军法承审官、陆军第89师司令部少校军法官、永新、龙南县政府军法主任书记官、星子县政府军法承审员、都昌县政府军法承审员等职 |
| 182 | 吴运鸿 | | 男 | 1908年 | 1929年江西进贤 | 江西进贤 | 江西章江法政专门学校法律本科毕业 | 曾任江西德兴、凤冈、南康等县承审员兼临时法庭司法官 |
| 183 | 伍家玉 | 恩庆 | 男 | 1899年6月18日 | | 江西临川 | 江西省立法政专科毕业 | 曾任上海江苏高等法院第三分院书记官、江西临川地方法院司法官训练所毕业 |
| 184 | 武灏洲 | 镇国 | 男 | 1893年9月20日 | 1933年3月江西余干 | 江西高安 | 私立江西法政专门学校法政经济科毕业 | 曾任国民革命军第20军法处少校军法官、上海第一特区地方法院书记官、余江县承审员兼任江西省第一区行政督察专员公署军法官等职 |
| 185 | 席秋芳 | | 女 | 1907年8月18日 | | 江西临川 | 私立江西法政专门学校法律本科毕业 | 曾任南昌地院检察处学习书记官、贵溪、玉山县承审员、昆明地方法院候补书记官、江西高二分院书记官等职 |
| 186 | 项紫锋 | | 男 | 1902年7月18日 | | 江西宜春 | 江西豫章法政专门学校法律本科毕业 | 曾任江西袁宜地院、临川地院、江西高等法院南城分院书记官 |
| 187 | 萧伟民 | 炜明 | 男 | 1901年3月 | | 江西清江 | 私立江西法政专门学校法律本科毕业 | 曾任江西宜春司法委员公署书记官、永丰县政府承审员兼临时法庭司法官、萍乡县法院书记官、安福县政府承审审判官等职 |
| 188 | 谢雯 | 池生 | 男 | 1899年 | 1929年南昌市 | 江西新干 | 江西省立法政专门学校法律本科毕业 | 历任广丰、宜春、龙南、信丰、遂川县承审员等高等种种刑事审判官 |

续表

| 序号 | 姓名 | 别号 | 性别 | 出生年月 | 入党时地 | 籍贯 | 学历 | 资历 |
|---|---|---|---|---|---|---|---|---|
| 189 | 谢绎 | 清如 | 男 | 1903年2月1日 | 1927年江西丰城 | 江西丰城 | 私立江西法政专门学校法律本科毕业 | 曾任江西第五行政督察保安司令部军法承审员,浮梁县政府军法承审员等职 |
| 190 | 谢应俤 | 笃伦 | 男 | 1906年8月15日 | 1926年11月江西峡江 | 江西峡江 | 江西省立法政专门学校法律本科三年毕业 | 曾任江西上高、东乡县狱员,江西第二监狱第一科主科看守长、新干、峡江县军法承审员等职 |
| 191 | 辛信 | 孚群 | 男 | 1895年 | | 江西万载 | 私立江西法政专门学校法律本科毕业 | 曾任江西贵溪、铅山、南康、宁冈等县承审员 |
| 192 | 熊芳 | 砚萍 | 男 | 1898年7月14日 | | 江西奉新石城 | 江西豫章新县政府承审员,江西高四分院书记官等职 |
| 193 | 熊继轩 | 维周 | 男 | 1905年7月23日 | 1936年5月江西省党部 | 江西新建 | 私立江西法政专门学校法律本科毕业 | 曾任瑞金县司法处主任书记官 |
| 194 | 熊可人 | 亚鹦 | 男 | 1888年 | 1935年9月江西分宜 | 江西新建 | 江西豫章法政专门学校法律科三年毕业 | 执行律师职务七年以上、九江地审厅书记官、浮梁县狱员,修水、宜春、广丰、分宜等县承审员 |
| 195 | 熊人叙 | 黎百 | 男 | 1902年10月29日 | 1924年2月北平 | 江西奉新 | 国立北京法政大学专门部法律本科毕业 | 曾任江西萍乡县法院书记官、代理萍乡县法院书记官等职地院,赣县地院书记官长等职 |
| 196 | 熊世珍 | 赋凌 | 男 | 1894年 | | 江西修水 | 私立江西政法专门学校法律本科毕业 | 曾任江西永修、靖安等县承审员 |
| 197 | 熊同康 | 笃康 | 男 | 1900年11月10日 | | 安徽凤阳 | 北京中国大学法科律学系毕业 | 曾任山东高等法院检察处书记官、山东高四分院检察处主任书记官等职 |
| 198 | 熊燮邦 | 怨轩 | 男 | 1902年 | | 江西新建 | 江西省立法政专科毕业 | 曾任科员建设局长秘书承审员军法官承审员军法科长股长 |
| 199 | 熊益三 | 辅斋 | 男 | 1898年 | 1926年10月江西宜丰 | 江西宜丰 | 私立江西法政专门学校法律本科毕业 | 曾任江西丰城、永丰、瑞昌、广昌等县承审员 |
| 200 | 熊植谋 | 华秋 | 男 | 1908年10月29日 | 1940年8月江西南康 | 江西奉新 | 江西豫章法政专门学校法律本科毕业 | 曾任江西寻邬、黎川地院候补书记官、书记官,南康县司法处主任书记官,南康地院检察处候补庭办事,江西高等法院、黎川临时书记官 |

续表

| 序号 | 姓名 | 别号 | 性别 | 出生年月 | 入党时地 | 籍贯 | 学 历 | 资 历 |
|---|---|---|---|---|---|---|---|---|
| 201 | 徐日明 | 亮生 | 男 | 1902年 | | 江西吉水 | 私立江西法政专门学校法律本科毕业 | |
| 202 | 徐祥麟 | | 男 | 1912年7月5日 | 1940年8月江西黎川 | 江西南昌 | 江西章江法政专门学校法律本科毕业 | 曾任奉新县司法处书记官,南昌地院习书记官,江西高等法院检察处书记官,黎川地院候补书记官,书记官等职 |
| 203 | 徐豫之 | 则立 | 男 | 1910年10月5日 | | 江西南昌 | 私立江西法政专门学校法律本科毕业 | 曾任江西第一监狱候补看守长,宁冈县司法处书记官,莲花县政府军事承审员等职 |
| 204 | 许继昌 | 松齐 | 男 | 1891年 | | 江苏武进 | 江西省立法律别科毕业 | 曾任江苏高等法院第一分院推事,江西金溪地方法院推事 |
| 205 | 薛丰骧 | 逸民 | 男 | 1910年 | | 福建闽侯 | 私立福建法政专门学官 | 曾任福建莆田,晋口地方法院书记官,江西高等法院检察处书记官 |
| 206 | 杨宝森 | 柏亭 | 男 | 1909年 | 1928年10月江西高安 | 江西高安 | 私立江西法政专门学校法律本科毕业 | 曾任国民政府最高法院三等书记官,江西靖安、玉山、崇仁等县承审员 |
| 207 | 杨独清 | 干魁 | 男 | 1906年1月6日 | 1926年12月江西清江 | 江西清江 | 江西省立法政专门学校法律本科毕业 | 曾任江西奉新、峡江、泰和县政府秘书兼军法承审员 |
| 208 | 杨清 | 净心 | 男 | 1896年 | | 江西新干 | 江西省立法政学校政治经济科四年毕业 | 曾任福建福清县承审员,闽侯地方审判厅推事,湖北夏口地方检察厅候补检察官,奉天锦县地方检察厅检察官,奉天第一高等检察分厅检察官,辽宁营口地院推事兼方法院辖区执行律师职务 |
| 209 | 杨清正 | 心源 | 男 | 1905年9月21日 | 1943年1月江西清江 | 江西九江 | 上海法政学院法律科毕业 | 曾任陆军88师少校军法官三年以上,清江县政府少校军法承审员三年以上 |
| 210 | 杨正襄 | 武陶 | 男 | 1899年3月20日 | | 湖南常德 | 湖南大学法科法律系专门部本科毕业 | 曾任广东潮安县政府承审员,河南第十区专员公署军法承审员兼洛阳警备司令部军法官,四川第三区专员公署军法承审员,江西南城县县长兼南抚师管区司令部中校军法官等职 |

续表

| 序号 | 姓名 | 别号 | 性别 | 出生年月 | 入党时地 | 籍贯 | 学 历 | 资 历 |
|---|---|---|---|---|---|---|---|---|
| 211 | 杨祖震 | 起孙 | 男 | 1890年 | | 江西临川 | 国立北京法政专门学校法律本科五年毕业 | 曾任江西进贤、清江县承审员,南昌地院学习推事;湖北宜昌地院检察处主任书记官,咸丰县承审员,咸丰县司法处审判官,江西德兴县承审员 |
| 212 | 尹志恢 | 傲霜 | 男 | 1904年 | 1926年5月广州 | 江西永新 | 私立江西法政专门学校法律本科毕业 | 曾任驻豫绥靖主任公署军法处上尉书记官,上尉军法官,少校军法官,河南第六区行政督察专员公署第二科科长兼承审员,河南第一区行政督察专员公署第二科科长兼承审员,重庆卫戍总司令部少校军法官等职 |
| 213 | 游云峰 | 凌霄 | 男 | 1897年12月2日 | 1939年11月江西进贤 | 江西万安 | 私立江西法政专门学校法律本科毕业 | 曾任鄱阳湖警备司令部同少校军法官 |
| 214 | 余绎 | 少溪 | 男 | 1896年 | 江西永修 | 江西永修 | 私立江西法政专门学校法律本科四年毕业 | 曾任江西各地院候补推事、检察官分发南昌地院检察处办事,江西各地院候补推事、鄱阳县法院候补检察官,浮梁县法院推事、河口地院,南昌地院候补推事 |
| 215 | 余璋 | 特生 | 男 | 1888年 | 1939年12月江西省党部 | 湖南平江 | 湖南私立群治大学法律本科毕业 | 曾任湖南、江西高等法院书记官,广东各地方法院候补检察官,湖南新田、湖南新城县法院候补检察官,浙江郧县地院临海分院候补检察官,瑞安县法院首席检察官,代理吉安地院办事,分发江南昌地院候补检察官等职 |
| 216 | 喻遂生 | 醉庵 | 男 | 1902年 | 1936年12月江苏南京 | 江西临川 | 北京大学法律本科四年毕业获学士学位 | 曾任新城县法院审判官,广东各地方法院候补检察官,端江县法院首席检察官,杭县,嘉兴地院检察官,分发江南昌地院办事等职 |
| 217 | 喻之梅 | 岭香 | 男 | 1896年10月5日 | 已入党未奉核发党证 | 江西新建 | 江西章立法专门学校法律本科毕业 | 历充吉水县司法处主任书记官,军法承审员,吉水、永平、清江县政府助理秘书,军法承审员,乐平县司法处审判官 |
| 218 | 袁兴仕 | 福苍 | 男 | 1912年10月10日 | 1940年月江西德兴 | 江西瑞金 | 私立江西法政专门学校法律本科毕业 | 曾任国民革命军第四司令部少校军法官,江西德兴、乐平、瑞金县政府军法承审官,陆军第五预备师司令部少校军法官 |
| 219 | 詹逸 | 侣齐 | 男 | 1904年 | 1928年9月入党 | 江西奉新 | 私立江西法政专门学校法律本科毕业 | 曾任江西黎川、万年县承审员 |

续表

| 序号 | 姓名 | 别号 | 性别 | 出生年月 | 入党时地 | 籍贯 | 学历 | 资历 |
|---|---|---|---|---|---|---|---|---|
| 220 | 张北藩 | 冠群 | 男 | 1903年 | | 江西瑞金 | 江西章江法政专门学校法律本科毕业 | 江西瑞金县承审员,清江、都昌、广昌、安福县管狱员兼看守所长,南昌地院学习书记官,彭泽县政府军法承审员等职 |
| 221 | 张步昌 | | 男 | 1899年12月23日 | 1943年4月江西赣县 | 江西奉新 | 私立江西法政专门学校法律本科毕业 | 曾任江西宁都、寻邬、万安等县承审员 |
| 222 | 张德溥 | 朴育 | 男 | 1894年4月27日 | 1927年9月江西上高 | 江西萍乡 | 江西省立法政专门学校法政律科毕业 | 曾任湖北沙市地院、孝感地院候朴书记官、书记官,江西宜地院分发办事员袁官地院书记官长兼人事管理员 |
| 223 | 张国馀 | | 男 | 1911年 | 1941年3月江西黎川 | 江西临川 | 北平中国学院法科法律系四年毕业 | 曾任江西高等法院黎川临时庭办事兼代黎川地院书记官等法院;江西豫章法院余江、黎川、吉水、兴国、资溪、靖安、石城等县承审官 |
| 224 | 张 汉 | 凯冈 | 男 | 1893年6月11日 | 1926年9月江西南昌 | 江西宜丰 | 江西豫章法政专门学校法律本科毕业 | 曾任江西安福、余江、黎川、吉水、兴国、资溪、靖安、石城等县承审官,乐平县政府军法承审员等职 |
| 225 | 张屋民 | 克坚 | 男 | 1902年5月8日 | 1921年5月北平 | 江西上饶 | 北京大学法律系毕业,获法学士 | 曾任北京文化大学讲师、经济及中文教员、蔡哈尔都统署审判处候朴书记官,主任书记官兼学习审理员;江西九江地方检察厅书记官长,江西商等法院书记官、上饶地院书记官,国立浙江大学等讲师、教授法律等科;江西第六区同少军法法官和第三战区少校、中校军法官等职 |
| 226 | 张寿熙 | 子明 | 男 | 1892年11月4日 | | 浙江龙游 | 浙江公立法政专门学校法律本科毕业 | 曾直隶天津地方检察厅书记官;江西德兴县承审员,诏安县政府军法承审员;江西广丰县政府军法承审员等职 |
| 227 | 张受益 | 师竹 | 男 | 1907年 | 赣字14365号 | 江西永丰 | 私立北平民国学院法律系毕业 | 曾任江西万县县政府军法承审员;江西南城、吉水、乐安县政府军法承审员,令部同少校军法法官等职 |
| 228 | 张继熙 | 向寰 | 男 | 1902年8月25日 | 1935年江西省党部 | 江西吉水 | 江西省立法政专门学校法律本科毕业 | 曾任江西宜黄县政府军法承审员,秘书、贵溪县政府秘书管职 |
| 229 | 张文源 | 乾一 | 男 | 1899年 | 1927年第33军特别党部 | 江西萍乡 | 湖南达材法政本科毕业,北京大学法律系肄业 | 曾任国民革命军第33军司令部军法官,江西资溪、东乡、武宁、靖安、星子、余江、光泽、上犹、武宁、玉山、安福等县承审员 |

330　民国时期江西县司法处研究

续表

| 序号 | 姓名 | 别号 | 性别 | 出生年月 | 入党时地 | 籍贯 | 学历 | 资历 |
|---|---|---|---|---|---|---|---|---|
| 230 | 张先恭 | 敬人 | 男 | 1902年 | 1939年12月江西余干 | 江西临川 | 江西省立法政专门学校法律本科毕业 | 曾任前京师地方审判厅地方检察厅候补检察官、奉天锦县地方检察厅书记官、奉天绥中、辽宁黎树等县司法公署检察员,江西分宜、南城、余干等县承审员 |
| 231 | 张璧 | 等楼 | 男 | 1901年 | 1928年7月北平 | 江西南城 | 北平朝阳大学法科毕业 | 历充江西省立法政、章江法政、江宁法政等专门学校教员,南丰、瑞昌县承审员 |
| 232 | 张夷 | 海环 | 男 | 1894年7月18日 | 1942年4月江西于都 | 江西万安 | 江西豫章法政专门学校法律本科毕业 | 曾任江西东乡、遂川县承审员,河南新乡司法审判处承审员,江西于都县政府军法承审员 |
| 233 | 张遂祺 | | 男 | 1910年 | | 江西九江 | 中国公学大学法律部法律系四年毕业 法学士 | 曾任江西九江地院、吉安地院、临川地院、高三分院检察补官,江西省政府秘书处法制室编审等职 |
| 234 | 章思严 | 肃夷 | 男 | 1908年2月6日 | 1940年8月江西黎川 | 江西南富 | 江西章江法政专门学校法律专科毕业 | 曾任江苏高等法院及分发江西南昌地院检察处、江西高三分院检察处候补书记官,河口地院检察处书记官等职 |
| 235 | 赵伯纪 | 作材 | 男 | 1895年 | 1939年江西奉新 | 江西奉新 | 江西豫章法政专门学校法律本科毕业 | 曾任永修县承审员 |
| 236 | 赵昉 | 海田 | 男 | 1902年7月19日 | 1925年江西广丰 | 江西宜春 | 上海法政大学法律系毕业 | 曾任法院书记官、承审员,军法审员等职 |
| 237 | 郑邦麟 | 石奇 | 男 | 1899年6月 | 1938年10月福建龙岩 | 福建龙岩 | 北平中国大学法科本科毕业 | 曾任山东嘉祥县政府承审员,江西第二监狱第三科科长,南康、宁都、广昌县政府军法承审员等职 |
| 238 | 郑季谦 | 鹿轩 | 男 | 1889年 | 1927年1月江西石城 | 江西石城 | 江西省立法政专门学校法律本科毕业 | 曾任福建永定县承审员,江西广昌、靖安县承审员,陆军第四师少校军法承审员等职 |
| 239 | 郑绍康 | 起文 | 男 | 1923年 | | 浙江乐清 | 国立英士大学法学士 | 曾任浙江宣平地方法院学习审判官等职 |
| 240 | 郑士良 | 树人 | 男 | 1900年7月11日 | | 江西南城 | 江西省立法政专门学校法律本科毕业 | 曾任江西余江县司法委、乐安县长等职 |

续表

| 序号 | 姓名 | 别号 | 性别 | 出生年月 | 入党时地 | 籍贯 | 学历 | 资历 |
|---|---|---|---|---|---|---|---|---|
| 241 | 郑孚宾 | 客臣 | 男 | 1906年 | 1927年7月河南开封 | 江西于都 | 河南公立法政专门学校法律科毕业 | 曾任河南高地两审书记官；江西高一分院民庭主任书记官，南康、莲花、安远、全南、泰和等县承审员 |
| 242 | 钟 皓 | 若泉 | 男 | 1893年 | 1926年12月南昌市 | 江西萍乡 | 湖南群治大学法律本科毕业 | 曾任江西地方法院书记官；江西崇仁、万安、余江、遂川、崇义等县承审员，余江临时法庭司法官等职 |
| 243 | 钟祥正 | 鹄亭 | 男 | 1909年 | | 江西宜春 | 私立江西法政专门学校法律本科毕业 | 曾任江西高等审判厅书记官，江西临川地院暂代书记官，南昌地院看守所暂代文牍兼收发，崇义县司法处主任书记官等职 |
| 244 | 周邦杰 | 鼎三 | | 1895年 | | 江西临川 | 江西豫章法政专门学校法律本科毕业 | 曾任江西新干，永丰，高安、莲花等县承审员，江西高等法院学习推事等职 |
| 245 | 周 澈 | 伯澄 | 男 | 1902年 | 1928年南昌市党部 | 江西临川 | 北平朝阳大学法律本科毕业 | 曾任江西省立法政专门学校教员，代理吉安、南昌地院候补检察官，江苏高三分院书记官等职 |
| 246 | 周成章 | 文之 | 男 | 1912年 | | 江西上饶 | 私立江西法政专门学校法律本科毕业 | 曾任江西萍乡县法院书记官；新干、东乡县司法处书记官等职 |
| 247 | 周道熙 | 孟齐 | 男 | 1914年 | 1940年云南昆明 | 江西临川 | 北平朝阳大学法律系四年毕业法学士 | 曾任第一战区司令部少校军法官，云贵监察使署秘书，江西康、兴国地方法院书记官长等职 |
| 248 | 周 潘 | 镇华 | 男 | 1908年8月6日 | | 江西吉水 | 江西章江法政专门学校法律本科毕业 | 曾任江西萍乡县法院检察处候补书记官，书记官，南昌地院检察处书记官，中央训练班训练教育人员班分班律教师等职 |
| 249 | 周景苏 | 幼泉 | 男 | 1898年11月18日 | 1926年5月湖南长沙 | 江西永新 | 湖南群治大学法律科毕业 | 曾任江西宜黄，瑞金、宁都、资溪、武宁、南城、奉新等县承审员 |
| 250 | 周蔚文 | 章南 | 男 | 1898年 | 1927年江西南昌 | 江西上饶 | 私立江西法政专门学校法律本科毕业 | 曾任江西丰丰县承审员，江西四分院分院书记官，玉山、上饶县政府军法承审员，江西四分院检察处书记官等职 |
| 251 | 周雍余 | 随斋 | 男 | 1898年 | 1941年10月江西贵溪 | 江西鄱阳 | 江西章江法政专门学校法律本科毕业 | 曾任江西鄱阳地院检察处书记官，主任书记官，袁宜地院书记官等职 |

续表

| 序号 | 姓名 | 别号 | 性别 | 出生年月 | 入党时地 | 籍贯 | 学历 | 资历 |
|---|---|---|---|---|---|---|---|---|
| 252 | 周瞻锋 | 剑颖 | 男 | 1906年 | 1936年江西省党部 | 江西泰和 | 江西章江法政专门学校法律本科三年毕业 | 曾任江西临川、南康县法院检察处书记官，万年、永修、余干、永丰县承审员；江西宜黄县承审员，江西龙里、贵州龙里、开阳县承审员等职 |
| 253 | 朱积昌 | 柏年 | 男 | 1894年12月23日 | 1926年11月江西莲花 | 江西莲花 | 江西省立法政专门学校法律本科毕业 | 曾任江西安文、丰城、湖口县承审员 |
| 254 | 朱汾颐 | 朗西 | 男 | 1901年 | | 江西丰城 | 江西省立法政专门学校法律本科毕业 | 曾任江西万载、萍乡等县司法委员，江西省立、私立法政专门学校教员5年，南昌执业律师13年 |
| 255 | 朱玠 | 法障 | 男 | 1903年8月17日 | 1942年10月江西寻邬 | 江西信丰 | 私立江西法政专门学校法律本科毕业 | 曾任国民革命军陆军第二军第四师司令部军法助理员，陆军第六预备师司令部军法助理员，江西寻邬、全南县政府军法承审员等职 |
| 256 | 朱梅春 | 雪村 | 男 | 1904年 | 1924年江西吉安 | 江西吉水 | 私立江西法政专门学校法律本科毕业 | 曾任江西萍乡县法院书记官，书记官长并代行院长职务，沙市地院处主任书记官，江西玉山县政府军法承审员等职 |
| 257 | 朱玫斑 | 季卿 | 男 | 1900年3月24日 | 1939年7月湖北郧县 | 江西玉山 | 江西省立法政专门学校法律本科毕业 | 曾任湖北沙市地院荆门分院检察处主任书记官，湖北高分院检察处主任书记官等职 |
| 258 | 朱希正 | 仲孪 | 男 | 1899年6月14日 | 1926年南昌市党部 | 江西高安 | 江西省立法学院法律系本科毕业 | 曾任江西九江警察厅司法科员，南新县法院检察官，江西省公安局审理员，在南昌执行律师职务 |
| 259 | 朱贤裔 | 骏哲 | 男 | 1906年 | 1926年北平 | 江西丰城 | 国立北平大学法学院法律系本科毕业 | 曾任江西高等法院学习推事，九江地院书记官，乐平县政府军法承审员等职 |
| 260 | 朱友良 | 振隅 | 男 | 1913年9月29日 | 1941年2月江西乐平 | 江苏松江 | 私立北平朝阳法学院法律系肄业 国立北京大学法律系毕业获法学士学位 | 曾任江西乐平县政府科员办理军事事务，乐平县承审审员等职；乐平县政府同少校军法承审员等职 |

续表

| 序号 | 姓名 | 别号 | 性别 | 出生年月 | 入党时地 | 籍贯 | 学 历 | 资 历 |
|---|---|---|---|---|---|---|---|---|
| 261 | 邹 康 | 延馨 | 男 | 1913年2月13日 | 1940年3月重庆 | 江西临川 | 江西豫章法政专门学校法律本科三年毕业 | 曾任临川地院候补书记官,江西高四分院候补书记官,河口地院书记官等职 |
| 262 | 邹启明 | 亮如 | 男 | 1903年 | 1927年河南信阳县党部 | 江西高安 | 江西豫章法政专门学校法律科毕业 | 曾任江西上高、万载县承审员 |
| 263 | 邹荣祖 | 海澄 | 男 | 1907年7月17日 | 1940年11月安徽宁国 | 江西临川 | 江西省立法政专门学校政治经济本科毕业 | 曾任江西临川县警察局司法科长,陆军第32集团军总部军法处同少校军法承审员,崇仁、宜黄、德安县政府同少校军法承审官,江西高等法院书记官等职 |
| 264 | 邹伟才 | 铁群 | 男 | 1906年4月3日 | 1926年12月江西宜丰 | 江西宜丰 | 私立江西法政专门学校法律本科毕业 | 曾任湘赣边区第二挺进纵队司令部少校军法兼江西省第十区保安司令部少校军法官等职 |
| 265 | 邹文馏 | 桂林 | 男 | 1902年 | 1934年江西东乡 | 江西临川 | 北平朝阳大学法律科毕业 | 曾任江西鄱阳县法院候补检察官、检察官,河南高等法院检察处、吉安地院检察处、浮梁地院检察处主任高三分院书记官,江西东乡县承审员,湖北司法处处主任书记官等职 |
| 266 | 左邦直 | 西垣 | 男 | 1910年 | 贡字第68361号 | 江西永新 | 江西章江法政专门学校法律科毕业 | 曾任江西吉安地院检察处书记官、吉安地院检察处书记官,峡江县政府军法承审员,莲花县司法处书记官,资溪等县公安局长 |
| 267 | 谢士俐 | 俊斋 | 男 | 1893年 | | 江西崇仁 | 江西省立法政专门学校法律本科毕业 | 铅山县司法委员,黎川、资溪等县长 |
| 268 | 董 棨 | 芝生 | 男 | 1903年 | | 浙江绍兴 | 私立江西法政专门学校法律本科毕业 | 曾任江西高等法院书记官,江苏高一分院书记官长等职 |
| 269 | 方 平 | 正则 | 男 | 1912年 | 1935年1月陆军第12师67团团党部 | 江西兴国 | 赣南中学肄业 | 曾任陆军第12师67团团部中尉书记,兴国县党部干事兼秘书,兴国地方法院看守所所长兼民事收所所长兼井监监井等职 |
| 270 | 廖馨声 | 铁生 | 男 | 1899年 | | 江西奉新 | 国立北京法政专门学校法律本科毕业 | |

附录 333

续表

| 序号 | 姓名 | 别号 | 性别 | 出生年月 | 入党时地 | 籍贯 | 学历 | 资历 |
|---|---|---|---|---|---|---|---|---|
| 271 | 严俊驹 | | 男 | 1891年 | | 湖北潜江 | 湖北公立法政专门学校法律科毕业 | 曾在湖北任承审员,司法委员八年,安徽任审判官五年 |

资料来源：

江西省档案馆：审判官任免卷中所附之审判官铨叙履历表，以及下列案卷：

1. J018-1-01416 司法行政部、江西高等法院关于呈报送司法人员调查表的训令、呈（1944—1947年）
2. J018-1-01451 江西安福、德安、武宁等县司法处职员履历表（1943—1948年）
3. J018-1-01454 江西高等法院、信丰、瑞金等县司法处及监所职员、雇员题名录（1943年）
4. J018-1-01479 江西高等法院、万安县、高安县、安义县、安义县司法处关于各县人事管理、机关概况调查表、委任以上任职名册、公务员履历表等的公函、呈（1948年）
5. J018-1-01885 江西上高、崇仁、金溪、万载等县司法处人员考绩表
6. J033-2-00331-1 江西高等法院附设审判官、书记官、管狱员补习班第一期同学录
7. J033-2-00333 江西省高等法院附设审判官、书记官补习官补习班第二期同学录
8. J018-3-00797 廿七、廿八年各县司法处职员考绩表

## 三、江西各县司法处暂行处务规程[①]

**第一章　总　纲**

第一条　各县县司法处处理事务除法令别有规定处依本规程行之。

第二条　县司法处办公时间依照司法行政部规定法院办公时间办理，其事务繁要者得延长之，休假日期依法令所定，如遇繁要事件仍应随时处理。

第三条　办公人员每日应亲注到处时间于考勤簿，如因事故不能到处时，应填请假书向长官请假。

第四条　县司法处应用各项簿册书表应依照司法行政部颁覆各法院及检察处之种类程式办理，并得由高等法院补充之。

第五条　县司法处职员对于未经宣布之文件应严守秘密。

**第二章　县长及审判官**

第六条　各县县长及审判官监督各该县司法处人员及监狱看守所并考核其办事成绩。

第七条　诉讼繁重之县司法处得设审判官二人，以一人为主任审判官，诉讼简单之县司法处设审判官一人。

第八条　县长、主任审判官或审判官行使职权得发布命令，必要时以言词行之。

第九条　关于县司法处行政事务，县长为征集意见得召集主任审判官、

---

[①] 江西省政府拟发、抄发的县司法处组织条例、办事细则、审判规程　卷宗号 J016-3-03546；高院拟订各县司法处暂行务处规程及办事细则卷　卷宗号 J018-3-00863，江西省档案馆。

审判官、书记官会议,其出席人员得提议事件,但不采表决制。

第十条　县长因事故不能执行职务时,得以县政府曾习法律学科三年以上之秘书或科长代行其检察职务,并呈报高等法院备查;主任审判官因事故不能执行职务时,得以审判官暂行兼代其职务;审判官因事故不能执行职务时,得由主任审判官暂兼办其职务,并呈报高等法院备查。其不设主任审判官之县,如审判官因事不能执行职务,应随时呈请高等法院核夺办理。①

第十一条　县司法处之检验员、执达员、录事、司法警察、庭丁、公丁之进退奖惩及训练事宜,由县长会同主任审判官或审判官行之。

第十二条　县司法处行政事务(宜)依照《县司法处组织暂行条例》第九条规定,由县长兼理之。

第十三条　县司法处民刑诉讼案件及非讼事件依照《县司法处组织暂行条例》第三条规定,由主任审判官、审判官独立行使审判职权,县司法处检察官职务依照《县司法处组织暂行条例》第四条规定,由县长兼理之。

第十四条　审判官有二人时,其收受案件之分配或分别民刑担任办理,或不分民刑依照收案顺序平均轮流分配,并将事务分配情形呈报高等法院备查。

## 第三章　书记官

第十五条　县司法处设书记官一人或二人,办理纪录编案文牍统计及其他事务。书记官有二人以上时,以一人为主任书记官,县司法处书记官事务之分配,由县长、主任审判官或审判官合同行之。

第十六条　主任书记官承县长及主任审判官或审判官之命,办理书记

---

①　江西高等法院 1936 年 12 月 5 日代电呈请司法行政部,司法行政部 12 月 23 日指令代理江西高等法院院长梁仁杰,该句"应随时呈请高等法院核夺办理",改为"得由县长暂行兼代并呈明高等法院备案,但时期在十五日以上者应呈请高等法院核办。"司法行政部指令　指字第 29424 号,载《司法公报》1937 年第 160 期。

室事务并指挥监督书记官及录事,其不设主任书记官之县司法处,书记官亦同。

第十七条　主任书记官有事故时,应分别呈照县长、主任审判官或审判官,派书记官代署其职务,书记官有事故时,由县长、主任审判官或审判官派主任书记官暂行兼办,或选派录事代理其职务。

第十八条　书记官配受之诉讼及行政文件,应分配性质立即登入办案日记簿,并依照部颁民刑案件编号计数规程,分别种类编号,其有疑义或关重要者,应向县长、主任审判官、审判官请示办法。

第十九条　书记官保管之文件卷宗,除县长、主任审判官、审判官外,其他无调取权人不得给付,调取卷宗时应立即登记调取簿,返还时亦同。

第二十条　书记官承办文件如应编新号者,即用卷面装置,如限期办理之件须于文卷之面注明限期。

第二十一条　书记官承办文件除依法令属于书记官职权者外,应送县长或主任审判官、审判官核定。

第二十二条　书记官应将逐日审理侦查案件先期登记送县长、主任审判官、审判官核阅,其定期宣判案件亦同。

第二十三条　书记官应于每月上旬将上月份审检两部分受理已结未结案件造具月报表送县长、主任审判官、审判官核阅,呈报其他应行造报之表册亦应分别如期办理。

第二十四条　各项司法收入及案内款项物品应由会计人员保存并分别造报。

## 第四章　附则

第二十五条　本规程未尽事宜得由高等法院随时呈请修正。

第二十六条　本规程自呈奉司法行政部核准之日施行。

# 参考文献

## 一、档案资料

### （一）江西省档案馆

1. 全宗号：J018，目录号：1，起止卷号：00366—00916
2. 全宗号：J018，目录号：3，起止卷号：00069—00491
3. J018-1-01602 各县司法处审判官呈请派及书记官报部备案卷
4. J018-1-01603 审判官呈部核派卷
5. J018-1-01620 审判官呈部请派卷
6. J018-1-01652 审判官呈部请派卷
7. J018-1-01668 审判官呈部请派卷
8. J018-1-01669 审判官呈部请派卷
9. J018-1-01672 呈报司法部有关南城等县司法处审判官呈请任用卷
10. J018-1-01673 审判官呈部请派卷
11. J018-1-01703 审判官呈部请派卷
12. J018-1-01729 本院暨所属司法人员就职日期汇报卷（1947年）
13. J018-1-01731 本院暨所属司法人员就职日期汇报卷
14. J018-1-01416 司法行政部、江西高等法院及所属关于报送司法

人员调查表的训令、呈(1944—1947 年)

15. J018－1－01442 各机关概况调查表卷(1949 年)

16. J018－1－01451 江西安福、德安、武宁等县司法处职员履历表(1943—1948 年)

17. J018－1－01454 江西高等法院、信丰、瑞金等县司法处及监所职、雇员题名录(1943 年)

18. J018－1－01464 江西、江苏高等法院职员录(1946 年 12 月)

19. J018－1－01479 江西高等法院、万安县、高安县、安义县司法处等关于各县人事管理、机关概况调查表、委任以上任职名册、公务员履历表等的公函、呈(1948 年)

20. J018－1－01729 本院暨所属司法人员就职日期汇报卷(1947 年)

21. J018－1－01731 本院暨所属司法人员就职日期汇报卷(1946 年)

22. J018－1－01735 司法人员就职日期汇报卷(1948 年)

23. J018－1－01806 各县审判官名册及指导通讯等卷(1946 年)

24. J018－1－01885 江西上高、崇仁、金溪、万载等县司法处人员考绩表

25. J033－2－00331－1 江西高等法院附设审判官、书记官、管狱员补习班第一期同学录

26. J033－2－00333 江西省高等法院附设审判官、书记官补习班第二期同学录

27. J018－2－21400 各县审判官登记簿(1941 年)

28. J018－2－23161 江西司法人员录(1948 年)

29. J018－2－23248 司法官名册

30. J018－3－00797 二十七、二十八年各县司法处职员考绩表

31. J018－3－01961 筹设各县司法处呈部核派审判官暨转报成立日期卷

32. J018-3-02012 关于筹设县司法处卷

33. J018-3-02097 筹设各县司法处卷

34. J018-3-02726 光泽婺源划回闽皖管辖卷

35. J018-4-03245 三十四年度机关组织暨员工人数年报表

36. J018-4-03246 本院三十五年度机关组织暨员工人数年报表

37. J018-6-00048 各机关概况调查卷（1948年）

38. J018-3-00176 丰城县司法处审判官、书记官任免卷

39. J016-3-01395 江西省政府、高等法院设立分宜县司法处函、呈

40. J018-3-01850 地院开办审判官、管狱员、书记官补习班文件卷

41. J018-3-00995 江西省府函送游击战区县份行政调整办法卷

42. J018-3-00996 部令发战区巡回审判办法卷

43. J018-8-00270 关于司法院工作报告卷

44. J018-3-02882 各县司法处职员疏散卷

45. J018-3-02883 各县司法处职员疏散卷

46. J018-8-00040 关于奉令司法人员回避本籍的令

47. J016-3-03614 行政院、江西省政府关于外交、司法工作的组织法、条例、函

48. J016-3-03546 江西省政府拟发抄发的县司法处组织条例、办事细则、审判规程

49. J018-6-03972 中华民国二十九年度江西省司法经临费岁出概算书

50. J018-1-01793 修正法官及其他司法人员官等官俸表卷

51. J018-6-04084 司法人员支给补助俸及推进业务一案（1942年）

52. J018-6-04162 司法人员支给补助俸规则及办法（1943年）

53. J018-8-00577 关于各省司法人员支给补助俸规则的训令（1944年）

54. J018－6－04190 司法人员补助俸办法(1946 年)

55. J018－6－04118 司法人员补助俸办法(1947 年)

56. J018－6－05199 卅五年一至九月份生活补助费结算表

57. J016－3－00060 考试院、安徽、江西考铨处关于文职公教人员生活补助费、配给物资等问题的训令、呈、办法、细则、表册

58. J018－6－04304 缮状费提奖规则

59. J018－6－04314 缮状费提奖规则

60. J018－6－04313 修正高等以下各级法院缮状处通则卷

61. J018－3－02564 关于缮状处何时设置及办理情形卷

62. J018－6－02212 遂川司法处及看守所员工福利事业卷

63. J018－6－02198 关于吉水司法处及看守所棉布代金的呈

64. J018－6－02162 遂川司法处及看守所生活补助费节余及不敷卷

65. J018－1－01413 司法行政部、江西高等法院等关于填报公务员及其眷属人数调查表的训令、呈

66. J018－6－02368 进贤县司法处及看守所员役生活补助费计算表

67. J018－6－04854 关于各司法处勘验拘提费的呈

68. J018－1－01441 黎川县司法处及萍乡、河口、武宁等司法处所属现有员额调查表卷(1948 年)

69. J018－1－00536 光泽县司法处审判官、书记官任免卷

70. J018－3－00802 高等法院调各院推事县司法处审判官办案成绩卷

71. J018－3－02363 关于聘朱献文等视察浙赣闽三省司法的训令、指令、函、呈

72. J018－3－02364 关于聘朱献文等视察浙赣闽三省司法的训令、指令、函、呈

73. J018－3－02431 令朱献文视察浙赣闽三省司法案卷

74. J018-3-00514 兴国地院看守所所长任免卷

75. J018-1-00601 贵溪县司法处审判官、书记官任免卷

76. J018-5-01866 关于查武瀛洲学历密件卷（1936年）

77. J018-5-01133 弋阳司法处审判官邹康伪造文凭案卷

78. J018-4-03187 高等第一二三四分院二十九年度民刑诉讼、司法行政统计年表

79. J018-4-03172 本院三十一年度行政部分及民刑案件年表

80. J018-1-00551 虔南县司法处审判官、书记官任免卷

81. J018-5-02474 曾子敬函报寻邬县司法处廖主审对法处实施殊不健全

82. J018-1-00420 贵溪县司法处审判官、司法官任免卷

83. J018-1-00516 贵溪县司法处审判官、司法官任免卷

84. J008-1-01455 江西高等法院、南康河口等地方法院职员名录（1943年）

85. J018-3-02070 司法行政部总务司函检各院书记官暨监所现有职员履历卷

86. J018-3-01510 黄日昇等诉刘汝霖违法舞弊卷

87. J018-3-01690 胡德铨、黄献廷等控刘汝霖行为恶劣滥用法权卷

88. J018-3-02347 呈部核示过德刚在缓刑期内可否准予任用卷

89. J018-2-04900 廖慎修等控高齐缙侵占法收案卷

90. J018-2-04899 江西南昌地院关于高齐缙侵占公款的起诉书、笔录、判决书

91. J018-2-04794 江西高等法院刑事庭，南昌地方法院看守所关于侵占案犯高齐缙声请停止羁押的批复、呈、报告书

92. J018-2-04897 江西高等法院，南昌地方法院，黎川县司法处关于高齐缙侵占罪及附带民事诉讼案的指令、训令、呈 卷宗号

93. J018-3-01518 专员危宿钟电知萍乡审判官詹逸等收受贿赂吸食鸦片卷

94. J018-3-01570 令饬高三分院将詹逸被诉受贿案移送军法机关核办卷

95. J018-7-11180 詹逸贪污渎职案

96. J018-2-01996 通缉车光汉归案令

97. J018-7-05512 请通缉车光汉归案法办由

98. J018-3-01525 王绍珪贪污案卷

99. J018-5-00402 信丰审判官罗允怀管狱员何时雨互诉违法渎职卷

100. J018-3-01536 准本院检察处函据周寿山呈控信丰县司法处审判官罗允怀违法失职卷

101. J018-2-01970 龙会云侵占案卷

102. J018-7-03756 通缉被告龙会云归办由

103. J018-7-07533 刘金麟违法乱行被诉

104. J018-2-02241 呈部呈报清江县司法处主任审判官刘金麟渎职一案办理情形

105. J018-7-07551 严俊驹贪污一案

106. J018-2-08895 严俊驹贪污上诉案卷

107. J018-7-11184 方国鋆贪污案

108. J018-7-12690 方国鋆贪污等罪案

109. J018-7-11246 胡德铨贪污案

110. J018-7-12651 杜坦生贪污案

111. J018-3-01499 朱国恒等诉杨宝森嗜好嫖赌卷

112. J018-3-01555 龙南县长电呈周瞻锋吴文怡因贪污案经四区保安司令部拘署卷

113. J018-2-02712 上饶县司法处主任审判官谢士佩贪污卷

114. J018-2-02713 谢士佩贪污案

115. J018-2-02279 呈司法行政部复蒋合宣呈控上饶司法处主任审判官谢士佩渎职一案办理情形

116. J018-7-10906 谢士佩利用权势逼迫奸淫案

117. J018-3-01693 泰和审判官雷迅管狱员何时雨互控卷

118. J018-2-05482 雷迅侵占上诉案卷

119. J018-2-06852 雷迅侵占上诉案卷

120. J018-3-01664 廖立三被诉侵占案卷

121. J018-3-01514 湖南同乡会诉萍乡县司法处审判官廖簹声受贿卷

122. J018-3-02265 刘安仁等诉宜黄审判官李家腾因循职务卷

123. J008-1-00183 虔南县司法官方远扬侵蚀公款案

124. J018-2-02364 方远扬贪污渎职上诉案卷

125. J018-2-02365 方远扬贪污渎职上诉案卷

126. J018-2-02646 郑邦麟贪污、胡嘉德伪造毕业证书案卷

127. J018-3-02582 奉令抄发司法人员殉难事件简表卷

128. J018-3-02344 部令查殉难殉职司法人员简略事迹卷

129. J018-3-00321 南城县司法处审判官、书记官任免卷

130. J018-3-01122 呈部拟请修改县司法处组织暂行条例卷

131. J018-1-00425 光泽县司法处审判官、书记官任免卷

132. J018-3-02737 各属条陈改进司法事项卷

133. J018-1-00682 莲花县司法处审判官书记官任免卷

134. J018-3-02645 呈请增设县司法处检察官卷

135. J018-8-00530 关于改进县长兼检察职务的指令、呈

136. J018-1-00594 永丰县司法处审判官、书记官任免卷

137. J018-5-00374 会昌县司法处主任审判官孙崐贪赃枉法卷

138. J018-3-01945 分期筹设地方法院计划卷

139. J018-6-04542 补助费卷

140. J018-6-02237 上高司法收入卷(1944年)

141. J018-6-02238 上高司法处司法收入卷(1945年)

142. J018-6-02239 上高司法处司法收入卷(1946年)

143. J018-3-01235 江西省县长兼理县司法处检察职务暨行政事务奖惩规则卷

144. J018-1-01321(1)江西高等法院、各县关于卅五年度公务员考绩的训令、呈

145. J018-1-01321(2)江西高等法院、各县关于卅五年度公务员考绩的训令、呈

146. J019-1-00873 皖赣考铨处、江西高等法院关于对赣县、南昌、波阳等地方法院和司法处1947年下半年任用人员考绩的报表、公函

147. J018-8-00006 关于本省各级法院管辖区域及各地当事人上诉程限表

148. J018-5-01550 汇编各县司法处二十七年下半年份民刑案件年表

149. J018-4-03171 汇编各县司法处、县政府二十八年份民刑案件年表

150. J018-4-03474 汇编各县司法处各兼理司法县政府二十九年民刑案件年报表

151. J018-4-03155 汇编三十年度民刑案件年表卷

152. J018-4-03184 汇编各县司法机关三十一三十二两年度民刑案件年报表

153. J018-4-03175 本院汇编三十三年度民刑案件各项年报表

154．J018－8－00548 关于调核属员稿件办法

155．J018－1－01720 调核所属推事审判官办案稿件卷

156．J018－3－01982 励行民事和解事项卷

157．J018－7－17742 赖彭庚田亩案

158．J008－1－00052 南昌县武溪乡熊胡两姓械斗案

159．J018－7－15373 鄱阳潼滩乡万吴二姓发生械斗案

160．J018－7－13302 余干分宜两县械斗案

161．J017－1－00539 制止械斗纷葛卷

162．J018－6－04418 制各属筹设消费合作社卷

163．J018－3－02354 高二分院呈报都昌余干两县司法处办案劣点令饬注意卷

164．J018－2－23290 第五小组检讨记录簿

### （二）江西省赣州市档案馆

165．5－4－27 江西私立章江法政专门学校（原名豫章）同学录

166．5－3－26 江西省立法政专门学校同学录

167．5－4－30 私立江西法政专门学校同学录

### （三）江西省奉新县档案馆

168．0004－1－17 关于民事案件材料

### （四）江西省铅山县档案馆

169．伪刑－9－000816 奉令视察上饶玉山各县司法处司法及监所卷

### （五）江西省宁都县档案馆

170．6－7－274 江西高等法院第一分院民事判决

## （六）江西省彭泽县档案馆

171. 1-1-476 彭泽县司法处刑事判决

## 二、地方志

1.《宁冈县志（后志）》，1931年铅印本。

2.临川县人民法院编：《临川县法院志》，1993年4月，内部资料。

3.波阳县法院志编委会编：《波阳县法院志》，江西人民出版社1994年版。

4.江西省司法行政志编委会编：《江西省志·江西省司法行政志》，江西人民出版社1995年版。

5.江西省法院志编纂委员会编：《江西省志·江西省法院志》，方志出版社1996年版。

6.江西省苏区志编纂组编：《江西省志·江西省苏区志》，方志出版社2004年版。

7.江西省行政区划志编纂委员会编：《江西省志·江西省行政区划志》，方志出版社2005年版。

## 三、民国期刊

| | | |
|---|---|---|
| 1.《现代司法》 | 13.《江西统计》 | 25.《江西民国日报》 |
| 2.《法律评论》 | 14.《盐务公报》 | 26.《江西统计月刊》 |
| 3.《政治评论》 | 15.《市政公报》 | 27.《国民政府公报》 |
| 4.《行政评论》 | 16.《内政公报》 | 28.《中央党务公报》 |
| 5.《法轨期刊》 | 17.《交通公报》 | 29.《司法行政公报》 |

6.《法令周刊》　18.《中国农村》　30.《中华法学杂志》
7.《法律评论》　19.《农业建设》　31.《江西省政府公报》
8.《中央周报》　20.《行政院公报》　32.《湖北省政府公报》
9.《地方建设》　21.《立法院公报》　33.《云南省政府公报》
10.《东方杂志》　22.《司法院公报》　34.《四川高等法院公报》
11.《政府公报》　23.《考试院公报》　35.《政府公报分类汇编》
12.《司法公报》　24.《社会部公报》　36.《法声》

## 四、著作及译著

1.蒋应构著:《县司法处关系法规详释》,上海中华书局1937年出版。

2.吴学义著:《司法建设与司法人才》,国民图书出版社1941年5月初版。

3.施霖著:《民事诉讼法通义》,上海法学编译社1946年11月(新)1版。

4.汪辉祖著:《学治臆说》,商务印书馆1939年12月初版1960年1月补印。

5.徐湛著:《中国法制史》,台湾联合书局1962年6月初版。

6.杨培新著:《旧中国的通货膨胀》(增订本),人民出版社1985年版。

7.(清)王又槐著:《办案要略》,华东政法学院语文教研室注译,群众出版社1987年版。

8.汤能松、张蕴华等著:《探索的轨迹:中国法学教育发展史略》,法律出版社1995年版。

9.陈存仁著:《银元时代生活史》,上海人民出版社2000年版。

10.韩秀桃著:《司法独立与近代中国》,清华大学出版社2003年版。

11.蔡枢衡著:《中国法理自觉的发展》,清华大学出版社2005年版。

12. 吴永明著:《理念、制度与实践:中国司法现代化变革研究(1912—1928)》,法律出版社2005年版。

13. 欧阳湘著:《近代中国法院普设研究:以广东为个案的历史考察》,知识产权出版社2007年版。

14. 王玉茹著:《近代中国物价、工资和生活水平研究》,上海财经大学出版社2007年版。

15. 游海华著:《重构与整合:1934—1937年赣南闽西社会重建研究》,经济日报出版社2008年版。

16. 熊式辉著:《海桑集:熊式辉回忆录1907—1949》(第二版),香港明镜出版社2008年版。

17. 程春明著:《司法权及其配置:理论语境、中英法式样及国际趋势》,中国法制出版社2009年版。

18. 江照信著:《中国法律"看不见中国":居正司法时期(1931—1948)研究》,清华大学出版社2010年版。

19. 王奇生著:《党员、党权与党争:1924—1949年中国国民党的组织形态》,华文出版社2010年版。

20. 黄道炫著:《张力与界限:中央苏区的革命(1933—1934)》,社会科学文献出版社2011年版。

21. 李在全著:《法治与党治:国民党政权的司法党化(1923—1948)》,社会科学文献出版社2012年版。

22. 陈之迈著:《中国政府》,上海人民出版社2012年版。

23. 唐仕春著:《北洋时期的基层司法》,社会科学文献出版社2013年版。

24. 汪楫宝著:《民国司法志》,商务印书馆2013年版。

25. 严耕望撰:《中国政治制度史纲》,上海古籍出版社2013年版。

26. 孙西勇著:《抗战时期江西战区巡回审判研究》,中国政法大学出版社 2016 年版。

27.[美]本杰明·卡多佐著:《司法过程的性质》,苏力译,商务印书馆 1997 年版。

28.[法]孟德斯鸠著:《论法的精神》上卷,许明龙译,商务印书馆 2012 年版。

## 五、编著

1.《国立北京法政大学江西同乡录》,1925 年 5 月刊,上海图书馆近代馆藏。

2.国民政府主计处统计局编:《中华民国统计提要》,商务印书馆 1936 年 5 月初版。

3.刘治乾主编:《江西年鉴》第一回,江西省政府统计室 1936 年 10 月初版。

4.江西省政府建设厅编印:《江西省县长研究》,1938 年 12 月。

5.司法院编印:《司法院最近工作概况》,1940 年 3 月,上海图书馆近代馆藏。

6.国民政府司法院参事处编:《新订国民政府司法例规》,重庆,1940 年 10 月。

7.陈祖信编:《县司法行政讲义》,广西省地方行政干部训练委员会印,1941 年 6 月。

8.《赣政十年:熊主席治赣十周年纪念特刊》,江西民生印刷第一厂印刷 1941 年 12 月印。

9.蔡孟坚、善后救济总署江西分署编:《江西灾情》,1946 年 8 月。

10.司法行政部编:《司法法令汇编》,上海法学编译社 1946 年 10 月再版。

11.李光夏编著:《法院组织法论》,上海大东书局 1946 年 11 月再版。

12.《江西民政统计》,南昌戊子牌兴盛祥承印,1947 年 3 月。

13.江西高等法院编:《三十六年司法行政检讨会议江西高等法院暨检察处工作报告》,江西高等法院 1947 年,上海市图书馆近代馆藏。

14.谢冠生编:《全国司法行政检讨会议汇编》,1947 年 12 月。

15.《中华年鉴》(上册),中华年鉴社发行,1948 年版。

16.教育部教育年鉴编纂委员会编:《第二次中国教育年鉴》,商务印书馆 1948 年版。

17.朱观编著:《县司法法令判解汇编》,正中书局印行,1944 年 8 月初版 1948 年 1 月沪 1 版。

18.江西省宁都县革命委员会清查敌伪档案办公室编:《敌伪江西省各级司法人员资料汇编》,1970 年 10 月,内部资料。

19.江西省奉新县革命委员会保卫部清查敌伪档案办公室编:《敌伪人员汇编》,1970 年 11 月,内部资料。

20.谢冠生编:《战时司法纪要》,司法院秘书处,1971 年 6 月重印。

21.《中国法律年鉴·1989》,法律出版社 1990 年版。

22.《中国法律年鉴·2005》,中国法律年鉴社 2005 年版。

23.刘国铭主编:《中华民国国民政府军政职官人物志》,春秋出版社 1989 年版。

24.潘懋元、刘海峰编:《中国近代教育史资料汇编·高等教育》,上海教育出版社 1993 年版。

25.蔡鸿源主编:《民国法规集成》,黄山书社 1999 年版。

24.中共中央文献研究室编:《毛泽东文集》第一卷,人民出版社 1993 年版。

26.杨学为总主编、王奇生主编:《中国考试通史》卷四 民国,首都师范大学出版社 2004 年版。

27. 周振鹤主编:《中国行政区划通史·中华民国卷》,复旦大学出版社2007年版。

28. 范忠信、尤陈俊、龚先砦选编:《为什么要重建中国法系:居正法政文选》,中国政法大学出版社2009年版。

29. 黄宗智、尤陈俊主编:《从诉讼档案出发:中国的法律、社会与文化》,法律出版社2009年版。

30. 殷梦霞、邓詠秋选编:《民国司法史料汇编》,国家图书馆出版社2011年版。

31. 田奇、汤红霞选编:《民国时期司法统计资料汇编》,国家图书馆出版社2013年版。

32. 公丕祥主编:《近代中国的司法发展》,法律出版社2014年版。

33. Ms. Coll Hsiung, Shih-hui, Columbia University Libraries New York Microfilmed 2006.

## 六、杂志

1. 徐照:《县长兼理司法评议》,载《政治评论》1934年第102期。

2. 郭继泰:《改良县政府兼理司法之刍议》,载《法轨期刊》1935年第2卷第2期。

3. 杨竹生:《崇仁第六区农村经济概况》,载《经济旬刊》1935年第4卷第18期。

4. 吴昆吾:《今日中国司法不良之最大原因》,载《东方杂志》1935年第32卷第10号。

5. 《司法行政部中心工作计划草案》,载《中华法学杂志》1936年新编第1卷第2期。

6. 邝健夫:《中国司法改良问题》,载《民钟季刊》1936年第2卷第2期。

7.任维钧:《非常时期公务员俸给问题》,载《行政评论》1940年第1卷第2期。

8.李德培:《江西县长之分析研究》,载《地方建设》1941年第1卷第4—5期。

9.孟长泳:《吾国司法之检讨》,载《东方杂志》1943年第39卷第8期。

10.《江西战时物价的统计分析:二十六年一月至三十一年十二月》,载江西省政府统计处编印:《江西统计》第三期,1943年3月。

11.思培:《法科毕业生的出路问题》,载《震旦法律经济杂志》1945年第2卷第9期。

12.景汉朝、卢子娟:《经济审判方式改革若干问题研究》,载《法学研究》1997年第5期。

13.龙宗智、李常青:《论司法独立与司法受制》,载《法学》1998年第12期。

14.张仁善:《论司法官的生活待遇与品德操守:以南京国民政府时期为例》,载《南京大学法律评论》2002年春季号。

15.廖信春、谢志民:《江西抗战十一次战役述评》,载《南昌航空工业学院学报(社会科学版)》2005年第4期。

16.尤陈俊:《"新法律史"如何可能:美国的中国法律史研究新动向及其启示》,载《开放时代》2008年第6期。

17.何家伟:《大悖初衷:南京国民政府公务员考绩制度嬗变及其实施研究》,载《民国档案》2009年第1期。

18.侯欣一:《党治下的司法:南京国民政府训政时期执政党与国家司法关系之构建》,载《华东政法大学学报》2009年第3期。

19.尹伟琴:《南京国民政府前期基层司法官员薪酬考》,载《学术界》2010年第1期。

20.杨天宏:《民国时期司法职员的薪俸问题》,载《四川大学学报(哲学

21. 李在全:《徐谦与国民革命中的司法党化》,载《历史研究》2011年第6期。

22. 刘练军:《司法政治化的滥觞:土改时期的人民法庭》,载香港《二十一世纪》2012年2月号,总第129期。

23. 龚汝富:《庙谟未定星霜易 又是萧萧芦荻秋:法学家吴昆吾在江西》,载《江西师范大学学报(哲学社会科学版)》2015年第1期。

24. 曾代伟、孙西勇:《抗战时期战区巡回审判经费筹措考略:以1939—1940年江西战区为例》载《河北法学》2015年第2期。

25. 周大伟:《新中国"依法治国"理念的吊诡和嬗变》,载香港《二十一世纪》2015年4月号,总第148期。

26. 谢志民:《南京国民政府时期县司法处职员薪酬考:以档案资料为中心》,载《江西师范大学学报》(哲学社会科学版)2016年第2期。

## 七、报纸

1.《社评:所望于梁院长者》,载《江西民国日报》1936年7月27日第1版。

2. 张志岩:《泛论县司法处》,载《江西民国日报》1937年6月23日第1版。

3. 志岩:《县长兼理检察职务之商讨》,载《江西民国日报》1937年6月25日第1版。

4.《解决小公务员生活的两个办法》,载《江西民国日报》1941年5月15日第4版。

5.《最高人民法院工作报告》,《人民日报》1993年4月6日第2版。

# 后　记

本书是在我的博士论文的基础上修改而成，也是我承担的江西省社会科学规划青年博士基金项目(16BJ03)的终期成果。

成长的过程，就是欠债的过程——欠下无数的恩情：父母的养育之恩、师长的提携之恩、亲朋的帮助之恩。我向来认为，恩情是还不完的，只有永怀感恩之情，心怀善念，做好本职工作，并在力所能及的范围内，给需要者予帮助，这才是还恩的正确方式吧。

愚钝的我，蒙博导龚汝富教授不弃，忝列门下，悉心调教。2013年9月入学之后，我开始为博士论文选题寻寻觅觅，原想在苏区法制史方面选题，但经大半年阅读相关文献、思考选题及论文框架，终不得要领。2014年4月初，忐忑地向龚导汇报这一没有结果的选题结果，龚导说：那你就做县司法处吧。所以，我的博士论文，实际上是龚导的命题作文。龚导还将大批的相关资料给我，仅仅他在江西省档案馆多年来摘录的司法档案资料，word文档就有46万多字，更遑论其他的材料。2014年7月至2015年9月初，我一整年基本上泡在江西省档案馆梳爬民国司法档案，龚导让我住在他南昌的家里，为我解决住宿的后顾之忧。资料查阅与论文写作过程中遇到疑问，龚导总能给我拨开迷雾。在沪期间，和师弟师妹们时不时去龚导家小酌，师母烧得一手好菜，让我们大快朵颐。师恩重如山，对龚导，"谢"字已然说不出口，惟有潜心向学，或可报师恩以万一。

法律史其他诸位博导，慈师佛心，诸多调教，何敢忘怀：何勤华教授贵为校长，官架全无，书香满身，"勤者胜出"之谆谆教诲，言犹在耳；李秀清教授富于亲和力的笑容,沁人心脾。她对法律史博点的殚精竭虑,对学生的鼓励期冀,更让我感到如果在学业上偷懒简直是一种罪过;王立民教授长者风范,授课严谨,待人和蔼;徐永康教授风骨清癯,见闻广博,史料搜寻功力深厚,让人艳羡;丁凌华教授涉猎渊博,治学谨严;苏彦新教授博闻强识,知识面广,"读书小王子"之名号绝非浪得,常使学生喟叹自己读书太少。

杜志淳、刘宪权、马长山、童之伟、王迁、丁伟、陈刚等讲授"法学前沿问题"的诸位教授,在其各自的研究领域都长袖善舞,授课之精彩,让我依然时时回味。陈灵海、于明、陈颐、屈文生、冷霞等各位老师的指点迷津,为我在迷茫之际点燃了希望的明灯。

博士论文预答辩及答辩,何勤华、李秀清、王立民、丁凌华、徐永康、苏彦新、陈灵海教授,复旦大学郭建教授,上海师范大学蒋传光教授的批驳瑕谬,让我获益良多。虽因我学识浅陋,一时难以达到诸位师长的期望,但其金玉良言,高见卓识,会是我今后努力的方向。

硕导吴永明教授,为我的成长倾注了无数的心血,没有他的鞭策与提携,我很难在学业上走到今天;谦和宽厚的廖信春教授,他温暖的目光一直陪伴我成长;王选女士是我的半个硕导,读硕期间多次跟随她奔赴江西各地调查侵华日军细菌战受害幸存者,从中学到的调查研究方法,至今受益。

黄志繁教授、魏炜教授对我的学业不遗余力的帮助,我感激于心,作为大学同窗,他们也是我学习的榜样;感谢江西师大戴利朝老师的帮助;师兄孙西勇博士、王骞宇博士分别从重庆图书馆、中国台湾为我复印了珍贵的资料;师妹周海燕博士对我考博多有指点;熊小欣博士与我时常结伴赴档案馆查阅资料;感谢江西省档案馆王延、杜钢及各县档案馆工作人员的热情服务;感谢博士期间同学的一路相伴,或探讨学问,或插科打诨,生活因此充满了乐趣,他们是:汪湖泉、王思杰、李超、沈伟、徐望、肖崇俊、杜丽君、赵美玲、肖志珂、张娜、阎婷、胡译之、杨飞翔、罗慧明、朱奕奕、熊理思、郑旭江、高阳、王长华、苏今等,师兄张国斌、刘杨东、刘廷涛,师姐朱颖,师弟姚澍、姜增、祝天剑、李朋志、陈一、刘丁,师妹李岩、刘志娟、王瑞超、陈超等。

  感谢赣南医学院陈新教授、赣南师范大学陈春生、胡龙华、谢庐明、肖承志、左群、邬开荷、钟起万、康安峰、刘勇、唐红梅、刘小兰、燕录音、赖剑明、伍润华、罗斌、黎章春、游细斌、李晓方、张玉龙、朱钦胜等各位领导与老师多年来对我的悉心关怀;感谢赣南师范大学法学重点学科为本书的出版提供部分资助;感谢许许多多在此无法一一提及名字的同学、亲朋和有缘人,人生旅途中因为你们,才能奏响出生命多彩的乐章。

  牵手刘莹、小棉袄谢璐瑶,多年来一家人总是聚少离多,你们的坚定支持,是我完成博士论文不可或缺的条件,也是我继续努力前行的不竭源泉。

谢志民

2017 年 2 月 24 日

图书在版编目(CIP)数据

民国时期江西县司法处研究/谢志民著.—北京:商务印书馆,2018
(民国时期审判机关研究)
ISBN 978-7-100-15919-7

Ⅰ.①民… Ⅱ.①谢… Ⅲ.①司法制度—法制史—江西—民国 Ⅳ.①D929.6

中国版本图书馆CIP数据核字(2018)第044291号

赣南师范大学学术著作出版专项经费资助
江西省社会科学"十三五"规划青年博士基金项目
(16BJ03)

权利保留,侵权必究。

民国时期审判机关研究
**民国时期江西县司法处研究**
谢志民 著

商 务 印 书 馆 出 版
(北京王府井大街36号 邮政编码100710)
商 务 印 书 馆 发 行
北京市艺辉印刷有限公司印刷
ISBN 978-7-100-15919-7

2018年3月第1版　　　开本787×960 1/16
2018年3月北京第1次印刷　印张23½
定价:69.00元